Microeconomía Avanzada

Xavier Martinez-Giralt
CODE y Departament d'Economia
Universitat Autònoma de Barcelona

Microeconomía Avanzada

Índice general

Índice de figuras

Índice de cuadros

Prólogo

La microeconomía trata del comportamientos de los mercados tanto desde la óptica del equilibrio parcial como del equilibrio general. Para ello necesitamos estudiar primero los agentes que intervienen en un mercado, consumidores (demanda) y empresas (oferta) y a continuación la forma como interaccionan en un mercado (equilibrio parcial) o en el conjunto de mercados que conforma una economía (equilibrio general).

Esta monografía presenta estos temas que se corresponden con la primera parte de un curso de microeconomía avanzada. En una segunda parte se estudian temas más específicos como la externalidades, los bienes públicos, el monopolio, o la elección social, disponibles en Ballester Oyarzun y Macho-Stadler (2008). Como corresponde a un curso avanzado, se supone al lector familiarizado con los conceptos básicos de la microeconomía (preferencias, función de utilidad, función de demanda, función de costes, función de producción, función de beneficios, caja de Edgeworth, etc.) y también del cálculo diferencial (funciones, correspondencias, continuidad, convexidad, diferenciabilidad, etc.) y de topología euclidiana (conjuntos cerrados, abiertos, convexos, etc.)

Tras un primer capítulo introductorio (cuya lectura no debe obviarse), la primera parte del libro se dedica al estudio de la demanda. Empezando por la modelización de los consumidores, encontramos en las preferencias sobre el conjunto de bienes el concepto básico fundamental. Estudiamos las propiedades que necesitamos introducir sobre estas preferencias para poder representarlas como una función de utilidad. Este es el concepto que nos permite hacer un uso intensivo de las herramientas del cálculo diferencial, y derivar el concepto fundamental de función de demanda.

A partir de este punto nos adentraremos en el estudio de conceptos más sofisticados de la teoría de la demanda. La función indirecta de utilidad, la función de gasto, la función de demanda compensada, el problema de la integrabilidad, el excedente del consumidor, etc.

La segunda parte del libro se dedica a la oferta. Estudiaremos aquí el comportamiento de la empresa a partir de supuestos sobre la tecnología de producción de bienes. Así analizaremos la teoría de la producción y la teoría de los costes.

Ello nos permitirá estudiar la demanda de los factores de producción y la dualidad entre el enfoque de la producción y del costes en el estudio del comportamiento de una empresa competitiva.

Finalmente, combinaremos las decisiones de consumidores y productores en el mercado. Supondremos en este punto que el mercado que conforman ambos tipos de agentes es perfectamente competitivo. Este supuesto aunque fuertemente restrictivo representa un primer paso (fundamental) para la comprensión del comportamiento de los agentes económicos. El estudio de mercados de competencia imperfecta puede encontrarse en Martinez-Giralt (2006). El estudio del equilibrio general con mercados de competencia imperfecta está (mucho) más allá del ámbito de esta monografía. El lector puede consultar Gabszewicz (2003, cap 6) y d'Aspremont *et al.* (2003) para este tema.

Cada uno de estos tres capítulos presenta el material teórico básico que recopila los principales conceptos teóricos relevanes, y los resultados económicos que se derivan. A continuación el lector encontrará una colección de ejercicios que permitan comprobar el grado de asimilación de los conceptos expuestos. El lector también encontrará ampliamente comentados ejercicios de especial relevancia. Finalmente, en un capítulo separado tambien encontrará una colección de ejercicios resueltos que pretenden servir de guía a lector sobre las técnicas de resolución de problemas.

La monografía concluye con un apéndice matemático, cuyo objetivo es recoger de forma concentrada las herramientas fundamentales utilizadas el el estudio de la microeconomía. Estas herramientas estan distribuidas en tres partes. En primer lugar, se presentan elementos de lógica formal para fundamentar los conceptos de condición necesaria y suficiente. A continuación se recopilan los elementos esenciales de la programación no lineal. Por último, una sección dedicada al álgebra lineal permite recopilar las operaciones con vectores y matrices. Este apéndice da completitud a la materia presentada en el sentido de hacer de esta monografía un volumen autosuficiente.

Esta monografía representa un esfuerzo de sistematizar las notas que de forma espontánea y desordenada he ido recopilando a lo largo de los últimos quince años de docencia de cursos de microeconomía elemental y avanzada. Tengo pues una deuda de gratitud con mis colegas del Departament d'Economia i Història Econòmica de la Universitat Autònoma de Barcelona, y con los estudiantes de las licenciaturas de Economía y de Administración de empresas. *Last but not least*, agradecezco al Programa Universitat Empresa de la UAB su apoyo intelectual y financiero para emprender esta obra.

Capítulo 1

Introducción

La microeconomía es la parte de la teoría económica que describe la actividad económica al nivel de los agentes individuales que conforman la economía. Entre éstos encontramos a las familias que toman decisiones de consumo de bienes y servicios, a las empresas que toman decisiones de produción de bienes y servicios, a las instituciones financieras, al Estado, etc. Nosotros nos centraremos en los dos primeros, es decir, en consumidores y empresas fundamentalmente, y a su interrelación en el mercado. Un supuesto esencial del análisis es el de *comportamiento racional* de los agentes. Ello simplemente quiere decir que cada agente seleccciona su mejor opción de entre las que tiene a su disposición.

La introducción de supuestos en el análisis tiene como objetivo conseguir una representación simplificada, aunque suficientemente rica, del comportamiento de los agentes objeto de estudio. Naturalmente, los resultados del análisis dependen del conjunto de supuestos que introducimos. Por lo tanto, una visión crítica de cualquier teoría debe emprezar por la valoración de la "bondad" o "maldad" de los supuestos. El supuesto de racionalidad contiene una visión egoista de los agentes. Cada individuo busca obtener su máxima satisfacción personal condicionado únicamente por el entorno en el que se encuentra. Aunque es posible imaginar otros tipos de supuestos para representar el comportamiento de los agentes individuales, la racionalidad ha resultado el más fructífero. En cualquier caso necesitamos algún supuesto de comportamiento que además sea operativo. Enfrentar la racionalidad a la aleatoriedad no nos lleva muy lejos. Si suponemos que un agente toma sus decisiones de forma aleatoria, no podemos construir una teoría del comportamiento de los agentes económicos individuales y la microeconomía queda vacía de contenido. La descripción del comportamiento de los agentes individuales basados en supuestos alternativos como, por ejemplo, la racionalidad limitada, o el comportamiento bayesiano quedan más allá del ámbito de este libro. El lector puede consultar Kreps (1990, cap. 1) para abundar en este punto.

El análisis microeconómico contiene pues tres elementos: las mercancías y los precios, los agentes individuales y los procesos de toma de decisiones de estos agentes. Estos elementos juntos definen una *economía*. En nuestro análisis consideraremos la economía en un momento dado, el momento presente. Además supondremos que no hay incertidumbre.

Siguiendo a Debreu (1959), (ver también Villar, 1996), una *mercancía* se caracteriza por tres propiedades: su descripción física; la fecha en que esta disponible (disponibilidad temporal), y el lugar donde estará disponible (disponibilidad espacial). Esta definición implica que dos bienes idénticos según sus características físicas representan dos bienes diferentes si se encuentran disponibles en momentos y/o lugares diferentes. En este sentido hablamos de *bienes económicos* como contraposición a bienes materiales.

La cantidad de un cierto bien (económico) lo expresaremos como un número real. Ello implica que los bienes y servicios son perfectamente divisibles. Supondremos también que el número de mercancías diferentes disponibles es finito y está dado por l. Por último introduciremos la "convención de inputs negativos". Una misma mercancía puede ponerse a disposición de un agente, en cuyo caso la denominaremos factor de producción (*input*), o bien puede ser puesta a disposición por un agente, en cuyo caso la denominaremos producto (*output*). Representaremos los inputs por números reales no positivos y los outputs como números reales no negativos. De este modo, el espacio de mercancías es el espacio euclídeo $\mathbb{R}^l$. Representaremos una mercancía por k, $k = 1, 2, \ldots, l$. Para cada agente, un plan de acción será simplemente la especificación de la cantidad de cada mercancía, es decir un vector con l componentes $(x_1, \ldots, x_l)$, o, en otras palabras, un punto en $\mathbb{R}^l$.

A cada una de las mercancías le asociaremos su *precio*, un número real que denotaremos por p_k. Este precio representa la cantidad pagada "aquí y ahora" por un agente por una unidad de la k-ésima mercancía. Genéricamente el precio de una mercancía es positivo cuando ésta es escasa. Una mercancía libre (aquella que existe en cantidad suficiente para la satisfacer a todos los agentes) tiene un precio nulo. Finalmente, podemos imaginar mercancías no deseables para las que los agentes están dispuestos a pagar el coste asociado a su eliminación (también llamadas "males." en contraposición a los "bienes"). En tal caso los precios serán negativos. La positividad, nulidad o negatividad del precio de una mercancía está asociado a las características de la economía. Un *sistema de precios* es un vector de l precios, uno para cada mercancía $(p_1, \ldots, p_l)$, es decir un punto en $\mathbb{R}^l$.

El valor de un plan de acción $(x_1, \ldots, x_l)$ con respecto a un sistema de precios $(p_1, \ldots, p_l)$ es $\sum_{k=1}^{l} p_k x_k$.

Los *consumidores* toman decisiones de consumo. La teoría estudia precisamente el proceso de decisión de un consumidor, es decir, cómo un consumidor determina su mejor plan de consumo de acuerdo con sus preferencias y su dotación inicial de riqueza. Este proceso de toma de decisiones está basado en lo que se conoce como la *maximización de las preferencias individuales*.

Las *empresas* utilizan una cierta tecnología para transformar inputs en outputs. Toman decisiones tanto de orden técnico (niveles de producción, combinaciones de inputs, etc.) como de orden económico (precios de venta de los outputs, precios a los que están dispuestos a comprar inputs, etc.) Estas empresas están gestionadas por agentes racionales cuyo objetivo es maximizar beneficios (otras alternativas son por ejemplo, la maximización de las ventas, de la cuota de mercado, de la cotización de las acciones, etc.)

Finalmente, los agentes (consumidores y productores) interaccionan entre si a través del intercambio de bienes. Este proceso de interaccción lo denominamos *mercado*. En otras palabras, un mercado es simplemente un mecanismo institucional de asignación de recursos. Según cuales sean las características institucionales de este mercado tendremos una "economía de mercado", una "economía planificada", una "economía mixta", etc. Una economía en la que los consumidores tienen la propiedad de los recursos iniciales y de las empresas, se denomina una "economía de propiedad privada".

En una *economía de mercado* la asignación de recursos se realiza mediante los mercados y los precios sin la intervención de ningún agente externo al mercado; los precios se determinan en los mercados sin que ningún agente individual tenga capacidad de manipulación del proceso de formación de precios; y cada agente toma sus decisiones de forma individual, sin coordinar sus decisiones con las de otros agentes de la economía. Es decir, sin influenciar las decisiones de otros agentes y sin dejarse influenciar por las decisiones de otros agentes.

El objetivo del estudio de mercados competitivos es la caracterización de un *equilibrio competitivo*, es decir de una situación en la que ningún agente tiene incentivos a continuar el proceso de intercambio y a la vez todos los agentes consiguen implementar sus mejores planes de acción. A priori no hay ninguna garantía de que tal equilibrio exista. Uno de los mayores logros de la teoría microeconómica es demostrar que la combinación de las decisiones de consumidores y productores en un marco de una economía de propiedad privada permite, bajo ciertos supuestos, obtener un equilibrio competitivo.

Una vez conseguimos caracterizar una asignación de recursos de equilibrio, podemos preguntarnos acerca de la *eficiencia* y de la *equidad* de esta asignación. Este es el dominio de la *economía del bienestar*. Los conceptos de eficiencia y equidad intentan capturar los aspectos cualitativos de la asignación de equilibrio. El concepto de *eficiencia* está asociado a la idea que el conjunto de consumidores no puede mejorar su situación con respecto a cualquier otra asignación alternativa de recursos. El concepto de *equidad* evalua la distribución de las diferencias entre la asignación conseguida y la asignación ideal para cada uno de los consumidores.

Una vez descrito el escenario y sus personajes, es el momento de analizar en detalle cada uno de ellos.

Capítulo 2

Teoría del consumidor

En este capítulo estudiamos la conducta del consumidor. El lector recordará de los cursos elementales de microeconomía que el problema del consumidor puede resumirse fundamentalmente en tres partes: (i) determinar el conjunto de todos planes de consumo posibles, que denominamos *el conjunto de consumo*; (ii) a partir de esta información, el consumidor necesita un criterio para evaluar los diferentes planes de consumo, es decir, *las preferencias*; por último, (iii) el consumidor debe determinar el conjunto de planes de consumo a los que puede aspirar dada su renta y los precios, *el conjunto de consumo factible*. El objetivo del consumidor es identificar aquel plan de consumo factible que le permite obtener el máximo nivel de satisfacción. Esta selección de consumo se denomina *la demanda del consumidor*.

2.1. El conjunto de consumo

Un *consumidor* es una unidad de decisión con un objetivo común. Puede ser un individuo, una familia, una comunidad de vecinos, etc. En cualquier caso, el objetivo del consumidor es escoger un plan de consumo. Suponemos que en la economía hay un número entero positivo dado m de consumidores. Un consumidor genéricamente lo denotaremos por un subíndice $i = 1, 2, \ldots m$. Supondremos que en la economía hay l mercancías (bienes y servicios), de manera que el espacio de mercancías es $\mathbb{R}^l$. Un *plan de consumo* para el consumidor i, que denotamos como x_i es un vector l-dimensional del espacio de mercancías, $x_i = (x_{i1}, \ldots, x_{il})$. El conjunto de todos los planes de consumo posibles para el consumidor i, es decir, su conjunto de consumo, lo denotamos por $X_i \subset \mathbb{R}^l$.

Recordemos que siguiendo a Debreu (1959) (ver también Villar, 1996) utilizaremos la *convención de inputs negativos*. Por lo tanto un plan de consumo para el consumidor i contiene números reales negativos correspondientes a los bienes

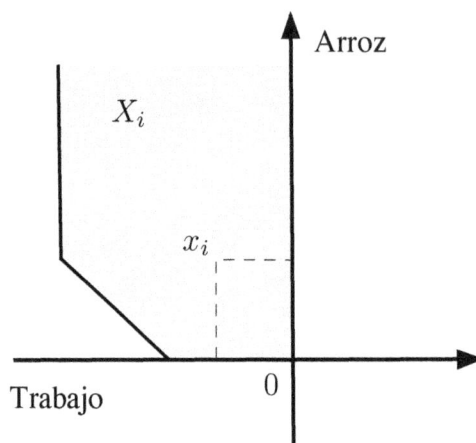

Figura 2.1: El conjunto de consumo X_i.

y servicios que el consumidor ofrece como factores de producción (e.g. trabajo) y números positivos correspondientes a las cantidades de bienes y servicios que consume. Por ejemplo, en una economía con dos mercancías, trabajo y arroz, la figura 2.1 representa el conjunto de consumo del consumidor i, X_i y un plan de consumo, x_i.

En general, supondremos que el conjunto de consumo, $X_i \subset \mathbb{R}^l$, satisface las siguientes propiedades:

- X_i es un subconjunto no vacío y cerrado de $\mathbb{R}^l$:
  es decir, si consideramos cualquier sucesión infinita $\{x_i^s\}$ de consumos que converge al plan de consumo x_i^0, es decir $\{x_i^s\} \rightarrow x_i^0$, entonces x_i^0 es un plan de consumo para el consumidor i.

- X_i tiene una cota inferior para $\leq$:
  es decir, si la mercancía k-ésima es un output tiene una cota inferior en cero; si por el contrario es un input (trabajo) tiene, en valor absoluto, una cota superior (no se puede trabajar más de 24 horas al día).

- X_i es un conjunto convexo:
  es decir, si dos planes de consumo x_i^1 y x_i^2 son posibles para el consumidor i, también lo será cualquier plan de consumo formado a partir del promedio ponderado $\lambda x_i^1 + (1 - \lambda)x_i^2$, $\lambda \in [0, 1]$. Notemos que este supuesto implica la perfecta divisibilidad de las mercancías.

2.2. Las preferencias

Una vez identificado el conjunto de consumo, el consumidor procede a comparar los diferentes planes de consumo. Ello requiere establecer algún tipo de ordenación entre todos los elementos $x_i \in X_i$. Esta comparación se lleva a cabo comparando todos los planes de consumo dos a dos. En otras palabras introducimos una relación binaria $\succsim_i$ sobre X_i cuya interpretación es que ante dos planes de consumo x_i^1 y x_i^2 suponemos que una y solamente una de las tres alternativas siguientes se verifica para el consumidor i: (i) x_i^1 es preferido a x_i^2; (ii) x_i^1 es indiferente a x_i^2; (iii) x_i^2 es preferido a x_i^1. Esta relación binaria la denominamos *preferencias del consumidor* i. En general, la relación de preferencias $x_i^1 \succsim_i x_i^2$ se lee "para el consumidor i, el plan de consumo x_i^1 es al menos tan preferido como (es mejor o igual que) el plan de consumo x_i^2".

Siguiendo a Villar (1976) (ver también Varian, 1992) introduciremos una serie de axiomas sobre estas preferencias que permitan ordenar el conjunto de planes de consumo. Para comprender mejor la relevancia de los diferentes axiomas consideraremos primero un grupo de tres axiomas referidos a propiedades de ordenación de las alternativas. Estas propiedades de orden son independientes de los supuestos que hemos introducido sobre X_i. A continuación examinaremos un grupo de tres axiomas más cuya conveniencia ya está ligada a la estructura de X_i.

2.2.1. Propiedades fundamentales de las preferencias

Las preferencias $\succsim_i$ satisfacen las tres propiedades siguientes:

Completitud $\forall (x_i^1, x_i^2) \in X_i$, o bien $x_i^1 \succsim_i x_i^2$, o bien $x_i^2 \succsim_i x_i^1$, o ambos. Este axioma garantiza que cualesquiera dos planes de consumo dentro del conjunto de consumo del individuo i, pueden ser comparados.

Reflexividad $\forall x_i \in X_i$, $x_i \succsim_i x_i$. Este supuesto es trivial. Dice que cualquier elemento del conjunto X_i es al menos tan preferido como sí mismo.

Transitividad $\forall (x_i^1, x_i^2, x_i^3) \in X_i$, si $x_i^1 \succsim_i x_i^2$ y $x_i^2 \succsim_i x_i^3$, entonces $x_i^1 \succsim_i x_i^3$. Este supuesto de transitividad evita relaciones de preferencia circulares, postulando así la coherencia del proceso de decisión del consumidor

Una relación binaria que satisfaga las propiedades de completitud, reflexividad y transitividad se denomina un *preorden completo*.[1] Por lo tanto, la relación binaria $\succsim_i$ es el preorden completo de preferencias del consumidor i.

---

[1]Las definiciones precisas de órdenes y preórdenes completos y parciales así como sus niveles de generalidad pueden encontrarse en Debreu (1959, cap. 1).

$$x_i^2 \ \bullet$$

$$x_i \in X_i / x_i \sim_i x_i^1$$

$$\bullet \ x_i^1$$

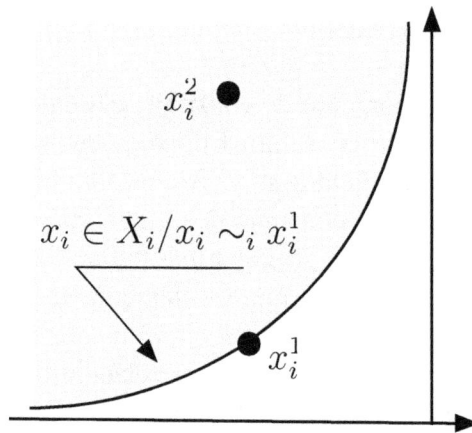

Figura 2.2: La clase de indiferencia de x_i^1.

El preorden completo de preferencias del consumidor i permite definir dos relaciones binarias adicionales: la relación de indiferencia y la relación de preferencia estricta.

La *relación de indiferencia* se representa como $\sim_i$. Dados dos planes de consumo $(x_i^1, x_i^2) \in X_i$, si se verifica que $x_i^1 \succsim_i x_i^2$ y $x_i^2 \succsim_i x_i^1$ entonces escribimos $x_i^1 \sim_i x_i^2$ y decimos que x_i^1 es indiferente a x_i^2. Ello quiere decir que ambos planes de consumo son igualmente valorados por el consumidor.

Los axiomas de completitud, reflexividad y transitividad implican que la relación de indiferencia es reflexiva, transitiva, y *simétrica*, es decir, $x_i^1 \sim_i x_i^2$ implica $x_i^2 \sim_i x_i^1$. Por lo tanto, la relación de indiferencia es una *relación de equivalencia* que denominamos *clase de indiferencia* y constituye una partición del conjunto de consumo X_i (todo elemento $x_i \in X_i$ pertenece a una sola clase de indiferencia, la intersección de dos clases de indiferencia cualesquiera es vacía, y la unión de todas las clases de equivalencia es el conjunto X_i).

La *relación de preferencia estricta* se representa como $\succ_i$. Dados dos planes de consumo $(x_i^1, x_i^2) \in X_i$, si se verifica que $x_i^1 \succsim_i x_i^2$ y no $x_i^2 \succsim_i x_i^1$ entonces escribimos $x_i^1 \succ_i x_i^2$ y decimos que x_i^1 es estrictamente preferido a x_i^2. La relación $\succ_i$ no es reflexiva ni simétrica.

La figura 2.2 ilustra estas relaciones para el caso de una economía con dos bienes. La curva que pasa por el punto $x_i^1 \in X_i$ representa la clase de indiferencia de x_i^1; todos los puntos $x_i^2 \in X_i$ situados por encima de esa curva representan planes de consumo estrictamente preferidos a x_i^1.

Una vez definidas las diferentes relaciones de preferencias, podemos deducir aplicando transitividad, las siguientes relaciones: $\forall (x_i^1, x_i^2, x_i^3) \in X_i$,

(a) $[x_i^1 \sim_i x_i^2 \sim_i x_i^3] \Longrightarrow x_i^1 \sim_i x_1^3$

(b) $[x_i^1 \succ_i x_i^2 \succ_i x_i^3] \Longrightarrow x_i^1 \succ_i x_1^3$

(c) $[x_i^1 \succsim_i x_i^2 \succ_i x_i^3] \Longrightarrow x_i^1 \succ_i x_1^3$

(d) $[x_i^1 \succ_i x_i^2 \succsim_i x_i^3] \Longrightarrow x_i^1 \succ_i x_1^3$

(e) $[x_i^1 \succ_i x_i^2 \sim_i x_i^3] \Longrightarrow x_i^1 \succ_i x_1^3$

(f) $[x_i^1 \sim_i x_i^2 \succ_i x_i^3] \Longrightarrow x_i^1 \succ_i x_1^3$

(g) $[x_i^1 \succsim_i x_i^2 \sim_i x_i^3] \Longrightarrow x_i^1 \succsim_i x_1^3$

(h) $[x_i^1 \sim_i x_i^2 \succsim_i x_i^3] \Longrightarrow x_i^1 \succsim_i x_1^3$

Ejemplo 2.1. *El orden lexicográfico. Un ejemplo de orden lexicográfico es el utilizado para ordenar las palabras en un diccionario. El conjunto X es el conjunto de todas las palabras. Un elemento $x \in X$ es un vector de letras que definen una palabra. Dada la ordenación de las letras del alfabeto, decimos que una palabra tiene preferencia en el diccionario, i.e. se coloca antes en el diccionario, dadas dos palabras, si la primera letra de la primera palabra se encuentra antes en el alfabeto que la primera letra de la segunda palabra. Si la primera letra de ambas palabras es la misma, comparamos la segunda letra. Si ésta también coincide, consideramos la tercera letra, y así sucesivamente. Es decir, el orden lexicográfico compara los componentes de los elementos del conjunto X uno a uno y ordena los elementos de acuerdo con el primer elemento diferente que encontramos.*

Formalmente para el caso en el que $X = \mathbb{R}_+^2$, el orden lexicográfico dados dos puntos $x = (x_1, x_2)$ y $y = (y_1, y_2)$ lo expresamos como

$$y \succ x \text{ si } \begin{cases} y_1 > x_1, \text{ o bien} \\ y_1 = x_1, \text{ y } y_2 > x_2. \end{cases}$$

Ejemplo 2.2. *El orden de la suma. Luenberger (1995, p.90) propone el siguiente ejemplo desprovisto de cualquier contenido de preferencias, para ilustrar el concepto de relación de orden. Consideremos el conjunto $\mathbb{R}^m$ en el que un punto es un vector m-dimensional del tipo $x \equiv (x_1, x_2, \ldots, x_m)$. Definimos el orden $x \succsim y$ con el significado $\sum_{i=1}^m x_i \geq \sum_{i=1}^m y_i$. Esta relación es claramente completa, reflexiva y transitiva. Su interpretación es "x está al menos al mismo nivel de y si la suma de los componentes de x no es inferior a la suma de los componentes de y".*

2.2.2. Continuidad, convexidad y monotonía de las preferencias

Los supuestos anteriores no son suficientes para poder derivar una teoría de la elección del consumidor. Necesitamos considerar una estructura analítica que permita asociar a cada clase de indiferencia un número real. Una clase es preferida a otra si el número real asociado a la primera es mayor que el de la segunda.

El primero de estos supuestos adicionales es el de *continuidad de las preferencias*. La idea de la continuidad la podemos ilustrar con el argumento siguiente. Consideremos dos planes de consumo x_i y x_i', para el consumidor i. Imaginemos ahora una secuencia de planes de consumo $\widetilde{x}_i$ todos ellos al menos tan buenos como x_i', que converge a x_i. La continuidad de las preferencias nos dice que x_i también es al menos tan bueno como x_i'. En otras palabras, si x_i es al menos tan bueno como x_i', entonces, planes de consumo "muy cercanos" a x_i también serán al menos tan buenos como x_i'.

Formalmente (ver Villar, 1996) dados dos planes de consumo $(x_i, x_i') \in X_i$, tales que $x_i \succ_i x_i'$ podemos definir entornos para estos puntos, $\varepsilon(x_i)$ y $\delta(x_i')$ respectivamente tales que,

$$\forall z \in \varepsilon(x_i),\ z \succ_i x_i',\ \text{y}$$
$$\forall s \in \delta(x_i'),\ x_i \succ_i s.$$

Axioma 2.1 (Continuidad). *Para todo $x_i^0 \in X_i$, los conjuntos*

$$M_i(x_i^0) \equiv \{x_i \in X_i / x_i \succ_i x_i^0\}$$
$$P_i(x_i^0) \equiv \{x_i \in X_i / x_i^0 \succ_i x_i\}$$

son abiertos.

El conjunto $M_i(x_i^0)$ describe los planes de consumo *mejores* que x_i^0, y el conjunto $P_i(x_i^0)$ describe los planes de consumo *peores* que x_i^0.

Alternativamente, podemos definir los conjuntos

$$MI_i(x_i^0) \equiv \{x_i \in X_i / x_i \succsim_i x_i^0\}$$
$$PI_i(x_i^0) \equiv \{x_i \in X_i / x_i^0 \succsim_i x_i\}$$
$$I_i(x_i^0) \equiv \{x_i \in X_i / x_i^0 \sim_i x_i\}$$

donde el conjunto $MI_i(x_i^0)$ representa los planes de consumo *no peores* que x_i^0, y el conjunto $PI_i(x_i^0)$ describe los planes de consumo *no mejores* que x_i^0, y el conjunto $I_i(x_i^0)$ representa los planes de consumos equivalentes a x_i^0. Estos conjuntos son cerrados puesto que $\succsim_i$ es una relación completa y continua.

Los cuatro axiomas introducidos hasta el momento implican que,

$$MI_i(x_i^0) \cap PI_i(x_i^0) = I_i(x_i^0),$$
$$MI_i(x_i^0) \cup PI_i(x_i^0) = X_i.$$

La *convexidad de las preferencias* puede formularse con diferentes grados de generalidad. La convexidad débil es la definición más general de convexidad, mientras que la convexidad estricta es la definición que contiene el menor grado de generalidad. En medio encontraremos la definición de convexidad.

La noción general de convexidad es que un consumidor con preferencias convexas prefiere un plan de consumo que contenga un poco de cada bien a un plan de consumo con una gran cantidad de un bien y nada (o muy poco) de los demás bienes. Es decir, la convexidad captura la idea de la "preferencia por la variedad". Notemos que la convexidad conlleva implícito el supuesto de la perfecta divisibilidad de los bienes. Veamos las definiciones alternativas de convexidad.

Axioma 2.2 (Convexidad débil). *Para todo* $(x_i, x_i') \in X_i$ *y para todo* $\lambda \in [0, 1]$,

$$x_i \succsim_i x_i' \Longrightarrow [\lambda x_i + (1 - \lambda)x_i'] \succsim_i x_i'.$$

Axioma 2.3 (Convexidad). *Para todo* $(x_i, x_i') \in X_i$ *y para todo* $\lambda \in (0, 1]$,

$$x_i \succ_i x_i' \Longrightarrow [\lambda x_i + (1 - \lambda)x_i'] \succ_i x_i'.$$

Axioma 2.4 (Convexidad estricta). *Para todo* $(x_i, x_i') \in X_i$ *y para todo* $\lambda \in (0, 1)$,

$$x_i \succsim_i x_i' \Longrightarrow [\lambda x_i + (1 - \lambda)x_i'] \succ_i x_i'.$$

El axioma 2.2, dada la reflexividad, transitividad y completitud de las preferencias, equivale a suponer que los conjuntos $M_i(x_i)$ y $MI_i(x_i)$ son convexos. Además, junto con la continuidad de las preferencias, implica que para todo $x_i' \in X_i$, el conjunto $M_i(x_i')$ es abierto y convexo y tiene como frontera al conjunto $I_i(x_i')$ que es cerrado y conexo. Este axioma admite la posibilidad de que el conjunto $I_i(x_i)$ sea "ancho", es decir que tenga puntos interiores. Ver la parte (a) de la figura 2.3.

El axioma 2.3, junto con la continuidad de las preferencias, implica que si x_i' no es un punto máximo de la relación $\succsim_i$, el conjunto $I_i(x_i')$ no tiene puntos interiores, o en otras palabras, no encontramos clases de indiferencia "anchas". Sin embargo sí admite la posibilidad de que el conjunto $I_i(x_i')$ esté formado por "segmentos". La sección (b) de la figura 2.3 ilustra esta situación.

El axioma 2.4 elimina la posibilidad de tramos lineales en el conjunto $I_i(x_i')$ garantizando así que cualquier tangencia de un hiperplano con una clase de indiferencia sólo pueda ocurrir en un punto. Sin embargo, este axioma no garantiza

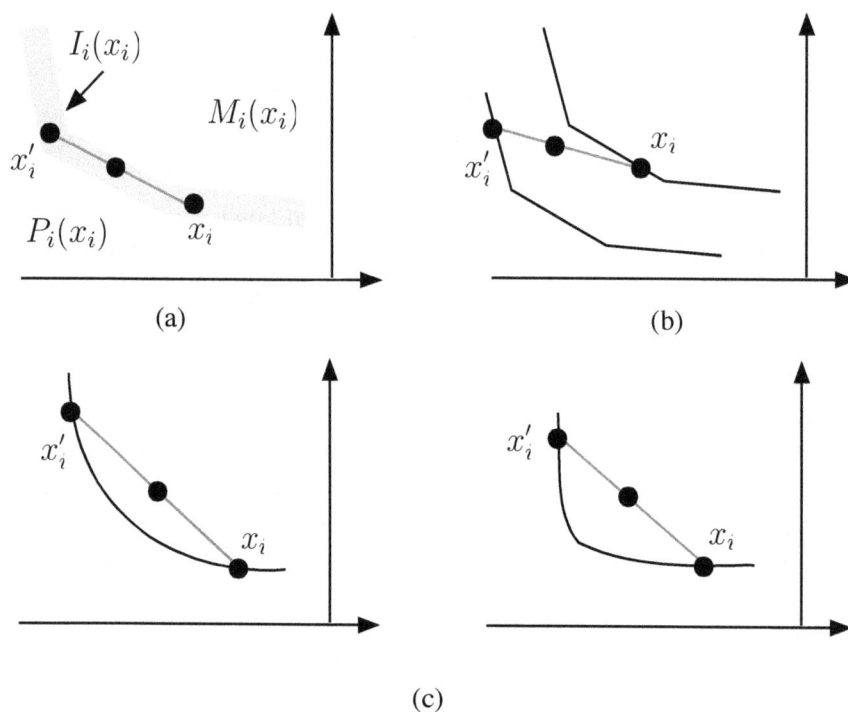

Figura 2.3: La convexidad de las preferencias.

la diferenciabilidad del conjunto $I_i(x_i')$ en todos sus puntos. Ver la parte (c) de la figura 2.3

Para terminar con los supuestos que introducimos sobre las preferencias, formularemos diferentes *axiomas de insaciabilidad*. Como en el caso de la convexidad, pueden definirse con diferentes grados de generalidad. La no-saciabilidad es la definición más general, mientras que la monotonía es la definición que contiene el menor grado de generalidad. En medio encontraremos la definición de no saciabilidad local y la de semimonotonía.

El axioma 2.5 recoge la idea de que un individuo, dado un plan de consumo, siempre puede encontrar otro mejor; el axioma 2.6 matiza la afirmación anterior para planes de consumo arbitrariamente cerca, es decir, dado un plan de consumo, siempre existe otro arbitrariamente cerca que es mejor. Este axioma implica que las curvas de indiferencia no pueden ser "anchas". El axioma 2.7 dice que dado un plan de consumo, siempre podemos "construir"uno mejor aumentando la cantidad de alguno de los bienes. Estos axiomas evitan que el consumidor pueda saciarse de todos los bienes simultáneamente. Sin embargo no impiden la posibilidad de que el consumidor sí pueda saciarse de algún bien concreto en X_i. Finalmente, el axioma 2.8 dice que cuanto más mejor.

Axioma 2.5 (No-saciabilidad). *Para todo $x_i \in X_i$ existe $x_i' \in X_i$ tal que $x_i' \succ_i x_i$.*

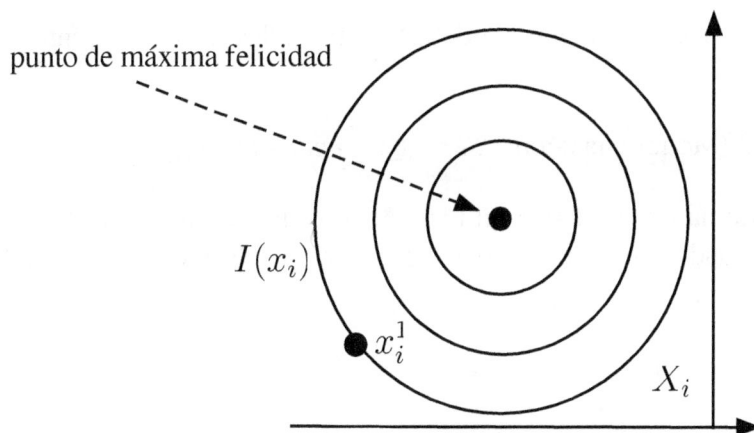

Figura 2.4: El punto de máxima felicidad.

Señalemos que la afirmación contraria diría que hay un punto x_i^0 en X_i que es preferido a cualquier otro punto en X_i. Este sería un punto de máxima felicidad (ver la figura 2.4). Esta es la situación que precisamente queremos excluir.

Axioma 2.6 (No-saciabilidad local)**.** *Sea $N_\alpha(x_i)$ un entorno de centro x_i y radio α. Para todo $x_i \in X_i$ y para todo escalar $\alpha > 0$ existe algún x_i' en $N_\alpha(x_i) \cap X_i$ tal que $x_i' \succ_i x_i$.*

Axioma 2.7 (Semimonotonía)**.** *Para todo $x_i \in X_i$, existe algún j (que puede depender de x_i) tal que $(x_i + \lambda e^j) \succ_i x_i$ para todo $\lambda > 0$ y donde $e^j \in \mathbb{R}^l$ representa un vector de ceros excepto en la posición j−ésima donde hay un uno.*

Cuando este axioma se verifica para un cierto componente j del plan de consumo del individuo, independientemente de cuál sea este plan, decimos que el bien j es deseable para el individuo i.

Antes de presentar los axiomas de monotonía, necesitamos introducir la notación que vamos a utilizar para comparar vectores. Sea $x_i = (x_i^1, x_i^2, \ldots, x_i^l)$, y $\tilde{x}_i = (\tilde{x}_i^1, \tilde{x}_i^2, \ldots, \tilde{x}_i^l)$. Definimos,

$$x_i >> \tilde{x}_i \iff x_i^h > \tilde{x}_i^h, \forall h,$$
$$x_i \geq \tilde{x}_i \iff x_i^h \geq \tilde{x}_i^h, \forall h,$$
$$x_i > \tilde{x}_i \iff x_i^h \geq \tilde{x}_i^h, \text{ y } \exists k\, x_i^k > \tilde{x}_i^k.$$

Axioma 2.8 (Monotonía)**.** *Sean $(x_i, x_i') \in X_i$ tales que $x_i \gg x_i'$. Entonces, x_i es preferido a x_i'.*

Este es un axioma muy restrictivo. Exige que el individuo mejore consumiendo cantidades adicionales de mercancías. Existen dos versiones del axioma 2.8, una menos exigente (monotonía débil) y otra todavía más exigente (monotonía fuerte)

Axioma 2.9 (Monotonía débil). *Si $x_i \geq x'_i$, entonces $x_i \succsim_i x'_i$.*

Este axioma nos dice que un plan de consumo x_i que contenga al menos la misma cantidad de mercancías que otro, x'_i es por lo menos igual de bueno que éste.

Axioma 2.10 (Monotonía fuerte). *Si $x_i > x'_i$, entonces $x_i \succ_i x'_i$.*

La monotonicidad fuerte nos dice que un plan de consumo x_i que contenga por lo menos la misma cantidad de todos los bienes que otro plan de consumo x'_i y más de alguno de ellos es estrictamente mejor que éste. Notemos que este axioma implica, a su vez, que todos los bienes son deseables para el consumidor. En particular, si el plan de consumo contiene algún bien no deseable (un "mal") no satisfará la monotonicidad fuerte.

El grado de generalidad con el que estudiemos el proceso de toma de decisión del consumidor dependerá de la selección de axiomas más o menos restrictivos.

2.3. La función de utilidad

Ya hemos mencionado anteriormente que el objetivo de esta axiomática es conseguir una estructura analítica que permita asociar a cada clase de indiferencia un número real, de forma que si una clase es preferida a otra el número real asociado a la primera sea mayor que el de la segunda. En otras palabras, (ver Debreu, 1959 o Villar, 1996) dado un conjunto completamente preordenado de preferencias, nos preguntamos si podemos encontrar una función real creciente en este conjunto. Esta función, cuando existe, la denominamos *función de utilidad*. Formalmente,

Definición 2.1 (Función de utilidad). *Una función $u_i : X_i \to \mathbb{R}$ representa el preorden de preferencias $\succsim_i$ si y sólo si para todo $(x_i, x'_i) \in X_i$ se verifica*

$$u_i(x_i) \geq u_i(x'_i) \iff x_i \succsim_i x'_i.$$

Esta función u_i la denominamos función de utilidad del consumidor i.

No todas las relaciones de preferencia son representables mediante funciones de utilidad, pero puede demostrarse (ver Debreu, 1959 sección 4-6) el siguiente resultado.

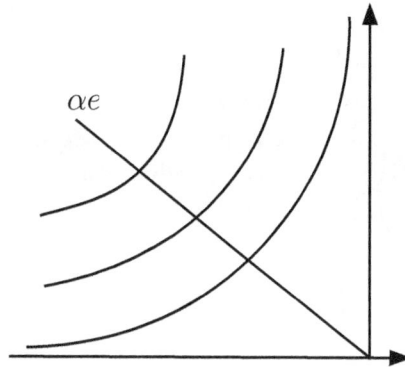

αe

Figura 2.5: La existencia de una función de utilidad.

Teorema 2.1 (Debreu, 1959). *Sea $\succsim_i$ una relación de preferencias definida sobre un subconjunto conexo de $\mathbb{R}^l$. La relación $\succsim_i$ puede representarse mediante una función de utilidad continua si y sólo si $\succsim_i$ es reflexiva, completa, transitiva y continua.*

Este teorema cuya demostración es difícil, permite transformar el problema del consumidor en la identificación de un máximo de la función u_i. El teorema de Weierstrass asegura la existencia de tal máximo en cualquier subconjunto compacto de X_i.

Villar (1996, teorema 2.2) demuestra la existencia de una función de utilidad con preferencias representadas por un preorden completo que satisfacen la no-saciabilidad local y son continuas. Varian (1992, sección 7.1) o Luenberger (1995, pp. 95-96) demuestran la existencia de una función de utilidad en el caso más restrictivo de preferencias representadas por un preorden completo que satisfacen la monotonicidad fuerte y son continuas.

Seguiremos aquí a Varian (1992) para la formulación y demostración del resultado de existencia de la función de utilidad. Señalemos antes que el supuesto de la continuidad de las preferencias es necesario para obtener una función de utilidad continua. Es posible representar mediante funciones no continuas preferencias que no satisfacen el axioma de continuidad.

Proposición 2.1 (Existencia de una función de utilidad). *Supongamos que la relación de preferencias $\succsim_i$ definida sobre $X_i \subset \mathbb{R}^l$ es reflexiva, transitiva, completa, continua y satisface la monotonía fuerte. Entonces existe una función de utilidad continua $u_i : \mathbb{R}^l \to \mathbb{R}$ que representa esas preferencias.*

Antes de ofrecer la demostración formal de este resultado, veamos la intuición del contenido de la demostración. Para ello observemos la figura 2.5 que representa un mapa de indiferencia en $\mathbb{R}^2$.

Dibujemos una recta que corte a todas las curvas de indiferencia. Así definimos los niveles de utilidad a lo largo de esta línea. Por lo tanto, para cualquier punto (plan de consumo) sobre esta recta podemos determinar su nivel de utilidad identificando la curva de indiferencia que la intersecta. El supuesto de la monotonía fuerte asegura que (i) las curvas de indiferencia existen y no se intersectan entre si, y (ii) cualquier recta de la forma $\alpha e, \alpha > 0, e > 0$ corta a todas las curvas de indiferencia.

Demostración. Procederemos en tres pasos (Luenberger, 1995 pp. 95-96).

a) Sea $e \in \mathbb{R}_+^l$ un vector l-dimensional cuyos elementos son todos unos (en términos de la figura 2.5 esto quiere decir que seleccionamos la recta de 45 grados). Este vector unitario permite convertir un escalar en un vector l-dimensional.

Dado cualquier vector $x_i \in X_i$ tenemos que demostrar que existe un único número $u(x_i)$ tal que $x_i \sim_i u(x_i)e$.

Para cualquier $x_i \in X_i$ y $\alpha \in \mathbb{R}_+$ podemos definir los dos conjuntos siguientes

$$A \equiv \{\alpha/\alpha \geq 0, \alpha e \succsim_i x_i\} \quad \text{y}$$
$$B \equiv \{\alpha/\alpha \geq 0, x_i \succsim_i \alpha e\}.$$

El supuesto de la monotonía fuerte implica que ambos conjuntos son no vacíos. El conjunto A porque para α suficientemente grande $\alpha e \succsim_i x_i$; en el caso del conjunto B porque contiene al menos el 0.

El supuesto de continuidad asegura que ambos conjuntos son cerrados.

Dado que las preferencias son completas, cada $\alpha \geq 0$ pertenece a uno de estos conjuntos. Por lo tanto tiene que existir un punto en común, digamos α_x, para el que $\alpha_x e \sim_i x_i$. El supuesto de monotonía fuerte de las preferencias asegura que este punto es único. Identifiquemos pues, α_x con $u(x_i)$ de manera que $u(x_i)e \sim_i \alpha_x e$, y aplicando transitividad obtenemos $u(x_i)e \sim_i x_i$.

Resumiendo, hemos demostrado que para cada plan de consumo $x_i \in X_i$ podemos encontrar un número real $u(x_i)$ tal que $u(x_i)e \sim_i x_i$.

Tenemos que demostrar ahora que esta función u representa la relación de preferencias original.

b) Consideremos dos planes de consumo $(x_i, x_i') \in X_i$. Por definición $x_i \sim_i u(x_i)e$ y $x_i' \sim_i u(x_i')e$. Si $u(x_i) > u(x_i')$, la monotonía fuerte implica que $u(x_i)e \succ_i u(x_i')e$. A su vez, la transitividad de las preferencias nos dice que

$$x_i \sim_i u(x_i)e \succ_i u(x_i')e \sim_i x_i',$$

de manera que $x_i \succ_i x_i'$.

En el sentido contrario, si $x_i \succ_i x_i'$, aplicando la transitividad de las preferencias obtenemos que $u(x_i)e \succ_i u(x_i')e$. La monotonía fuerte a su vez implica que $u(x_i) > u(x_i')$.

Un razonamiento paralelo permite demostrar que si $u(x_i) = u(x_i')$, entonces $x_i \sim_i x_i'$ y viceversa.

Por lo tanto, $u(x_i) \geq u(x_i')$ es equivalente a $x_i \succsim_i x_i'$.

Por último tenemos que demostrar que la función u es continua.

c) Supongamos que $\{x^j\}$ es una secuencia convergente a x_i, es decir $\{x^j\} \to x_i$. Queremos demostrar que $u(x^j) \to u(x_i)$. Procedemos por contradicción.

Supongamos que no. Ello quiere decir que podemos encontrar un $\varepsilon > 0$ y un número infinito de j's tales que $u(x^j) > u(x_i) + \varepsilon$ o $u(x^j) < u(x_i) - \varepsilon$. Sin pérdida de generalidad, supongamos que nos encontramos en la primera situación. Ello quiere decir que $x^j \sim_i u(x^j)e \succ_i u(x_i)e + \varepsilon e \sim_i x_i + \varepsilon e$. La transitividad de las preferencias nos permite concluir que $x^j \succ_i x_i + \varepsilon e$. Ahora bien, para un j suficientemente grande en nuestro conjunto infinito necesariamente tiene que ocurrir que $x_i + \varepsilon e > x^j$ de manera que por monotonía, $x_i + \varepsilon e \succ_i x^j$. Esto es una contradicción y por lo tanto concluimos que la secuencia debe ser convergente y por lo tanto la función u continua.

$\square$

Es importante señalar que la función de utilidad que acabamos de construir es *ordinal*. Es decir, el valor numérico de u no contiene ningún significado, sólo el signo de la diferencia entre los valores de u en dos puntos distintos es significativo.

Notemos también que el enunciado de la proposición que acabamos de demostrar no dice nada sobre la unicidad de la función de utilidad que representa las preferencias del consumidor. La proposición siguiente aborda precisamente esta cuestión. En particular, podemos demostrar que la función de utilidad que hemos identificado es única excepto para transformaciones estrictamente crecientes.

Proposición 2.2 (Transformaciones de la función de utilidad). *(i) Supongamos que la relación de preferencia $\succsim_i$ del consumidor i es representable por una función de utilidad $u : \mathbb{R}^l \to \mathbb{R}$. Entonces cualquier función de la forma $v(x_i) = f(u(x_i))$, donde f es una función estrictamente creciente, también es una función de utilidad que representa la misma relación de preferencias. Además, si u y f son continuas, entonces v es también continua.*

(ii) Todas las funciones de utilidad que representan las preferencias $\succsim_i$ del consumidor i son de la forma $v(x_i) = f(u(x_i))$.

Demostración. (i) Verifiquemos en primer lugar que v es una función de utilidad (véase Luenberger, 1995 p. 96). Si $x_i \succ_i x'_i$, entonces $u(x_i) > u(x'_i)$. Dado que f es estrictamente creciente, podemos afirmar que $f(u(x_i)) > f(u(x'_i))$. Por lo tanto, $v(x_i) > v(x'_i)$. Este argumento puede construirse al revés de manera que concluimos que $v(x_i) > v(x'_i)$ si y sólo si $x_i \succ_i x'_i$. Por último, dado que la composición de dos funciones continuas es continua, v es continua si u y f son continuas.

(ii) Sea v una función de utilidad arbitraria que representa la misma relación de preferencias que u. Es claro que $u(x_i) = u(x'_i)$ si y sólo si $v(x_i) = v(x'_i)$ porque ambos casos implican $x_i \sim_i x'_i$. También debe ser claro que $v(x_i) > v(x'_i)$ si y sólo si $u(x_i) > u(x'_i)$. Por lo tanto podemos escribir $v(x_i) = f(u(x_i))$ donde f es estrictamente creciente. $\qquad\qquad\qquad\qquad\qquad\qquad\qquad\qquad\qquad\qquad\square$

En el apéndice al final de este capítulo, el lector encontrará una demostración alternativa (de tipo constructivo) de la proposición 2.2.

La representación de las preferencias mediante una función de utilidad hace que las propiedades de la relación de preferencias se reflejen en las *propiedades de la función de utilidad* que las representa. Monotonía y continuidad de las preferencias se traducen en monotonía y continuidad de la función de utilidad. La convexidad de las preferencias se traduce en la concavidad de la función de utilidad. En particular, la convexidad débil de las preferencias implica la cuasi-concavidad de la función de utilidad; la convexidad de las preferencias implica que la función de utilidad es semi-estrictamente cuasi-cóncava; finalmente, la convexidad fuerte de las preferencias se traduce en una función u_i estrictamente cuasi-cóncava. Definamos estos conceptos:

Definición 2.2 (Cuasi-concavidad). *Sea $F : \mathbb{R}^n \to \mathbb{R}$. Decimos que F es cuasi-cóncava si para todo par de puntos $x, y \in \mathbb{R}^n$ y para todo $\lambda \in [0, 1]$,*

$$F(x) \geq F(y) \implies F[\lambda x + (1 - \lambda)y] \geq F(y).$$

Definición 2.3 (Cuasi-concavidad semi-estricta). *Sea $F : \mathbb{R}^n \to \mathbb{R}$. Decimos que F es semi-estrictamente cuasi-cóncava si para todo par de puntos $x, y \in \mathbb{R}^n$ y para todo $\lambda \in (0, 1]$,*

$$F(x) > F(y) \implies F[\lambda x + (1 - \lambda)y] > F(y).$$

Definición 2.4 (Cuasi-concavidad estricta). *Sea $F : \mathbb{R}^n \to \mathbb{R}$. Decimos que F es estrictamente cuasi-cóncava si para todo par de puntos $x, y \in \mathbb{R}^n$ y para todo $\lambda \in (0, 1)$,*

$$F(x) \geq F(y) \implies F[\lambda x + (1 - \lambda)y] > F(y).$$

2.4. La conducta del consumidor

2.4.1. Los precios y las restricciones del consumidor

Hasta ahora sólo hemos introducido planes de consumo (cantidades de bienes y servicios) en el análisis del comportamiento del consumidor. Pero con las preferencias sobre cantidades de mercancías (bienes y servicios demandados y ofertados por el consumidor) no podemos definir el problema del consumidor, porque falta un elemento fundamental dual a las cantidades. Este es los precios. Cada mercancía tiene su precio. Un *sistema de precios* es un vector $p \in \mathbb{R}^l$, donde $p \equiv (p_1, p_2, \ldots, p_l)$, $p_k \geq 0, k = 1, 2, \ldots, l$. Por lo tanto, el gasto del consumidor i para consumir el vector $x_i \in X_i$, $x_i \equiv (x_{i1}, x_{i2}, \ldots, x_{il})$ es,

$$px_i^T = \sum_{k=1}^{l} p_k x_{ik}.$$

Recordemos que estamos utilizando la convención de inputs negativos, de manera que el gasto del consumidor es la diferencia entre la suma de los recursos necesarios para la adquisición de los bienes y servicios menos la suma de los ingresos obtenidos por la venta de factores (trabajo). Aquellos lectores para los que la convención de inputs negativos les resulte incómoda, podemos considerar demanda de ocio en lugar de demanda de trabajo de manera que $X_i = R_+^l$.

También supondremos que al "nacer", el consumidor está dotado de una cierta "renta"que denotamos por $w_i \in \mathbb{R}$.

Así pues, dado un sistema de precios $p \in \mathbb{R}^l$ y una renta inicial $w_i \in \mathbb{R}$ el conjunto factible de consumo del consumidor i, $B_i \subset X_i$ se define como aquellos planes de consumo que el indivíduo i puede comprar:

$$B_i = \{x_i \in X_i : \sum_{k=1}^{l} p_k x_{ik} \leq w_i\}.$$

La frontera del conjunto factible de consumo, i.e. $\{x_i \in X_i : \sum_{k=1}^{l} p_k x_{ik} = w_i\}$ se denomina *la restricción presupuestaria* del consumidor i. Dados los supuestos sobre el conjunto X_i (ver la sección 2.1), se deduce que el conjunto B_i es cerrado y convexo. Supondremos que para todo k, $p_k > 0$ de manera que es fácil verificar que B_i es compacto. Supondremos además que es no vacío. (Ignoramos el caso $p_k = 0$. Ello podría implicar que el individuo quisiera consumir una cantidad arbitrariamente grande del bien k, y el conjunto B_i ya no sería acotado ni, por lo tanto, compacto.)

Un supuesto implícito en esta formulación es que la decisión de consumo de un individuo no modifica los precios unitarios de los bienes (el vector $p \in \mathbb{R}^l$).

En otras palabras, el consumidor se enfrenta a una función lineal de precios. Este supuesto se justifica con dos argumentos. Por una parte, si el consumidor pudiera obtener descuentos en el precio por cantidad, podría comprar una gran cantidad de un bien (con descuento) y revenderlo después a otros consumidores, lo que no permitimos que ocurra. Por otra parte, suponemos que la demanda de un consumidor individual es una parte insignificante de la demanda total del mercado. Aunque para el desarrollo de la teoría del consumidor, éste no es un supuesto necesario, resulta conveniente y por lo tanto lo mantendremos en todo el análisis.

2.4.2. El problema de decisión del consumidor

Introducidos el conjunto de consumo (X_i), las preferencias ($\succsim_i$), la función de utilidad que las representa (u_i), y el conjunto factible (B_i) del consumidor podemos formular ahora el problema de elección del consumidor. Un consumidor racional que decide en base a toda esta información seleccionará un vector de consumo x_i dentro de su conjunto de consumo X_i que es el mejor de acuerdo con sus preferencias $\succsim_i$, sujeto a la restricción de que el coste de x_i no sea superior a su renta, es decir escogerá el mejor plan de consumo $x_i \in B_i$. Formalmente, el problema del consumidor es

$$\max_{x_i \in X_i} u_i(x_i) \text{ sujeto a } \sum_{k=1}^{l} p_k x_{ik} \leq w_i.$$

Este problema de maximización condicionada del consumidor tiene solución, posiblemente no única. La función de utilidad es continua dados los supuestos sobre las preferencias y el conjunto factible de consumo es compacto como acabamos de ver. Por lo tanto aplicando el teorema del máximo, sabemos que el problema tiene solución. Señalemos que la solución del problema de maximización no depende de la función de utilidad utilizada. Cualquier función de utilidad que represente las preferencias del consumidor, debe alcanzar su máximo dentro del conjunto B_i en el mismo punto (de acuerdo con la proposición 2.2).

Lema 2.1. *Si las preferencias son convexas, el conjunto de soluciones es convexo. Si las preferencias son estrictamente convexas, la solución será única.*

Demostración. (i) Supongamos que x_i y x_i' son dos soluciones del problema de maximización para (p, w_i) dados. Necesariamente, $x_i \sim_i x_i'$.

Consideremos ahora $\lambda \in [0, 1]$, y construyamos la asignación $\lambda x_i + (1-\lambda)x_i' \in B_i$.

Por una parte, como las preferencias son convexas, $\lambda x_i + (1 - \lambda)x_i'$ es por lo menos tan bueno como el peor entre x_i y x_i', i.e.

$$\lambda x_i + (1 - \lambda)x_i' \succsim_i x_i \sim_i x_i'. \tag{2.1}$$

Por otra parte, como tanto x_i como x'_i son soluciones del problema del consumidor, ambas deben ser igualmente buenas, y al menos tan buenas como cualquier otro punto dentro del conjunto de consumo factible, es decir,

$$x_i \sim_i x'_i \succsim_i \lambda x_i + (1 - \lambda)x'_i. \tag{2.2}$$

Combinando (2.1) y (2.2) obtenemos

$$x_i \sim_i x'_i \sim_i \lambda x_i + (1 - \lambda)x'_i,$$

de manera que $\lambda x_i + (1 - \lambda)x'_i$ es también una solución del problema del consumidor, y por lo tanto el conjunto de soluciones es convexo.

(ii) Supongamos ahora que las preferencias son estrictamente convexas y que existen dos soluciones distintas x_i y x'_i. Como antes, necesariamente, $x_i \sim_i x'_i$.

La convexidad estricta nos dice que $\lambda x_i + (1 - \lambda)x'_i$ será necesariamente mejor que x_i y x'_i. Sin embargo esto es contradictorio con el supuesto que x_i y x'_i son soluciones. $\qquad\square$

Lema 2.2. *Si las preferencias (además de ser un preorden completo y continuas) son no saciables localmente, y si x_i^* es una solución del problema del consumidor para (p, w_i), entonces $\sum_{k=1}^{l} p_k x_{ik}^* = w_i$.*

Demostración. El lema nos dice que bajo ciertas condiciones la solución del problema se encuentra en la frontera del conjunto factible de consumo del individuo i. Si x_i^* es una solución, necesariamente debe verificar $\sum_{k=1}^{l} p_k x_{ik}^* \leq w_i$. Esta desigualdad se conoce como la *Ley de Walras*. Debemos demostrar que con preferencias no saciables localmente, la Ley de Walras se cumple con igualdad. Procederemos por contradicción (ver Varian, 1992 o Kreps, 1990).

Supongamos que x_i^* es una solución del problema del consumidor para (p, w_i) dados y verifica que $\sum_{k=1}^{l} p_k x_{ik}^* < w_i$. En tal caso, el consumidor i podría adquirir un plan de consumo x'_i situado en un entorno alrededor de x_i^*, donde el tamaño del entorno está relacionado con la renta no gastada y con el precio más alto. Ahora bien, dado que el consumidor es no saciable localmente, en todo entorno de cualquier punto x_i existe otro punto que es estrictamente preferido a x_i, lo que es contradictorio. $\qquad\square$

El resultado del problema de decisión del consumidor es $x_i^*(p, w_i)$ y se denomina *demanda marshalliana del consumidor i*. Una característica importante de esta función de demanda es que es contínua y homogénea de grado cero en precios y renta. Es decir si multiplicamos los precios y la renta por un mismo escalar $\gamma > 0$, la solución del problema no varía. En otras palabras, $x_i(p, w_i) = x_i(\gamma p, \gamma w_i)$, lo que puede interpretarse como la exclusiva dependencia del plan de consumo elegido de los precios relativos y de la renta real. El estudio detallado de las propiedades de la función de demanda se encuentra en la sección 2.7.1. A continuación procederemos a resolver el problema de decisión del consumidor.

2.4.3. Derivación de la función de demanda marshalliana

Supongamos

1. la función de utilidad $u(x_i)$ es contínua, dos veces diferenciable, cuasi-cóncava y semimonótona.

2. todos los precios y la renta son estrictamente positivos.

Podemos reformular el problema del consumidor como

$$\max_{x_i \in X_i} u_i(x_i) \text{ sujeto a } \sum_{k=1}^{l} p_k x_{ik} \leq w_i.$$

Las condiciones (suficientes dados los supuestos de u_i cuasi-cóncava y B_i convexo y no vacío) de primer orden (de Kühn-Tucker) son

$$\frac{\partial u_i}{\partial x_{ik}} - \lambda p_k \leq 0, k = 1, 2, \ldots, l \tag{2.3}$$

$$x_{ik}\left[\frac{\partial u_i}{\partial x_{ik}} - \lambda p_k\right] = 0, k = 1, 2, \ldots, l \tag{2.4}$$

donde $\lambda \geq 0$ representa el multiplicador de Lagrange asociado a la restricción. Además también debe verificarse la condición de holgura (una lectura iluminadora sobre la solución de problemas de programación cuasi-cóncava es Arrow y Enthoven, 1961 y sobre optimización en general Intriligator, 1971):

$$\lambda\left(w_i - \sum_{k=1}^{l} p_k x_{ik}\right) = 0. \tag{2.5}$$

Esta condición de holgura dados los supuestos 1 y 2, garantizan que en equilibrio $w_i = \sum_{k=1}^{l} p_k x_{ik}$, es decir, el consumidor gasta toda su renta.

Fijémonos ahora en el segundo conjunto de condiciones de primer orden (2.4). Si para un determinado par de mercancías, (r, s) en equilibrio $x_{ir}^* \neq 0, x_{is}^* \neq 0$, podemos reescribir sus correspondientes condiciones de primer orden como

$$\frac{\partial u_i}{\partial x_{ir}} - \lambda p_r = 0$$

$$\frac{\partial u_i}{\partial x_{is}} - \lambda p_s = 0,$$

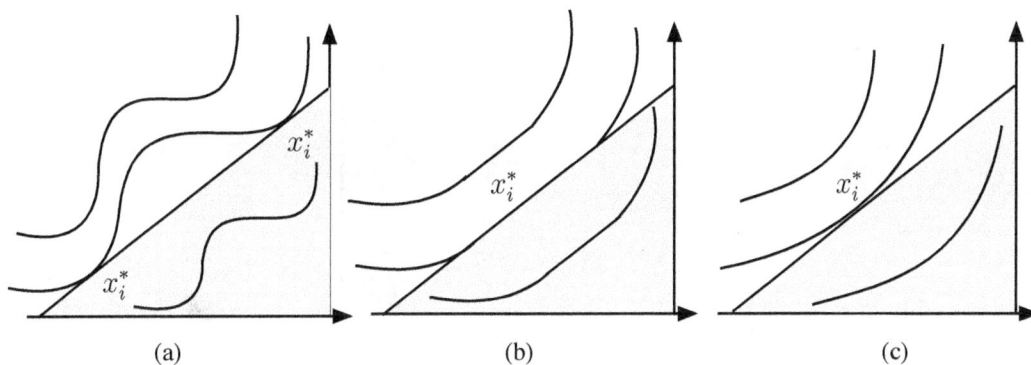

(a) (b) (c)

Figura 2.6: La solución del problema del consumidor.

o, de forma equivalente,

$$\frac{\frac{\partial u_i}{\partial x_{ir}}}{\frac{\partial u_i}{\partial x_{is}}} = \frac{p_r}{p_s}, \quad r, s = 1, 2, \ldots, l$$

es decir, la tasa marginal de sustitución del bien s por el bien r (a lo largo de una curva de indiferencia) es igual al cociente de sus precios.

Gráficamente, la figura 2.6 ilustra la solución que acabamos de obtener para los casos de preferencias (a) no convexas, (b) convexas y (c) estrictamente convexas.

Cuando existe alguna mercancía k para la que en equilibrio $x_{ik} = 0$, nos encontramos con soluciones de esquina. Estas pueden aparecer incluso si $p_k > 0$ y $\frac{\partial u_i}{\partial x_{ik}} > 0$. La figura 2.7 ilustra esta situación.

Resumiendo, la solución del sistema (2.3), (2.4), (2.5) es

$$x_{ik}(p, w_i), \quad k = 1, 2, \ldots, l$$

que denominamos *sistema de demandas marshallianas* del consumidor i, para el sistema de precios p y la renta w_i.

Ejemplo 2.3 (La función de utilidad Cobb-Douglas)**.** *Consideremos la función de utilidad l-dimensional de Cobb-Douglas,*

$$u_i(x_{i1}, x_{i2}, \ldots, x_{il}) = \prod_{k=1}^{l} x_{ik}^{\alpha_k}, \quad \alpha_k \geq 0, \quad k = 1, 2, \ldots, l$$

El problema que queremos resolver es,

$$\max_{x_i} u_i(x_i) \text{ sujeto a } w_i \geq \sum_{k=1}^{l} p_k x_{ik}, \quad x_{ik} \geq 0.$$

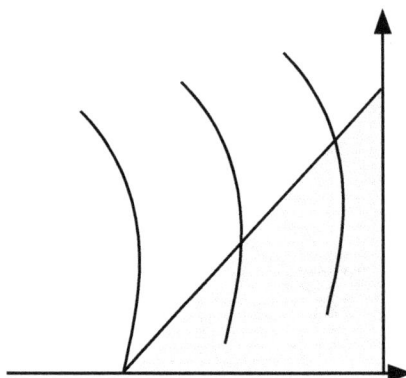

Figura 2.7: Solución de esquina en el problema del consumidor.

Las condiciones de primer orden son

$$\alpha_k x_{ik}^{\alpha_k-1} \prod_{j\neq k} x_{ij}^{\alpha_j} - \lambda p_k \leq 0$$

$$x_{ik}\left[\alpha_k x_{ik}^{\alpha_k-1} \prod_{j\neq k} x_{ij}^{\alpha_j} - \lambda p_k\right] = 0$$

$$\lambda\left(w_i - \sum_{k=1}^{l} p_k x_{ik}\right) = 0$$

para $k = 1, 2, \ldots l$ y donde $\lambda \geq 0$. Una solución interior de este problema está caracterizada por

$$\alpha_k x_{ik}^{\alpha_k-1} \prod_{j\neq k} x_{ij}^{\alpha_j} - \lambda p_k = 0.$$

Multiplicando por x_{ik} obtenemos

$$\alpha_k \prod_{k=1}^{l} x_{ik}^{\alpha_k} - \lambda p_k x_{ik} = 0 \tag{2.6}$$

para $k = 1, 2, \ldots, l$. Sumando sobre k obtenemos

$$\sum_{k=1}^{l} \alpha_k \prod_{k=1}^{l} x_{ik}^{\alpha_k} - \lambda \sum_{k=1}^{l} p_k x_{ik} = 0$$

de donde podemos derivar el valor de λ:

$$\lambda = \frac{\sum_{k=1}^{l} \alpha_k}{\sum_{k=1}^{l} p_k x_{ik}} \prod_{k=1}^{l} x_{ik}^{\alpha_k}. \tag{2.7}$$

Sustituyendo (2.7) en (2.6) obtenemos

$$\alpha_k = \frac{\sum_{k=1}^{l} \alpha_k}{\sum_{k=1}^{l} p_k x_{ik}} p_k x_{ik}$$

es decir, la demanda de la mercancía k viene dada por

$$x_{ik} = \frac{\sum_{k=1}^{l} p_k x_{ik}}{\sum_{k=1}^{l} \alpha_k} \frac{\alpha_k}{p_k}.$$

Dado que estamos caracterizando una solución interior en la que el consumidor se gastará toda su renta, podemos escribir la demanda del bien k como

$$x_{ik}^*(p, w_i) = \frac{w_i}{p_k} \frac{\alpha_k}{\sum_{k=1}^{l} \alpha_k}. \tag{2.8}$$

Señalemos que de acuerdo con (2.8),

$$x_{ik}^* p_k = \frac{\alpha_k}{\sum_{k=1}^{l} \alpha_k} w_i,$$

es decir, el consumidor i asigna a la demanda del bien k una proporción $\dfrac{\alpha_k}{\sum_{k=1}^{l} \alpha_k}$ *de su renta* w_i.

2.4.4. Estática comparativa

Un ejercicio que nos planteamos a continuación es examinar cómo se modifica la demanda del consumidor cuando varían los valores de los parámetros del problema, es decir la renta y/o los precios. Cuando el problema del consumidor tiene una multiplicidad de soluciones, éste es un ejercicio difícil de interpretar, de manera que supondremos que la solución del problema del consumidor es única: $x_i(p, w_i) = (x_{i1}(p, w_i), x_{i2}(p, w_i), \ldots, x_{il}(p, w_i))$.

La curva de Engel

Estudiemos en primer lugar como varía $x_i(p, w_i)$ cuando cambia la renta w_i y los precios se mantienen fijos. La variación de la renta representa un desplazamiento paralelo de la restricción presupuestaria del consumidor. Supongamos, sin pérdida de generalidad, que la renta del consumidor aumenta. Dado que los precios se mantienen constantes, el consumidor es en términos reales más rico, y por lo tanto aumenta el consumo de todos los bienes en la misma proporción. Es decir, observamos un desplazamiento paralelo de la curva de demanda hacia afuera. La figura 2.8 ilustra este argumento.

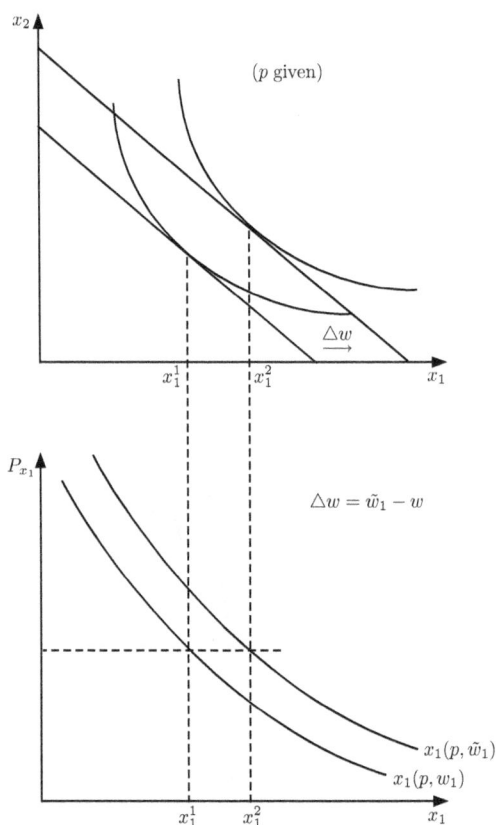

Figura 2.8: Variaciones de la renta.

Para cada valor de la renta podemos obtener el plan de consumo óptimo; el lugar geométrico resultante de todos estos nuevos planes de consumo se denomina *senda de expansión de la renta*. A partir de ésta podemos deducir una relación funcional entre la variación de la renta y de la demanda que se conoce como la *curva de Engel*. Para visualizar el efecto de estos cambios de renta, observemos la figura 2.9 que representa, para el caso de dos bienes, el ajuste de la demanda del consumidor ante variaciones de su renta mediante la línea de trazo grueso.

En primer lugar debemos notar que la senda de expansión de la renta (y por lo tanto la curva de Engel) pasan por el origen (suponiendo, naturalmente que los precios son estrictamente positivos). En la mayoría de las situaciones esperamos que aumentos de renta se asocien a aumentos de la demanda. Los bienes que se comportan de esta manera los denominamos *bienes normales*. Dentro de esta categoría, representada por las secciones (a) y (b) de la figura 2.9, podemos distinguir dos casos.

En la parte (a) la senda de expansión de la renta es un línea recta. Ello quiere decir que el consumidor mantendrá la proporción de consumo entre los dos bienes

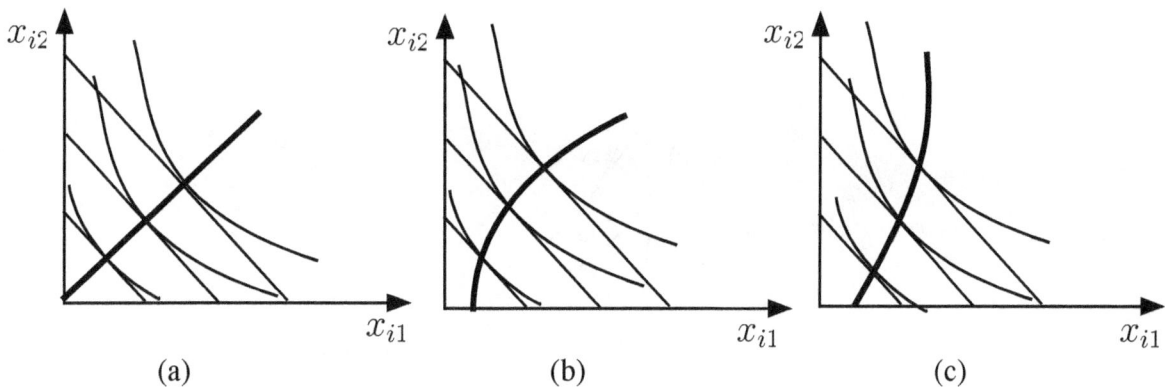

(a) (b) (c)

Figura 2.9: Curva de Engel.

constante ante variaciones de renta. Es decir, $x_{ij}(p, w_i)/x_{ik}$ no varía con cambios de w_i, o de forma equivalente, $\frac{\partial \frac{\partial x_{ij}}{\partial x_{ik}}}{\partial w_i} = 0$. En este caso, decimos que la demanda del consumidor tiene una elasticidad-renta unitaria, o que las preferencias del consumidor son homotéticas.

En la parte (b) de la figura, observamos que la demanda de ambos bienes aumenta cuando aumenta la renta pero en proporciones diferentes. En particular, observamos que el consumo del bien 2 aumenta más que proporcionalmente que el aumento de la renta (una mayor proporción de renta se gasta en el consumo del bien 2), y el consumo del bien 1 aumenta menos que proporcionalmente, es decir $x_{i2}(p, w_i)/w_i$ aumenta y $x_{i1}(p, w_i)/w_i$ disminuye. En este caso decimos que el bien 2 es un *bien de lujo*, y que el bien 1 es un *bien de primera necesidad*.

Por último, la parte (c) de la figura ilustra una situación en la que el aumento de renta provoca una disminución en la demanda del bien 1. Decimos, en este caso, que el bien 1 es un *bien inferior*.

La curva de oferta

Consideremos ahora que la renta y el precio del bien 2 se mantienen constantes y examinemos cómo varía la demanda cuando disminuye el precio del bien 1. Dado que el bien 1 es ahora relativamente más barato que el bien 2, el conjunto presupuestario se sesga hacia el bien 1. Para cada variación de precio podemos calcular el nuevo plan óptimo de consumo. La figura 2.10 ilustra el argumento.

La relación de entre las variaciones de precio y los planes de consumo se denomina *curva de oferta-precio*. La figura 2.11 muestra las dos situaciones posibles que pueden aparecer. En la parte (a) de la figura, la disminución del precio del bien 1 genera un aumento en su demanda. En tal caso, decimos que el bien 1 es un *bien normal*; la parte (b) de la figura presenta una situación en la que la dis-

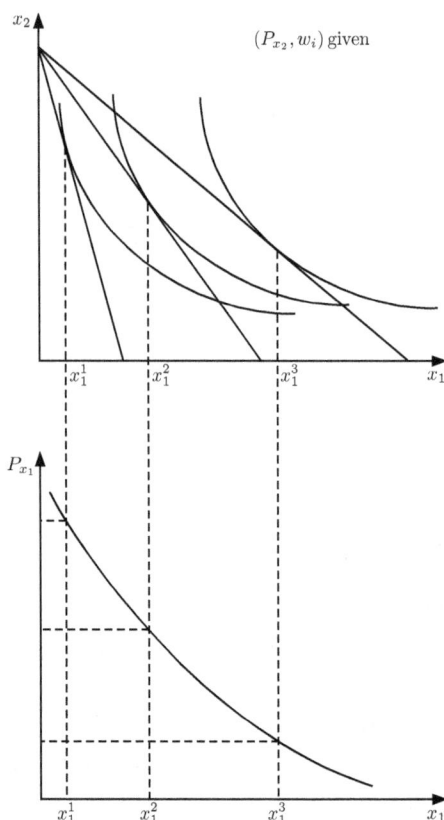

Figura 2.10: Variaciones de los precios.

minución del precio del bien 1 conlleva una disminución de su consumo. En este caso decimos que el bien 1 es un *bien Giffen*.

2.4.5. Bienes sustitutivos y complementarios

Una vez hemos derivado la demanda del consumidor a partir de sus preferencias, podemos encontrar algunas propiedades cualitativas que permitan clasificar las funciones de demanda (y por lo tanto los órdenes de preferencias). En particular, aunque diferentes individuos pueden presentar diferentes preferencias, la relación funcional entre diferentes bienes puede permitir clasificar los bienes.

Así, decimos que dos bienes son *sustitutivos* entre si cuando ambos proporcionan servicios parecidos (e.g. café y té; cine y televisión, azúcar y sacarina, etc). La parte (a) de la figura 2.12 presenta un mapa de curvas de indiferencia para dos bienes sustitutivos cercanos. El precio relativo de ambos bienes (p_j/p_k), es crucial para determinar las demandas. Una pequeña variación del precio relativo puede ocasionar una gran variación en las demandas relativas. En el caso extremo

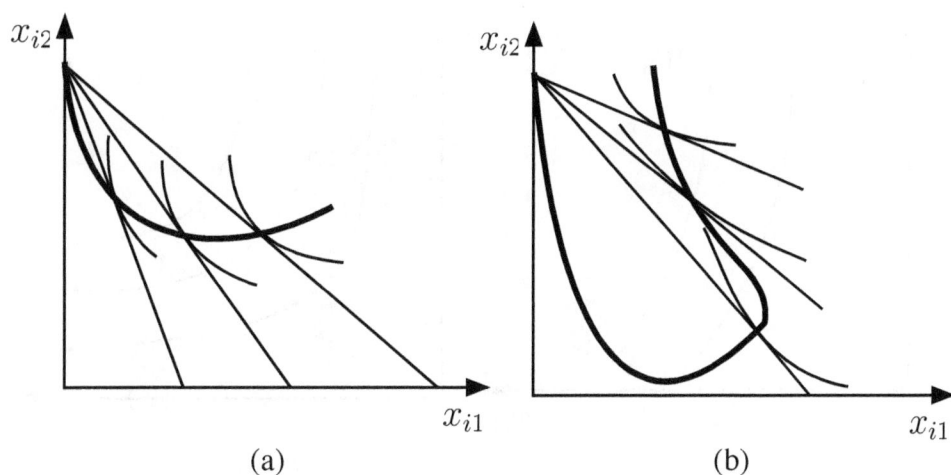

Figura 2.11: Curva de oferta-precio.

de bienes sustitutivos perfectos, las curvas de indiferencia serán líneas rectas, y la demanda será una solución de esquina, excepto en el caso en que la relación de precios sea igual a la tasa marginal de sustitución.

Decimos que dos bienes son *complementarios* si se consumen conjuntamente (e.g. coches y gasolina; café y azúcar; pluma y papel, etc). La parte (b) de la figura 2.12 presenta un mapa de curvas de indiferencia para dos bienes complementarios cercanos. Dos bienes son complementarios perfectos si la proporción en que se consumen es constante (e.g. guantes de la mano derecha e izquierda) y aumentos en el consumo de sólo uno de ellos no genera aumentos de utilidad. Las curvas de indiferencia tienen mucha curvatura. En el caso extremo de bienes complementarios perfectos, las curvas de indiferencia presentan un ángulo recto. En este caso los precios relativos no son importantes, lo que es relevante es el precio total definido como una suma ponderada de los precios de los dos bienes.

2.4.6. Elasticidad

Una vez examinados los efectos de las variaciones de renta y precios sobre la demanda, necesitamos una medida (invariante a las unidades de medida de precios, renta, y cantidades) de de tales variaciones. Esta medida la denominamos *elasticidad* y es la variación relativa de la demanda con respecto a la variación relativa de precios y renta.

Elasticidad-renta de la demanda La elasticidad-renta de la demanda es la relación entre un cambio porcentual de la demanda de un bien k ante un cambio

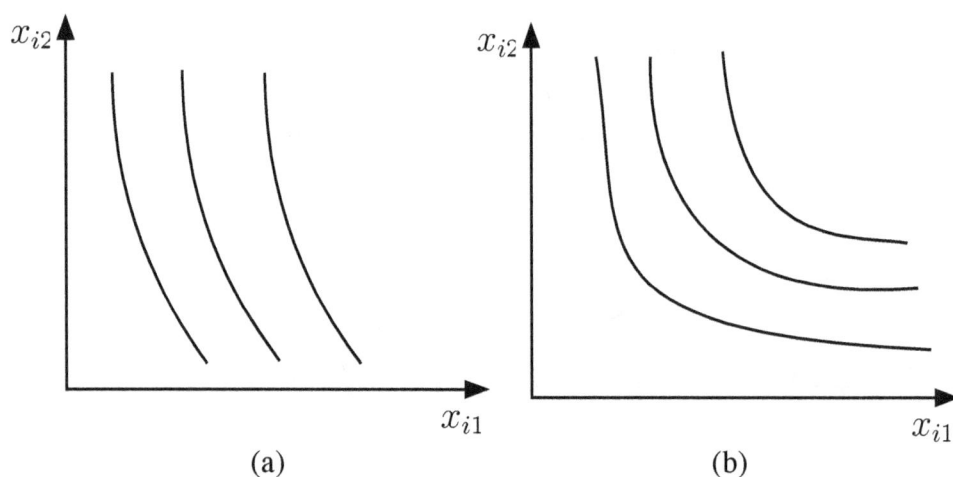

Figura 2.12: Bienes sustitutivos y complementarios.

porcentual de la renta. Formalmente

$$\eta_k = \frac{\partial x_{ik}}{\partial w_i} \frac{w_i}{x_{ik}}, \ k = 1, 2, \ldots, l.$$

Una vez calculadas todas las η_k, podemos definir la *elasticidad-renta media* como la suma ponderada de las diferentes η_k, es decir $\sum_k \delta_k \eta_k$, donde $\delta_k = p_k x_{ik}/w_i$ es la proporción de renta que el consumidor destina al bien k. La elasticidad-renta media permite obtener el siguiente resultado:

Proposición 2.3. *La elasticidad-renta media es uno.*

Demostración. Sabemos que

$$\sum_{k=1}^{l} p_k x_{ik}(p, w_i) = w_i.$$

Por lo tanto, derivando con respecto a w_i

$$\sum_{k=1}^{l} p_k \frac{\partial x_{ik}(p, w_i)}{\partial w_i} = 1. \tag{2.9}$$

El término de la izquierda puede reescribirse como

$$\sum_{k=1}^{l} p_k \frac{\partial x_{ik}(p, w_i)}{\partial w_i} = \sum_{k=1}^{l} p_k \frac{\partial x_{ik}(p, w_i)}{\partial w_i} \frac{w_i}{x_{ik}} \frac{x_{ik}}{w_i} = \sum_{k=1}^{l} \frac{p_k x_{ik}}{w_i} \eta_k. \tag{2.10}$$

Combinando (2.9) y (2.10) obtenemos

$$\sum_{k=1}^{l} \frac{p_k x_{ik}}{w_i} \eta_k = 1.$$

□

Para interpretar este resultado, pensemos en una situación inicial con una renta w_i en la que se satisface que $\sum_k p_k x_{ik} = w_i$. Por alguna razón el consumidor experimenta una variación de su renta (w_i'), de manera que ajusta su consumo tal que $\sum_k p_k x_{ik} = w_i'$. Este ajuste en la composición de la cesta de consumo se realizará de acuerdo con la importancia relativa del gasto de cada bien en el gasto total. Dado que el consumidor siempre gasta toda su renta, la variación en el valor de la cesta de consumo se ajustará perfectamente a la variación de la renta.

Elasticidad-precio de la demanda La elasticidad-precio de la demanda es la relación entre un cambio porcentual de la demanda de un bien ante un cambio porcentual de su precio. Formalmente,

$$\varepsilon_k = \frac{\partial x_{ik}}{\partial p_k} \frac{p_k}{x_{ik}}, \ k = 1, 2, \dots, l.$$

Elasticidad-cruzada de la demanda La elasticidad-cruzada de la demanda es la relación entre un cambio porcentual de la demanda de un bien ante un cambio porcentual del precio de otro bien. Formalmente,

$$\varepsilon_{k,j} = \frac{\partial x_{ik}}{\partial p_j} \frac{p_j}{x_{ik}}, \ k = 1, 2, \dots, l; \ k \neq j.$$

2.4.7. Función inversa de demanda

La función de demanda expresa la conducta del consumidor describiendo los planes de consumo en función de los precios y de la renta. Implícitamente, la construcción de esta función de demanda supone que las variables relevantes en el análisis de la conducta del consumidor son los niveles de consumo. Sin embargo, podemos encontrarnos en situaciones donde nos interesará describir los precios en función de las cantidades (pensemos en modelos de competencia imperfecta de tipo Cournot o Bertrand). Es decir, dada una cesta de consumo x_i y dada una renta w_i, nos interesará encontrar un vector de precios para el que el individuo i maximiza su utilidad consumiendo precisamente la cesta x_i. Esta nueva función de demanda la denominamos *función inversa de demanda*.

Para poder invertir la función de demanda sólo podemos tener tantas variables de precios como variables de bienes, de manera que necesitamos fijar la renta a un nivel determinado. Digamos $w_i = 1$. Dado que la función de demanda es homogénea de grado cero en precios y renta, podemos obtener los precios asociados a un nivel de renta w_i simplemente multiplicándolos por w_i.

Dada una función de utilidad $u_i(x_i)$, podemos escribir las condiciones de primer orden del problema de maximización de utilidad sujeta a la restricción presupuestaria como

$$\frac{\partial u_i(x_i)}{\partial x_{ik}} - \lambda p_k = 0,$$

$$\sum_{k=1}^{l} p_k x_{ik} = 1.$$

Multiplicando el primer conjunto de condiciones de primer orden por x_{ik}, sumándolas sobre k y utilizando la restricción presupuestaria obtenemos

$$\sum_{k=1}^{l} \frac{\partial u_i(x_i)}{\partial x_{ik}} x_{ik} = \lambda \sum_{k=1}^{l} p_k x_{ik} = \lambda.$$

Podemos ahora sustituir λ por el valor que acabamos de encontrar en una de las condiciones del primer conjunto de condiciones de primer orden para obtener p_k en función de x_i

$$p_k(x_i) = \frac{\frac{\partial u_i(x_i)}{\partial x_{ik}}}{\sum_{k=1}^{l} \frac{\partial u_i(x_i)}{\partial x_{ik}} x_{ik}}.$$

En general, la función inversa de demanda puede no existir. Si, por ejemplo, la función de utilidad no es cuasicóncava encontraremos cestas de consumo que nunca serán elegidas independientemente del vector de precios, de manera que la función inversa de demanda no estará definida para esas cestas de consumo. En otras palabras, sólo podemos derivar la función inversa de demanda cuando la solución del problema del consumidor es interior.

2.5. La función indirecta de utilidad

La función indirecta de utilidad evalúa el nivel de utilidad que obtiene el consumidor en su(s) elección(es) óptima(s) dados los precios p y la riqueza w_i. Formalmente la expresamos como una función $v : \mathbb{R}_+^{l+1} \to \mathbb{R}$ tal que para cada $(p, w_i) \in \mathbb{R}_+^{l+1}$,

$$v_i(p, w_i) = max\{u_i(x_i) / \sum_{k=1}^{l} p_k x_{ik} \le w_i\} = u(x_i^*(p, w_i)).$$

En otras palabras, la función indirecta de utilidad representa la máxima utilidad que puede alcanzar el consumidor i dados los precios y su renta: $v_i(p, w_i) = u_i(x_i^*)$.

Esta definición de v_i no depende de que el problema del consumidor tenga una solución única. De la misma manera que las unidades de v_i dependen de la escala específica de u_i, si reescalamos u_i también transformaremos v_i con la misma función de reescalamiento.

Las propiedades de la función indirecta de utilidad son las siguientes:

Proposición 2.4. *Dados los supuestos introducidos para la derivación de la función de demanda marshalliana, la función indirecta de utilidad $v_i(p, w_i)$ es:*

a) *continua en p y w_i (para $p > 0$ y $w_i > 0$),*

b) *homogénea de grado cero en p y w_i,*

c) *estrictamente creciente en w_i y no creciente en p,*

d) *cuasi-convexa en (p, w_i)*

Demostración. a) (Kreps, 1990) Supongamos que $\{p^n, w_i^n\}$ es una sucesión convergente a (p, w_i) para $p > 0$. Supongamos también que x_i^n es una solución al problema del consumidor para (p^n, w_i^n) de manera que $v_i(p^n, w_i^n) = u_i(x_i^n)$. Sea n' una subsucesión tal que $\lim_{n'} u_i(x_i^{n'}) = \limsup_n v_i(p^n, w_i^n)$. Dado que hemos supuesto $p > 0$, podemos demostrar que para un n' suficientemente grande, la unión de los conjuntos presupuestarios definidos para (p^n, w_i^n) y (p, w_i) es acotada. Ello quiere decir que la secuencia de soluciones x_i^n se encuentra en un espacio compacto y por lo tanto tiene límite. Denotemos este límite como x_i. Puesto que $p^n x_i^n \leq w_i^n$, por la propiedad de la continuidad sabemos que $px_i \leq w_i$. Por lo tanto $v_i(p, w_i) \geq u_i(x_i) = \lim_{n'} u_i(x^n) = \limsup_n v_i(p^n, w_i^n)$.

Supongamos ahora que x_i es una solución al problema del consumidor para (p, w_i). Por lo tanto $v_i(p, w_i) = u_i(x_i)$. A partir de la no saciabilidad local sabemos que $px_i = w_i$. Definamos ahora el escalar $a^n \equiv \dfrac{w_i^n}{p^n x_i}$. Por continuidad, $\lim_n a^n = \dfrac{w_i}{px_i} = 1$. También por la continuidad de u_i, $\lim_n u_i(a^n x_i) = u_i(x_i)$ y al mismo tiempo $p^n a^n x_i = w_i^n$ de modo que $a^n x_i$ es factible en el problema definido por (p^n, w_i^n). Por consiguiente, $v_i(p^n, w_i^n) \geq u_i(a^n x_i)$ y $\liminf_n v_i(p^n, w_i^n) \geq \lim_n u_i(a^n x_i) = u_i(x_i) = v_i(p, w_i)$.

Combinando ambos argumentos, vemos que $\liminf_n v_i(p^n, w_i^n) \geq v_i(p, w_i) \geq \limsup_n v_i(p^n, w_i^n)$, lo que implica que el $\lim_n v_i(p^n, w_i^n)$ existe y es igual a $v_i(p, w_i)$.

b) Si los precios y la renta se multiplican por un número positivo, el conjunto presupuestario no varía. Por lo tanto, $v_i(p, w_i) = v_i(tp, tw_i)$ para cualquier $t > 0$.

c) Sean p, p' dos vectores de precios tales que $p' \geq p$. Tenemos que demostrar que $v_i(p', w_i) \leq v_i(p, w_i)$. Definamos los conjuntos

$$B(p) = \{x_i \in \mathbb{R}^l_+ / px_i \leq w_i\}$$
$$B(p') = \{x_i \in \mathbb{R}^l_+ / p'x_i \leq w_i\}.$$

Dado que $p' \geq p$, se verifica que $B(p') \subset B(p)$. Sea x^* el máximo sobre $B(p)$, y sea y^* el máximo sobre $B(p')$. Puede ocurrir que $x^* = y^*$ en cuyo caso $u_i(x^*) = u_i(y^*)$, y por lo tanto $v_i(p, \overline{w}_i) = v_i(p', \overline{w}_i)$. Alternativamente, puede ocurrir que $x^* > y^*$ en cuyo caso $u_i(x^*) > u_i(y^*)$, y por lo tanto $v_i(p, \overline{w}_i) > v_i(p', \overline{w}_i)$. Por lo tanto el máximo de $u_i(x_i)$ sobre $B(p)$ será al menos tan grande como el máximo de $u_i(x_i)$ sobre $B(p')$.

Consideremos ahora dos niveles de renta w_i, w'_i tales que $w'_i > w_i$. Tenemos que demostrar que $v_i(p, w'_i) > v_i(p, w_i)$. Definamos los conjuntos,

$$C(w_i) = \{x_i \in \mathbb{R}^l_+ / px_i \leq w_i\}$$
$$C(w'_i) = \{x_i \in \mathbb{R}^l_+ / px_i \leq w'_i\}.$$

Sea x_i un máximo de u_i sobre $C(w_i)$. Dado que $C(w_i) \subset C(w'_i)$, y que los precios y la renta son estrictamente positivos, podemos encontrar un plan de consumo $x'_i \in C(w'_i)$ tal que $u_i(x'_i) > u_i(x_i)$.

d) La cuasi-convexidad de v_i equivale a que los conjuntos de contorno inferiores sean convexos. Consideremos dos vectores de precios p, p' y un escalar α tales que $v_i(p, w_i) \leq \alpha$ y $v_i(p', w_i) \leq \alpha$. Definamos ahora otro vector de precios como combinación lineal convexa de los dos primeros, $p'' = \lambda p + (1-\lambda)p'$ con $\lambda \in (0, 1)$. Queremos demostrar que $v_i(p'', w_i) \leq \alpha$.

Definamos ahora los conjuntos

$$B(p) = \{x_i \in \mathbb{R}^l_+ / px_i \leq w_i\}$$
$$B(p') = \{x_i \in \mathbb{R}^l_+ / p'x_i \leq w_i\}$$
$$B(p'') = \{x_i \in \mathbb{R}^l_+ / p''x_i \leq w_i\}$$

Veamos a continuación que $B(p'') \subset (B(p) \cup B(p'))$, o en otras palabras, si $x_i \in B(p'')$ entonces x_i está en $B(p)$ o bien en $B(p')$. Procedemos por contradicción. Supongamos pues que esto no es así, es decir $x_i \notin B(p) \cup B(p')$. En tal caso $px_i > w_i$, $p'x_i > w_i$. Por lo tanto,

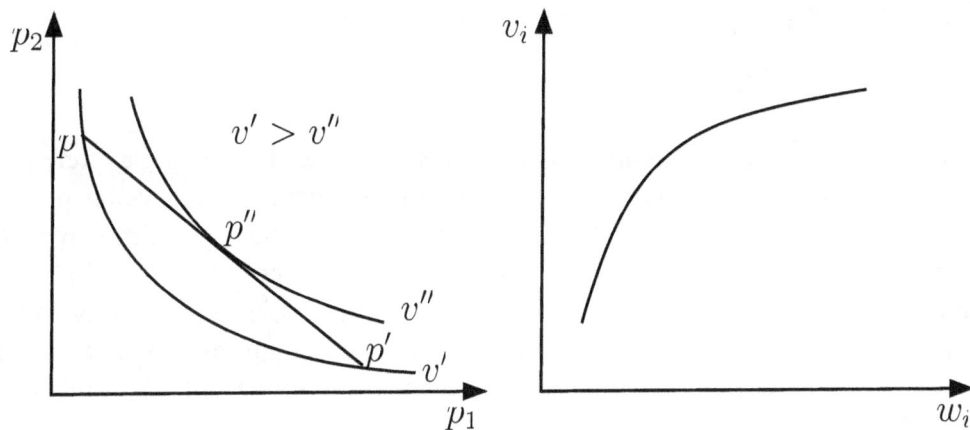

Figura 2.13: Propiedades de la función indirecta de utilidad.

$\lambda p x_i + (1-\lambda)p'x_i > \lambda w_i + (1-\lambda)w_i = w_i$, lo que implica que $x_i \notin B(p'')$ que es una contradicción.

Observemos ahora que $v_i(p'', w_i) = \text{máx}\{u_i(x_i)/x_i \in B(p'')\}$. Por el argumento anterior sabemos que cualquier $x_i \in B(p'')$ también satisface que $x_i \in B(p) \cup B(p')$. Por lo tanto, $v_i(p'', w_i) \leq \text{máx}\{v_i(p, w_i), v_i(p', w_i)\}$, de manera que $v_i(p'', w_i) \leq \alpha$.

$\square$

Es importante señalar que la cuasi-convexidad de la función indirecta de utilidad se verifica aún sin el supuesto de que la función de utilidad sea cuasi-cóncava con respecto a x_i. También debemos hacer notar que la función indirecta de utilidad se mide en unidades determinadas por la función de utilidad, y por lo tanto está definida sólo con respecto a transformaciones afines estrictamente crecientes.

La figura 2.13 ilustra las propiedades de la función indirecta de utilidad en $\mathbb{R}^2_+$.

Ejemplo 2.4 (La función de utilidad Cobb-Douglas). *A partir del ejemplo anterior donde hemos derivado las demandas marshallianas asociadas a una función de utilidad Cobb-Douglas, la función indirecta de utilidad $v_i(p, w_i) = u_i(x_i^*)$ es ahora,*

$$v_i(p, w_i) = \prod_{k=1}^{l}(x_{ik}^*)^{\alpha_k} = \prod_{k=1}^{l}\Big(\frac{w_i}{p_k}\frac{\alpha_k}{\sum_{k=1}^{l}\alpha_k}\Big)^{\alpha_k}$$

$$= \Big(\frac{w_i}{\sum_{k=1}^{l}\alpha_k}\Big)^{\sum_{k=1}^{l}\alpha_k}\prod_{k=1}^{l}\Big(\frac{\alpha_k}{p_k}\Big)^{\alpha_k}.$$

2.6. La función hicksiana de demanda y la función de gasto

Podemos mirar ahora el equilibrio del consumidor desde una óptica diferente.

Hasta ahora hemos supuesto que el consumidor, dada su restricción presupuestaria, escogía el plan de consumo que le permitía obtener el máximo nivel de satisfacción. Consideremos ahora la situación planteada por Hicks (1939) en la que el consumidor fija como objetivo la obtención de un cierto nivel de satisfacción y escoge una cesta de consumo que le permite conseguir ese objetivo con el mínimo gasto. Formalmente, nuestro consumidor ahora se enfrenta al problema

$$\min_{x_i} px_i \text{ s.a } u_i(x_i) \geq \overline{u}_i$$

Bajo los supuestos establecidos sobre $u_i(x_i)$, este problema tiene solución para $(p, \overline{u}_i)$. Si u_i representa preferencias estrictamente convexas, entonces la solución es única para cada $(p, \overline{u}_i)$. Esta solución la representamos como $h_i(p, u_i)$ y la denominamos *función de demanda hicksiana* o también *función de demanda compensada*. Es importante señalar que las funciones de demanda hicksiana no son directamente observables puesto que dependen de la utilidad que no lo es.

La función de demanda hicksiana nos dice cómo varía el consumo óptimo cuando varían los precios y/o el nivel de utilidad de referencia. Imaginemos que se modifican los precios pero el consumidor mantiene constante su objetivo de utilidad. La demanda compensada nos dice cómo variará el consumo del indivíduo suponiendo que la variación de precios no tiene efectos sobre la renta real. En otras palabras, mide la variación en el consumo si *compensamos* al indivíduo por el efecto de la variación de los precios sobre su renta. Esta variación representa un desplazamiento *a lo largo* de la curva de indiferencia correspondiente al nivel de utilidad que el consumidor tiene como objetivo. De forma parecida, si mantenemos fijos los precios y por alguna razón el consumidor varía su objetivo de utilidad, la función de demanda compensada nos determinará un plan de consumo sobre una nueva curva de indiferencia. La figura 2.14 ilustra estos argumentos.

Es fácil verificar que la función $h_i(p, u_i)$ es homogénea de grado cero en precios, es decir $h_i(\lambda p, u_i) = h_i(p, u_i)$ para cualquier $\lambda > 0$. En otras palabras, dado el nivel de utilidad, la determinación del consumo óptimo sólo depende de los precios relativos. Por lo tanto, $h_i(p, u_i)$ depende de la pendiente de la restricción presupuestaria. Si todos los precios varían en la misma proporción, la pendiente de la restricción presupuestaria permanece inalterada. De aquí se sigue la homogeneidad de grado cero en precios de la demanda hicksiana.

Finalmente, podemos determinar el nivel de gasto que representa la cesta de consumo minimizadora de gasto para $(p, \overline{u}_i)$ sustituyendo la demanda hicksiana

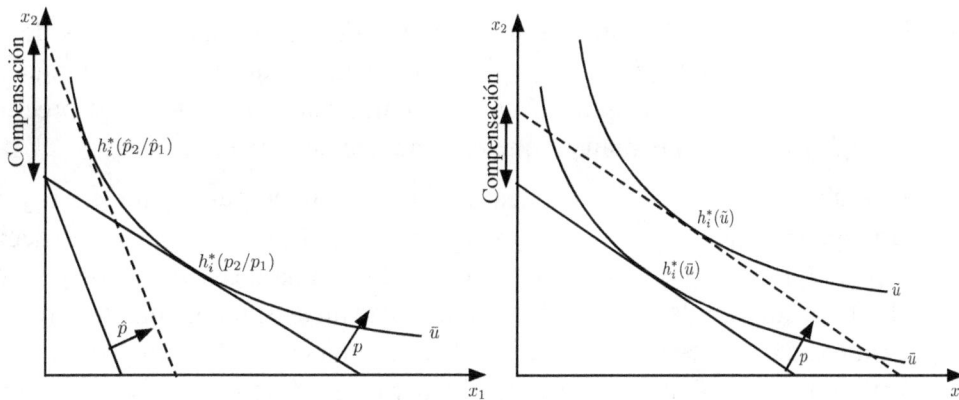

Figura 2.14: La demanda hicksiana.

en el problema de la minimización del gasto. La función así obtenida se denomina *función de gasto*, que representamos como $e_i(p, \overline{u}_i)$ y nos dice cuál es la renta mínima necesaria que permite obtener el nivel de utilidad $\overline{u}_i$, dados los precios p. Esto representa un problema dual al problema del consumidor que formalmente formulamos como,

$$e_i(p, \overline{u}_i) = \min_{x_i} px_i \text{ s.a } u_i(x_i) \geq \overline{u}_i = ph^*(p, \overline{u}_i) \qquad (2.11)$$

Podemos obtener la función de gasto de forma alternativa a partir de la función indirecta de utilidad. Dado que la función $v_i(p, w_i)$ es creciente en w_i, podemos invertir la función y despejar la renta en función del nivel de utilidad u_i (ver el ejemplo 2.5).

La función de gasto satisface las propiedades siguientes

Proposición 2.5. *Bajo los supuestos que garantizan la existencia de la función de utilidad, la función de gasto $e_i(p, \overline{u}_i)$ es*

    a) homogénea de grado 1 en p: $e_i(\lambda p, \overline{u}_i) = \lambda e_i(p, \overline{u}_i)$,

    b) no decreciente en p y estrictamente creciente en u_i,

    c) cóncava en p.

Demostración.   a) Sea h_i^* la solución del problema (2.11) para $(p, \overline{u}_i)$, i.e. $ph_i^* = e_i(p, \overline{u}_i)$. Supongamos que e_i no es homogénea de grado 1, en otras palabras, $e_i(\lambda p, \overline{u}_i) \neq \lambda e_i(p, \overline{u}_i)$. Sea $\widehat{h}_i$ la solución del problema de minimización de gasto para $(\lambda p, \overline{u}_i)$, es decir $\lambda p\widehat{h}_i = e_i(\lambda p, \overline{u}_i)$. Como la solución es única resulta que $\lambda p\widehat{h}_i < \lambda ph_i^*$. A su vez esto implica que $p\widehat{h}_i < ph_i^*$ de forma que h_i^* no puede ser la solución para $(p, \overline{u}_i)$.

b) Sean h_{i1}, h_{i2} las soluciones minimizadoras de gasto para p_1, p_2, es decir $p_1 h_{i1} = e_i(p_1, \overline{u}_i)$ y $p_2 h_{i2} = e_i(p_2, \overline{u}_i)$. Supongamos que $p_2 \geq p_1$. Entonces, $p_2 h_{i2} \geq p_1 h_{i2}$ y dado que h_{i1} es un minimizador de gasto a los precios p_1, $p_1 h_{i2} \geq p_1 h_{i1}$. De manera que e_i es no decreciente en p.

Sean ahora h_{i1}, h_{i2} las soluciones minimizadoras de gasto para u_{i1}, u_{i2}, y supongamos que $u_{i2} > u_{i1}$. Supongamos $e_i(p, \overline{u}_1) > e_i(p, \overline{u}_2)$, es decir $p h_{i1}(p, \overline{u}_1) > p h_{i2}(p, \overline{u}_2) > 0$. Construyamos una cesta $\tilde{h} = \alpha h_{i2}$, $\alpha \in (0, 1)$. La continuidad de u_i asegura que existe un α suficientemente cercano a 1 tal que $u_i(\tilde{h}) > \overline{u}_1$ y $p h_{i1} > p \tilde{h}$. Esto es una contradicción porque $\tilde{h}$ es factible para $\overline{u}_1$ y además permite obtener el nivel de utilidad $\overline{u}_1$ de forma más barata que h_{i1}. Así pues, e_i es estrictamente creciente en u_i.

c) Sean p_1 y p_2 dos vectores de precios tales que $p = \alpha p_1 + (1 - \alpha)p_2$ para algún $\alpha \in (0, 1)$, y sea h_i una solución para $e_i(\alpha p_1 + (1 - \alpha)p_2, \overline{u}_i) = (\alpha p_1 + (1 - \alpha)p_2)h_i$.

Dado que $u_i(h_i) \geq \overline{u}_i$ la cesta de consumo h_i siempre es factible para alcanzar el nivel de utilidad $\overline{u}_i$, aunque no necesariamente tiene porque ser la forma más barata de alcanzarlo para precios distintos de $\alpha p_1 + (1 - \alpha)p_2$.

Así pues $e_i(p_1, \overline{u}_i) \leq p_1 h_i$ y $e_i(p_2, \overline{u}_i) \leq p_2 h_i$. Combinando ambas desigualdades obtenemos

$$\alpha e_i(p_1, \overline{u}_i) + (1 - \alpha)e_i(p_2, \overline{u}_i) \leq \alpha p_1 h_i + (1 - \alpha)p_2 h_i$$
$$= (\alpha p_1 + (1 - \alpha)p_2)h_i$$
$$= e_i(\alpha p_1 + (1 - \alpha)p_2, \overline{u}_i).$$

$\square$

La homogeneidad de grado 1 en p de la función de gasto significa que si todos los precios se multiplican por una constante positiva λ la renta mínima necesaria para obtener el nivel de utilidad $\overline{u}_i$ debe también multiplicarse por esa constante, es decir $e_i(\lambda p, u_i) = \lambda e_i(p, u_i)$ para $\lambda > 0$.

Que la función de gasto sea no decreciente en p y u_i nos dice que si los precios aumentan, la renta mínima necesaria ciertamente no decrecerá. De forma parecida, si el nivel de utilidad a alcanzar aumenta, la renta mínima necesaria ciertamente tampoco decrecerá.

Por último, la concavidad de la función de gasto nos dice que si el gasto aumenta lo hará a una tasa decreciente. Por otra parte acabamos de ver que si precio de una mercancía aumenta el gasto no disminuirá. La intuición de ambos fenómenos es que conforme el precio de una mercancía aumenta, el consumidor tenderá a substituir esa mercancía más cara por otras relativamente más baratas.

Como ya hemos mencionado al principio, los problemas que definen la función indirecta de utilidad y la función de gasto están fuertemente relacionados. El uno se obtiene a partir de invertir el objetivo y la restricción del otro. De hecho bajo ciertos supuestos ambos problemas generan el mismo plan de consumo como solución del problema del consumidor si las restricciones son consistentes.

Para poder comparar el resultado del problema del consumidor bajo la óptica marshalliana y hicksiana necesitamos en primer lugar fijar un elemento de referencia común. Hay dos posibilidades. Por una parte podemos suponer que ambas demandas se encuentran sobre la misma curva de indiferencia, es decir $\overline{u}_i = v_i(p, w_i)$. Por otra parte, podemos suponer que ambas demandas se encuentran sobre la misma restricción presupuestaria, es decir $w_i = e_i(p, u_i)$. Con estos elementos de referencia podemos enunciar el siguiente resultado:

Proposición 2.6 (Dualidad). *Supongamos que la función de utilidad es continua. Sea $x^* \in X = I\!R_+^l$. Definamos ahora los problemas siguientes*

$$v_i(p, w_i) = \max_x u_i(x_i) \ s.a \ px_i \le w_i, \tag{2.12}$$

$$e_i(p, u_i) = \min_x px_i \ s.a \ u_i(x_i) \ge \overline{u}_i. \tag{2.13}$$

Entonces,

a) *Supongamos que las preferencias satisfacen la no saciabilidad local. Supongamos también que ambas demandas se encuentran sobre la misma curva de indiferencia, es decir $\overline{u}_i = v_i(p, w_i)$. Entonces, si x^* soluciona el problema (2.12), también soluciona el problema (2.13).*

b) *Supongamos que $px^* > 0$. Supongamos también que ambas demandas se encuentran sobre la misma restricción presupuestaria, es decir $w_i = e_i(p, u_i)$. Entonces si x^* soluciona el problema (2.13), también soluciona el problema (2.12).*

Demostración. a) Supongamos que x^* soluciona (2.12) pero no (2.13). En tal caso debe existir un plan de consumo x tal que $px < px^*$ y $u_i(x) \ge \overline{u}_i$. Dada la no saciabilidad local, debe existir un plan de consumo x_1 en un entorno de x que verifica $px_1 \le px^* \le w_i$ y $u_i(x_1) > u(x) \ge \overline{u}_i$. Este x_1 es factible para (2.12) generando un nivel de utilidad $u_i(x_1) > v_i(p, w_i)$ que es una contradicción.

b) Supongamos que x^* es solución de (2.13). Supongamos también $w_i = px^* > 0$. Queremos demostrar que si hay una cesta de consumo $x \in X$ que satisface $px \le w_i$, (es decir un plan de consumo factible para (2.12)), entonces la utilidad que genera no es superior a la utilidad asociada a x^*, $u_i(x) \le$

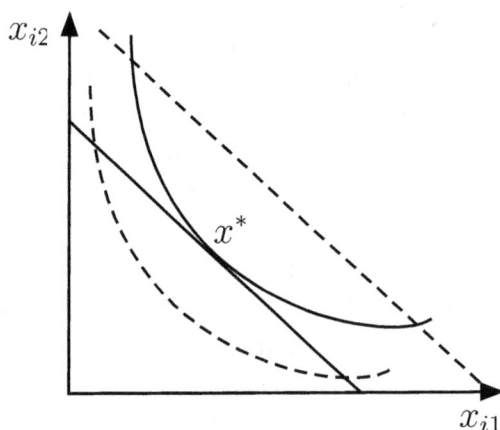

Figura 2.15: La maximización de la utilidad y la minimización del gasto.

$u_i(x^*)$. Consideremos pues, la cesta de consumo x y definamos otra cesta $\widetilde{x} = \alpha x$ para $\alpha \in (0,1)$. Naturalmente, $p\widetilde{x} < w_i$. Por lo tanto $\widetilde{x}$ no puede ser factible para (2.13) lo que quiere decir $u_i(\widetilde{x}) < u_i(x^*)$. Por continuidad se sigue que $u_i(x) \leq u_i(x^*)$.

$\square$

La figura 2.15 ilustra la proposición para los casos de buen comportamiento.

Ejemplo 2.5 (La función de utilidad Cobb-Douglas)**.** *Calculemos la función de gasto asociada a la función de utilidad Cobb-Douglas*

$$u_i(x_i) = \prod_{k=1}^{l} x_{ik}^{\alpha_k}$$

Definamos $\alpha = \sum_{k=1}^{l} \alpha_k$. *Utilizando la proposición de equivalencia que acabamos de demostrar, podemos utilizar la función de utilidad indirecta que ya hemos derivado y sencillamente resolver la ecuación* $v_i(p,e) = u_i$ *para* e_i *en términos de* p *y* u_i. *Por lo tanto queremos resolver*

$$\left(\frac{e_i}{\alpha}\right)^{\alpha} \prod_{k=1}^{l} \left(\frac{\alpha_k}{p_k}\right)^{\alpha_k} = u_i$$

para e_i. *Obtenemos así,*

$$e_i(p,u_i) = u_i^{1/\alpha} \alpha \prod_{k=1}^{l} \left(\frac{p_k}{\alpha_k}\right)^{\alpha_k/\alpha}.$$

La equivalencia entre la maximización de la utilidad y la minimización del gasto permite derivar cuatro identidades importantes.

1. Supongamos que ambas demandas se encuentran sobre la misma curva de indiferencia, es decir $\overline{u}_i = v_i(p, w_i)$. Entonces, $e_i(p, v_i(p, w_i)) \equiv w_i$. Es decir, el gasto mínimo necesario para alcanzar un nivel de utilidad $v_i(p, w_i)$ es precisamente la renta que define el máximo gasto disponible w_i.

2. Supongamos que ambas demandas se encuentran sobre la misma restricción presupuestaria, es decir $w_i = e_i(p, u_i)$. Entonces, $v_i(p, e_i(p, \overline{u}_i)) \equiv \overline{u}_i$. Es decir, la máxima utilidad alcanzable con la renta $e_i(p, \overline{u}_i)$ es precisamente $\overline{u}_i$.

3. Supongamos que ambas demandas se encuentran sobre la misma curva de indiferencia, es decir $\overline{u}_i = v_i(p, w_i)$. Entonces, $x_i(p, w_i) \equiv h_i(p, v_i(p, w_i))$. Es decir, la demanda marshalliana correspondiente al nivel de renta w_i es idéntica a la demanda hicksiana correspondiente al nivel de utilidad $v_i(p, w_i)$.

4. Supongamos que ambas demandas se encuentran sobre la misma restricción presupuestaria, es decir $w_i = e_i(p, u_i)$. Entonces, $h_i(p, u_i) \equiv x_i(p, e_i(p, u_i))$. Es decir, la demanda hicksiana correspondiente al nivel de utilidad u_i es idéntica a la demanda marshalliana correspondiente al nivel de renta $e_i(p, u_i)$.

La última identidad es especialmente relevante porque permite relacionar una demanda observable y una demanda no observable. Por lo tanto, cualquier plan de consumo demandado puede expresarse como la solución del problema (2.12) o como solución del problema (2.13).

La figura 2.16 (Villar, 1996, p. 64) resume la dualidad entre el problema de maximización de utilidad y minimización de gasto.

2.7. Aplicaciones de la dualidad

Hemos visto que a partir de la demanda marshalliana podemos obtener la función indirecta de utilidad y a partir de la demanda hicksiana la función de gasto, sin utilizar el supuesto de diferenciabilidad de la función de utilidad. Ahora profundizaremos en estas relaciones introduciendo explícitamente este supuesto de diferenciabilidad.

Proposición 2.7 (Lema de Shephard)**.** *Sea $h_i(p^*, u_i^*)$ la combinación de bienes que minimiza el gasto necesario para obtener un nivel de utilidad u_i^* a los precios p^*. Entonces se verifica:*

$$h_{ik}(p^*, u_i^*) = \frac{\partial e_i(p^*, u_i^*)}{\partial p_k^*}, \ \forall k$$

$$\max_x u_i(x_i) \text{ s.a} \qquad \min_x px_i \text{ s.a}$$
$$px_i \leq w_i \qquad\qquad pu_i(x_i) \geq \overline{u}_i$$

(resolver)   (resolver)

Demanda marshalliana   Demanda hicksiana
$$x_{ik}^*(p, w_i) \qquad\qquad h_{ik}^*(p, u_i)$$

(substituir)   (substituir)

Función indirecta   Función de gasto
de utilidad
$$v_i(p.w_i) = u_i(x^*) \qquad e_i(p, u_i) = px^*$$

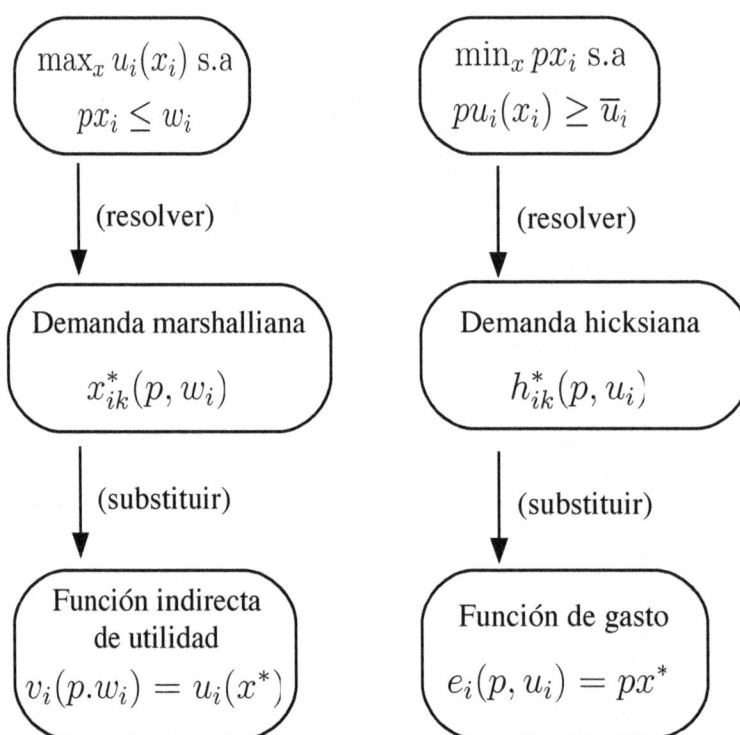

Figura 2.16: La dualidad del problema del consumidor.

Demostración. A partir de la identidad 4, sea $h_i(p^*, u_i^*) \equiv x_i^*$ la combinación de bienes que minimiza el gasto. Para todo $p \in \mathbb{R}_{++}^k$ definimos la función $z(p) = px_i^* - e_i(p, u_i^*)$. Esta función es convexa porque $e_i(p, u_i^*)$ es cóncava en p. Además, dada la definición de $e_i(p, u_i^*)$ como el gasto mínimo necesario para obtener u_i^*, podemos afirmar que $z(p) \geq 0$ para todo p. Las condiciones necesarias para caracterizar el mínimo de la función $z(p)$ son

$$\frac{\partial z(p)}{\partial p_k} = 0, \ k = 1, 2, \ldots, l$$

que tiene como solución p^*. A partir de la definición de $z(p)$ podemos reescribir esta condición de primer orden evaluada en p^* como

$$\frac{\partial[p^* x_i^* - e_i(p^*, u_i^*)]}{\partial p_k^*} = 0,$$

es decir,

$$x_k^* - \frac{\partial e_i(p^*, u_i^*)}{\partial p_k^*} = 0,$$

o bien, aplicando la identidad 3

$$h_{ik}(p^*, u_i^*) = \frac{\partial e_i(p^*, u_i^*)}{\partial p_k^*}$$

$\square$

Proposición 2.8 (Identidad de Roy). *Sea $x_i^*(p^*, w_i^*)$ la función marshalliana de demanda del consumidor i. Entonces,*

$$x_{ik}^* = -\frac{\dfrac{\partial v_i(p^*, w_i^*)}{\partial p_k^*}}{\dfrac{\partial v_i(p^*, w_i^*)}{\partial w_i^*}}, \ k = 1, 2, \ldots, l.$$

Proponemos dos demostraciones alternativas de este resultado. La primera es formalmente más elegante. La segunda permite una mejor interpretación económica.

Demostración (Elegante). Supongamos que x_i^* maximiza la utilidad para (p, w_i^*). Aplicando la identidad 2,

$$u_i^* \equiv v_i(p, e_i(p, u_i^*)). \tag{2.14}$$

Como ya hemos visto, esta identidad nos dice que cualesquiera que sean los precios, si el consumidor recibe la renta mínima necesaria para obtener el nivel de utilidad u_i^* a esos precios, la máxima utilidad que puede alcanzar es u_i^*. Así pues diferenciando (2.14) con respecto a p_k obtenemos,

$$0 = \frac{dv_i}{dp_k} = \frac{\partial v_i}{\partial p_k} + \frac{\partial v_i}{\partial e_i} \frac{\partial e_i}{\partial p_k}, \ k = 1, 2, \ldots, l$$

Dado que (2.14) se verifica para cualquier vector de precios, podemos evaluarla a los precios p^*, y obtener

$$0 = \frac{\partial v_i(p^*, w_i^*)}{\partial p_k^*} + \frac{\partial v_i(p^*, e_i^*)}{\partial e_i(p^*, u_i^*)} \frac{\partial e_i(p^*, u_i^*)}{\partial p_k^*}, \ k = 1, 2, \ldots, l$$

Utilizando ahora la identidad 1, podemos escribir

$$0 = \frac{\partial v_i(p^*, w_i^*)}{\partial p_k^*} + \frac{\partial v_i(p^*, w_i^*)}{\partial w_i^*} \frac{\partial e_i(p^*, u_i^*)}{\partial p_k^*}, \ k = 1, 2, \ldots, l$$

A continuación utilizamos el lema de Shephard para obtener

$$0 = \frac{\partial v_i(p^*, w_i^*)}{\partial p_k^*} + \frac{\partial v_i(p^*, w_i^*)}{\partial w_i^*} h_{ik}(p^*, u_i^*), \ k = 1, 2, \ldots, l$$

Por último, utilizamos la identidad 3 y obtenemos

$$0 = \frac{\partial v_i(p^*, w_i^*)}{\partial p_k^*} + \frac{\partial v_i(p^*, w_i^*)}{\partial w_i^*} x_{ik}(p^*, w_i^*), \ k = 1, 2, \ldots, l$$

obteniendo el resultado que queríamos demostrar. $\square$

Demostración (Instructiva). La demostración podemos argumentarla en dos partes. En primer lugar, estudiamos el impacto de una variación del precio del bien k sobre la función indirecta de utilidad del consumidor i. En segundo lugar, estudiamos el impacto de una variación de la renta del consumidor i sobre su función indirecta de utilidad. La combinación de ambos impactos resulta en la identidad de Roy.

(i) Ya sabemos que la función indirecta de utilidad viene dada por

$$v_i(p, w_i) = u_i(x_i(p, w_i)).$$

Diferenciándola con respecto a p_k, obtenemos

$$\frac{\partial v_i(p, w_i)}{\partial p_k} = \sum_{k=1}^{l} \frac{\partial u_i(x_i)}{\partial x_{ik}} \frac{\partial x_{ik}}{\partial p_k}. \tag{2.15}$$

Dado que $x_i(p, w_i)$ es la función de demanda, satisface las condiciones de primer orden de la maximización de la utilidad,

$$\frac{\partial u_i(x_i)}{\partial x_{ik}} = \lambda p_k. \tag{2.16}$$

Por lo tanto podemos reescribir (2.15) como

$$\frac{\partial v_i(p, w_i)}{\partial p_k} = \lambda \sum_{k=1}^{l} p_k \frac{\partial x_{ik}}{\partial p_k}. \tag{2.17}$$

Por otra parte, las funciones de demanda también satisfacen la restricción presupuestaria $\sum_k p_k x_{ik}(p, w_i) = w_i$. Diferenciado esta restricción presupuestaria con respecto a p_k obtenemos

$$x_{ik}(p, w_i) + \sum_{k=1}^{l} p_k \frac{\partial x_{ik}}{\partial p_k} = 0.$$

Substituyendo esta expresión en (2.17) obtenemos

$$\frac{\partial v_i(p, w_i)}{\partial p_k} = -\lambda x_{ik}(p, w_i). \tag{2.18}$$

Veamos como interpretamos esta expresión. Para ello combinemos (2.18) y (2.16) y escribamos

$$-\frac{\partial v_i(p, w_i)}{\partial p_k} = \lambda x_{ik}(p, w_i) = \frac{x_{ik}(p, w_i)}{p_k} \frac{\partial u_i(x_i)}{\partial x_{ik}}$$

Imaginemos ahora que el precio del bien k disminuye en un euro y veamos la utilidad extra que puede obtener el consumidor. Nuestro consumidor, con su renta w_i si compra la misma cesta que antes de la variación del precio p_k dispone aún de x_k euros puesto que el bien k es más barato. Una posibilidad es dedicar esta renta extra al propio bien k. Si hace esto puede comprar una cantidad adicional de bien k dada por el producto de un euro por x_{ik}/p_k.[2] A su vez, este aumento de consumo genera un aumento de utilidad dado por el producto de un euro por $(x_{ik}/p_k)(\partial u_i/\partial x_{ik})$. Sin embargo, ésta no

---

[2]Para fijar ideas, consideremos una situación inicial donde $w_i = 60$ € y $p_k = 6$ €. Ello induce un consumo del bien k de $x_k = 10$ unidades. Supongamos que por alguna razón el precio del bien k disminuye en 1 €, es decir $p'_k = 5$ €. Si el consumidor mantiene el consumo de bien k gasta $p'_k x_k = 50$ €. Ello le deja 10 € en el bolsillo. Con este dinero puede aumentar su consumo de bien k en $x_k/p'_k = 2$ unidades.

es la única posibilidad de acción del consumidor. La variación de p_k induce una variación de los precios relativos, de manera que el consumidor podría redefinir su cesta de consumo destinando la renta adicional entre los diferentes bienes de la economía de acuerdo con los nuevos precios relativos. La importancia de la identidad de Roy es que nos dice que estas sustituciones no tendrán un efecto de primer orden sobre la utilidad del consumidor. El efecto principal se obtiene gastando la renta adicional completamente en el bien k.

(ii) Consideremos de nuevo la función indirecta de utilidad y diferenciémosla con respecto a w_i para obtener (introduciendo de nuevo las condiciones de primer orden)

$$\frac{\partial v_i(p, w_i)}{\partial w_i} = \lambda \sum_{k=1}^{l} p_k \frac{\partial x_{ik}}{\partial w_i}. \qquad (2.19)$$

Diferenciemos ahora la restricción presupuestaria con respecto a w_i para obtener

$$\sum_{k=1}^{l} p_k \frac{\partial x_{ik}}{\partial w_i} = 1.$$

Substituyendo esta expresión en (2.19) obtenemos

$$\frac{\partial v_i(p, w_i)}{\partial w_i} = \lambda. \qquad (2.20)$$

Esta ecuación nos dice que el multiplicador de Lagrange de la condición de primer orden de la maximización de la utilidad es precisamente la utilidad marginal de la renta.

Combinando (2.18) y (2.20) obtenemos la identidad de Roy.

$\square$

Por lo tanto, podemos reinterpretar la demanda marshaliana del bien k como la relación entre la variación de la utilidad asociada a la variación del consumo del bien k ante una variación de su precio y la utilidad marginal de la renta.

Ejemplo 2.6 (La función de utilidad Cobb-Douglas). *Consideremos la función indirecta de utilidad Cobb-Douglas*

$$v_i(p, w_i) = \prod_{k=1}^{l} \left(\frac{\alpha_k w_i}{\alpha p_k} \right)^{\alpha_k},$$

donde $\alpha = \sum_{k=1}^{l} \alpha_k$. *Podemos calcular*

$$\frac{\partial v_i(p, w_i)}{\partial p_k} = -\frac{\alpha_k}{p_k} v_i(p, w_i),$$

$$\frac{\partial v_i(p, w_i)}{\partial w_i} = -\frac{\alpha}{w_i} v_i(p, w_i).$$

Aplicando la identidad de Roy, obtenemos la función de demanda del bien k

$$x_{ik}(p, w_i) = \frac{\alpha_k w_i}{\alpha p_k},$$

tal como habíamos obtenido anteriormente.

Hasta ahora hemos examinado los efectos de una variación del precio del bien k, o de la renta de un consumidor sobre su demanda de ese bien k. A continuación nos preguntamos qué efectos tiene sobre la demanda marshalliana del bien j un aumento el precio del bien k para el consumidor i. Debemos diferenciar dos tipos de efectos:

Por una parte el consumidor es, en términos reales, más pobre (efecto renta). Dado que compraba una cantidad $x_{ik}(p, w_i)$ del bien k, su renta real disminuye a la tasa $x_{ik}(p, w_i)$. Como consecuencia, el consumidor modificará su demanda de bien j a una tasa $-(\partial x_{ij}/\partial w_i)x_{ik}(p, w_i)$. Es decir, multiplicamos la tasa de cambio en el consumo de bien j asociado a una disminución en una unidad monetaria de la renta por la tasa de cambio de la renta real que hemos calculado.

Por otra parte, el bien k ya no resulta tan atractivo porque su precio relativo ha aumentado. Es de esperar pues, que el consumidor reduzca su demanda (efecto sustitución). Dependiendo de la relación entre los bienes j y k esto puede ocasionar un aumento o una disminución del consumo de j. En cualquier caso, aparece un efecto cruzado sobre el consumo del bien j. Para calcular la magnitud de este efecto utilizamos la demanda compensada (hicksiana): ante la variación del precio del bien k, compensamos al consumidor de manera que pueda mantenerse sobre la misma curva de indiferencia, y observamos cómo el cambio en p_k afecta a la demanda compensada de j. Esta compensación (de Hicks) consiste en darle al consumidor suficiente renta como para que después de optimizar su consumo consiga un nivel de utilidad igual al que obtenía antes de la variación de precios, formalmente $\partial h_{ij}/\partial p_k$.

Por lo tanto deberíamos esperar que la variación en la demanda marshalliana del bien j cuando varía el precio p_k sea la suma del efecto renta y del efecto sustitución. Este argumento es el contenido de la ecuación de Slutsky.

Proposición 2.9 (Ecuación de Slutsky). *Sea $x_{ij}^*(p^*, w_i^*)$ la demanda de bien j por parte del consumidor i a los precios p^* y la renta w_i^*. Entonces,*

$$\frac{\partial x_{ij}^*}{\partial p_k^*} = \frac{\partial h_{ij}(p^*, u^*)}{\partial p_k^*} - \frac{\partial x_{ij}^*}{\partial w_i} x_{ik}^*(p^*, w_i^*).$$

La proposición nos dice que dada la equivalencia entre la demanda marshalliana y hicksiana, a pesar de que esta última no es directamente observable su derivada puede calcularse a partir de la derivada de la demanda marshalliana con respecto al precio y a la renta. Es importante tener presente que ésta es una relación que sólo se satisface *en equilibrio*.

Demostración. Sea x_i^* el plan de consumo del individuo i que maximiza la utilidad para (p^*, w_i^*). Podemos escribir la identidad 4 como

$$h_{ij}(p^*, u_i^*) \equiv x_{ij}(p^*, e_i(p^*, u_i^*)) \; \forall j.$$

Diferenciando con respecto a p_k^*, evaluando el resultado en p^* y utilizando la identidad 1 obtenemos

$$\frac{\partial h_{ij}(p^*, u_i^*)}{\partial p_k^*} = \frac{\partial x_{ij}^*}{\partial p_k^*} + \frac{\partial x_{ij}^*}{\partial w_i} \frac{\partial e_i(p^*, u_i^*)}{\partial p_k^*}. \tag{2.21}$$

La expresión de la izquierda nos indica la variación de la demanda hicksiana con respecto a p_k. En la derecha, el primer sumando representa la variación de la demanda marshalliana ante la variación de p_k^*; el segundo sumando representa la variación de la demanda marshalliana asociada a una variación de la renta ponderada por la variación a que tiene que someterse la renta para mantener constante la utilidad u_i^*.

A partir del lema de Shephard y de la identidad 4, podemos escribir $\dfrac{\partial e_i(p^*, u_i^*)}{\partial p_k^*} = h_{ik}(p^*, u_i^*) \equiv x_{ik}^*(p^*, e_i(p^*, u_i^*))$. De manera que podemos reescribir (2.21) como

$$\frac{\partial h_{ij}(p^*, u_i^*)}{\partial p_k^*} = \frac{\partial x_{ij}^*}{\partial p_k^*} + \frac{\partial x_{ij}^*}{\partial w_i} x_{ik}^*(p^*, e_i(p^*, u_i^*)).$$

que es precisamente la ecuación de Slutsky. $\qquad\square$

La figura 2.17 ilustra el argumento.

Hemos visto que las demandas hicksiana y marshalliana del bien k en función del precio p_k manteniendo todos los demás precios constantes en p_h^*, $h \neq k$ coinciden precisamente cuando $p_k = p_k^*$. La ecuación de Slutsky describe la relación entre las pendientes de ambas demandas evaluadadas al precio p_k^*. En particular nos dice que dados (p^*, w_i^*), cuando ambos bienes son normales la pendiente de

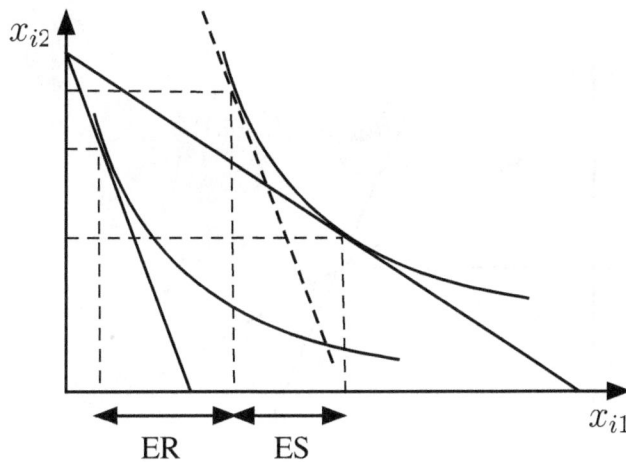

Figura 2.17: Los efectos sustitución y renta.

la demanda marshalliana en p_k^* es menos negativa que la pendiente de la demanda hicksiana en p_k^*. De forma equivalente, la demanda marshaliana es más elástica que la hicksiana en p_k^*.

Cuando p_k aumenta por encima de p_k^* debemos aumentar la transferencia de riqueza al consumidor para mantenerlo en el mismo nivel de utilidad. Por lo tanto si el bien k es normal, su demanda cae más cuando no le compensamos (demanda marshalliana) que cuando le compensamos (demanda hicksiana). El argumento funciona en sentido opuesto cuando el bien k es inferior. La figura 2.18 ilustra este argumento para el caso de bienes normales.

Las relaciones que hemos estudiado entre las funciones de utilidad, utilidad indirecta, demanda marshalliana, demanda hicksiana y gasto están resumidas en la figura 2.19.

El lector interesado en el estudio general (y técnicamente exigente) de la dualidad en microeconomía debe consultar Diewert (1982). Una exposición gráfica alternativa e iluminadora sobre los efectos substitución y renta se encuentra en Panik (2002).

2.7.1. Propiedades de las funciones de demanda

Las propiedades que los resultados obtenidos inducen sobre las funciones de demanda individuales son (ver Villar, 1996):

Igualdad entre gasto y renta

$$ph_i(p, u_i) = px_i(p, w_i) = w_i,$$

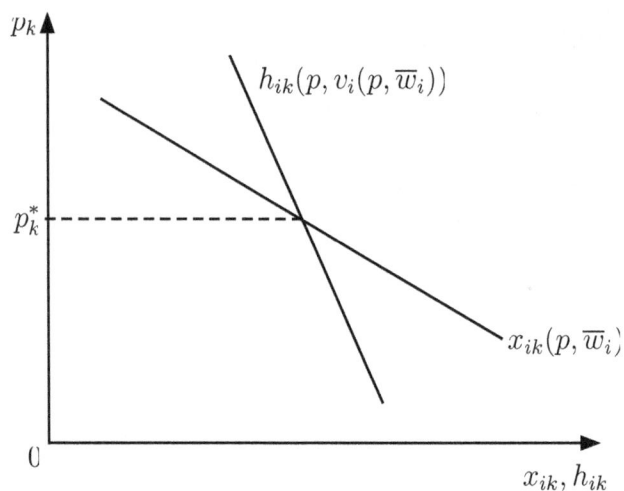

Figura 2.18: Demanda marshalliana y demanda hicksiana.

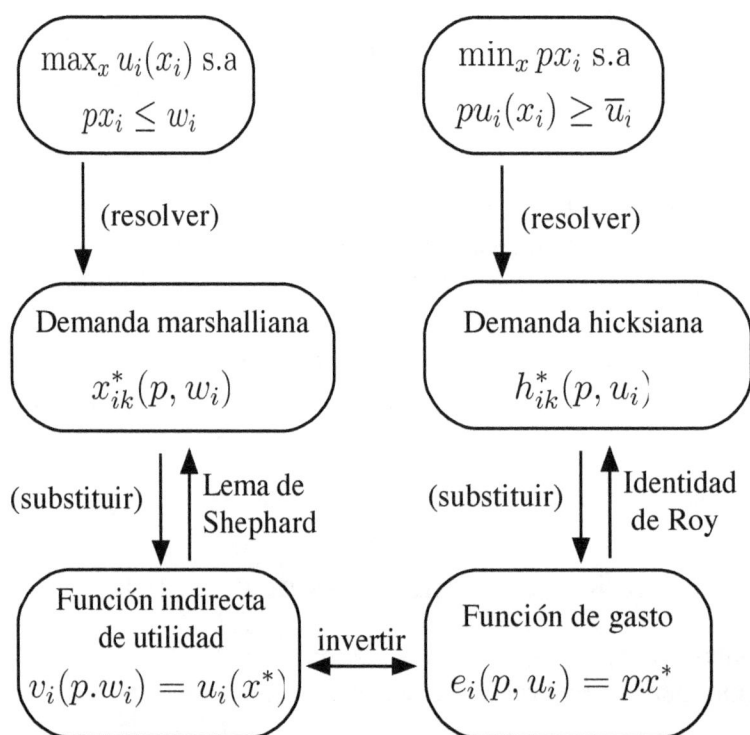

Figura 2.19: Utilidad, demanda y gasto.

es decir, el valor de la demanda (hicksiana y marshalliana) de equilibrio es igual a la renta disponible. Esta propiedad se deriva de las cuatro identidades y del supuesto de no saciabilidad.

Homogeneidad

$$\forall \lambda > 0, \ h_i(\lambda p, u_i) = h_i(p, u_i) = x_i(p, w_i) = x_i(\lambda p, \lambda w_i),$$

es decir la función de demanda hicksiana es homogénea de grado cero en precios y la función de demanda marshalliana es homogénea de grado cero en precios y renta. La homogeneidad de la demanda marshalliana ya la hemos examinado anteriormente. La homogeneidad de la demanda hicksiana se deriva de la homogeneidad de grado uno de la función de gasto y del lema de Shephard.

Simetría

$$\frac{\partial h_{ij}}{\partial p_k} = \frac{\partial h_{ik}}{\partial p_j}, \ \forall i \neq k,$$

Las derivadas parciales cruzadas de la demanda hicksiana con respecto a los precios son simétricas. Para obtener esta propiedad utilizamos el lema de Shephard que dice $h_{ij} = \partial e_i / \partial p_j$ y $h_{ik} = \partial e_i / \partial p_k$. Entonces aplicamos el teorema de Schwartz que dice que cuando quiera que existen las segundas derivadas parciales cruzadas, éstas son simétricas para obtener

$$\frac{\partial h_{ij}}{\partial p_k} = \frac{\partial^2 e_i}{\partial p_k \partial p_j} = \frac{\partial^2 e_i}{\partial p_j \partial p_k} = \frac{\partial h_{ik}}{\partial p_j}.$$

Negatividad La matriz Jacobiana,

$$S \equiv \left[\frac{\partial h_{ij}}{\partial p_k}\right], \ j, k = 1, 2, \ldots, l$$

es semidefinida negativa. Esta propiedad se deriva de la concavidad de la función de gasto. A partir del lema de Shephard, la matriz S es la matriz Hessiana de la función de gasto, que es semidefinida negativa (dada la concavidad de la función de gasto). También dada esta concavidad de la función de gasto, $\frac{\partial^2 e_i}{\partial p_k^2} = \frac{\partial h_{ik}}{\partial p_k} \leq 0$, de manera que la función hicksiana de demanda del bien k es decreciente en su propio precio.

Singularidad

$$pS = Sp = 0,$$

es decir, el producto del vector de precios por la matriz S es nulo. Esta propiedad se deriva aplicando el teorema de Euler puesto que la función de demanda hicksiana es homogénea de grado cero en precios.

2.8. La preferencia revelada

Con frecuencia se critica la teoría de la demanda en base a que el conjunto de axiomas sobre las preferencias es demasiado restrictivo, en el sentido que es poco razonable imaginar que los individuos toman sus decisiones de consumo a partir de una relación de preferencias. En otras palabras, nos podemos preguntar si la demanda observada de un consumidor es consistente con algún sistema de preferencias. Estas funciones de demanda como acabamos de estudiar las hemos obtenido a partir de las preferencias del consumidor imponiendo las restricciones de Slutsky que exigen que la matriz de los efectos de sustitución sea simétrica y semidefinida negativa.

Una manera de responder a estas críticas es desarrollar una teoría alternativa a partir de un conjunto de supuestos menos restrictivo. Una de estas alternativas es la *teoría de la preferencia revelada*, propuesta originalmente por Samuelson (1938, 1948) y Little (1949).[3] Su objetivo básico es construir un sistema de preferencias a partir de la conducta del consumidor. A partir de una serie de observaciones sobre una lista de precios y las decisiones de consumo de un individuo a lo largo de un cierto periodo de tiempo, podemos averiguar si estas decisiones de consumo, dados los precios, son consistentes con una conducta maximizadora de la utilidad?

Un vector de precios p y una renta w_i definen una restricción presupuestaria $px_i \leq w_i, x_i \in X_i$. Supongamos que dado un conjunto presupuestario, el individuo selecciona un plan de consumo factible x_i que, dado que depende de p y de w_i, podemos escribir como $x_i(p, w_i)$. Puede ocurrir que nuestro consumidor sea incapaz de decidirse por una única cesta de consumo, en cuyo caso $x_i(p, w_i)$ sería un conjunto y $x_i \in x_i(p, w_i)$ representaría un elemento de ese conjunto. También es importante darse cuenta de que dado que la decisión de consumo es contingente al conjunto presupuestario, $x_i(p, w_i)$ debe ser necesariamente homogénea de grado cero en (p, w_i).

Definición 2.5 (Revelación directa de preferencia)**.** *Supongamos que el consumidor se enfrenta a un vector de precios p y dispone de una renta w_i. Supongamos también que observamos que el consumidor compra la cesta de consumo x_i y podemos identificar un plan de consumo alternativo factible $\widetilde{x}_i$ que satisface $px_i \geq p\widetilde{x}_i$. Entonces decimos que el consumidor i revela directamente que prefiere la cesta x_i a la cesta $\widetilde{x}_i$, y escribimos $x_i R^D \widetilde{x}_i$.*

La definición dice que nuestro consumidor, pudiendo elegir tanto x_i como $\widetilde{x}_i$ ha escogido x_i. Por lo tanto, debemos deducir que el consumo de x_i proporciona al consumidor al menos el mismo nivel de satisfacción (utilidad) que $\widetilde{x}_i$. En otras

---

[3]Varian (2006) presenta una visión panorámica de la teoría de la preferencia revelada. Wong (1978) presenta una visión crítica.

palabras, la definición de la revelación directa de preferencias implica que si el consumidor i ha escogido la cesta x_i pudiendo haber elegido $\tilde{x}_i$, debe verificarse que $u_i(x_i) \geq u_i(\tilde{x}_i)$.

Nota 2.1. *La relación R^D es una especie de relación de preferencia parcial sobre X_i pero con pocas propiedades útiles. En particular, podemos afirmar $x_i R^D x_i$ si el consumidor elige x_i, pero R^D no siempre es reflexiva porque no podemos escribir $\tilde{x}_i R^D \tilde{x}_i$ si el consumidor nunca elige la cesta $\tilde{x}_i$. Por lo tanto, la relación R^D no es completa porque no está definida para cualquier par de cestas en el conjunto de consumo X_i para el consumidor. Además, R^D tampoco tiene porque ser transitiva. Así pues necesitamos un poco más de estructura para poder avanzar.*

Definición 2.6 (Preferencia revelada). *Decimos que el consumidor revela que prefiere un plan de consumo x_i a otro $\tilde{x}_i$ si $x_i R^D \tilde{x}_i$, o si existe un número finito de cestas de consumo $x_1, \ldots, x_m$ en X_i tales que $x_i R^D x_1 R^D x_2 R^D \ldots R^D x_m R^D \tilde{x}_i$. En tal caso escribimos, $x_i R \tilde{x}_i$.*

Vemos pues que la preferencia revelada se construye a partir de una cadena de revelaciones directas de preferencia. La relación R es reflexiva porque $x_i R x_i$. Si el consumidor elige la cesta x_i ante x_1 elige la cesta x_1 ante x_2 y así sucesivamente hasta llegar a que el consumidor prefiere x_m ante $\tilde{x}_i$. También es fácil ver que,

Lema 2.3. *la relación R es transitiva.*

Demostración. Supongamos que $x_i R \tilde{x}_i$ y $\tilde{x}_i R \hat{x}_i$. Por la definición de preferencia revelada podemos escribir,

$$x_i R^D x_1 R^D x_2 R^D \ldots R^D x_m R^D \tilde{x}_i,$$
$$\tilde{x}_i R^D x_1' R^D x_2' R^D \ldots R^D x_n R^D \hat{x}_i,$$

de manera que

$$x_i R^D x_1 R^D \ldots R^D x_m R^D \tilde{x}_i R^D x_1' R^D \ldots R^D x_n R^D \hat{x}_i,$$

es decir $x_i R \hat{x}_i$. Por lo tanto R es transitiva $\qquad\square$

La figura 2.20 ilustra el argumento que acabamos de exponer. La cesta x_i se revela directamente preferida a $\tilde{x}_i$, dado que siendo ambas factibles con los precios p el consumidor escoge x_i. Es decir, $x_i R^D \tilde{x}_i$. También, a los precios p' el consumidor revela directamente que prefiere la cesta $\tilde{x}_i$ a la cesta $\hat{x}_i$. Es decir, $\tilde{x}_i R^D \hat{x}_i$. Juntando ambos argumentos obtenemos $x_i R^D \tilde{x}_i R^D \hat{x}_i$, es decir, $x_i R \hat{x}_i$.

Las relaciones R^D y R se han construido a partir de elecciones observadas de planes de consumo del consumidor. Sin embargo para poder decir algo sobre su comportamiento necesitamos introducir supuestos (axiomas) sobre la regularidad y consistencia de sus decisiones. Presentamos a continuación tres axiomas alternativos.

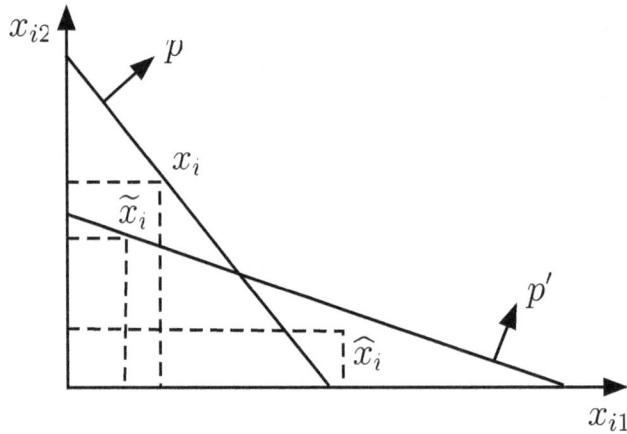

Figura 2.20: Preferencia revelada.

Axioma 2.11 (Axioma débil de la preferencia revelada, ADPR). *Si $x_i R^D \tilde{x}_i$ y $x_i \neq \tilde{x}_i$, entonces no es cierto que $\tilde{x}_i R^D x_i$.*

Axioma 2.12 (Axioma fuerte de la preferencia revelada, AFPR). *Si $x_i R \tilde{x}_i$ y $x_i \neq \tilde{x}_i$, entonces no es cierto que $\tilde{x}_i R x_i$.*

Estos dos axiomas nos dicen que el consumidor se comporta de manera que las relaciones R^D y R son *antisimétricas*, es decir, dos planes de consumo diferentes no pueden revelarse como preferidos entre si simultáneamente. Notemos que si un individuo tomara sus decisiones de consumo de acuerdo con un orden de preferencias que generara un único plan de consumo para cada conjunto presupuestario, las elecciones observadas satisfarían ambos axiomas. En otras palabras, estos axiomas son consistentes con comportamientos maximizadores de preferencias cuando la solución del proceso de selección es única.

¿Qué ocurre cuando el comportamiento maximizador de preferencias conduce a soluciones múltiples (las curvas de indiferencia presentan tramos rectos)? En este caso necesitamos un axioma diferente:

Axioma 2.13 (Axioma general de la preferencia revelada, AGPR). *Si $x_i R \tilde{x}_i$ entonces $p\tilde{x}_i \leq p x_i$*

Acabaremos esta sección ilustrando estos conceptos con un ejemplo numérico (véase Kreps, 1990). Supongamos que nuestro consumidor vive en un mundo de tres bienes

i) cuando los precios son $p^1 = (10, 10, 10)$ y la renta es $w_i^1 = 300$, el plan de consumo escogido es $x_i^1 = (10, 10, 10)$;

ii) cuando los precios son $p^2 = (10, 1, 2)$ y la renta es $w_i^2 = 130$, el plan de consumo escogido es $x_i^2 = (9, 25, 7{,}5)$;

iii) cuando los precios son $p^3 = (1, 1, 10)$ y la renta es $w_i^3 = 110$, el plan de consumo escogido es $x_i^3 = (15, 5, 9)$;

Con estos datos podemos calcular el coste de cada cesta de consumo para cada uno de los vectores de precios como muestra la tabla 2.1

	p^1	p^2	p^3
x_i^1	$300 = w_i^1$	130	120
x_i^2	415	$130 = w_i^2$	109
x_i^3	290	173	$110 = w_i^3$

Cuadro 2.1: Ejemplo de revelación de preferencias (1).

Para cada vector de precios el lote elegido agota la renta del consumidor, reflejando la no saciabilidad local.

A los precios p^1 el consumidor podría haber comprado la cesta x_i^3 y le habría sobrado dinero. Sin embargo este consumidor prefiere estrictamente la cesta x_i^1 a la cesta x_i^3, es decir $x_i^1 \succ x_i^3$.

A los precios p^2 las cestas x_i^1 y x_i^2 son factibles para el consumidor y ambas agotan su renta. Dado que el consumidor elige x_i^2 ésta se revela al menos tan buena como x_i^1, es decir $x_i^2 \succsim x_i^1$.

A los precios p^3 la cesta x_i^2 es más barata que la cesta x_i^3. La selección de x_i^3 nos dice que para el consumidor, dados los precios p^3 y la renta w_i^3, la cesta x_i^3 es preferida a la cesta x_i^2, es decir $x_i^3 \succ x_i^2$.

Combinando toda esta información, obtenemos $x_i^1 \succ x_i^3 \succ x_i^2 \succsim x_i^1$ mostrando que estos datos son *inconsistentes* con la conducta del consumidor basada en la maximización de las preferencias.

Consideremos ahora una variante del ejemplo anterior en la que la tercera observación fuera que

iii') para los precios $p^{3'} = (1, 2, 10)$ y la renta $w_i^{3'} = 115$, el plan de consumo escogido es $x_i^3 = (15, 5, 9)$;

Los costes de los planes de consumo serán ahora los que muestra la tabla 2.2.

En este caso, a los precios p^1 el consumidor podría haber comprado la cesta x_i^3 y le habría sobrado dinero. Sin embargo este consumidor prefiere estrictamente la cesta x_i^1 a la cesta x_i^3, es decir $x_i^1 \succ x_i^3$.

A los precios p^2 las cestas x_i^1 y x_i^2 son factibles para el consumidor y ambas agotan su renta. Dado que el consumidor elige x_i^2 ésta se revela al menos tan buena como x_i^1, es decir $x_i^2 \succsim x_i^1$.

	p^1	p^2	$p^{3'}$
x_i^1	$300 = w_i^1$	130	130
x_i^2	415	$130 = w_i^2$	134
x_i^3	290	173	$115 = w_i^3$

Cuadro 2.2: Ejemplo de revelación de preferencias (2).

A los precios $p^{3'}$ sólo la cesta x_i^3 es factible. La selección de x_i^3 no nos dice nada acerca de cómo compara este plan de consumo con los otros dos.

Combinando toda esta información, obtenemos $x_i^2 \succsim x_i^1 \succ x_i^3$ de manera que estos datos pueden ser compatibles con un comportamiento maximizador de la utilidad por parte del consumidor.

2.9. Variaciones de precios y de bienestar

Las variaciones del entorno económico (cambios de precios, de impuestos, etc.) provocan variaciones en el nivel de bienestar de los consumidores. Es pues razonable intentar elaborar estimaciones cuantitativas de estas variaciones de precios y de bienestar que posean interpretaciones económicas claras.

La medida clásica y más utilizada de variación de bienestar es el *excedente del consumidor*. El problema con esta medida es que sólo resulta precisa en el caso particular de preferencias cuasilineales. En general, el excedente del consumidor sólo proporciona información aproximada del impacto sobre el bienestar de una variación de alguna magnitud básica de la economía. Por lo tanto antes de centrar la atención en el excedente del consumidor examinaremos dos medidas más generales. Éstas son la *variación compensatoria* y la *variación equivalente*.

2.9.1. Indices de precios

Para empezar por el principio, vamos a suponer que la magnitud básica que sufre una variación en la economía son los precios. Debemos pues, construir algunas medidas de esa variación de los precios que sea operativa para el posterior estudio de su impacto sobre el bienestar. Estas medidas son los *índices de precios* (véase Villar, 1996, pp.72-73).

Definición 2.7 (Índice de precios). *Un índice de precios mide el impacto sobre el nivel de bienestar que se deriva de un cambio de precios.*

Consideremos dos vectores de precios $p^0, p^1 \in \mathbb{R}_+^l$, donde p^0 representa la situación inicial y p^1 el nuevo sistema de precios. La pregunta que nos formulamos es cómo medir el efecto de esta variación de precios sobre el coste de la vida.

Una primera respuesta consiste en considerar un plan de consumo (de referencia), x_i^R y evaluarlo a ambos sistemas de precios. Así obtenemos un índice del tipo siguiente:

$$IP(p^0, p^1, x_i^R) = \frac{p^1 x_i^R}{p^0 x_i^R}. \tag{2.22}$$

Este índice mide el coste de la cesta x_i^R a los precios p^1 en relación al coste de esa misma cesta a los precios p^0. La relevancia de este índice depende de la cuán representativa sea la cesta x_i^R en la economía.

Dos índices construidos en esta línea de razonamiento son los desarrollados por Laspeyres y por Paasche respectivamente. La diferencia entre ambos es la definición de la cesta de referencia. Laspeyres utiliza la cesta del periodo inicial x_i^0; Paasche considera la cesta final tras la variación de los precios, x_i^1:

$$IP_L(p^0, p^1, x_i^0) = \frac{p^1 x_i^0}{p^0 x_i^0},$$

$$IP_P(p^0, p^1, x_i^1) = \frac{p^1 x_i^1}{p^0 x_i^1}.$$

El inconveniente de esta familia de índices es que al considerar una cesta fija de bienes no captura los efectos sustitución asociados a la variación de precios. Una familia alternativa de índices que supere esta limitación debería estimar el impacto de la variación de precios sobre el nivel de utilidad. La manera natural de construir tal índice consiste en utilizar la función de gasto, que mide precisamente el coste de alcanzar un cierto nivel de utilidad a precios dados. Por lo tanto, a partir de un nivel de utilidad de referencia u_i^R podemos construir el denominado *verdadero índice de precios* como

$$VIP(p^0, p^1, u_i^R) = \frac{e_i(p^1, u_i^R)}{e_i(p^0, u_i^R)}.$$

Naturalmente, la representatividad de este índice depende de la representatividad de u_i^R. Con la misma lógica que ampara los índices de precios de Laspeyres y de Paasche, podemos obtener los correspondientes verdaderos índices de Laspeyres y Paasche.

$$VIP_L(p^0, p^1, u_i^0) = \frac{e_i(p^1, u_i^0)}{e_i(p^0, u_i^0)},$$

$$VIP_P(p^0, p^1, u_i^1) = \frac{e_i(p^1, u_i^1)}{e_i(p^0, u_i^1)}.$$

Puede probarse fácilmente (se deja como ejercicio para el lector) que el verdadero índice de Laspeyres acota inferiormente al índice de Laspeyres, y que el verdadero índice de Paasche acota superiormente al índice de Paasche, es decir,

$$VIP_L \leq IP_L,$$
$$VIP_P \geq IP_P.$$

Por último, notemos que cuando las preferencias son homotéticas, los verdaderos índice de Laspeyres y de Paasche coinciden (de nuevo, la demostración de esta afirmación se deja como ejercicio para el lector).

2.9.2.   Cambios en el bienestar

Examinemos ahora el efecto de un cambio de precios (debido, por ejemplo, a un cambio en la política impositiva) sobre el bienestar de un consumidor. Consideremos, como antes, dos vectores de precios $p^0, p^1 \in \mathbb{R}_+^l$, donde p^0 representa la situación inicial y p^1 la nueva situación de precios. Supongamos, además, que la renta se mantiene constante entre ambas situaciones. Este es un supuesto simplificador. Para ver el efecto del cambio de precios sobre el consumidor, sólo tenemos que comparar los niveles de utilidad en ambas situaciones evaluadas a la cesta de consumo correspondiente, $u_i(x_i^0)$ y $u_i(x_i^1)$. De forma equivalente, podemos comparar los niveles de utilidad indirecta $v_i(p^0, w_i)$ y $v_i(p^1, w_i)$. Este tipo de comparaciones son *ordinales*, es decir, sólo nos dicen si el consumidor está mejor o peor tras el cambio de precios, pero no cuánto mejor o cuánto peor.

Para superar esta limitación del análisis podemos utilizar la función de gasto como representación de la función indirecta de utilidad. Consideremos pues un vector de precios de referencia p^R junto con los precios p^0 y p^1. Calculemos a continuación $e_i[p^R, v_i(p^j, w_i)]$, $j = 0, 1$. Estas funciones nos dicen cuál es la cantidad de dinero que, a los precios p^R, hace falta para conseguir el nivel de utilidad $u_i^j = v_i(p^j, w_i)$. Dado que la función de gasto es estrictamente creciente en u_i, podemos pensar en la función de gasto como una transformación monótona creciente de v_i. Por lo tanto es una representación alternativa de la utilidad del individuo. Este argumento nos permite expresar la utilidad indirecta en euros, y obtener así una medida cuantitativa de la variación del bienestar. En otras palabras, la diferencia

$$e_i[p^R, v_i(p^1, w_i)] - e_i[p^R, v_i(p^0, w_i)]$$

nos dice cómo varía el nivel de bienestar del indivíduo i cuando los precios cambian de p^0 a p^1 medido en euros relativos al vector de precios p^R. Naturalmente, la elección de p^R es crucial para que la medida tenga una interpretación coherente. Los candidatos obvios son los precios de la situación inicial o de la situación final. Como en el caso de los índices de precios, ello da lugar a dos medidas distintas de la variación del nivel de bienestar. Antes de presentar estas medidas recordemos que estamos suponiendo que la riqueza en el periodo inicial y final se mantiene constante, es decir $e_i[p^0, v_i(p^0, w_i)] = e_i[p^1, v_i(p^1, w_i)] = w$.

Definición 2.8 (Variación equivalente). *Sea $p^R = p^0$. La variación equivalente es el cambio en la renta del consumidor que permite mantener al indivíduo en el nivel de utilidad final, tras el cambio de precios de p^0 a p^1:*

$$VE_i(p^0, p^1, w) = e_i[p^0, v_i(p^1, w_i)] - e_i[p^0, v_i(p^0, w_i)] = e_i[p^0, v_i(p^1, w_i)] - w.$$

Notemos que podemos escribir $e_i[p^0, v_i(p^1, w_i)] = VE_i + w$. La variación equivalente nos dice que el cambio en los precios de p^0 a p^1 tiene el mismo impacto sobre el bienestar que si la renta cambiara de w_i a $(w_i + VE_i)$. Por lo tanto VE_i será negativa cuando la variación de precios empeore la situación del consumidor y positiva en otro caso.

Definición 2.9 (Variación compensatoria). *Sea $p^R = p^1$. La variación compensatoria es el cambio en la renta del consumidor que le permite mantenerse en el nivel de utilidad inicial, tras el cambio de precios de p^0 a p^1:*

$$VC_i(p^0, p^1, w) = e_i[p^1, v_i(p^1, w_i)] - e_i[p^1, v_i(p^0, w_i)] = w - e_i[p^1, v_i(p^0, w_i)].$$

Notemos que podemos escribir $e_i[p^1, v_i(p^0, w_i)] = w - VC_i$. La variación compensatoria es aquella cantidad que, sustraída de la renta del individuo le mantiene en el nivel de utilidad inicial. Por lo tanto esta cantidad será negativa (deberemos aumentar su renta) cuando la variación de precios empeore la situación del consumidor y positiva en otro caso.

Podemos concluir pues, que cuando comparamos dos situaciones, ambas medidas van en la misma dirección, aunque no en la misma magnitud puesto que los sistemas de precios a los que valoramos las situaciones son diferentes. Esta afirmación no es cierta cuando comparamos más de dos situaciones, en cuyo caso la VE_i ofrece ventajas con respecto a la VC_i (véase Villar, 1996, p.75).

La figura 2.21 ilustra el argumento para el caso de una economía con dos bienes cuando el precio del bien 1 disminuye de p^0 a p^1. La parte (a) de la figura representa la variación equivalente de la renta, i.e. cuánto dinero adicional necesitamos al precio p^0 para dejar al consumidor con el mismo nivel de bienestar que con el precio p^1. La parte (b) de la figura representa la variación compensatoria de la renta, es decir cuánto dinero habrá que sustraerle al consumidor para mantenerle en el mismo nivel de bienestar que con los precios p^0.

Una forma alternativa de visualizar las variaciones equivalente y compensatoria consiste en recordar el lema de Shephard (que relaciona la demanda hicksiana del bien k con la derivada de la función de gasto con respecto al precio del bien k)

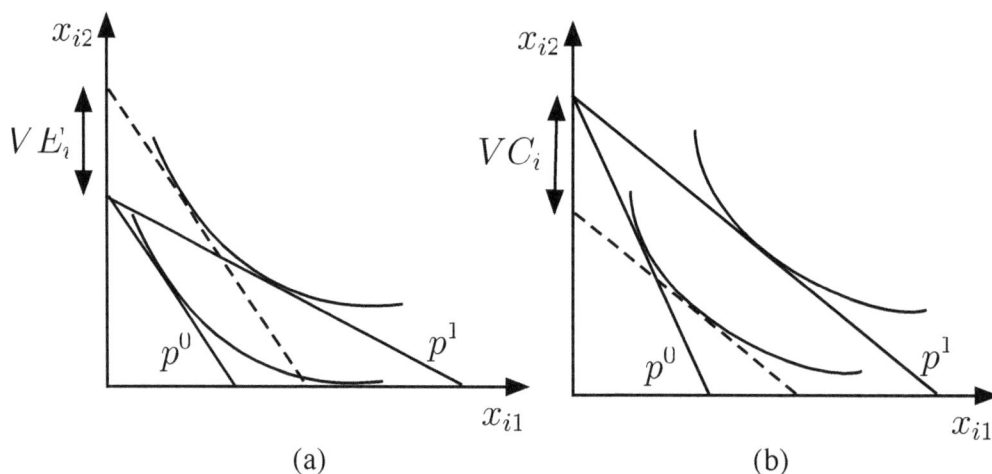

Figura 2.21: Variación equivalente y variación compensatoria

y el supuesto que la renta se mantiene constante (w) tras el cambio de precios. Entonces podemos expresar

$$VE_i(p^0, p^1, w) = e_i[p^0, v_i(p^1, w_i)] - e_i[p^1, v_i(p^1, w_i)] = \int_{p^1}^{p^0} h_i(p, u^1)dp,$$

donde $u^1 \equiv v_i(p^1, w_i)$ y, de forma paralela

$$VC_i(p^0, p^1, w) = e_i[p^0, v_i(p^0, w_i)] - e_i[p^1, v_i(p^0, w_i)] = \int_{p^1}^{p^0} h_i(p, u^0)dp,$$

donde $u^0 \equiv v_i(p^0, w_i)$.

Por lo tanto, la variación equivalente es el área por debajo de la curva de demanda hicksiana asociada al nivel de utilidad final entre los precios p^0 y p^1. La variación compensatoria es el área por debajo de la curva de demanda hicksiana asociada al nivel de utilidad inicial entre los precios p^0 y p^1.

2.9.3. El excedente del consumidor

El concepto de *excedente del consumidor* proporciona una aproximación al impacto sobre el bienestar del consumidor debido a una variación de los precios. Como veremos a continuación, a diferencia de la variación equivalente y compensatoria, es más fácil de calcular porque opera sobre la función de demanda marshalliana. Sin embargo, sólo permite obtener una aproximación (excepto en una caso particular que también comentaremos más adelante).

Para ilustrar la idea del excedente del consumidor, imaginemos un mercado de un bien donde un monopolista conoce la curva de demanda de un consumidor i.

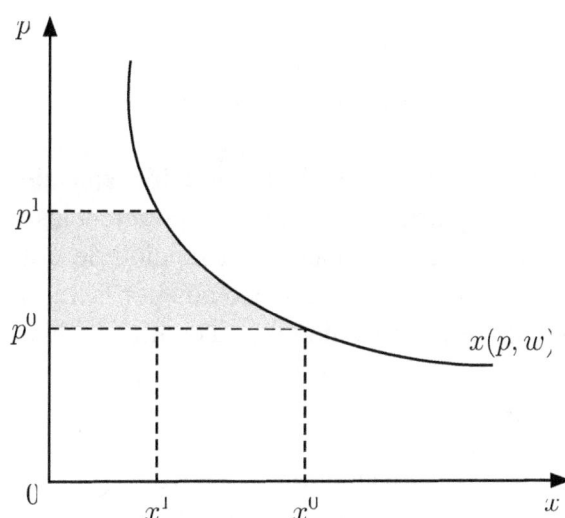

Figura 2.22: Variación del excedente del consumidor

Este monopolista si fija un único precio p^0 vende x^0 unidades, obteniendo unos ingresos $p^0 x^0$. Tomemos pues, esta cantidad como referencia y supongamos que el monopolista pretende vender precisamente x^0 unidades a nuestro consumidor. En un esfuerzo por maximizar sus beneficios, y dado que conoce la función de demanda, el monopolista decide vender cada unidad por separado hasta alcanzar la cantidad x^0. De acuerdo con la función de demanda, puede vender la primera unidad a un precio mucho más alto que el precio p^0, la segunda unidad a un precio ligeramente inferior, y así sucesivamente hasta alcanzar la x^0-ésima unidad que vende al precio p^0. La diferencia entre los ingresos que obtiene el monopolista con este mecanismo discriminador y los que obtiene con la política de precio único es lo que denominamos el excedente del consumidor. Este excedente captura la renta que el consumidor se ahorra por el hecho de que la empresa no puede fijar un precio por cada sucesiva unidad que el consumidor adquiere.

De forma parecida podemos construir el excedente del consumidor cuando el precio del producto objeto de estudio varía. La figura 2.22 refleja este argumento. Supongamos que en una situación inicial el precio de un bien es p^0. A este precio el consumidor, dada su función de demanda, adquiere x^0 unidades. Por alguna razón, el precio aumenta hasta p^1 y el consumidor, *cuya renta no ha variado*, ajusta su demanda reduciéndola hasta x^1. El área coloreada refleja la variación del excedente de nuestro consumidor y nos ofrece una idea del impacto de esta variación del precio sobre su bienestar.

Formalmente, el excedente del consumidor en el caso de la figura 2.22 viene dado por

$$EC_i = \int_{p^0}^{p^1} x(t)dt$$

El excedente del consumidor es igual a la variación equivalente y a la variación compensatoria en el caso particular de que sus preferencias sean cuasilineales. Para cualesquiera otras especificaciones de la función de utilidad, el excedente del consumidor es sólo una aproximación acotada por la variación equivalente y por la variación compensatoria. Estudiaremos a continuación ambas situaciones.

La utilidad cuasilineal

Supongamos que nuestro consumidor se mueve en un mundo de dos bienes, cuyos precios son $p^1 = 1$ y p^2, y posee una renta w_i. Supongamos también que podemos representar su función de utilidad como

$$U_i(x_{i1}, x_{i2}) = x_{i1} + u_i(x_{i2}),$$

de manera que la función de utilidad es lineal en uno de los bienes pero no en el otro. Supongamos que la función $u_i(x_{i2})$ es estrictamente cóncava.

El problema del consumidor es,

$$\max_{x_{i1}, x_{i2}} x_{i1} + u_i(x_{i2})$$
$$\text{s.a } x_{i1} + p^2 x_{i2} = w_i$$
$$x_{i1} \geq 0.$$

Este problema puede tener dos tipos de solución según el consumo del bien x_{i1} sea positivo o nulo.

Supongamos, en primer lugar, que $x_{i1} > 0$. El problema podemos reformularlo como

$$\max_{x_{i2}} w_i - p^2 x_{i2} + u_i(x_{i2})$$

La condición de primer orden, $u_i'(x_{i2}) = p^2$, nos dice que la demanda del bien 2 sólo depende de su precio y es independiente de la renta. Podemos pues, expresar esta demanda como $x_{i2}(p^2)$. La demanda del bien 1 la obtenemos a partir de la restricción presupuestaria $x_{i1} = w_i - p^2 x_{i2}(p^2)$.

Supongamos ahora $x_{i1} = 0$. Entonces la demanda del bien 2 es simplemente $x_{i2} = \dfrac{w_i}{p^2}$. La pregunta es cómo decide el consumidor su plan de consumo. Dado que la (sub)función de utilidad del bien 2 es estrictamente cóncava, el consumidor empezará consumiendo bien 2 hasta el punto en que la utilidad marginal de un euro gastado en el bien 2 sea igual a $p^1 = 1$. A partir de este momento los incrementos de renta se destinarán al consumo de bien 1. Supongamos que en la situación inicial el consumidor tiene una renta de cero y la aumentamos marginalmente. El incremento de utilidad es $\dfrac{u_i'(w_i/p^2)}{p^2}$. Si este aumento de utilidad es mayor que 1 (el precio del bien 1), nuestro consumidor obtiene más utilidad consumiendo bien 2 que dedicando el aumento de renta al bien 1. Este comportamiento continuará así hasta que el incremento marginal de renta haga que la utilidad marginal de esa renta gastada en el bien 2 sea exactamente igual al precio del bien 1. En ese momento el consumidor estará indiferente entre continuar aumentando el consumo de bien 2 o empezar a consumir bien 1. A partir de este punto sucesivos aumentos de la renta se destinarán a aumentar el consumo de bien 1.

La utilidad (bienestar) que obtiene el consumidor es simplemente la suma de la utilidad que deriva del consumo de cada bien, es decir,

$$U_i(x_{i1}, x_{i2}) = w_i - p^2 x_{i2}(p^2) + u_i(x_{i2}(p^2)).$$

Para representar este nivel de bienestar sobre la curva de demanda del bien 2, sólo tenemos que integrar

$$w_i - p^2 x_{i2}(p^2) + u_i(x_{i2}(p^2)) = w_i - p^2 x_{i2}(p^2) + \int_0^{x_{i2}} p(t)dt.$$

Prescindiendo de la constante w_i, la expresión de la derecha de esta ecuación es el área situada debajo de la curva de demanda del bien 2 por encima del precio p^2.

El caso general

Si la función de utilidad que representa las preferencias de nuestro consumidor no es cuasilineal, la medida del excedente del consumidor sólo es una aproximación a la variación del bienestar ante una variación de precios.

Recordemos que las variaciones equivalente y compensatoria del consumidor cuando el precio de un bien varía de p^0 a p^1 (manteniendo constantes los precios de los demás bienes y la renta) podemos expresarlas como la integral de la curva de demanda hicksiana correspondiente al nivel inicial de utilidad, y al nivel final de utilidad respectivamente.

La medida correcta del bienestar es pues, un área delimitada por una curva de demanda compensada. El problema, como ya sabemos, es que la demanda hicksiana no es observable, y por lo tanto no podemos obtener estimaciones empícas de estas medidas.

La ventaja del excedente del consumidor es que se mide sobre la demanda marshalliana que sí es observable. Por ello, a menudo se utiliza como aproxima-

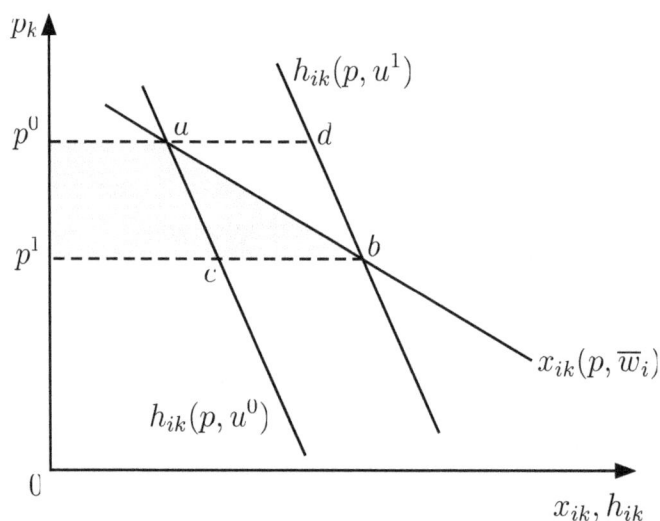

Figura 2.23: Aproximación al excedente del consumidor

ción. Veamos a continuación cuán precisa es esa aproximación. Para ello recordemos la ecuación de Slutsky,

$$\frac{\partial x_{ij}}{\partial p_k} = \frac{\partial h_{ij}(p, u)}{\partial p_k} - \frac{\partial x_{ij}}{\partial w_i} x_{ik}(p, w_i).$$

Si el bien que nos ocupa no es inferior, i.e. $\dfrac{\partial x_{ij}}{\partial w_i} > 0$, podemos deducir que

$$\frac{\partial x_{ij}}{\partial p_k} < \frac{\partial h_{ij}(p, u)}{\partial p_k}.$$

es decir, la pendiente de la demanda compensada es mayor que la pendiente de la demanda marshalliana. La figura 2.23 muestra la relación entre la variación compensatoria, la variación equivalente y el excedente del consumidor.

La situación inicial está descrita por el precio p^0, de manera que la posición del consumidor es el punto a sobre la curva de demanda marshalliana. La situación final aparece tras una disminución del precio hasta p^1, de manera que la posición final del individuo es el punto b sobre la curva de demanda marshalliana.

La variación compensatoria se calcula a partir del nivel de utilidad inicial, u^0, y es el área por debajo de la curva de demanda compensada (hicksiana) que pasa por el punto a, es decir, el área p^0acp^1.

La variación equivalente se calcula a partir del nivel de utilidad final, u^1, y es el área por debajo de la curva de demanda compensada (hicksiana) que pasa por el punto b, es decir, el área p^0dbp^1.

El excedente del consumidor es el área por debajo de la curva de demanda marshalliana entre los puntos a y b, es decir, el área p^0abp^1.

Comparando estas áreas vemos que $VC \leq EC \leq VE$. En particular si no hay efectos renta, $\dfrac{\partial x_{ij}}{\partial w_i} = 0$, (el caso de la utilidad cuasilineal) las tres áreas serán iguales puesto que la ecuación de Slutsky se reduce a $\partial x_{ij}/\partial p_k = \partial h_{ij}/\partial p_k$. Ello quiere decir que para efectos renta pequeños, el excedente del consumidor representa una buena aproximación a la variación compensatoria y a la variación equivalente.

2.10. El problema de la integrabilidad

Un problema importante en el análisis aplicado es que las funciones de demanda que resultan de especificaciones de la función de utilidad analíticamente tratables son demasiado complicadas. Por lo tanto resulta más conveniente especificar una forma paramétrica tratable para la función de demanda marshalliana. Sin embargo debemos asegurarnos que esa forma paramétrica representa a algún consumidor localmente insaciable maximizador de preferencias. En pocas palabras, el problema de la integrabilidad consiste en, a partir de una función de demanda, derivar la función de utilidad que la ha generado. La ecuación de Slutsky juega un papel fundamental en este proceso.

Supongamos que tenemos una función de demanda continuamente diferenciable de buen comportamiento y que agota la renta. Ya sabemos que tal función de demanda satisface las propiedades de no negatividad, homogeneidad, y la matriz de Slutsky es simétrica y semidefinida negativa.

El resultado principal del problema de la integrabilidad es que estas condiciones junto con algunos supuestos técnicos, son necesarias y suficientes para el proceso de integración.

Para resolver el problema de la integrabilidad, necesitamos encontrar una función para integrar. A partir del lema de Shephard y la identidad entre la demanda marshalliana y compensada podemos escribir

$$\frac{\partial e_i(p, \overline{u}_i)}{\partial p_k} = h_{ik}(p, \overline{u}_i) = x_{ik}(p, e_i(p, \overline{u}_i)), \ \forall k, \qquad (2.23)$$

donde $\overline{u}_i$ es un parámetro. También necesitaremos introducir una condición inicial $e(p^0, u^0) = p^0 x(p^0, w^0) = w^0$, para un punto arbitrario $x(p^0, w^0)$ en la curva de indiferencia $\overline{u}$.

La expresión (2.23) es un sistema de ecuaciones diferenciales con una condición de acotamiento. Este sistema tiene una solución única y continua si las derivadas parciales de las x_{ik} están acotadas y son simétricas ($\dfrac{\partial h_{ik}}{\partial p_j} = \dfrac{\partial h_{ij}}{\partial p_k}$).

En nuestro caso, la matriz de derivadas parciales es

$$\left[\frac{\partial h_{ik}}{\partial p_j} + \frac{\partial x_{ik}}{\partial w_i}x_{ij}(p, w_i)\right].$$

Pero esta matriz de derivadas parciales es precisamente la matriz de Slutsky. El supuesto de simetría de la matriz de Slutsky junto con los demás nos aseguran pues, que el sistema (2.23) tiene solución. La solución será una función de gasto e_i. A partir de esta función de gasto podemos determinar la función indirecta de utilidad utilizando la identidad 1

$$e_i(p, v_i) \equiv w_i.$$

Dado que e_i es estrictamente creciente, podemos invertir esta ecuación y encontrar $v_i(p, w_i)$ que, a su vez, nos permite derivar una función de utilidad a partir de la relación entre ambas.

Para ilustrar este procedimiento, consideremos el ejemplo siguiente.

Ejemplo 2.7 (Función Cobb-Douglas). *Tomemos la función de demanda*

$$x_{ik}(p, w_i) = \frac{\alpha_k w_i}{\alpha p_k}, \; k = 1, 2, \ldots, l$$

donde $\alpha = \sum_{k=1}^{l} \alpha_k$.
El sistema (2.23) es ahora,

$$\frac{\partial e_i(p, u_i)}{\partial p_k} = \frac{\alpha_k e_i(p, u_i)}{\alpha p_k}, \; \forall k.$$

La k-ésima ecuación de este sistema puede integrarse con respecto a p_k para obtener

$$\ln e_i(p, u_i) = \frac{\alpha_k}{\alpha} \ln p_k + c_k$$

donde c_k no depende de p_k, pero puede depender de los otros precios. Combinando estas ecuaciones, obtenemos

$$\ln e_i(p, u_i) = \sum_{k=1}^{l} \frac{\alpha_k}{\alpha} \ln p_k + c$$

donde ahora c no depende de ningún precio. La constante c es la constante de integración y representa el grado de libertad que tenemos para fijar la condición de acotamiento. Para cada u_i consideremos $p^* = (1, 1, \ldots, 1)$ y utilicemos la condición de acotamiento $e_i(p^*, u_i) = u_i$. Entonces,

$$\ln e_i(p, u_i) = \sum_{k=1}^{l} \frac{\alpha_k}{\alpha} \ln p_k + \ln u_i.$$

Podemos invertir esta ecuación y obtener

$$\ln v_i(p, w_i) = -\sum_{k=1}^{l} \frac{\alpha_k}{\alpha} \ln p_k + \ln w_i,$$

que es una transformación monótona de la función indirecta de utilidad para una función de utilidad Cobb-Douglas.

2.11. La demanda agregada

Todos los argumentos expuestos hasta ahora se han referido a un consumidor individual. Un problema que representa todo este análisis desde un punto de vista aplicado, es que resulta difícil obtener datos sobre el comportamiento individual y resulta más fácil encontrar datos que responden al comportamiento colectivo de una sociedad. Este comportamiento colectivo puede considerarse como la suma (agregación) de los comportamientos individuales. A su vez, el problema de trabajar con la demanda agregada es que su comportamiento (el desplazamiento de la curva agregada de demanda) puede depender de como se distribuyan las rentas individuales, incluso cuando la renta total de la sociedad se mantenga constante. En este sentido no podemos afirmar que la demanda agregada sea una función de los precios y de la renta social. Tampoco se cumplen necesariamente resultados análogos a la ecuación de Slutsky o al axioma general de la preferencia revelada.

Entonces, ¿qué podemos decir de la demanda agregada en base al supuesto de la maximización individual de la utilidad? La respuesta general es que no mucho. La demanda agregada será homogénea de grado cero en precios y en la renta de cada individuo. También si todos los consumidores son localmente insaciables, la ley de Walras se verificará para toda la economía en su conjunto. Por último la continuidad de las funciones de demanda individuales es suficiente (pero no necesaria) para la continuidad de la función de demanda agregada. Aparte de esto necesitamos introducir hipótesis muy fuertes sobre la distribución de preferencias y de la renta para poder realizar un análisis del comportamiento colectivo a partir de la agregación del comportamiento individual.

Un caso particular donde la conducta agregada puede ser generada por un "consumidor representativo." es aquel en el que la función indirecta de utilidad de todos los consumidores adopta la *forma de Gorman*:

$$v_i(p, w_i) = a_i(p) + b(p)w_i,$$

donde el término $a_i(p)$ es específico al consumidor i, pero el término $b(p)$ es común a todos los consumidores. A partir de la identidad de Roy, la función de demanda del bien k por parte del consumidor i es,

$$x_{ik}(p, w_i) = \alpha_{ik}(p) + \beta_k(p)w_i,$$

donde

$$\alpha_{ik}(p) = -\frac{\dfrac{\partial a_i(p)}{\partial p_k}}{b(p)},$$

$$\beta_k(p) = -\frac{\dfrac{\partial b(p)}{\partial p_k}}{b(p)}$$

Bajo esta forma particular, la propensión marginal al consumo del bien k, $\dfrac{\partial x_{ik}(p, w_i)}{\partial w_i}$, es independiente de la renta de cualquier consumidor y constante para todos los consumidores puesto que $b(p)$ es constante para todos ellos.

En este caso la demanda agregada del bien k tiene la forma,

$$x_k(p, w_1, \ldots, w_n) = -\left[\sum_{i=1}^{n} \alpha_{ik}(p) + \beta_k(p) \sum_{i=1}^{n} w_i\right].$$

Esta función de demanda puede generarse a partir de la siguiente función indirecta de utilidad de un consumidor representativo:

$$v(p, \sum_{i=1}^{n} w_i) = \sum_{i=1}^{n} a_i(p) + b(p) \sum_{i=1}^{n} w_i.$$

La forma de Gorman de la función indirecta de utilidad para el consumidor individual es la condición necesaria y suficiente que permite la agregación en el sentido del modelo de consumidor representativo.

Un caso particular de la forma de Gorman es la función indirecta de utilidad correspondiente a las preferencias cuasilineales $v_i(p) + w_i$, puesto que representa simplemente que $b(p) \equiv 1$. Por lo tanto la función indirecta de utilidad agregada que genera la demanda agregada es

$$v(p) + \sum_{i=1}^{n} w_i = \sum_{i=1}^{n} v_i(p) + \sum_{i=1}^{n} w_i.$$

Apéndice: transformaciones de la función de utilidad

Sea $u(q_1, q_2)$ una función de utilidad, y sea v una transformación monótona creciente de u, de manera que $v(q_1, q_2) = f[u(q_1, q_2)]$.

Queremos verificar que,

$$\max_{q_1,q_2} v(q_1, q_2) \text{ s.t. } m = p_1 q_1 + p_2 q_2 \Leftrightarrow \max_{q_1,q_2} u(q_1, q_2) \text{ s.t. } m = p_1 q_1 + p_2 q_2,$$

done m denota la renta del consumidor y (p_1, p_2) un vector de precios.

Consideremos pues problema $\max_{q_1,q_2} v(q_1, q_2)$ s.t. $m = p_1 q_1 + p_2 q_2$. La función lagrangiana es,

$$L(q_1, q_2) = f[u(q_1, q_2)] + \lambda(m - p_1 q_1 - p_2 q_2).$$

Las condiciones de primer orden son,

$$\frac{\partial L}{\partial q_1} = \frac{\partial v}{\partial u} \frac{\partial u(q_1, q_2)}{\partial q_1} - \lambda p_1 = 0, \tag{2.24}$$

$$\frac{\partial L}{\partial q_2} = \frac{\partial v}{\partial u} \frac{\partial u(q_1, q_2)}{\partial q_2} - \lambda p_1 = 0, \tag{2.25}$$

$$\frac{\partial L}{\partial \lambda} = m - p_1 q_1 - p_2 q_2 = 0. \tag{2.26}$$

A partir de (2.24) y (2.25) y dado que v es una transformación monótona creciente de u, obtenemos,

$$\frac{\frac{\partial u(q_1,q_2)}{\partial q_1}}{\frac{\partial u(q_1,q_2)}{\partial q_2}} = \frac{p_1}{p_2},$$

de manera que las condiciones de primer orden son invariantes a la transformación monótona de u.

Las condiciones de segundo orden son,

$$\frac{\partial^2 L}{\partial q_1^2} = \frac{\partial^2 v}{\partial u^2} \left(\frac{\partial u}{\partial q_1} \right)^2 + \frac{\partial v}{\partial u} \frac{\partial^2 u}{\partial q_1^2},$$

$$\frac{\partial^2 L}{\partial q_2^2} = \frac{\partial^2 v}{\partial u^2} \left(\frac{\partial u}{\partial q_2} \right)^2 + \frac{\partial v}{\partial u} \frac{\partial^2 u}{\partial q_2^2},$$

$$\frac{\partial^2 L}{\partial \lambda^2} = 0,$$

$$\frac{\partial^2 L}{\partial q_1 \partial q_2} = \frac{\partial^2 v}{\partial u^2} \frac{\partial u}{\partial q_2} \frac{\partial u}{\partial q_1} + \frac{\partial v}{\partial u} \frac{\partial^2 u}{\partial q_1 \partial q_2},$$

$$\frac{\partial^2 L}{\partial q_2 \partial q_1} = \frac{\partial^2 v}{\partial u^2} \frac{\partial u}{\partial q_1} \frac{\partial u}{\partial q_2} + \frac{\partial v}{\partial u} \frac{\partial^2 u}{\partial q_2 \partial q_1},$$

$$\frac{\partial^2 L}{\partial q_1 \partial \lambda} = -p_1,$$

$$\frac{\partial^2 L}{\partial q_2 \partial \lambda} = -p_2.$$

La caracterización de un máximo exige que el hessiano sea semidefinido negativo. Queremos verificar que el determinante asociado al hessiano es el mismo que resulta de la maximización de la función de utilidad original.

$$
H = \begin{vmatrix}
\frac{\partial^2 L}{\partial q_1^2} & \frac{\partial^2 L}{\partial q_1 \partial q_2} & \frac{\partial^2 L}{\partial q_1 \partial \lambda} \\
\frac{\partial^2 L}{\partial q_2 \partial q_1} & \frac{\partial^2 L}{\partial q_2^2} & \frac{\partial^2 L}{\partial q_2 \partial \lambda} \\
\frac{\partial^2 L}{\partial q_1 \partial \lambda} & \frac{\partial^2 L}{\partial q_2 \partial \lambda} & 0
\end{vmatrix}
\tag{2.27}
$$

El álgebra de matrices nos dice que

- el valor del determinante no varía si el múltiplo de una fila (o columna) se suma a otra fila (o columna);

- multiplicar una fila (o columna) por una constante es equivalente a multiplicar el valor del determinante por esa constante.

A partir de (2.24) y (2.25) podemos escribir,

$$
p_1 = \frac{1}{\lambda} \frac{\partial v}{\partial u} \frac{\partial f}{\partial q_1},
$$
$$
p_2 = \frac{1}{\lambda} \frac{\partial v}{\partial u} \frac{\partial f}{\partial q_2}.
$$

Substituyendo estos valores de p_1 y p_2 en (2.27) obtenemos,

$$
H = \begin{vmatrix}
\frac{\partial^2 v}{\partial u^2}\left(\frac{\partial u}{\partial q_1}\right)^2 + \frac{\partial v}{\partial u}\frac{\partial^2 u}{\partial q_1^2} & \frac{\partial^2 v}{\partial u^2}\frac{\partial u}{\partial q_2}\frac{\partial u}{\partial q_1} + \frac{\partial v}{\partial u}\frac{\partial^2 u}{\partial q_1 \partial q_2} & -\frac{1}{\lambda}\frac{\partial v}{\partial u}\frac{\partial f}{\partial q_1} \\
\frac{\partial^2 v}{\partial u^2}\frac{\partial u}{\partial q_1}\frac{\partial u}{\partial q_2} + \frac{\partial v}{\partial u}\frac{\partial^2 u}{\partial q_2 \partial q_1} & \frac{\partial^2 v}{\partial u^2}\left(\frac{\partial u}{\partial q_2}\right)^2 + \frac{\partial v}{\partial u}\frac{\partial^2 u}{\partial q_2^2} & -\frac{1}{\lambda}\frac{\partial v}{\partial u}\frac{\partial f}{\partial q_2} \\
-\frac{1}{\lambda}\frac{\partial v}{\partial u}\frac{\partial f}{\partial q_1} & -\frac{1}{\lambda}\frac{\partial v}{\partial u}\frac{\partial u}{\partial q_2} & 0
\end{vmatrix}
$$

Multiplicando la última fila y columna por $\lambda \frac{1}{\frac{\partial F}{\partial f}}$ obtenemos,

$$
H = \begin{vmatrix}
\cdots\cdots\cdots & & -\frac{\partial u}{\partial q_1} \\
\cdots\cdots\cdots & & -\frac{\partial u}{\partial q_2} \\
-\frac{\partial u}{\partial q_1} & -\frac{\partial u}{\partial q_2} & 0
\end{vmatrix}\left(\lambda\frac{1}{\frac{\partial v}{\partial u}}\right)^2
$$

Multiplicamos a continuación la última fila por $\frac{\partial^2 v}{\partial u^2}\frac{\partial u}{\partial q_1}$ y la sumamos a la primera fila y también multiplicamos la última fila por $\frac{\partial^2 v}{\partial u^2}\frac{\partial u}{\partial q_2}$ y la sumamos a la segunda fila para obtener

$$
H = \begin{vmatrix}
\frac{\partial v}{\partial u}\frac{\partial^2 u}{\partial q_1^2} & \frac{\partial v}{\partial u}\frac{\partial^2 u}{\partial q_1 \partial q_2} & -\frac{\partial u}{\partial q_1} \\
\frac{\partial v}{\partial u}\frac{\partial^2 u}{\partial q_1 \partial q_2} & \frac{\partial v}{\partial u}\frac{\partial^2 u}{\partial q_2^2} & -\frac{\partial u}{\partial q_2} \\
-\frac{\partial u}{\partial q_1} & -\frac{\partial u}{\partial q_2} & 0
\end{vmatrix}\left(\lambda\frac{1}{\frac{\partial v}{\partial u}}\right)^2
\tag{2.28}
$$

Reescribimos ahora (2.24) y (2.25) como,

$$\frac{\partial u}{\partial q_1} = \frac{\lambda p_1}{\frac{\partial v}{\partial u}}, \tag{2.29}$$

$$\frac{\partial u}{\partial q_2} = \frac{\lambda p_2}{\frac{\partial v}{\partial u}}. \tag{2.30}$$

Substituyendo (2.29) y (2.30) en la última fila y columna de (2.28) obtenemos,

$$H = \begin{vmatrix} \cdots\cdots\cdots\cdots & -\frac{\lambda p_1}{\frac{\partial v}{\partial u}} \\ \cdots\cdots\cdots\cdots & -\frac{\lambda p_2}{\frac{\partial v}{\partial u}} \\ -\frac{\lambda p_1}{\frac{\partial v}{\partial u}} \quad -\frac{\lambda p_2}{\frac{\partial v}{\partial u}} & 0 \end{vmatrix} \left(\lambda \frac{1}{\frac{\partial v}{\partial u}} \right)^2$$

A continuación multiplicamos la primera fila y la primera columna por $\frac{\frac{\partial v}{\partial u}}{\lambda}$ de manera que,

$$H = \left(\frac{\frac{\partial v}{\partial u}}{\lambda} \right)^2 \begin{vmatrix} \cdots\cdots\cdots & -p_1 \\ \cdots\cdots\cdots & -p_2 \\ -p_1 \quad -p_2 & 0 \end{vmatrix} \left(\lambda \frac{1}{\frac{\partial v}{\partial u}} \right)^2$$

que simplificando se reduce a

$$H = \begin{vmatrix} \cdots\cdots\cdots & -p_1 \\ \cdots\cdots\cdots & -p_2 \\ -p_1 \quad -p_2 & 0 \end{vmatrix}$$

Multiplicamos ahora la última columna por $\frac{\partial F}{\partial f}$ y obtenemos,

$$H = \begin{vmatrix} \frac{\partial v}{\partial u}\frac{\partial^2 u}{\partial q_1^2} & \frac{\partial v}{\partial u}\frac{\partial^2 u}{\partial q_1 \partial q_2} & -p_1\frac{\partial v}{\partial u} \\ \frac{\partial v}{\partial u}\frac{\partial^2 u}{\partial q_1 \partial q_2} & \frac{\partial v}{\partial u}\frac{\partial^2 u}{\partial q_2^2} & -p_2\frac{\partial v}{\partial u} \\ -p_1 & -p_2 & 0 \end{vmatrix}$$

Finalmente, dividimos las dos primeras filas por $\frac{\partial v}{\partial u}$ de manera que

$$H = \left(\frac{\partial v}{\partial u} \right)^{-1} \begin{vmatrix} \frac{\partial^2 u}{\partial q_1^2} & \frac{\partial^2 u}{\partial q_1 \partial q_2} & -p_1 \\ \frac{\partial^2 u}{\partial q_1 \partial q_2} & \frac{\partial^2 u}{\partial q_2^2} & -p_2 \\ -p_1 & -p_2 & 0 \end{vmatrix}$$

Dado que v es una transformación monótona creciente, es decir $\frac{\partial v}{\partial u} > 0$ la condición de segundo orden del problema asociado a $v(q_1, q_2)$ es equivalente a la condición de segundo orden del problema asociado a $u(q_1, q_2)$.

Para ilustrar este razonamiento consideremos el siguiente ejemplo. Sean,

$$u_1(q_1, q_2) = q_1 q_2,$$
$$u_2(q_1, q_2) = \ln q_1 + \ln q_2,$$
$$u_3(q_1, q_2) = q_1^{\frac{1}{2}} q_2^{\frac{1}{2}}.$$

Notemos que

$$u_2 = \ln u_1$$
$$u_3 = u_1^{\frac{1}{2}}{}^2$$

de manera que u_2 y u_3 son transformaciones monótonas crecientes de u_1.

Calculemos a continuación las tasas marginales de substitución de estas tres funciones de utilidad.

$$TMS_1 = \frac{\frac{\partial u_1}{\partial q_1}}{\frac{\partial u_1}{\partial q_2}} = \frac{q_2}{q_1},$$

$$TMS_2 = \frac{\frac{\partial u_2}{\partial q_1}}{\frac{\partial u_2}{\partial q_2}} = \frac{1/q_1}{1/q_2} = \frac{q_2}{q_1},$$

$$TMS_3 = \frac{\frac{\partial u_3}{\partial q_1}}{\frac{\partial u_3}{\partial q_2}} = \frac{\frac{1}{2}q_1^{-\frac{1}{2}} q_2^{\frac{1}{2}}}{\frac{1}{2}q_2^{-\frac{1}{2}} q_1^{\frac{1}{2}}} = \frac{q_2}{q_1}.$$

Por lo tanto, las tres funciones de utilidad representan las mismas preferencias.

Ejercicios

1. Considere las siguientes preferencias en $\mathbf{R}_+^2$:

    (a) $(x', y') \succsim (x, y)$ si $x' \geq x - 1/2$

    (b) $(x', y') \succsim (x, y)$ si $x' \geq x - 1/2$ y $y' - 1/2 \geq y$

   Para cada una de ellas dibuje

   i) el conjunto de cestas preferidas o indiferentes a la cesta $(1, 2)$;

   ii) el conjunto de cestas dominadas por o indiferentes a $(1, 2)$;

   iii) el conjunto de cestas indiferentes a $(1, 2)$.

   ¿Son las preferencias: completas, reflexivas, transitivas, continuas, monótonas, convexas?

2. Considere las siguientes preferencias en $\mathbf{R}^2_+$:

$$(x', y') \succsim (x, y) \text{ si } \min\{2x' + y', x' + 2y'\} \geq \min\{2x + y, x + 2y\}$$

   (a) Dibuje el conjunto de cestas preferidas o indiferentes a la cesta $(1, 2)$.

   (b) Dibuje el conjunto de cestas dominadas por $(1, 2)$.

   (c) ¿Son continuas las preferencias?

   (d) ¿Son representables por medio de una función de utilidad? En caso afirmativo: ¿cuál? ¿es única dicha representación?

3. Considere las preferencias de un individuo sobre su nivel de riqueza sabiendo que éste prefiere cantidades mayores a cantidades menores de dinero, aunque es indiferente entre dos cantidades que difieren en una peseta o menos.

   (a) Formalice estas preferencias.

   (b) ¿Son representables por medio de una función de utilidad?

4. Dé ejemplos gráficos de preferencias sobre dos bienes y de restricciones presupuestarias tales que:

   (a) hay más de una cesta de consumo que maximiza las preferencias y en todas ellas se gasta toda la renta;

   (b) hay más de una cesta de consumo que maximiza las preferencias y en alguno de ellas no se gasta toda la renta;

   (c) hay una única cesta que maximiza las preferencias y en ella no se gasta toda la renta;

   (d) hay una única cesta que maximiza las preferencias y en ella el total de la renta se destina a adquirir uno de los bienes.

   En cada uno de los casos anteriores no se satisface al menos uno de los supuestos que garantizan que la maximización de las preferencias tiene una solución única en la que se gasta toda la renta i en la se consume una cantidad positiva de todos los bienes. ¿Cuáles son estos supuestos?

5. Considere un consumidor cuya relación de preferencias débil/fuerte es, respectivamente,

$$(x'_1, x'_2) \succsim (x_1, x_2) \text{ si } x'_1 \geq x_1 \text{ y } x'_2 \geq x_2$$
$$(x'_1, x'_2) \succ (x_1, x_2) \text{ si } x'_1 > x_1 + 1 \text{ y } x'_2 > x_2 + 1$$

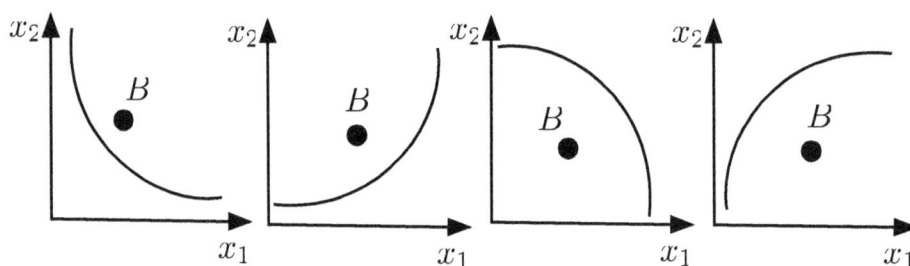

Figura 2.24: Preferencias del problema 8

¿Satisfacen dichas preferencias los supuestos de: (a) monotonicidad débil, (b) monotonicidad estricta, (c) convexidad, (d) convexidad estricta, (e) continuidad (f) insaciabilidad local?

Sugerencia: ilustre su respuesta utilizando, por ejemplo,

i) el conjunto de cestas preferidas o indiferentes a la cesta $(1, 1)$, y

ii) el conjunto de cestas estrictamente preferidas a la cesta $(1, 1)$.

6. Supongamos que un consumidor tiene preferencias lexicográficas sobre cestas de consumo $x \in \mathbb{R}^2_+$. Es decir, la relación $\succsim_i$ satisface $x^1 = (x_1^1, x_2^1) \succsim_i x^2 = (x_1^2, x_2^2)$ si $x_1^1 > x_1^2$ o bien si $x_1^1 = x_1^2$ y $x_2^1 > x_2^2$.

    (a) Dibujar el mapa de indiferencia para estas preferencias;

    (b) Podemos representar estas preferencias mediante una función de utilidad continua? Por qué.

7. Supongamos que un consumidor de dos bienes tiene renta m estrictamente positiva y se enfrenta a precios estrictamente positivos. Supongamos que sus preferencias están representadas por la función de utilidad $u(x_1, x_2) = x_1$. Derivar sus funciones de demanda marshallianas.

8. Consideremos un consumidor de dos bienes cuyas preferencias pueden representarse mediante una función de utilidad $u(x)$. Supongamos que tiene un punto de saturación B.

    (a) Escribir el conjunto representativo de cestas $x = (x_1, x_2)$ asociadas a una curva de indiferencia;

    (b) Considerar los distintos mapas de curvas de indiferencia representados en la figura 2.11. Explicar en cada uno de los casos la pendiente (creciente o decreciente), la curvatura (cóncava o convexa) y la dirección de crecimiento de la utilidad.

9. En un mundo de dos mercancías, la función de utilidad de un consumidor es $u(x_1, x_2) = x_1$.

   (a) Interpretar en dos palabras estas preferencias y dibujar el mapa de curvas de indiferencia.

   (b) Calcular las funciones de demanda marshalliana, la función de utilidad indirecta, las funciones de demanda hicksiana y la función de gasto.

   (c) Escribir la ecuación de Slutsky para la derivada de la mercancía 1 con respecto a su propio precio y verificar que las funciones encontradas en el apartado (b) la satisfacen.

10. En un mundo de dos mercancías, la función de utilidad de un consumidor es $u(x_1, x_2) = x_1 x_2$. Su renta es m y los precios de las mercancías son p_1 y p_2 respectivamente.

    (a) Calcular las funciones de demanda marshalliana $x_i{}^*(p_1, p_2, m), i = 1, 2$, y la función de utilidad indirecta $v(p_1, p_2, m)$.

    (b) Escribir la ecuación de Slutsky para $\dfrac{\partial x_1(p_1, p_2, m)}{\partial p_2}$ i utilícela para encontrar $\dfrac{\partial h_1(v, p_1, p_2)}{\partial p_2}$.

    (c) para la función de utilidad indirecta encontrada en el apartado (a), verificar la relación de dualidad, es decir, encontrar $u(x_1, x_2)$ a partir de $v(p)$

11. Un individuo consume dos mercancías en proporciones constantes: dos unidades del bien 2 por cada unidad del bien 1. Suponiendo que $\mathbf{R}_+^2$ es su conjunto de consumo:

    (a) Escriba la función de utilidad del consumidor.

    (b) Determine algebraicamente las condiciones necesarias y suficientes que definen la combinación maximizadora de las preferencias del consumidor.

12. Dé ejemplos de maximización de preferencias entre dos bienes en los que no se dé la igualdad de la relación marginal de sustitución con el precio relativo:

    (a) con preferencias continuas y estrictamente convexas tales que hay un único punto interior que maximiza las preferencias;

(b) con preferencias continuas y estrictamente convexas tales que todo punto que maximiza las preferencias está en la frontera del conjunto presupuestario.

13. Dé precios y renta tales que cada uno de los puntos (3,2), (12,8), (6,4) y (6,0) maximizan las funciones de utilidad siguientes

   (a) $u(x_1, x_2) = \text{mín}\{2x_1, 3x_2\}$;

   (b) $u(x_1, x_2) = \text{mín}\{x_1, x_2\}$;

   (c) $u(x_1, x_2) = 2x_1 + x_2$.

14. Dé precios y renta para los que $(x_1, x_2) = (50, 75)$ maximiza la función de utilidad

$$u(x_1, x_2) = \sqrt{x_1 x_2^3}.$$

15. Considere la función de utilidad $u(x_1, x_2) = x_1 + ax_2$ donde $a > 0$.

   (a) Dibuje las curvas de indiferencia para varios valores de a.

   (b) Compruebe que si $p_2/p_1 > a$ sólo se consume el bien 1, mientras que si $p_2/p_1 < a$ sólo se consume el bien 2.

   (c) ¿Qué ocurre con los *multiplicadores de Lagrange* cuando $p_2/p_1 = a$?

   (d) ¿Para qué tipo de bienes puede considerarse este tipo de función realista?

16. Considere las siguientes funciones de utilidad

   (a) $u(x_1, x_2) = 3x_1 + 2x_2$

   (b) $u(x_1, x_2) = -\frac{1}{x_1} - \frac{1}{x_2}$

   (c) Elasticidad de sustitución constante (ESC):

$$u(x_1, x_2) = \left(x_1^{-r} + x_2^{-r}\right)^{-\frac{s}{r}}$$

   (d) Cobb-Douglas (CD) para n bienes:

$$u(x_1, ..., x_n) = \Pi_{i=1}^n x_i^{\alpha_i}$$

   donde $\alpha_i > 0 \ \forall i = 1, ..., n$ y $\sum_{i=1}^n \alpha_i = 1$.

   En cada uno de los casos calcule

   i) la función de demanda marshaliana;

ii) la función de utilidad indirecta;

iii) la función de demanda hicksiana;

iv) la función de gasto.

17. Compruebe que para un consumidor con las preferencias del ejercicio 16.d todos los bienes son *normales*, ninguno es *Giffen* y dos bienes cualquiera son *sustitutos hicksianos netos*.

18. Considere (para el caso de dos bienes) la proporción de renta gastada en cada bien al maximizar la utilidad.

   (a) Demuestre que dicha proporción es siempre una función homogénea de grado 0 de los precios y la renta.

   (b) Para la función de ESC (ejercicio 16.c) demuestre que la proporción de renta gastada en el bien 1 es homogénea de grado 0 respecto a los precios fijada la renta y homogénea de grado 0 respecto a la renta fijados los precios.

19. En los casos CD (ejercicio 16.d) y ESC (ejercicio 16.c) calcule la elasticidad renta de la demanda marshaliana del bien 1, así como la elasticidad precio de la misma con respecto a precio del bien 2.

20. Considere la función $v(p_1, p_2, m) = \frac{m}{p_1} + \frac{m}{p_2}$

   (a) ¿Es una función de utilidad indirecta?

   (b) En caso afirmativo, calcule las demandas marshalianas correspondientes, la función de gasto y las demandas hicksianas.

21. Considere la función $v(p_1, p_2, m) = -\frac{1}{r} \ln (p_1 + p_2) + \ln m$, donde $r > 0$.

   (a) ¿Es una función de utilidad indirecta?

   (b) En caso afirmativo, calcule las demandas marshalianas, la función de gasto y las demandas hicksianas.

22. Considere la función $e(p_1, p_2, u) = (\frac{1}{3}p_1 + \sqrt{p_1 p_2} + \frac{2}{3}p_2)u$.

   (a) ¿Es una función de gasto?

   (b) En caso afirmativo, calcule las demandas hicksianas, la función de utilidad indirecta y las demandas marshalianas.

23. Considere la función $e(p_1, p_2, u) = (p_1 + p_2)u$.

   (a) ¿Es una función de gasto?

(b) En caso afirmativo, calcule las demandas hicksianas, la función de utilidad indirecta y las demandas marshalianas.

24. Considere la función $e(p_1, p_2, u) = 3(p_1 p_2 p_3)^{\frac{1}{3}} u$.

   (a) ¿Es una función de gasto?

   (b) En caso afirmativo, calcule las demandas hicksianas, la función de utilidad indirecta y las demandas marshalianas.

25. Se sabe que a los precios $(p_1, p_2) = (5, 10)$ y renta $m = 100$

   (a) la demanda marshaliana es $(x_1, x_2) = (6, 7)$;

   (b) las derivadas parciales de la demanda hicksiana del bien 1 con respecto a p_1 y p_2 evaluadas a dichos precios y nivel de utilidad correspondiente a la cesta $(x_1, x_2) = (6, 7)$ son $(-2, 1)$ respectivamente;

   (c) la derivada parcial de la demanda marshaliana del bien 2 con respecto a la renta evaluada a dichos precios y renta es $\frac{2}{7}$.

   ¿Cuáles serán aproximadamente las demandas marshalianas a los precios $(p_1, p'_2) = (5, 11)$?

26. Un consumidor compra 100 litros de gasolina al precio vigente. Con el fin de reducir el consumo de gasolina el gobierno decide gravar su venta con un impuesto de 10 pesetas por litro, y, al mismo tiempo para no perjudicar al consumidor, introduce un subsidio de 1000 pesetas. El consumidor compra menos gasolina que antes y su nivel de utilidad aumenta: ¿por qué?

27. La función de utilidad de un consumidor es $u(x_1, x_2) = -\frac{1}{x_1} - \frac{1}{x_2}$.

   (a) Enuncie la *identidad de Roy* y compruebe que se cumple para el bien 1.

   (b) Calcule la utilidad marginal del dinero del consumidor.

Capítulo 3

Teoría de la empresa

En este capítulo estudiaremos otro agente fundamental de la economía: la empresa. Por lo tanto, el lado de la oferta del mercado. Este estudio lo dividiremos en tres partes. En primer lugar nos centraremos en la denominada teoría de la producción. Esta es una sección eminentemente técnica que nos muestra qué se puede producir. Los conceptos fundamentales son el *conjunto de posibilidades de producción* y sus propiedades, y las *funciones de producción* y los rendimientos a escala.

La segunda parte del capítulo está dedicada a los aspectos económicos de la producción. Esta es la teoría del coste. Estudiaremos la *función de costes*, los costes de corto y largo plazo y los conceptos de costes totales, medios y marginales.

Por último, analizaremos el *proceso de toma de decisión de la empresa*. Supondremos que el objetivo de la empresa es la maximización del beneficio. Veremos que bajo ciertas condiciones la decisión de minimizar costes es equivalente. En tal situación diremos que un problema es *dual* del otro.

Un aspecto importante del análisis que veremos a continuación es que una empresa es simplemente una entidad en el mismo sentido en el que también lo es el consumidor. En otras palabras es un agente económico que toma decisiones de producción. La diferencia fundamental entre el estudio del consumidor y de la empresa es que en el caso del primero la mayor parte de la atención recae sobre la función objetivo mientras que la restricción presupuestaria apenas genera un comentario. En el caso de la empresa, la situación va a ser la opuesta. Dedicaremos buena parte del esfuerzo a estudiar la representación de la tecnología. La función objetivo sin embargo no necesitará tanta atención. Esta función objetivo de la empresa supondremos que es la maximización del beneficio. Podemos pensar en otros objetivos alterrnativos de uan empresa como la maximización de su cuota de mercado, de sus ventas, de la cotización de las acciones, etc. La simplicidad de la función de beneficios permite construir un buen modelo del comportamiento de la empresa.

3.1. Producción

La actividad de una empresa es producir mercancías (bienes y servicios).

Suponemos que en la economía hay l mercancías. Una mercancía k, $k = 1, 2, \ldots, l$ puede ser un factor de producción (input) en un cierto proceso de producción y un producto (output) en otro. Al igual que hemos hecho en el análisis del consumidor, utilizaremos aquí también la convención de inputs negativos. Por lo tanto,

Definición 3.1 (Plan de producción). *Un plan de producción para una empresa es un vector l-dimensional $y = (y_1, y_2, \ldots, y_l) \in \mathbb{R}^l$ donde $y_k > 0$ denota un output para la empresa, $y_k < 0$ denota un input, y $y_k = 0$ representa que la mercancía k no forma parte del proceso de producción de la empresa.*

Suponemos que hay n empresas que representamos con el subíndice j, $j = 1, 2, \ldots, n$. Así pues, $y_j \in \mathbb{R}^l$ representa un plan de producción de la empresa j, y $y_{jk} \neq 0$ representa que la empresa j utiliza y_{jk} unidades de la mercancía k en su proceso de producción.

A continuación necesitamos definir el contexto en el que hemos definido los polanes de producción. Este es el conjunto de producción.

Definición 3.2 (Conjunto de prosibilidades de producción). *El conjunto de posibilidades de producción de la empresa j, que denotamos como $Y_j \subset \mathbb{R}^l$, es el conjunto de todos los planes de producción técnicamente viables.*

La figura 3.1 representa un conjunto de posibilidades de producción de una empresa j en una economía con dos bienes, un input y un output.

Finalmente introducimos el concepto de tecnología.

Definición 3.3 (Tecnología). *Una tecnología para una empresa es un proceso que permite transformar unas mercancías (inputs) en otras (outputs).*

El problema de decisión de la empresa es pues la selección de un plan de producción a partir de un conjunto de producción que muestre las posibilidades productivas que la tecnología utilizada pone a disposición de la empresa.

Veamos qué propiedades imponemos sobre el conjunto de posibilidades de producción. En primer lugar introduciremos cinco supuestos que cualquier tecnología debe satisfacer con independencia de cuál sea la actividad de la empresa. A continuación presentaremos cinco supuestos más, la idoneidad de los cuáles dependerá del entorno particular de la empresa.

(i) Y_j es no vacío y cerrado.

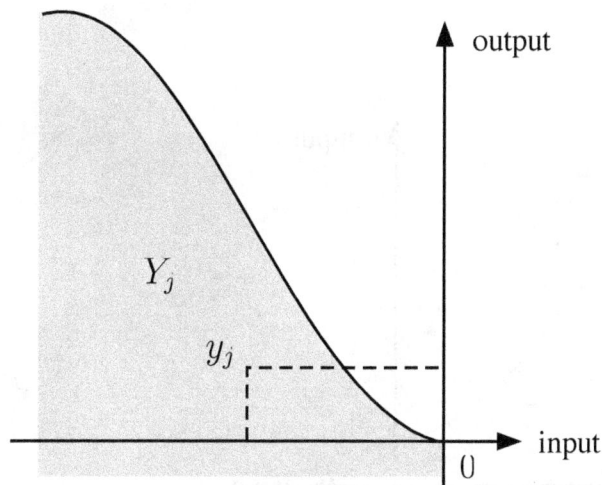

Figura 3.1: El conjunto de posibilidades de producción

Si el conjunto de producción fuera vacío no habría problema de la empresa. Suponer que el conjunto Y_j es cerrado quiere decir que el conjunto de posibilidades de producción contiene los puntos de su frontera. Formalmente, el límite de una secuencia de planes de producción es también un plan de producción. Es decir, sea y_j^n una secuencia de planes de producción para la empresa j tal que $y_j^n \in Y_j$. Entonces, si $y_j^n \to \overline{y}$ implica que $\overline{y} \in Y_j$.

(ii) Sin input no hay output (*no free lunch*).

No es posible producir algo a partir de nada. Formalmente, sea y_j un plan de producción tal que $\forall k, y_{jk} \geq 0$, es decir no contiene inputs. Entonces, $y_j = 0$. La parte (a) de la figura 3.2 muestra un ejemplo (para $k = 2$) donde se viola esta propiedad, mientras que la parte (b) muestra un ejemplo donde se satisface, es decir donde $Y_j \cap \mathbb{R}_+^l \subset \{0\}$.

(iii) Posibilidad de suspender la actividad.

Esta propiedad dice $0 \in Y_j$, donde 0 representa un vector l-dimensional de mercancías con todos sus componentes iguales a cero. Este es un supuesto más razonable a largo plazo que a corto plazo. A corto plazo la empresa puede fácilmente encontrarse con obligaciones contractuales que la impidan dejar de existir (nóminas, créditos, pedidos, etc). Técnicamente, a corto plazo la empresa puede estar sujeta a costes irrecuperables (sunk costs) que le impiden estar inactiva. La figura 3.3 muestra un ejemplo (para $k = 2$) donde se viola esta propiedad.

(iv) Free disposal.

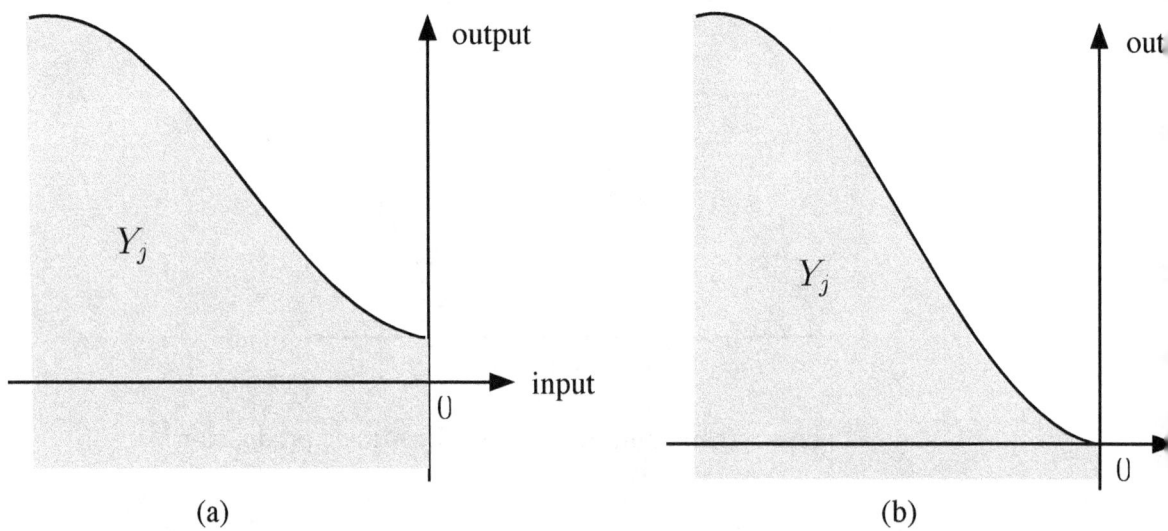

Figura 3.2: Sin input no hay output.

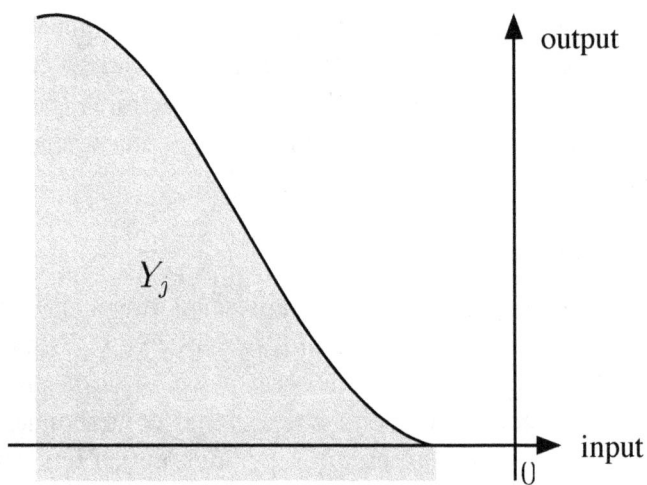

Figura 3.3: Violación de la propiedad (iii)

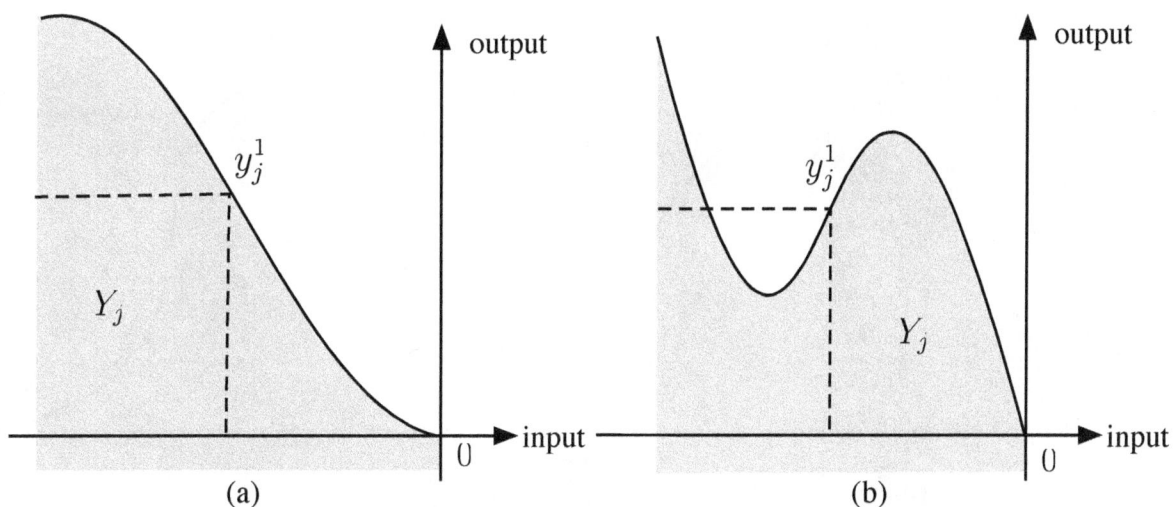

Figura 3.4: Free disposal.

Esta propiedad nos dice que la empresa puede eliminar sin coste las mercancías (inputs o outputs) que tiene en exceso. Formalmente, si $y_j^1 \in Y_j$ y y_j^2 es tal que $y_{jk}^2 \leq y_{jk}^1$, $k = 1, 2, \ldots, l$, entonces $y_j^2 \in Y_j$. Es decir, el plan de producción y_j^2 permite obtener como máximo el mismo output que el plan de producción y_j^1, con por lo menos los mismos inputs. Gráficamente, la figura 3.4 representa esta situación. En la parte (a) de la figura, dado cualquier $y_j \in Y_j$, todos los planes de producción por debajo y a la izquierda de y_j también forman parte del conjunto de posibilidades de producción. La parte (b) de la figura ilustra la violación de esta propiedad.

(v) Irreversibilidad de la producción.

Esta propiedad dice que no es posible cambiar el papel de los inputs y de los outputs en el proceso de producción, excepto en el caso trivial de la inactividad. Formalmente, si $y_j = (y_{j1}, y_{j2}, \ldots, y_{jl})$ es un plan de producción, el plan de producción $-y_j = (-y_{j1}, -y_{j2}, \ldots, -y_{jl})$ que obtenemos cambiando los inputs por outputs y viceversa no es factible. En otras palabras, si $y_j \in Y_j$ y $y_j \neq 0$, entonces $-y_j \notin Y_j$, o equivalentemente $Y_j \cap (-Y_j) = \{0\}$.

Veamos a continuación otro conjunto de supuestos específicos que pueden aplicarse al conjunto de posibilidades de producción (aunque no simultáneamente).

(vi) Rendimientos no crecientes a escala.

Decimos que el conjunto de posibilidades de producción exhibe rendimientos no crecientes a escala si para cualquier $y_j \in Y_j$ y cualquier escalar $\lambda \in [0, 1]$ resulta que $\lambda y_j \in Y_j$. Esta propiedad nos dice que cualquier plan

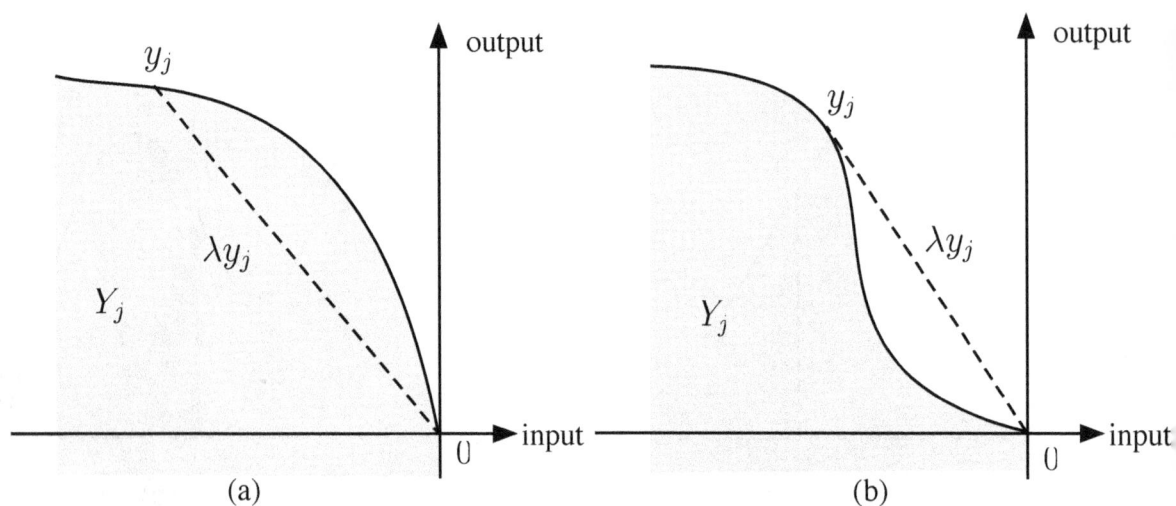

Figura 3.5: Rendimientos no crecientes a escala.

de producción puede reescalarse hacia abajo. Una implicación de este supuesto es la posibilidad de suspender la actividad (propiedad (iii)). La parte (a) de la figura 3.5 ilustra un conjunto de posibilidades de producción que satisface esta propiedad. La parte (b) de la misma figura muestra un ejemplo en el que el conjunto Y_j viola esta propiedad.

(vii) Rendimientos no decrecientes a escala.

Decimos que el conjunto de posibilidades de producción exhibe rendimientos no decrecientes a escala si para cualquier $y_j \in Y_j$ y cualquier escalar $\lambda \geq 1$ resulta que $\lambda y_j \in Y_j$. Esta propiedad nos dice que cualquier plan de producción puede reescalarse hacia arriba. La figura 3.6 ilustra esta situación. Fijémonos que para que el conjunto Y_j presente rendimientos no decrecientes a escala es necesario que la producción requiera de un coste fijo. No importa si este coste fijo además es irrecuperable, en cuyo caso $0 \notin Y_j$.

(viii) Rendimientos constantes a escala.

Esta propiedad es la conjunción de las dos anteriores. Decimos que el conjunto de posibilidades de producción exhibe rendimientos constantes a escala si para cualquier $y_j \in Y_j$ y cualquier escalar $\lambda \geq 0$ resulta que $\lambda y_j \in Y_j$. En otras palabras, el conjunto Y_j es un cono. La figura 3.7 ilustra esta situación.

(ix) Aditividad.

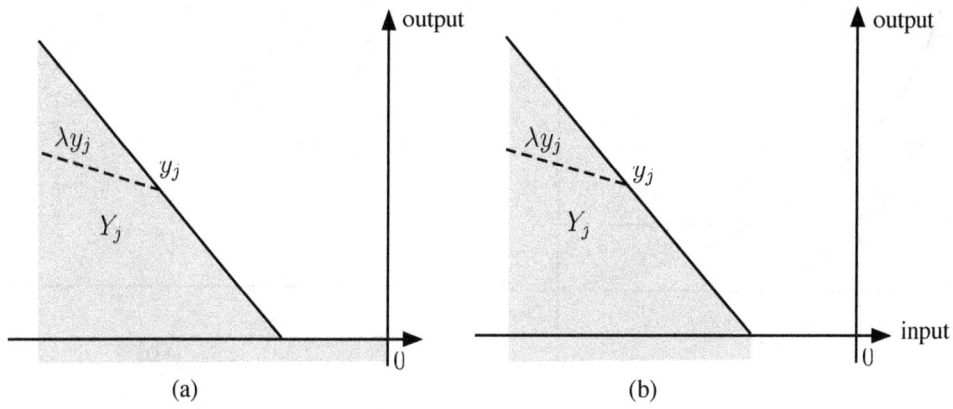

Figura 3.6: Rendimientos no decrecientes a escala.

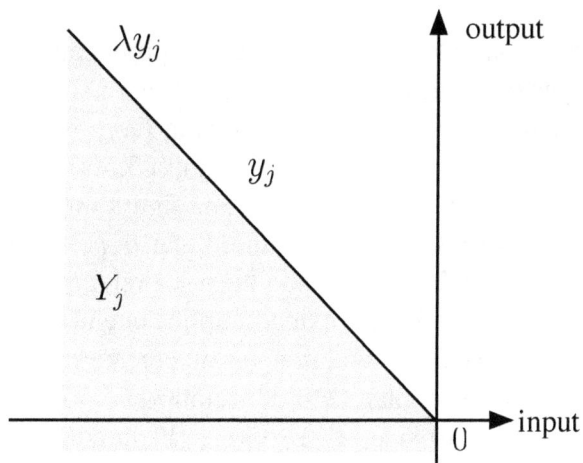

Figura 3.7: Rendimientos constantes a escala

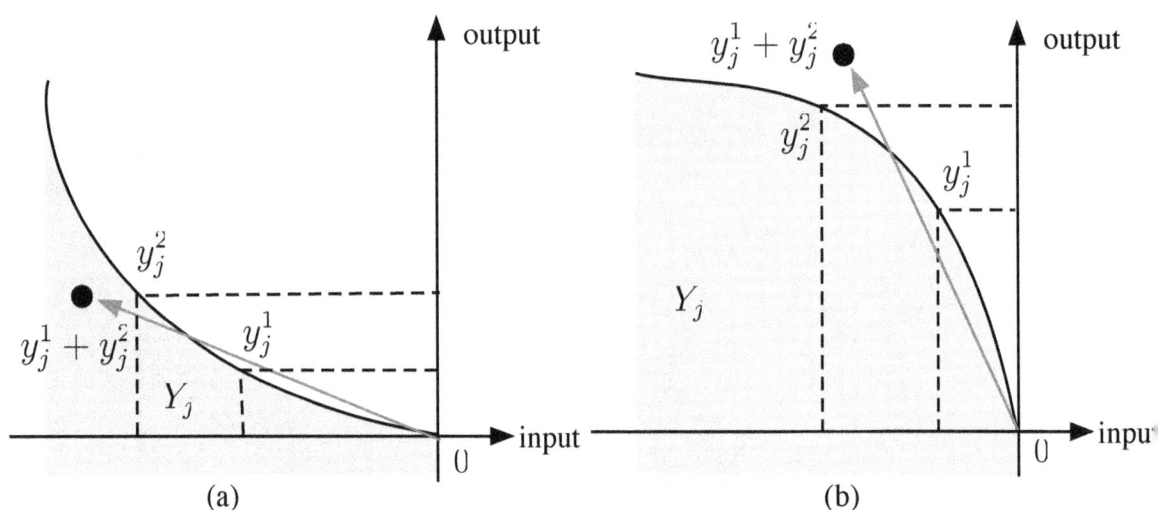

Figura 3.8: Aditividad

La propiedad de aditividad del conjunto de posibilidades de producción nos dice que dados dos planes de producción $(y_j^1, y_j^2) \in Y_j$, entonces $y_j^1 + y_j^2 \in Y_j$. La parte (a) de la figura 3.8 muestra un ejemplo de conjunto de producción aditivo. La parte (b) presenta un conjunto de producción que no satisface la aditividad.

(x) Convexidad.

Decimos que el conjunto de posibilidades de producción es convexo si para cualquier par de planes de producción $(y_j^1, y_j^2) \in Y_j$ y cualquier escala $\lambda \in [0, 1]$, el plan de producción definido como $\lambda y_j^1 + (1 - \lambda)y_j^2 \in Y_j$. Por ejemplo el conjunto de producción de la figura 3.5(a) es convexo mientras que el conjunto de la parte (b) de la misma figura no es convexo. La convexidad combina varias ideas. En primer lugar la perfecta divisibilidad de los planes de producción. En segundo lugar los rendimientos no crecientes. En particular, si $0 \in Y_j$, la convexidad implica que el conjunto de posibilidades de producción exhibe rendimientos no crecientes a escala. Fijémonos que podemos expresar el plan de producción y_j como $\lambda y_j + (1 - \lambda)0$ con $\lambda \in [0, 1]$. Por lo tanto si $y_j \in Y_j$ y $0 \in Y_j$ la convexidad implica que $\lambda y_j \in Y_j$. Por último, la convexidad captura la idea de que combinaciones de inputs "desequilibradas"no son más productivas que combinaciones de inputs "equilibradas". En otras palabras, si consideramos dos planes de producción que generan el mismo output pero utilizan diferentes combinaciones de inputs, podemos construir un nuevo plan de producción utilizando una media ponderada de los inputs de los dos planes de producción anterio-

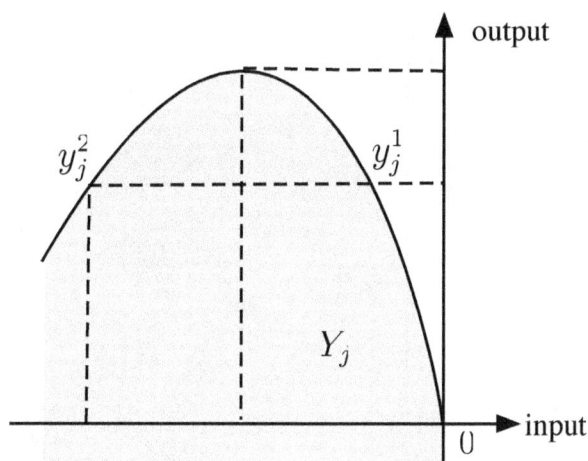

Figura 3.9: Convexidad

res y el output resultante será como mínimo tan grande como el correspondiente a los planes de producción iniciales (ver Mas-Colell et al., 1995, p. 134). La figura 3.9 ilustra esta idea.

3.1.1. Isocuantas

En la construcción general que estamos desarrollando, hemos considerado que en un plan de producción $y_j = (y_{j1}, \ldots, y_{jl}) \in Y_j$ algunas mercancías son inputs y otras son outputs. Para facilitar la distinción entre unos y otros vamos a introducir una notación diferenciada. Para ello vamos a denotar los inputs como z y vamos a suponer que las primeras ν mercancías van a representar inputs, mientras que las restantes $l - \nu$ mercancías van a representar outputs. Así pues, un plan de producción para la empresa j ahora lo representaremos como

$$y_j = (z_{j1}, z_{j2}, \ldots, z_{j\nu}; y_{j\nu+1}, y_{j\nu+2}, \ldots, y_{jl}) = (z_j, \widetilde{y}_j),$$

donde $z_j \in Z_j \subset \mathbb{R}^\nu$ y $\widetilde{y}_j \in \widetilde{Y}_j \subset \mathbb{R}^{l-\nu}$. Por lo tanto el conjunto de posibilidades de producción de la empresa j es $Y_j = Z_j \cup \widetilde{Y}_j$. Además, dada la convención de inputs negativos, $z_{jk} \leq 0$, $k = 1, 2, \ldots, \nu$ y $y_{jk} \geq 0$, $k = \nu + 1, \nu + 2, \ldots, l$.

Una ventaja de esta representación es que ahora podemos fijar los niveles de outputs de la empresa y estudiar las necesidades de inputs para producir esos outputs. Definimos pues,

Definición 3.4 (Conjunto de necesidades de inputs). *Dado un vector de outputs* $\widetilde{y}_j \in \widetilde{Y}_j$, *el conjunto de necesidades de inputs asociado es*

$$V_j(\widetilde{y}_j) = \{z_j : (z_j, \widetilde{y}_j) \in Y_j\}.$$

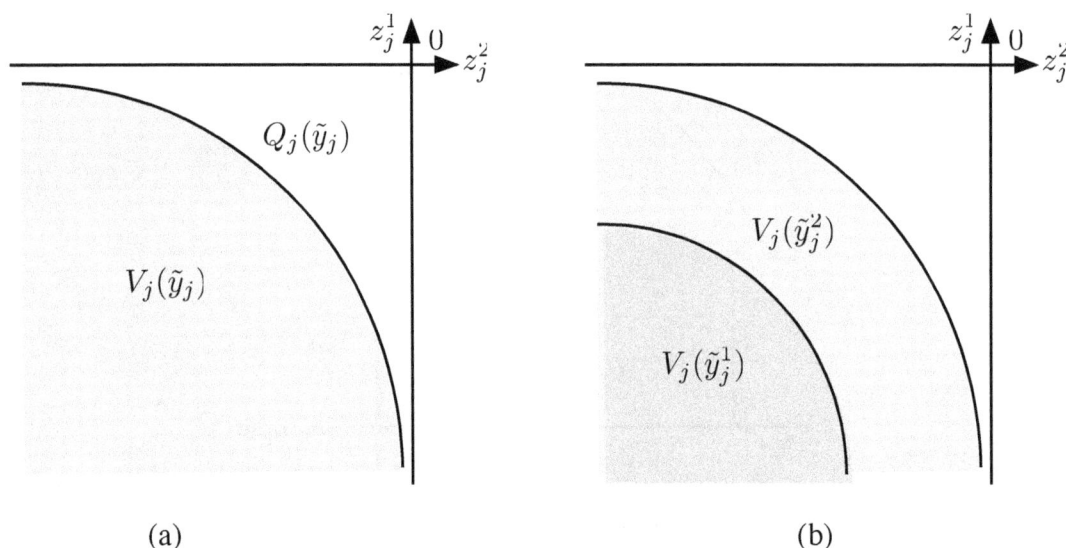

(a)   (b)

Figura 3.10: Conjunto de necesidades de inputs

Es decir, el conjunto de necesidades de inputs es el conjunto de todas las posibles combinaciones de inputs que permiten producir el vector de outputs $\widetilde{y}_j$.

Sobre este conjunto $V_j(\widetilde{y}_j)$ vamos a introducir dos propiedades:

(i) $V_j(\widetilde{y}_j)$ es comprensivo hacia arriba.

Esta propiedad dice que $V_j(\widetilde{y}_j)$ es el conjunto de combinaciones de inputs que permiten producir *por lo menos* el vector de outputs $\widetilde{y}_j$. Formalmente, ante dos vectores de inputs z_j^1 y z_j^2 si $z_j^1 \in V_j(\widetilde{y}_j)$ y $z_j^2 \geq z_j^1$, entonces $z_j^2 \in V_j(\widetilde{y}_j)$. Es decir, si podemos producir el vector de outputs y_j a partir del vector de inputs z_j^1 también lo podemos hacer con más inputs. Esta propiedad es parecida a la propiedad de "free disposal" que vimos en la teoría del consumidor. La parte (a) de la figura 3.10 ilustra esta propiedad para el caso de dos inputs.

(ii) $V_j(\widetilde{y}_j)$ es convexo. El concepto de convexidad que hemos introducido para el conjunto de consumo, se aplica al conjunto de necesidades de inputs.

Señalemos que el conjunto de necesidades de inputs se refiere a un vector particular de outputs. Ahora queremos comparar las necesidades de inputs para *diferentes* vectores de outputs. Para ello introducimos una propiedad adicional sobre los conjuntos de necesidades de inputs.

(iii) Nesting

Puesto que el conjunto de necesidades de inputs satisface la propiedad (i), dados dos vectores de outputs $\widetilde{y}_j^1$ y $\widetilde{y}_j^2$ si $\widetilde{y}_j^1 \geq \widetilde{y}_j^2$, entonces $V_j(\widetilde{y}_j^1) \subseteq V_j(\widetilde{y}_j^2)$.

Esta propiedad nos dice que para producir mayor cantidad de producto necesitamos más inputs. La parte (b) de la figura 3.10 ilustra esta propiedad para el caso de dos inputs.

Esta propiedad de "nesting"nos permite definir el conjunto de vectores de inputs que permiten producir exactamente un cierto vector de outputs.

Definición 3.5 (Isocuanta). *Dado un vector de outputs $\widetilde{y}_j$, definimos la isocuanta asociada como la frontera de su conjunto de necesidades de inputs. Formalmente,*

$$Q_j(\widetilde{y}_j) = \{z_j : (z_j, \widetilde{y}_j) \in Y_j, (z_j, \widetilde{y}_j') \notin Y_j, \text{ para cualquier } \widetilde{y}_j' \geq \widetilde{y}_j, \widetilde{y}_j' \neq \widetilde{y}_j\}.$$

La parte (a) de la figura 3.10 ilustra esta definición.

3.1.2. Eficiencia

La definición del conjunto de necesidades de inputs nos indica todos los vectores de inputs que permiten a una empresa producir un determinado volumen de output. Ahora bien, resulta razonable suponer que el interés de la empresa está en producir ese vector de outputs con los mínimos requerimientos de inputs, o de forma equivalente, dado un vector de inputs intentará obtener el máximo volumen de outputs posible. Esta idea recoge el espíritu del concepto de eficiencia.

Definición 3.6 (Planes de producción eficientes). *Un plan de producción $y_j \in Y_j$ es eficiente si no podemos encontrar otro plan $y_j' \in Y_j$, $y_j \neq y_j'$ tal que $y_j' \geq y_j$.*

Para clarificar el contenido de esta definición, podemos utilizar la notación $(z_j, \widetilde{y}_j) \in Y_j$. Entonces,

Definición 3.7 (Planes de producción eficientes). *Decimos que el plan de producción $(z_j, \widetilde{y}_j) \in Y_j$ es eficiente si*

1. $\nexists \widetilde{y}_j' > \widetilde{y}_j$ tal que $(z_j, \widetilde{y}_j') \in Y_j$, o bien

2. $\nexists z_j' < z_j$ tal que $(z_j', \widetilde{y}_j) \in Y_j$

Intuitivamente, los puntos eficientes se encuentran sobre la frontera del conjunto de posibilidades de producción, aunque ello no es condición suficiente de eficiencia como muestra la figura 3.11. Intuitivamente, un punto es eficiente si para cualquier entorno arbitrariamente pequeño (y dada la convención de inputs negativos) no podemos encontrar otro plan de producción con algún output o input mayor.

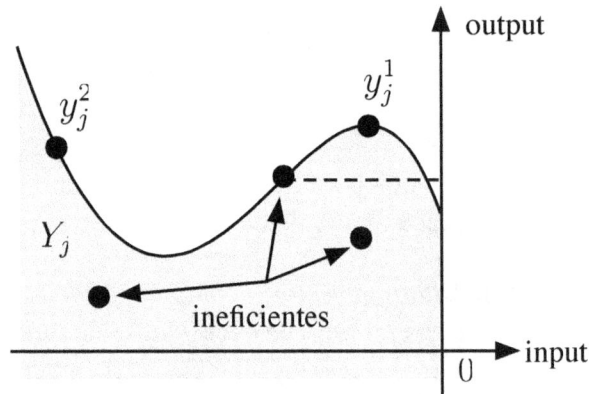

Figura 3.11: Puntos eficientes

3.1.3.   La función de producción

Hasta ahora hemos representado la tecnología de producción por medio del conjunto de posibilidades de producción. Este es un concepto abstracto al que a veces nos puede interesar dar una estructura específica a través de una función $F_j(\cdot)$ que denominamos *función de transformación*. La función de transformación tiene la propiedad que (recordemos que utilizamos la convención de inputs negativos) $Y_j = \{y_j \in \mathbb{R}^l : F_j(y_j) \leq 0\}$ y $F_j(y_j) = 0$ si y sólo si y_j se encuentra en la frontera del conjunto de producción Y_j. En otras palabras, podemos visualizar la función $F_j(\tilde{y}_j)$ como la distancia desde $\tilde{y}_j$ a la frontera. El conjunto de puntos en la frontera de Y_j, $\{y_j \in \mathbb{R}^l : F_j(y_j) = 0\}$, se denomina la *frontera de transformación*. La figura 3.12 ilustra ambos conceptos para el caso de dos mercancías.

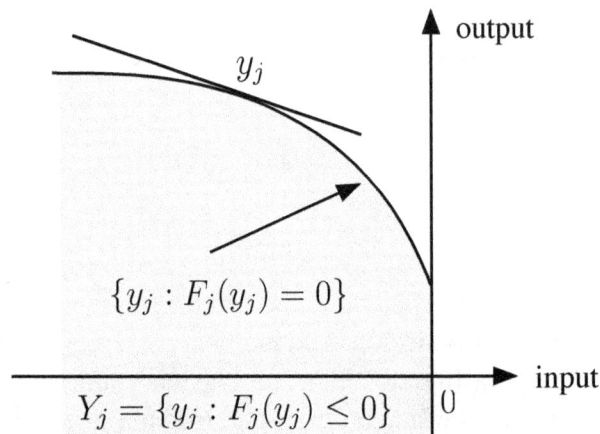

Figura 3.12: La función de transformación.

Esta función de transformación, cuando existe, es útil porque nos permite describir a la empresa a partir de una única función.

Consideremos ahora un plan de producción $\overline{y}_j$ en la frontera de transformación, i.e. $F_j(\overline{y}_j) = 0$, y supongamos que $F_j(\cdot)$ es diferenciable. Para cualquier par de mercancías $h, k, \; h \neq k, h, k = 1, 2, \dots, l$ podemos definir la *tasa marginal de transformación* (TMT) de la mercancía h en la mercancía k dentro del plan de producción $\overline{y}_j$. Esta es una medida de en cuánto puede variar la cantidad de la mercancía k si la empresa varía la cantidad de la mercancía h en una unidad marginal. Formalmente,

$$TMT_{hk}(\overline{y}_j) = -\frac{\dfrac{\partial F_j(\overline{y}_j)}{\partial y_{jh}}}{\dfrac{\partial F_j(\overline{y}_j)}{\partial y_{jk}}}.$$

Gráficamente, la TMT (con signo negativo) es la pendiente de la frontera de transformación en el punto $\overline{y}_j$ (ver la figura 3.12). Ello es así porque si diferenciamos totalmente la función de transformación, y dado que $F_j(\overline{y}_j) = 0$, obtenemos

$$\frac{\partial F_j(\overline{y}_j)}{\partial y_{jh}}dy_{jh} + \frac{\partial F_j(\overline{y}_j)}{\partial y_{jk}}dy_{jk} = 0.$$

Así pues, la pendiente de la frontera de la función de transformación es precisamente la $TMT_{hk}(\overline{y}_j)$.

Uno de los modelos de producción que nos encontramos con más frecuencia es aquel en el que un conjunto de inputs se destina a la producción de un único output. En este caso, un plan de producción es

$$y_j = (z_{j1}, z_{j2}, \dots, z_{jl-1}; y_{jl}) = (z_j, y)$$

donde $z_j \in Z_j \subset \mathbb{R}^{l-1}$ representa el vector de inputs e $y \in \mathbb{R}_+$ el output.

Esta tecnología la podemos describir por medio de una *función de producción*, $f_j(z_j)$, un caso particular de frontera de transformación, que nos indica el máximo volumen de output y que puede conseguirse utilizando el vector de inputs $(z_{j1}, z_{j2}, \dots, z_{jl-1})$. La figura 3.13 representa la función de producción como la rotación sobre el eje del output de la frontera del conjunto de posibilidades de producción. Señalemos que en esta situación los inputs ya los representamos como números positivos, abandonando la convención de inputs negativos puesto que la notación no ofrece ambigüedad.

Es importante tener presente que no todos los conjuntos de posibilidades de producción son susceptibles de ser representados por medio de una función de producción.

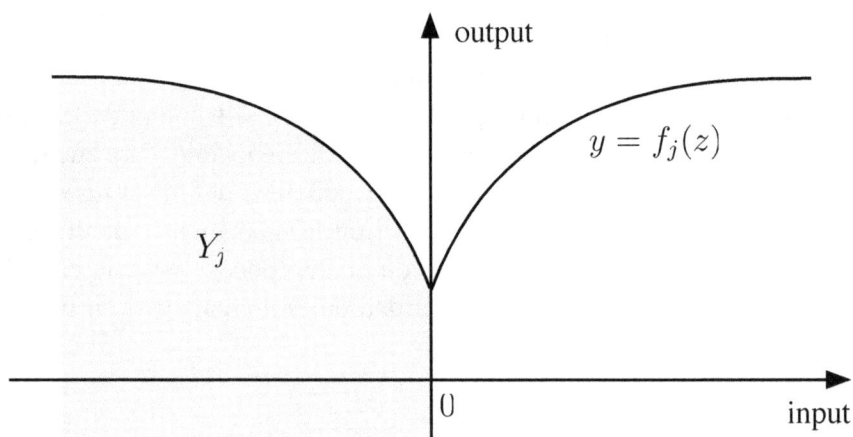

Figura 3.13: La función de producción.

La tasa marginal de transformación en el entorno de tecnologías de un output se conoce como la *relación técnica de sustitución* asociada a un volumen de producción $\bar{y}$, y se define como:

$$RTS_{hk}(\bar{y}) = -\frac{\dfrac{\partial f_j(z_j)}{\partial z_{jh}}}{\dfrac{\partial f_j(z_j)}{\partial z_{jk}}}.$$

Esto es la pendiente de la isocuanta correspondiente al nivel de producción $\bar{y}$ en el espacio de las mercancías h y k.

Para ilustrar estos conceptos, veamos dos ejemplos de economías que utilizan dos factores (z_1, z_2) para producir un bien y.

Ejemplo 3.1 (La tecnología Cobb-Douglas). *El primer ejemplo contempla tecnologías de tipo Cobb-Douglas.*

Conjunto de producción

$$Y = \{(y, z_1, z_2) \in I\!\!R^3 / y \leq z_1^{\alpha} z_2^{\beta}\}, \ \alpha, \beta \in I\!\!R_+$$

Cuando $\alpha + \beta > 1$ la tecnología exhibe rendimientos crecientes; si $\alpha + \beta = 1$ los rendimientos son constantes; si $\alpha + \beta < 1$ tenemos rendimientos decrecientes.

Conjunto de necesidades de inputs

$$V(\bar{y}) = \{(z_1, z_2) \in I\!\!R^2 / \bar{y} \leq z_1^{\alpha} z_2^{\beta}\}$$

Isocuantas

$$Q(\bar{y}) = \{(z_1, z_2) \in I\!\!R^2 / \bar{y} = z_1^\alpha z_2^\beta\}$$

Función de producción

$$f(z_1, z_2) = z_1^\alpha z_2^\beta$$

La figura 3.14(a) ilustra estos conceptos.

Ejemplo 3.2 (La tecnología Leontieff). *Veamos ahora tecnologías de tipo Leontieff*

Conjunto de producción

$$Y = \{(y, z_1, z_2) \in I\!\!R^3 / y \leq \text{mín}\{az_1, bz_2\}\}$$

Este tipo de tecnología, también denominada de coeficientes fijos, nos dice que para obtener una unidad de producto, se necesitat utilizar a unidades de input z_1, y b unidades de input z_2.

Conjunto de necesidades de inputs

$$V(\bar{y}) = \{(z_1, z_2) \in I\!\!R^2 / \bar{y} \leq y \leq \text{mín}\{az_1, bz_2\}\}$$

Isocuantas

$$Q(\bar{y}) = \{(z_1, z_2) \in I\!\!R^2 / \bar{y} = y \leq \text{mín}\{az_1, bz_2\}\}$$

Función de producción

$$f(z_1, z_2) = \text{mín}\{az_1, bz_2\}\}$$

La figura 3.14(a) ilustra estos conceptos.

Por último, las propiedades que hemos estudiado sobre el conjunto de producción se traducen en propiedades de la función de producción.

(i) f_j es no decreciente.

   Esta propiedad esta ligada al supuesto de "free disposal"del conjunto de producción.

(ii) f_j es cuasicóncava.

   Esta propiedad está asociada a la convexidad del conjunto $V_j(\widetilde{y}_j)$. Formalmente,

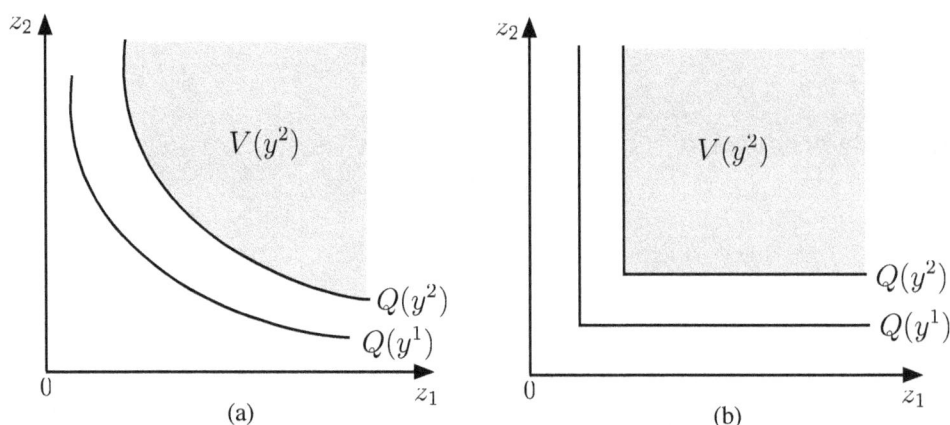

Figura 3.14: Las tecnologías Cobb-Douglas y Leontieff.

Definición 3.8 (cuasiconcavidad). *Una función f_j es cuasicóncava si*

$$\forall(z_j^1, z_j^2) \in Z_j \text{ tal que } f_j(z_j^1) \geq f_j(z_j^2) \text{ y } \alpha \in [0,1]$$
$$\text{entonces } f_j(\alpha z_j^1 + (1-\alpha)z_j^2) \geq f_j(z_j^2).$$

Definición 3.9 (cuasiconcavidad estricta). *Una función f_j es estrictamente cuasicóncava si*

$$\forall(z_j^1, z_j^2) \in Z_j \text{ tal que } f_j(z_j^1) \geq f_j(z_j^2) \text{ y } \alpha \in (0,1)$$
$$\text{entonces } f_j(\alpha z_j^1 + (1-\alpha)z_j^2) > f_j(z_j^2).$$

Definición 3.10 (concavidad). *Una función f_j es cóncava si*

$$\forall(z_j^1, z_j^2) \in Z_j \, \alpha \in (0,1)$$
$$f_j(\alpha z_j^1 + (1-\alpha)z_j^2) \geq \alpha f_j(z_j^1) + (1-\alpha)f_j(z_j^2).$$

Definición 3.11 (concavidad estricta). *Una función f_j es estrictamente cóncava si*

$$\forall(z_j^1, z_j^2) \in Z_j \, \alpha \in (0,1)$$
$$f_j(\alpha z_j^1 + (1-\alpha)z_j^2) > \alpha f_j(z_j^1) + (1-\alpha)f_j(z_j^2).$$

(iii) f_j exhibe rendimientos no decrecientes a escala.

Esta propiedad se deriva de los rendimientos no decrecientes a escala del conjunto Z_j. Formalmente,

Definición 3.12 (Rendimientos no decrecientes a escala). *Una función f_j exhibe rendimientos no decrecientes a escala si*

$$\forall \alpha > 1, f_j(\alpha z_j) \geq \alpha f_j(z_j).$$

De forma parecida,

Definición 3.13 (Rendimientos crecientes a escala). *Una función f_j exhibe rendimientos crecientes a escala si*

$$\forall \alpha > 1, f_j(\alpha z_j) > \alpha f_j(z_j).$$

(iv) f_j exhibe rendimientos no crecientes a escala.

Esta propiedad se deriva de los rendimientos no crecientes a escala del conjunto Z_j. Formalmente,

Definición 3.14 (Rendimientos no crecientes a escala). *Una función f_j exhibe rendimientos no crecientes a escala si*

$$\forall \alpha > 1, f_j(\alpha z_j) \leq \alpha f_j(z_j).$$

De forma parecida,

Definición 3.15 (Rendimientos decrecientes a escala). *Una función f_j exhibe rendimientos decrecientes a escala si*

$$\forall \alpha > 1, f_j(\alpha z_j) < \alpha f_j(z_j).$$

(v) f_j exhibe rendimientos constantes a escala.

Esta propiedad se deriva de los rendimientos constantes a escala del conjunto Z_j. Formalmente,

Definición 3.16 (Rendimientos constantes a escala). *Una función f_j exhibe rendimientos constantes a escala si*

$$\forall \alpha > 0, f_j(\alpha z_j) = \alpha f_j(z_j).$$

En este caso decimos que f_j es homogénea de grado 1.

En general,

Definición 3.17 (Homogeneidad de grado r). *Sea $r \in \mathbf{Z}$. Una función f_j es homogénea de grado r si*

$$\forall \alpha > 0, f_j(\alpha z_j) \geq \alpha^r f_j(z_j)$$

Por último, introducimos el concepto de función homotética, como una transformación monótona de una función homogénea de grado 1, es decir

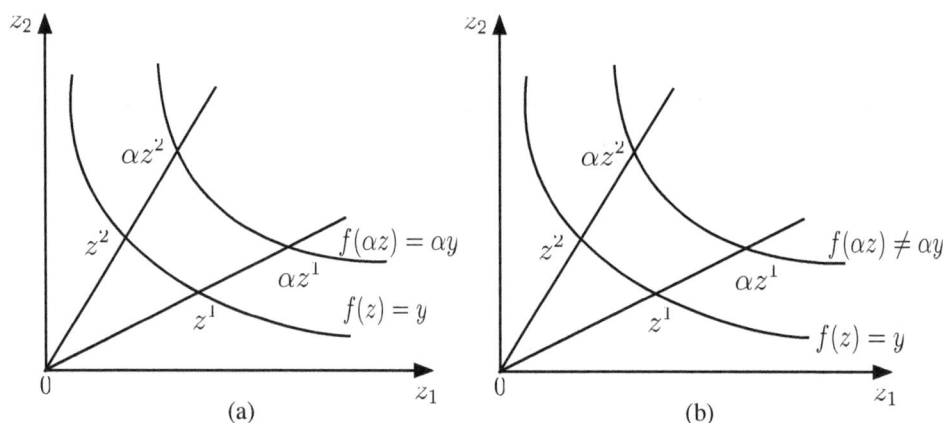

Figura 3.15: Homogeneidad y homoteticidad.

Definición 3.18 (Homoteticidad). *Una función f_j es homotética si*

$$\forall(z_j^1, z_j^2) \in Z_j \text{ tal que } f_j(z_j^1) = f_j(z_j^2) \text{ y } \alpha \in I\!R_+$$
$$\text{entonces } f_j(\alpha z_j^1) = f_j(\alpha z_j^2).$$

La diferencia entre homogeneidad y homoteticidad es sutil. La figura 3.15 lo ilustra. La parte (a) de la figura muestra una función que es homogénea de grado 1, es decir si los vectores de inputs z_j^1 y z_j^2 permiten producir y unidades de output, entonces los vectores de inputs αz_j^1 y αz_j^2 pueden generar αy unidades de output. La parte (b) de la figura representa una función homotética. En este caso si los vectores de inputs z_j^1 y z_j^2 permiten producir y unidades de output, entonces los vectores de inputs αz_j^1 y αz_j^2 generan el mismo nivel de output βy pero no necesariamente αy. Es importante notar que la homoteticidad *no* es un caso particular de homogeneidad porque $r \in \mathbf{Z}$. Supongamos una función f_j homotética. Ello quiere decir que $f_j(\alpha z) = \beta y \neq \alpha y$. Pero no necesariamente existe un número $r \in \mathbf{Z}$ tal que $\beta = \alpha^r$.

Finalmente, completaremos el análisis de la función de producción introduciendo los conceptos de *elasticidad de sustitución* y *elasticidad de escala*.

La *elasticidad de sustitución* mide la variación porcentual del cociente entre dos inputs h y k con respecto a la variación porcentual de la variación de la RTS asociada en un punto $\bar{y}$. Formalmente,

$$\sigma_{hk} = \frac{\dfrac{\partial(z_{jh}/z_{jk})}{(z_{jh}/z_{jk})}}{\dfrac{\partial RTS_{hk}}{RTS_{hk}}}\Bigg|_{\bar{y}} = \frac{\partial(z_{jh}/z_{jk})}{\partial RTS_{hk}} \frac{RTS_{hk}}{(z_{jh}/z_{jk})}\Bigg|_{\bar{y}}.$$

Esta expresión mide la curvatura de la isocuanta con respecto a los dos factores de referencia. El grado de convexidad de la isocuanta es una indicación de la

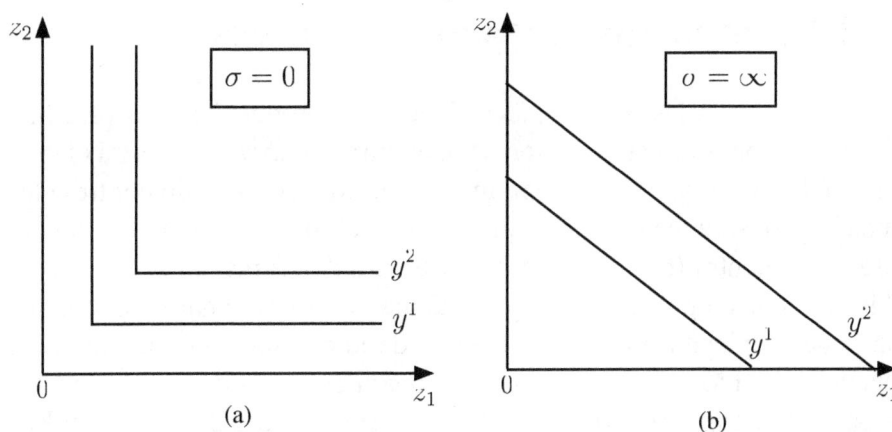

Figura 3.16: Convexidad y substituibilidad.

"facilidadçon la que un input h puede substituirse por otro input k en el proceso de producción. Cuanto más convexa es la isocuanta, más difícil es esta substitución entre los inputs h y k. El caso límite está representado por las isocuantas de la tecnología Leontieff, en la que el grado de substituibilidad es cero. Por el contrario cuanto menos convexa es la isocuanta, mas fácilmente puede substituirse el input h por el input k. El caso límite está representado por la tecnología con perfecta substituibilidad de inputs. La figura 3.16 ilustra ambos casos extremos.

La *elasticidad de escala* mide el aumento porcentual que experimenta el nivel de producción cuando se aumentan todos los factores en la misma proporción. El interés de esta medida viene dado porque una función de producción puede presentar rendimientos crecientes a escala para ciertos niveles de los factores y rendimientos decrecientes a escala para otros. Ello genera la necesidad de definir una medida *local* de los rendimientos a escala.

Consideremos una función de producción $y = f_j(z_j)$ y un escalar $\alpha > 0$. Examinemos ahora la función $y(\alpha) = f_j(\alpha z_j)$. Si $\alpha = 1$, tenemos la escala de operaciones presente; si $\alpha < 1$ estamos dividiendo todos los factores por α; si $\alpha > 1$ estamos multiplicando todos los factores por α. La elasticidad de escala se define como,

$$e(z_j) = \left. \frac{\dfrac{\partial f_j(\alpha z_j)}{f_j(\alpha z_j)}}{\dfrac{\partial \alpha}{\alpha}} \right|_{\alpha=1} = \left. \frac{\partial f_j(\alpha z_j)}{\partial \alpha} \frac{\alpha}{f_j(\alpha z_j)} \right|_{\alpha=1}$$

Evaluamos la expresión en $\alpha = 1$ porque queremos obtener la elasticidad en el punto z_j. La tecnología muestra localmente rendimientos crecientes, constantes, o decrecientes cuando la elasticidad es mayor que, igual a, o menor que uno.

3.2. El comportamiento de la empresa

Una vez descritas las posibilidades técnicas de producción, nos preguntamos ahora qué decisiones tomará la empresa o, en otras palabras, cuál será el comportamiento de la empresa. Este comportamiento estará determinado por tres elementos fundamentales: la tecnología de producción, el marco económico en el que la empresa se encuentra (básicamente, la estructura de propiedad de las empresas), y el objetivo de la empresa. Con respecto al marco institucional supondremos una economía de propiedad privada; el objetivo de la empresa será la maximización del beneficio. Marcos alternativos de funcionamiento son descritos y analizados en Kreps (1990, cap. 19), Mas Colell et al. (1995, cap 5G), o Blad y Keiding (1990, pp. 99-100).

El beneficio de la empresa se define como la diferencia entre los ingresos totales de la empresa obtenidos de la venta de su producción y los costes en que incurre para obtener esa producción. Desde un punto de vista *descriptivo*, podemos argumentar que las empresas no actúan con el solo propósito de maximizar beneficios. Otros elementos importantes están ligados a la retribución de sus gerentes y trabajadores, la cotización de las acciones de la empresa en el mercado de valores, la gestión de stocks, la cuota de mercado, el volumen de ventas, por citar algunos. Desde un punto de vista *normativo*, podemos pensar que una empresa debería funcionar de manera que promoviera la eficiencia y el bienestar social. Bajo ciertas condiciones la maximización de beneficios permite obtener ese resultado. Estas condiciones son (i) ausencia de externalidades, (ii) ausencia de incertidumbre, (iii) ausencia de impuestos, y (iv) propiedad de la empresa repartida entre un número grande de pequeños accionistas. En nuestro análisis supondremos que esta es precisamente la situación.

También es importante recordar que la definición de beneficios que utilizaremos se refiere a beneficios *económicos* y no beneficios contables.

A partir del conjunto de posibilidades de producción, $Y_j \subset \mathbb{R}^l$ que caracteriza a la empresa, y dados los precios $p = (p_1, p_2, \ldots, p_l)$, denotamos como $\Pi_j(p, y_j)$ una función $\Pi : Y_j \to \mathbb{R}$ que representa los beneficios de la empresa j asociados al plan de producción $y_j \in Y_j$. Así pues, los beneficios de la empresa son simplemente

$$\Pi_j(p, y_j) = \sum_{k=1}^{l} p_k y_{jk}.$$

donde recordemos,

$$y_j = (z_{j1}, z_{j2}, \ldots, z_{j\nu}; y_{j\nu+1}, y_{j\nu+2}, \ldots, y_{jl}) = (z_j, \widetilde{y}_j),$$
$$z_j \in Z_j \subset \mathbb{R}^\nu,\ \widetilde{y}_j \in \widetilde{Y}_j \subset \mathbb{R}^{l-\nu},\ Y_j = Z_j \cup \widetilde{Y}_j.$$

Señalemos también que dada la convención de inputs negativos, si la mercancía k es un input, su contribución a los beneficios, $p_k y_{jk}$ es negativa, es decir representa un coste.

Esta forma de escribir los beneficios contiene un supuesto implícito. Este es que la empresa no es capaz de afectar el comportamiento de los precios a los que se enfrenta. Ello supone que estamos considerando que el volumen de las operaciones de las empresas es pequeño con respecto al tamaño del mercado. En otras palabras, este supuesto implica que la empresa no va a encontrar restricciones en el mercado de inputs ni en el mercado de outputs, lo que se conoce como la *conjetura competitiva*.

Las empresas grandes sin embargo, sí pueden hacer variar los precios con sus decisiones. En este caso deberemos escribir $p_k(y_j)$ representando el hecho de que la empresa j es grande en el mercado de la mercancía k, en cuyo caso la función de beneficios se escribe

$$\Pi_j(p, y_j) = \sum_{k=1}^{l} p_k(y_j) y_{jk}.$$

Finalmente, podemos enunciar el comportamiento de la empresa como la selección de un plan de producción $y_j^* \in Y_j$ tal que, dado un vector de precios $p \in \mathbb{R}_+^l$, permita obtener el máximo beneficio. Formalmente,

$$\max_{y_j} \sum_{k=1}^{l} p_k y_{jk} \text{ s.a } y_j \in Y_j,$$

donde Y_j satisface los supuestos (i)-(v) de la sección 3.1. De forma equivalente podemos formular el problema de la empresa utilizando la función de transformación,

$$\max_{y_j} \sum_{k=1}^{l} p_k y_{jk} \text{ s.a } F_j(y_j) \leq 0,$$

Dados los supuestos sobre el conjunto de producción, si el vector de precios de los inputs contuviera algún elemento negativo, digamos $p_1 < 0$, el problema del productor no tendría solución, puesto que la empresa podría aumentar indefinidamente sus beneficios con un plan de producción $y_j = \lambda(y_{j1}, 0, 0, \ldots, 0)$ con $y_{j1} < 0$. Para evitar este tipo de situaciones suponemos que los precios son no negativos. Naturalmente, esto no garantiza la existencia de planes de producción de equilibrio.

Por ejemplo, consideremos una economía de dos bienes. Una empresa dispone de una tecnología que utiliza un input z_j para obtener un output y_j, y exhibe rendimientos constantes a escala α. Sea (p_1, p_2) el correspondiente vector de precios. Entonces,

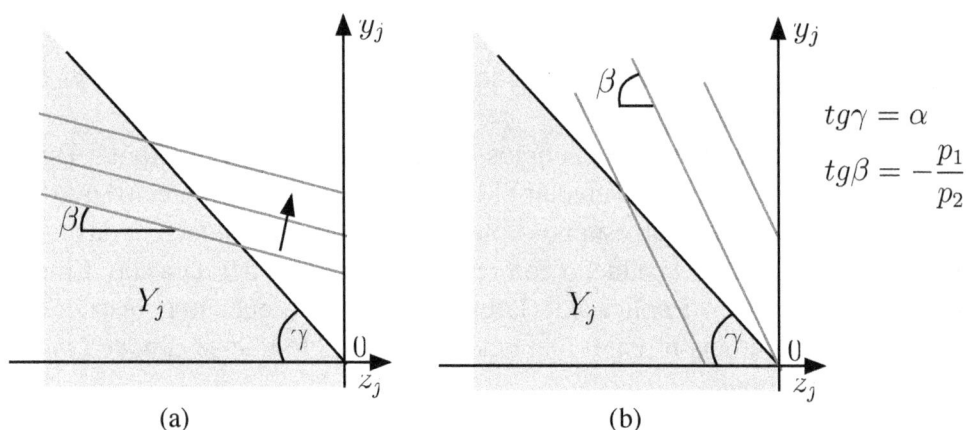

Figura 3.17: Equilibrio y RCE.

- si $\alpha > \dfrac{p_1}{p_2}$ no hay equilibrio puesto que la empresa puede escoger y_j arbitrariamente grande y obtener beneficios arbitrariamente grandes. La figura 3.17(a) ilustra esta situación.

- si $\alpha = \dfrac{p_1}{p_2}$ cualquier plan de producción es una solución al problema del productor. En todos estos equilibrios, sin embargo el beneficio de la empresa es nulo.

- si $\alpha < \dfrac{p_1}{p_2}$ hay un único equilibrio en el que la empresa obtiene beneficios nulos. La figura 3.17(b) ilustra esta situación.

Si la función de transformación es diferenciable, podemos caracterizar la solución del problema del productor a partir de las condiciones de primer orden,

$$\frac{\partial \Pi_j(y_j)}{\partial y_{jk}} = p_k - \lambda \frac{\partial F_j(y_j)}{\partial y_{jk}} = 0, \ k = 1, 2, \ldots, l,$$

donde $\lambda \geq 0$ representa el multiplicador de Lagrange. Este conjunto de condiciones de primer orden nos dicen que el vector de precios p es proporcional al gradiente de la función F_j. También nos dice que la tasa marginal de transformación entre dos bienes h y k es igual al negativo del ratio de sus precios, es decir

$$TMT_{hk}(y_j) = -\frac{p_h}{p_k}. \tag{3.1}$$

La solución del problema del productor es un conjunto de planes de producción que maximizan el beneficio dados los precios. Este conjunto lo denominamos la *correspondencia de oferta* que denotamos como $\eta_j : \mathbb{R}_+^l \to Y_j$

donde para un $p \in \mathbb{R}^l_+$ dado le asociamos el conjunto $\eta_j(p) = \{y_j \in Y_j :$ $\sum_{k=1}^l p_k y_{jk}$ es máximo$\}$. Si este conjunto tiene un único elemento lo denotamos $y_j^*(p)$ y lo denominamos la *función de oferta* de la empresa j dados los precios p.

Antes de examinar las propiedades de la función de beneficio y de la correspondencia de oferta, consideremos el caso particular de una tecnología con un solo output. En este caso, recordemos que representamos un plan de producción como

$$y_j = (z_{j1}, z_{j2}, \ldots, z_{jl-1}; y_{jl}) = (z_j, y)$$

donde $z_j \in Z_j \subset \mathbb{R}^{l-1}$ representa el vector de inputs e $y \in \mathbb{R}$ el output. También denotaremos por $p > 0$ el precio del output y por $w = (w_1, \ldots, w_{l-1})$, $w_k > 0$, $k = 1, 2, \ldots, l - 1$, el vector de precios de los inputs. Así pues, un sistema de precios se representa como (p, w). En este caso, $y = f_j(z_j)$ es la función de producción y el problema de la empresa consiste en determinar la combinación de inputs z_j^* que, dados (p, w), maximiza el beneficio. Formalmente, $z_j^*(p, w)$ es la solución de

$$\max_{z_j \geq 0} p f_j(z_j) - \sum_{k=1}^{l-1} w_k \cdot z_{jk}.$$

Las condiciones de primer orden son

$$p \frac{\partial f_j(z_j)}{\partial z_{jk}} - w_k \leq 0, \ k = 1, 2, \ldots, l - 1$$

y

$$\left[p \frac{\partial f_j(z_j)}{\partial z_{jk}} - w_k \right] z_{jk} = 0, \ k = 1, 2, \ldots, l - 1.$$

Es decir, el producto marginal de cada input activo k es igual a su precio medido en términos del precio del output (w_k/p). También la relación técnica de sustitución entre dos inputs es igual al ratio de sus precios (es decir a la tasa económica de sustitución entre ellos), $RTS_{hk} = w_h/w_k$. Esto no es más que un caso especial de la condición más general (3.1). A su vez, estas condiciones de primer orden son necesarias y suficientes para caracterizar la solución al problema del productor cuando el conjunto de producción Y_j es convexo. La figura 3.18 ilustra este argumento.

Supongamos que $\Pi_j(p)$ representa la función de beneficios de la empresa j cuyo conjunto de producción es Y_j y la correspondencia de oferta es $\eta_j(p)$. Supongamos que Y_j es cerrado y satisface la propiedad de free disposal. Entonces (ver por ejemplo, Mas Colell et al., 1995, pp.138-139; Kreps, 1990, pp. 244-247; o Varian, 1992, pp.49-50),

i) $\Pi_j(p)$ es homogénea de grado uno;

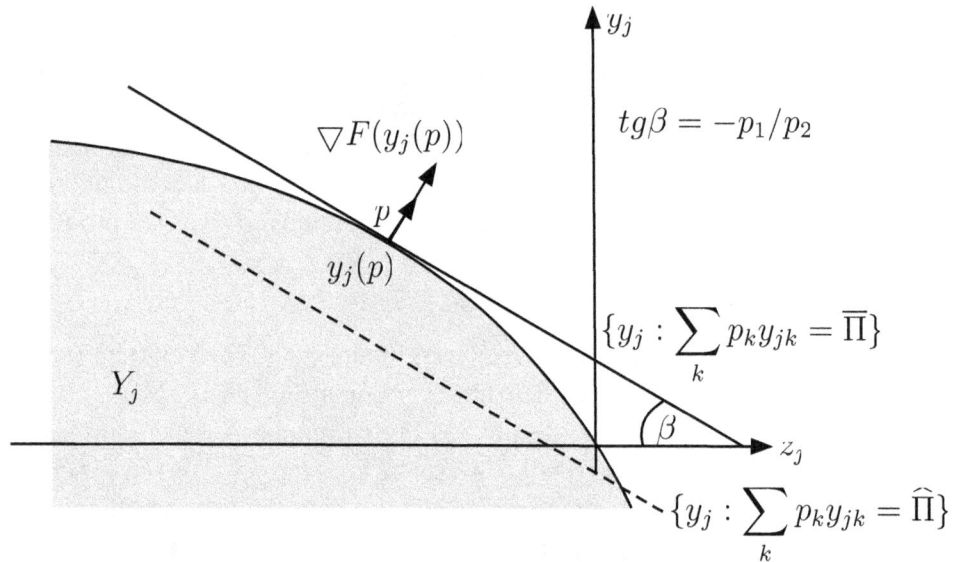

Figura 3.18: La maximización del beneficio.

ii) $\Pi_j(p)$ es convexa;

iii) $\Pi_j(p)$ es continua;

iv) Si Y_j es convexo, entonces $Y_j = \{y_j \in \mathbb{R}^l : \sum k p_k y_{jk} \leq \Pi_j(p) \ \forall p \gg 0\}$;

v) $\eta_j(p)$ es homogénea de grado cero;

vi) Si Y_j es convexo, entonces $\eta_j(p)$ es un conjunto convexo para todo p. Además, si Y_j es estrictamente convexo, $\eta_j(p)$ es una función;

vii) (Lema de Hotelling) Si $\eta_j(\widehat{p})$ contiene un único punto $(y_{j1}^*, \ldots, y_{jl}^*)$, entonces $\Pi_j(p)$ es diferenciable en $\widehat{p}$, y $\left. \dfrac{\partial \Pi_j}{\partial p_k} \right|_{\widehat{p}} = y_{jk}^*, \ k = 1, 2, \ldots, l$;

viii) Si $\eta_j(p)$ es una función diferenciable en $\widehat{p}$, entonces $D\eta_j(\widehat{p}) = D^2\Pi_j(\widehat{p})$ es una matriz simétrica y semidefinida positiva con $D\eta_j(\widehat{p})\widehat{p} = 0$.

Demostración.   i) Supongamos que y_j^* soluciona el problema del productor a los precios p, de manera que $py_j^* \geq py, \ \forall y \in Y_j$. Sea $\lambda > 0$. Entonces también se verifica $\lambda py_j^* \geq \lambda py, \ \forall y \in Y_j$, es decir y_j^* soluciona el problema del productor a los precios λp. Por lo tanto $\Pi_j(\lambda p) = \lambda py_j^* = \lambda\Pi_j(p)$.

ii) Consideremos dos sistemas de precios p y $\widehat{p}$. Consideremos también un escalar $\lambda \in [0, 1]$, y construyamos un sistema de precios $\widetilde{p} = \lambda p + (1 - \lambda)\widehat{p}$.

Supongamos ahora que y_j maximiza los beneficios a los precios p, $\widehat{y}_j$ maximiza los beneficios a los precios $\widehat{p}$, y $\widetilde{y}_j$ maximiza los beneficios a los precios $\widetilde{p}$. Señalemos que $\widetilde{y}_j$ es un plan de producción factible a los precios p y $\widehat{p}$. Entonces podemos escribir

$$\Pi_j(\widetilde{p}) = \widetilde{p}\widetilde{y}_j = (\lambda p + (1 - \lambda)\widehat{p})\widetilde{y}_j = \lambda p\widetilde{y}_j + (1 - \lambda)\widehat{p}\widetilde{y}_j. \tag{3.2}$$

Dado que y_j maximiza beneficios a los precios p, podemos afirmar que $\lambda p\widetilde{y}_j \leq \lambda py_j = \lambda\Pi_j(p)$. Paralelamente, dado que $\widehat{y}_j$ maximiza beneficios a los precios $\widehat{p}$, también podemos afirmar que $(1 - \lambda)\widehat{p}\widetilde{y}_j \leq (1 - \lambda)\widehat{p}\widehat{y}_j = (1 - \lambda)\Pi_j(\widehat{p})$. Sumemos ahora ambas desigualdades para obtener

$$(\lambda p + (1 - \lambda)\widehat{p})\widetilde{y}_j \leq \lambda py_j + (1 - \lambda)\widehat{p}\widehat{y}_j.$$

Podemos reescribir esta desigualdad utilizando (3.2) como

$$\Pi_j(\widetilde{p}) \leq \lambda\Pi_j(p) + (1 - \lambda)\Pi_j(\widehat{p}).$$

que es precisamente la definición de convexidad.

iii) La función de beneficios es continua si $p \gg 0$ y está bien definida. Kreps (1990, p. 244) muestra el argumento riguroso de continuidad.

iv) Esta propiedad nos dice que si Y_j es cerrado, convexo y satisface la propiedad de free disposal, la función de beneficios es una representación dual de la tecnología.

v) La homogeneidad de grado zero nos dice que $\eta_j(\lambda p) = \eta_j(p)$, $\lambda > 0$. Esta demostración, como la de la propiedad vi) son triviales y se dejan como ejercicios al lector.

vii) El lema de Hotelling (o la propiedad de la derivada como también se conoce) relaciona el comportamiento de oferta de la empresa con las derivadas de la función de beneficios. Es decir, nos permite derivar la función de oferta a partir de la función de beneficios.

Consideremos el sistema de precios p^* y sea $\eta_j(p^*)$ una solución del problema del productor. Esta solución genera un nivel de beneficios $\Pi_j(p^*) = p^*\eta_j(p^*)$. Fijemos ahora todos los precios excepto el de la mercancía k. Supongamos ahora que p_k aumenta a $\widetilde{p}_k$ pero la empresa continua utilizando $\eta_j(p^*)$ de manera que los beneficios asociados son $\widetilde{p}_k y^*_{jk} + \sum_{h \neq k} p^*_h y^*_{jh}$. En el espacio del bien k, esta función es una línea recta. La figura 3.19 representa esta función. Si la empresa ajusta su plan de producción óptimamente,

$$\Pi_j(p_1^*, \ldots, p_{k-1}^*, p_k^*, p_{k+1}^*, \ldots, p_l^*)$$

$$p_k y_{jk}^* + \sum_{h \neq k} p_h^* y_{jh}^*$$

$$p_k$$

$$p_k^*$$

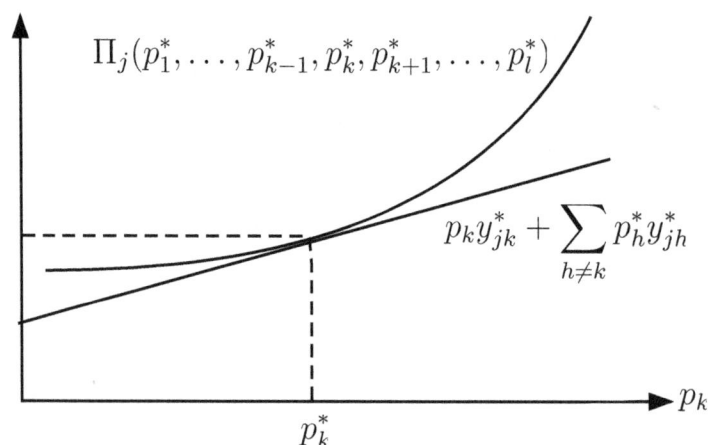

Figura 3.19: El lema de Hotelling.

obtendrá un nivel de beneficios por lo menos tan elevado como el que obtiene si no ajusta su nivel de producción, es decir

$$\tilde{p}_k \tilde{y}_{jk} + \sum_{h \neq k} p_h^* y_{jh}^* \geq \tilde{p}_k y_{jk}^* + \sum_{h \neq k} p_h^* y_{jh}^* =$$
$$\Pi_j(p_1^*, \ldots, p_{k-1}^*, \tilde{p}_k, p_{k+1}^*, \ldots, p_l^*).$$

Este argumento es válido para cualquier precio, de manera que la función de beneficios debe encontrarse por encima de sus tangentes o, en otras palabras, debe ser convexa.

Dado que las dos funciones son tangentes en el punto p_k^*, las derivadas de ambas funciones deben ser iguales, y la derivada de la función lineal es y_{jk}^*.

viii) La matriz $D\eta_j(\hat{p})$ es semidefinida positiva como consecuencia de la convexidad de la función de beneficios deducida en el apartado anterior. Esta propiedad es la *ley de la oferta: las cantidades responden en la misma dirección que los cambios de precios*. Dada la convención de signos negativos, esto quiere decir que si el precio de un output aumenta (manteniendo constantes todos los demás precios) la oferta de ese output aumenta; si el precio de un input aumenta, la oferta de ese input disminuye.

Es importante señalar que el comportamiento de la empresa no está sujeto a ninguna restricción presupuestaria (como ocurre en el caso del consumidor) de manera que variaciones de precios sólo generan efectos de sustitución pero no generan efectos renta.

El hecho de que la matriz de efectos sustitución sea semidefinida positiva quiere decir que los efectos de sustitución por variaciones del propio precio son no negativas, $\dfrac{\partial y_{jk}}{\partial p_k} \geq 0$, y además los efectos cruzados son simétricos,

$$\dfrac{\partial y_{jk}}{\partial p_h} = \dfrac{\partial y_{jh}}{\partial p_k}, \forall (h, k),\ h \neq k.$$

Por último, $D\eta_j(\widehat{p})\widehat{p} = 0$ es una consecuencia de la homogeneidad de la función de oferta (propiedad (v)).

$\square$

3.3. La oferta agregada

Denominamos oferta agregada, y, a la suma de los niveles de producción individuales de cada empresa, $y = \sum_j y_j$. De forma paralela, el conjunto de producción total, Y, lo definimos como la suma de los conjuntos de producción de las empresas, $Y = \cup_j Y_j$.

Dados los supuestos sobre los conjuntos de producción individuales, es inmediato verificar que el conjunto de producción total verifica las propiedades siguientes.

- $0 \in Y$,

- $-\mathbb{R}_+^l \subset Y$,

- Y es convexo,

- $Y \cap (-Y) \subset \{0\}$.

Esta última propiedad aparece porque el conjunto de producción agregado no necesariamente verifica la propiedad de la imposibilidad de producción libre. Es decir, aunque para cada empresa individual no sea factible producir outputs sin inputs, ello puede resultar factible a nivel agregado. Para evitar esta situación imponemos un supuesto adicional sobre el conjunto de producción agregado que denominamos *supuesto de irreversibilidad*. La irreversibilidad dice $Y \cap (-Y) \subset \{0\}$. Es decir, si una producción agregada $y \neq 0$ es posible, la producción $-y$ no es posible. La implicación inmediata de este supuesto es que $Y \cap \mathbb{R}_+^l \subset \{0\}$, es decir que la economía en su conjunto no puede producir ningún output sin utilizar algún input. Esta propiedad se deriva de los supuestos de eliminación libre e irreversibilidad de los conjuntos de producción individuales.

Definimos la *correspondencia de oferta agregada*, $\eta(p)$ como $\eta : \mathbb{R}_+^l \to Y$, donde a cada sistema de precios $p \in \mathbb{R}_+^l$ le asociamos el conjunto

$$\eta(p) = \sum_j \eta_j(p).$$

Las propiedades de la correspondencia de oferta agregada se derivan directamente de las propiedades sobre el conjunto de producción agregado:

1. $\eta(p)$ es homogénea de grado cero en p;

2. $\eta(p)$ es cerrado y convexo para todo $p \in \mathbb{R}_+^l$;

3. Para cualquier $p \in \mathbb{R}_+^l$ tal que $\eta(p)$ sea no vacío, $\eta(p)$ es hemicontinua superior en p.

4. Para cualquier $p \in \mathbb{R}_+^l$ tal que $\eta(p)$ sea no vacío, los beneficios agregados se maximizan si y sólo si cada empresa maximiza sus beneficios individualmente, cuando las empresas toman el sistema de precios p como dado. Formalmente decimos que para $Y = \sum_j Y_j$, y para $p^* \in \mathbb{R}_+^l$ tal que $\eta(p^*)$ sea no vacío, podemos afirmar que, $y^* \in \eta(p^*) \Leftrightarrow p^* y^* \geq p^* y$, $\forall y \in Y$, donde

$$
p^* y^* = (p_1^*, \ldots, p_l^*) \begin{pmatrix} \sum_j y_{j1}^* \\ \vdots \\ \sum_j y_{jl}^* \end{pmatrix} = p_1^* \sum_j y_{j1}^* + \cdots + p_l^* \sum_j y_{jl}^* = \sum_k p_k^* \sum_j y_{jk}^*.
$$

La expresión $p^* y$ tiene una definición paralela.

3.4. Costes

En mercados perfectamente competitivos, el comportamiento maximizador de beneficios permite obtener un volumen de producción que se caracteriza por el hecho de que el coste de producción asociado es mínimo. Podemos pues, afirmar que la conducta maximizadora del beneficio está íntimamente ligada a la conducta minimizadora del coste.

El estudio de la *minimización del coste* es especialmente relevante cuando la empresa no se comporta de forma competitiva en el mercado de outputs puesto que en tal caso, no podemos utilizar la función de beneficios, tal como la hemos definido; también, cuando el conjunto de producción exhibe rendimientos no decrecientes a escala el problema de la minimización del coste se comporta mejor que el problema de la maximización del beneficio.

Consideremos pues una empresa j que utiliza n inputs para producir m outputs (es decir $m + n = l$). Denotamos por $z_j \in \mathbb{R}_+^n$ un vector de inputs de la empresa, y por $\tilde{y}_j \in \mathbb{R}_+^m$ un vector de outputs (notemos que ahora no utilizamos la convención de inputs negativos). Sea $V_j(\tilde{y}_j)$ el conjunto de requerimientos de inputs para producir el vector de outputs $\tilde{y}_j$. Supongamos que la empresa se comporta de forma competitiva en el mercado de inputs de manera que toma como dado el vector de precios de los inputs $w = (w_1, \ldots, w_n) \in \mathbb{R}_+^n$.

El problema que queremos abordar es el siguiente. Supongamos que por alguna razón la empresa ha decidido producir el vector de outputs $\tilde{y}_j$. Para ello debe escoger un vector de inputs tal que dado w, minimiza el coste de producción de $\tilde{y}_j$. Formalmente, la empresa resuelve el problema

$$\min_{z_j} wz_j \text{ sujeto a } z_j \in V_j(\tilde{y}_j)$$

Suponiendo que $V_j(\tilde{y}_j)$ es cerrado y no vacío y que los precios de los inputs son estrictamente positivos, este problema tiene solución. Para comprobar que ello es así, consideremos un punto arbitrario $z_j \in V_j(\tilde{y}_j)$. Dado que z_j representa una forma factible de producir $\tilde{y}_j$ al coste wz_j, la solución óptima no puede ser más cara. La solución óptima es un vector $z_j^*(w, \tilde{y})$ dentro del conjunto

$$\{z_j^* \in V_j(\tilde{y}_j) : wz_j^*, \forall z_j \in V_j(\tilde{y}_j)\}.$$

Si $V_j(\tilde{y}_j)$ es cerrado, este conjunto es compacto de manera que la existencia de solución está garantizada. A esta solución $z_j^*(w, \tilde{y})$ la denominamos *función de demanda condicionada de los factores*.

El *valor* de la combinación de inputs solución de este problema $(wz_j^*(w, \tilde{y}))$ es una función $c_j(w, \tilde{y}_j)$ que denominamos *función de coste*.

La figura 3.20 representa la solución del problema de minimización de coste para el caso de dos inputs. En esta figura representamos la función de costes a partir del mapa de líneas isocoste y el conjunto de requerimientos de inputs asociado al vector de producción $\tilde{y}_j$. Las rectas isocoste representan las combinaciones de inputs que a los precios w, generan el mismo coste. Formalmente, dada la función de coste

$$c_j(w, \tilde{y}) = w_1 z_{j1} + w_2 z_{j2},$$

definimos la recta isocoste asociada al nivel de coste $\bar{c}$ como,

$$z_{j1} = \frac{1}{w_1}(\bar{c} - w_2 z_{j2}).$$

La recta isocoste es decreciente, tiene pendiente $-w_2/w_1$, y corta al eje de ordenadas en el punto $\bar{c}/w_1$.

El problema de la empresa es escoger la combinación de inputs en la línea isocoste más cercana al origen compatible con la producción del vector $\tilde{y}_j$. Este problema es paralelo al problema dual del consumidor donde éste minimiza el gasto de la cesta de consumo compatible con un nivel dado de utilidad.

Las propiedades de la función de coste son las siguientes:

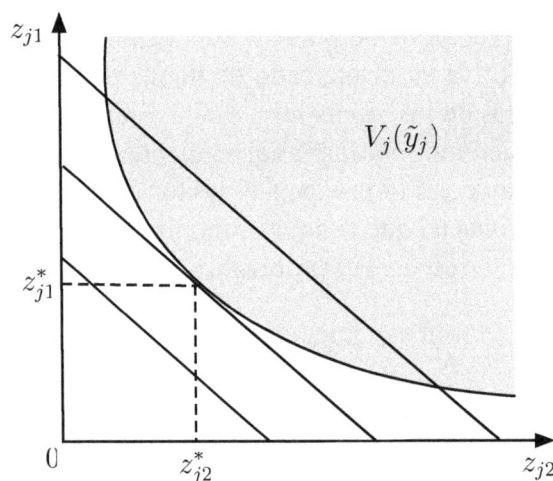

Figura 3.20: La minimización del coste.

i) La función de coste es homogénea de grado uno en w;

ii) La función de coste es no decreciente en $\tilde{y}_j$;

iii) La función de coste es cóncava en w;

iv) La función de coste es continua en w.

La demostración de estas propiedades sigue el mismo razonamiento que la demostración de propiedades similares en la teoría del consumidor, de manera que se dejan al lector como ejercicio (Ver Varian, 1992, pp. 86).

Estas propiedades de la función de costes nos dicen que cuando sube el precio de un factor (manteniendo constantes todos los demás) los costes no disminuyen (propiedad (ii)) pero aumentan a una tasa decreciente (propiedad (iii)) porque la empresa para minimizar el coste sustituirá este factor por otros. La figura 3.21 ilustra este argumento.

Supongamos que z_j^* es una combinación de inputs minimizadora de coste a los precios w^*. Supongamos ahora que el precio del input k varía desde w_k^* a w_k. Si la empresa continua utilizando la misma combinación de factores deberá hacer frente a unos costes $C = w_k z_{jk}^* + \sum_{h \neq k} w_h^* z_{jh}^*$. Ahora bien, esta no es una conducta minimizadora de coste. El coste mínimo de producción tiene que ser inferior a esa expresión. Este argumento es válido para cualquier variación de cualesquiera precios de los inputs. En consecuencia, (a) la función de costes debe encontrarse por debajo de la recta $C = w_k z_{jk}^* + \sum_{h \neq k} w_h^* z_{jh}^*$; y (b) la función de costes y la recta $C = w_k z_{jk}^* + \sum_{h \neq k} w_h^* z_{jh}^*$ deben coincidir en el punto w_k^*. Ello implica que la función de coste es cóncava con respecto a w_k^*.

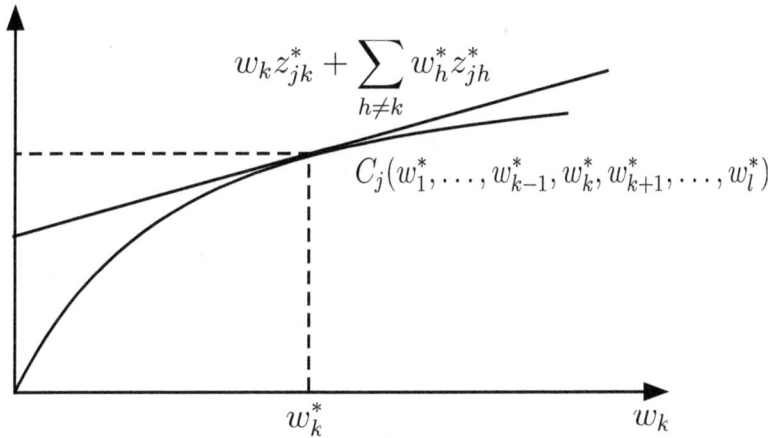

$$w_k z_{jk}^* + \sum_{h \neq k} w_h^* z_{jh}^*$$

$$C_j(w_1^*, \ldots, w_{k-1}^*, w_k^*, w_{k+1}^*, \ldots, w_l^*)$$

Figura 3.21: La concavidad de la función de coste.

Por su parte, la función de demanda condicionada de factores $z_j^*(w, x_i)$ satisface las propiedades siguientes:

i) z_j^* es homogénea de grado cero en w. es decir, si z_j^* soluciona el problema de la minimización de coste para $(w, \tilde{y}_j)$, entonces también es una solución minimizadora de coste para $(\alpha w, \tilde{y}_j)$, $\alpha > 0$.

ii) Si $V_j(\tilde{y}_j)$ es convexo, el conjunto $\{z_j^*\}$ de soluciones del problema de minimización del coste para $(w, \tilde{y}_j)$ es convexo; Si $V_j(\tilde{y}_j)$ es estrictamente convexo, la solución es única. La figura 3.22 ilustra este argumento.

iii) (Lema de Shephard) Supongamos que $c_j(w, \tilde{y}_j)$ es continuamente diferenciable en w (para un $\tilde{y}_j$ dado) al vector de precios w^*. Sea z_j^* una solución del problema de minimización del coste para $(w^*, \tilde{y}_j)$. Entonces,

$$z_{jk}^* = \left. \frac{\partial c_j(w, \tilde{y}_j)}{\partial w_k} \right|_{(w^*, \tilde{y}_j)}, \quad k = 1, 2, \ldots, n.$$

iv) Si $z_j^*(w)$ es una función diferenciable en $\hat{w}$, entonces $Dz_j(\hat{w}, \tilde{y}_j) = D^2 c_j(\hat{w}, \tilde{y}_j)$ es una matriz simétrica y semidefinida positiva con $Dz_j^*(\hat{w}, \tilde{y}_j)\hat{w} = 0$.

Las dos primeras propiedades son triviales y su demostración se deja al lector. Veamos con detalle la demostración del lema de Shephard.

Lema de Shephard. Sea z_j^* una solución del problema de minimización del coste para $(w^*, \tilde{y}_j)$. Definamos ahora la función

$$g(w) = c_j(w, \tilde{y}_j) - w z_j^*.$$

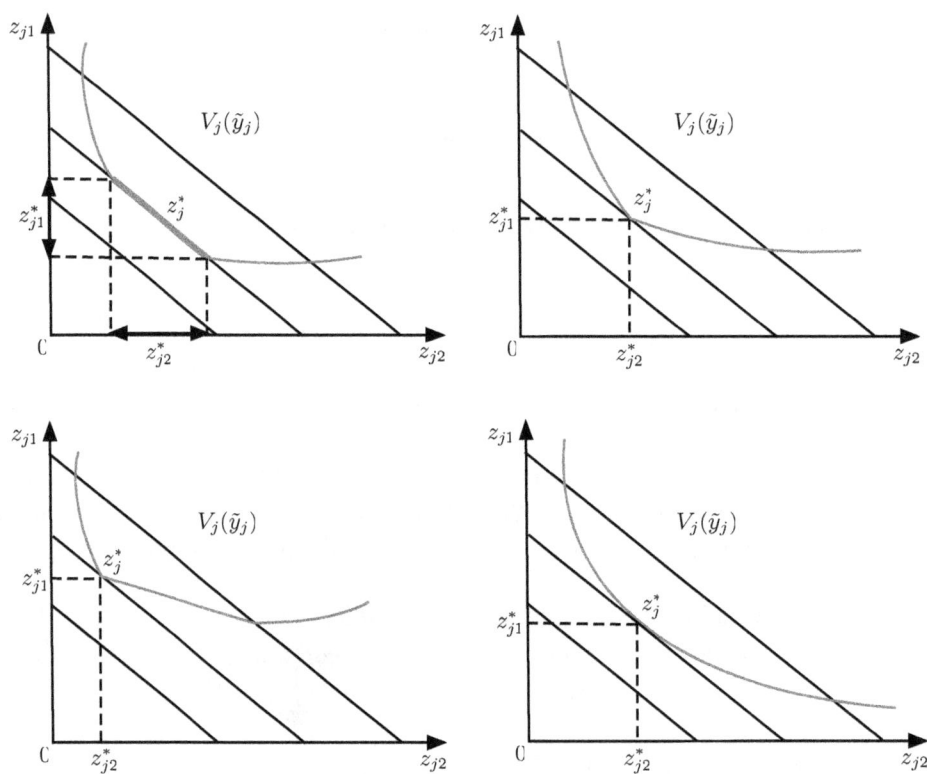

Figura 3.22: El conjunto de soluciones $\{z_j^*\}$.

Dado que $c_j(w, \tilde{y}_j)$ es la forma más barata de producir $\tilde{y}_j$, la función $g(w)$ nunca puede ser positiva, es decir, $g(w^*) = 0$ y $g(w) < 0$, $w \neq w^*$ Por lo tanto, esta función alcanza su máximo valor en w^*, de manera que satisfará la condición de primer orden dada por

$$\frac{\partial g(w^*)}{\partial w_k} = \frac{\partial c_j(w^*, \tilde{y}_j)}{\partial w_k} - z_{jk}^* = 0, \ \ k = 1, 2, \ldots, n.$$

□

Alternativamente, a partir de la concavidad de la función de coste, y utilizando la figura 3.21 podemos ver que la pendiente de la función de coste evaluada en w_k^* es precisamente la pendiente de la recta tangente $w_k^* z_{jk}^* + \sum w_h^* z_{jh}^*$, Por lo tanto, $\partial c_j / \partial w_k^*|_w^* = z_{jk}^*$, que es el contenido del Lema de Shephard.

Diewert (1971) muestra una aplicación del lema de Shephard en la resolución del problema de la minimización del coste.

3.5. Dualidad entre las funciones de coste y de producción

De la misma manera como en la teoría del consumidor encontramos una dualidad entre el problema de la maximización de la utilidad y la minimización del coste, en la teoría del productor también podemos mostrar una dualidad entre el enfoque de la función de producción y el de la función de coste. Es decir, a partir de una función de producción podemos construir una función de costes, y al revés, a partir de esa función de costes podemos recuperar la función de producción.

La tecnología y los costes están relacionados porque en la determinación de la función de costes, la empresa está condicionada por la tecnología. También en el problema de la determinación del volumen óptimo de producción, la tecnología y los costes aparecen en la restricción y en la función de beneficios (función objetivo) respectivamente. Esta relación puede visualizaese a través de los mapas de curvas isocuantas e isocoste.

Antes de estudiar esta relación en detalle, ilustraremos con dos ejemplos cómo obtener la función de coste de una empresa a partir de una tecnología con dos factores de producción.

3.5.1. Dualidad producción-coste. Ejemplos

Ejemplo 1
Consideremos una tecnologia Cobb-Douglas generalizada

$$y(z_1, z_2) = A z_1^\alpha z_2^\beta, \tag{3.3}$$

donde y representa el bien producido, y las variables z_k denotan los factores de producción. El objetivo del ejercicio es derivar la función de coste asociada a esta función de producción. Por simplicidad restringimos la tecnología a dos factores de producción. Sin embargo, el argumento que desarrollaremos a continuación es trivialmente generalizable a un vector de inputs $z = (z_1, \ldots, z_\nu) \in \mathbb{R}_+^\nu$.

El problema que queremos resolver lo formulamos como:

$$c(w, y) = \min_z (w_1 z_1 + w_2 z_2) \text{ s.a } y(z_1, z_2) = A z_1^\alpha z_2^\beta. \tag{3.4}$$

donde w_k denota el precio (competitivo) del factor k.

Desarrollamos la solución del problema en tres pasos. En primer lugar obtendremos las *demandas condicionadas* de ambos factores, y a continuación obtendremos la función de coste substituyendo las expresiones de esas demandas condicionadas de factores.

Demanda condicionada del factor z_1

A partir de (3.3) podemos obtener

$$z_2 = \left(y A^{-1} z_1^{-\alpha} \right)^{-\frac{1}{\beta}},$$

de manera que el problema (3.4) puede reescribirse como

$$c(w, y) = \min_{z_1} w_1 z_1 + w_2 \left(y A^{-1} z_1^{-\alpha} \right)^{-\frac{1}{\beta}}.$$

La solución (interior) de este problema está caracterizada por la condición de primer orden,

$$\frac{\partial c}{\partial z_1} = 0 = w_1 - \frac{\alpha}{\beta} w_2 y^{\frac{1}{\beta}} A^{-\frac{1}{\beta}} z_1^{-\frac{\alpha+\beta}{\beta}}.$$

Es decir,

$$z_1(w, y) = \left(\frac{\alpha w_2}{\beta w_1} \right)^{\frac{\beta}{\alpha+\beta}} y^{\frac{1}{\alpha+\beta}} A^{-\frac{1}{\alpha+\beta}}. \tag{3.5}$$

Demanda condicionada del factor z_2

De forma paralela, a partir de (3.3) podemos obtener

$$z_1 = \left(y A^{-1} z_2^{-\beta} \right)^{-\frac{1}{\alpha}},$$

de manera que el problema (3.4) puede reescribirse como

$$c(w, y) = \min_{z_2} w_2 z_2 + w_1 \left(y A^{-1} z_2^{-\beta} \right)^{-\frac{1}{\alpha}}.$$

La solución (interior) de este problema está caracterizada por la condición de primer orden,

$$\frac{\partial c}{\partial z_2} = 0 = w_2 - \frac{\beta}{\alpha} w_1 y^{\frac{1}{\alpha}} A^{-\frac{1}{\alpha}} z_2^{-\frac{\alpha+\beta}{\alpha}}.$$

Es decir,

$$z_2(w,y) = \left(\frac{\beta w_1}{\alpha w_2}\right)^{-\frac{\alpha}{\alpha+\beta}} y^{\frac{1}{\alpha+\beta}} A^{-\frac{1}{\alpha+\beta}}. \tag{3.6}$$

Función de coste

Una vez calculadas las demandas condicionadas de factores, la función de costes se define como

$$c(w,y) = w_1 z_1(w,y) + w_2 z_2(w,y). \tag{3.7}$$

Substituyendo (3.5) y (3.6) en (3.7) y simplificando obtenemos,

$$c(w,y) = A^{-\frac{1}{\alpha+\beta}} \left[\left(\frac{\alpha}{\beta}\right)^{\frac{\beta}{\alpha+\beta}} + \left(\frac{\alpha}{\beta}\right)^{-\frac{\alpha}{\alpha+\beta}}\right] y^{\frac{1}{\alpha+\beta}} w_1^{\frac{\alpha}{\alpha+\beta}} w_2^{\frac{\beta}{\alpha+\beta}}$$

El caso particular de los rendimientos constantes a escala, $\alpha + \beta = 1$, da lugar a una función de coste

$$c(w,y) = A^{-1} \alpha^{-\alpha} (1-\alpha)^{\alpha-1} y w_1^\alpha w_2^{1-\alpha}$$

Ejemplo 2
Consideremos una empresa con una función de coste

$$c(w,y) = w_2 y - \frac{w_2^2}{4w_1}$$

y derivemos la tecnología subyacente.

Demanda condicionada de los factores

En primer lugar, utilizaremos el lema de Shephard para obtener la demanda consicionada de factores:

$$z_1^*(w,y) = \frac{c}{w_1} = \frac{w_2^2}{4w_1^2} \tag{3.8}$$

$$z_2^*(w,y) = \frac{c}{w_2} = y - \frac{w_2}{2w_1} \tag{3.9}$$

Función de producción

A continuación, a partir de (3.9) obtenemos,

$$y = z_2 + \frac{w_2}{w_1} \tag{3.10}$$

y a partir de (3.8) obtenemos,

$$w_2 = (4z_1 w_1^2)^{\frac{1}{2}} = 2z_1^{\frac{1}{2}} w_1 \tag{3.11}$$

Finalmente, substituyendo (3.11) en (3.10) obtenemos la función de producción:

$$y = f(z) = 2z_1^{\frac{1}{2}} + z_2.$$

3.5.2. Análisis formal de la dualidad

Sea $Y_j \subset \mathbb{R}^l$ el conjunto de producción de la empresa j. Supongamos por simplicidad, que esta empresa sólo produce un output, y, utilizando $l-1$ factores. Así pues, podemos describir Y_j como una función de producción $f_j : \mathbb{R}_+^{l-1} \to \mathbb{R}_+$, es decir $y \leq f_j(z_{j1}, \ldots, z_{jl-1})$, para cualquier vector de inputs $z_j \in Y_j$ mientras que cuando y es eficiente $y = f_j(z_{j1}, \ldots, z_{jl-1})$.

Definamos una función de costes asociada a un sistema de precios arbitrario $w \in \mathbb{R}_+^{l-1}$ y a un nivel de producción y como

$$c_j(w, y) = \min_{z_j}\{\sum_{k=1}^{l-1} w_k z_{jk} : z_{jk} \in \mathbb{R}_+, \ y \leq f_j(z_{j1}, \ldots, z_{jl-1})\},$$

es decir, $c_j(w, y)$ especifica el coste mínimo de producir el output y a los precios de los inputs w. Esta definición es análoga a la definición de la función de gasto e_i del consumidor. En consecuencia podemos traducir directamente las propiedades de la función de gasto del consumidor en propiedades de la función de coste.

Finalmente para mostrar la dualidad entre la función de costes $c_j(w, x_j)$ y la función de producción $f_j(z_{j1}, \ldots, z_{jl-1})$, construimos una función dual de c_j en la que proyectamos el vector de inputs en el output, es decir

$$c_j^*(z_{j1}, \ldots, z_{jl-1}) = \max\{y : \sum_{k=1}^{l-1} w_k z_{jk} \geq c_j(w, y), w \in \mathbb{R}_+^{l-1}\}.$$

Es fácil demostrar (ver Blad-Keiding, 1990, cap.2) que esta función dual es precisamente la función de producción original, es decir, $c_j^*(z_{j1}, \ldots, z_{jl-1}) = f_j(z_{j1}, \ldots, z_{jl-1})$.

Para ilustrar esta dualidad, consideremos una empresa que produce un output a partir de dos inputs y comparemos la relación entre su tecnología (producción)

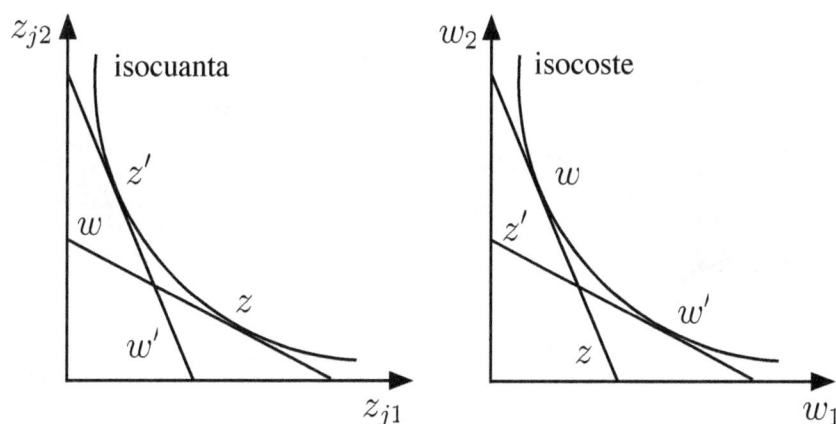

Figura 3.23: Dualidad entre producción y coste.

y su conducta económica (costes). La figura 3.23 muestra las curvas isocuanta e isocoste correspondientes a un nivel de producción y.

La pendiente de la curva isocoste a los precios (w_1^*, w_2^*) es

$$\frac{dw_2(w_1^*)}{dw_1} = -\frac{\dfrac{\partial c_j(w^*, y)}{\partial w_1}}{\dfrac{\partial c_j(w^*, y)}{\partial w_2}} = -\frac{z_{j1}(w^*, y)}{z_{j2}(w^*, y)}.$$

donde hemos utilizado el lema de Shephard.

La pendiente de la curva isocuanta es

$$\frac{dz_{j2}(z_{j1}^*)}{dz_{j1}} = -\frac{\dfrac{\partial f_j(z_j^*)}{\partial z_{j1}}}{\dfrac{\partial f_j(z_j^*)}{\partial z_{j2}}}.$$

Si (z_{j1}^*, z_{j2}^*) minimiza los costes a los precios (w_1^*, w_2^*), necesariamente satisface la condición de primer orden, de manera que

$$\frac{w_1^*}{w_2^*} = \frac{\dfrac{\partial f_j(z_j^*)}{\partial z_{j1}}}{\dfrac{\partial f_j(z_j^*)}{\partial z_{j2}}}.$$

Vemos pues que la pendiente de la curva isocuanta es precisamente el cociente de los *precios* de los factores, mientras que la pendiente de la isocoste es precisamente el cociente entre los *niveles* de los factores.

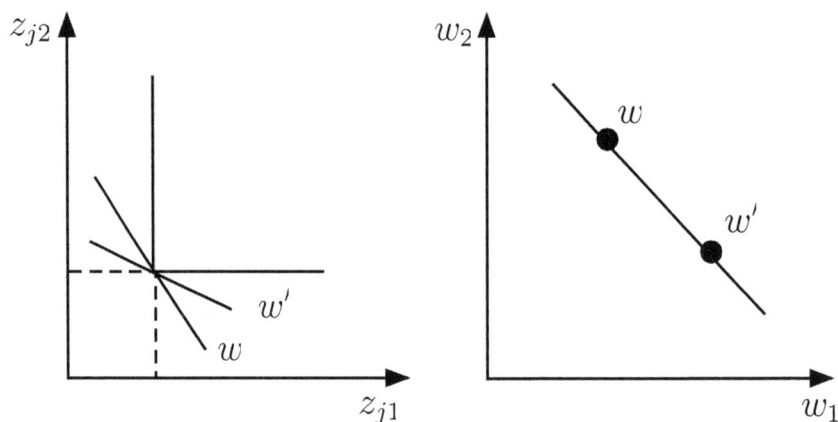

Figura 3.24: Dualidad entre producción y coste (2).

La figura 3.23 nos permite también ilustrar la relación entre la curvatura de las dos curvas. Vemos que cuando la isocuanta es muy curvada, la isocoste es muy lineal y viceversa. Supongamos que la situación inicial esta representada por los precios w y los niveles de factores z_j. Consideremos un cambio de precios a w' que nos desplaza significativamente a lo largo de la curva isocoste. Supongamos que la pendiente de la curva isocoste a los nuevos precios no es significativamente diferente, es decir, las combinaciones de factores minimizadoras de coste en ambas situaciones son parecidas. En términos de la figura 3.23 esto significa que la isocuanta es muy lineal. En el caso extremo de la tecnología Leontieff en la que las curvas isocuantas tienen forma de L, las isocoste son rectas y viceversa, si la función de costes de de tipo Leontieff, de manera que las curvas isocoste tienen forma de L, obtenemos isocuantas lineales. La figura 3.24 ilustra este argumento.

Esta relación entre tecnología y costes podemos resumirla en las dos propiedades siguientes:

(i) Si $f_j(\cdot)$ es homogénea de grado 1 en z (i.e. exhibe rendimientos constantes a escala), entonces $c_j(\cdot)$ y $z_j(\cdot)$ son homogéneas de grado 1 en y.

(ii) Si $f_j(\cdot)$ es cóncava, entonces $c_j(\cdot)$ es convexa en y (en particular, los costes marginales son no decrecientes en y).

Una forma sencilla de visualizar la relación entre la tecnología y los costes es el caso de la producción de un único output y, en el que además los precios de los inputs w están fijos. En este caso podemos denotar la función de coste como $C(y)$, la función de coste medio como $CMe(y)$, y la función de coste marginal como $CMg(y)$.

Como acabamos de ver, si el conjunto de producción es convexo, la función de coste es convexa en y. Por lo tanto el coste marginal es no decreciente y las condiciones de primer orden son suficientes para asegurar que y es también maximizador de beneficio al precio p.

La figura 3.25(a)-(f) muestra dos ejemplos de conjuntos de producción convexos *en ausencia de costes fijos*. En el primer ejemplo el conjunto de producción exhibe rendimientos estrictamente decrecientes a escala, mientras que en el segundo ejemplo los rendimientos a escala son constantes. En ambos ejemplos suponemos que hay un único input cuyo precio se ha normalizado a 1. Los paneles (b) y (d) muestran la función de coste como una rotación de 90 grados de la función de producción. Los paneles (c) y (f) muestran los costes medios y marginales y la curva de oferta con un trazo más grueso.

Si la tecnología no es convexa, la satisfacción de la condición de primer orden ya no es suficiente para asegurar que y maximiza el beneficio. Los paneles (g)-(i) de la figura 3.25 muestran una una función de producción con rendimientos crecientes para niveles bajos de input y rendimientos decrecientes para niveles altos de input. El coste medio es pues decreciente al principio y creciente después. El nivel de producción correspondiente al mínimo del coste medio se denomina la *escala eficiente de producción*. En este caso la función de oferta es discontinua. Cuando $p > CMe(\widetilde{y})$ la empresa maximiza beneficio produciendo el único nivel de y que satisface $p = CMg(y) > CMe(y)$. Cuando, por el contrario, $p < CMe(\widetilde{y})$, cualquier nivel de producción y genera beneficios negativos, de manera que la decisión óptima de la empresa es producir $y = 0$.

Cuando la tecnología *conlleva costes fijos (o irrecuperables)* el conjunto de producción no es convexo. La figura 3.26 muestra dos ejemplos de esta situación. En estos ejemplos la empresa incurre en un coste fijo si y sólo si produce una cantidad positiva de output. Es decir los costes son de la forma $C(y) = CV(y) + K$ para $y > 0$, y $CV(0) = 0$ donde $CV(y)$ que denota el coste variable, es una función convexa. El panel (a)-(c) muestra el caso del coste variable estrictamente convexo. Los paneles (d)-(f) muestran el caso del coste variable lineal. La función de oferta en ambos casos se muestra en los paneles (c) y (f) respectivamente. En ambos casos la empresa decidirá producir cantidades positivas de output sólo si los ingresos le permiten cubrir la suma del coste variable y el coste fijo K. En el panel (f), la oferta óptima es $y = 0$ cuando $p < \bar{p}$, mientras que es infinita para $p > \bar{p}$.

Por último los paneles (g)-(i) de la figura 3.26 muestran el caso de los *costes irrecuperables*, es decir $C(0) > 0$. En otras palabras, ahora la función de costes es $C(y) = CV(y) + K$ para $y \geq 0$ de manera que la empresa debe pagar K independientemente de que decida producir una cantidad positiva de output o no. Como consecuencia la inacción no es posible puesto que ello no evita a la empresa afrontar el coste K. El coste variable es convexo y $VC(0) = 0$. El comportamiento

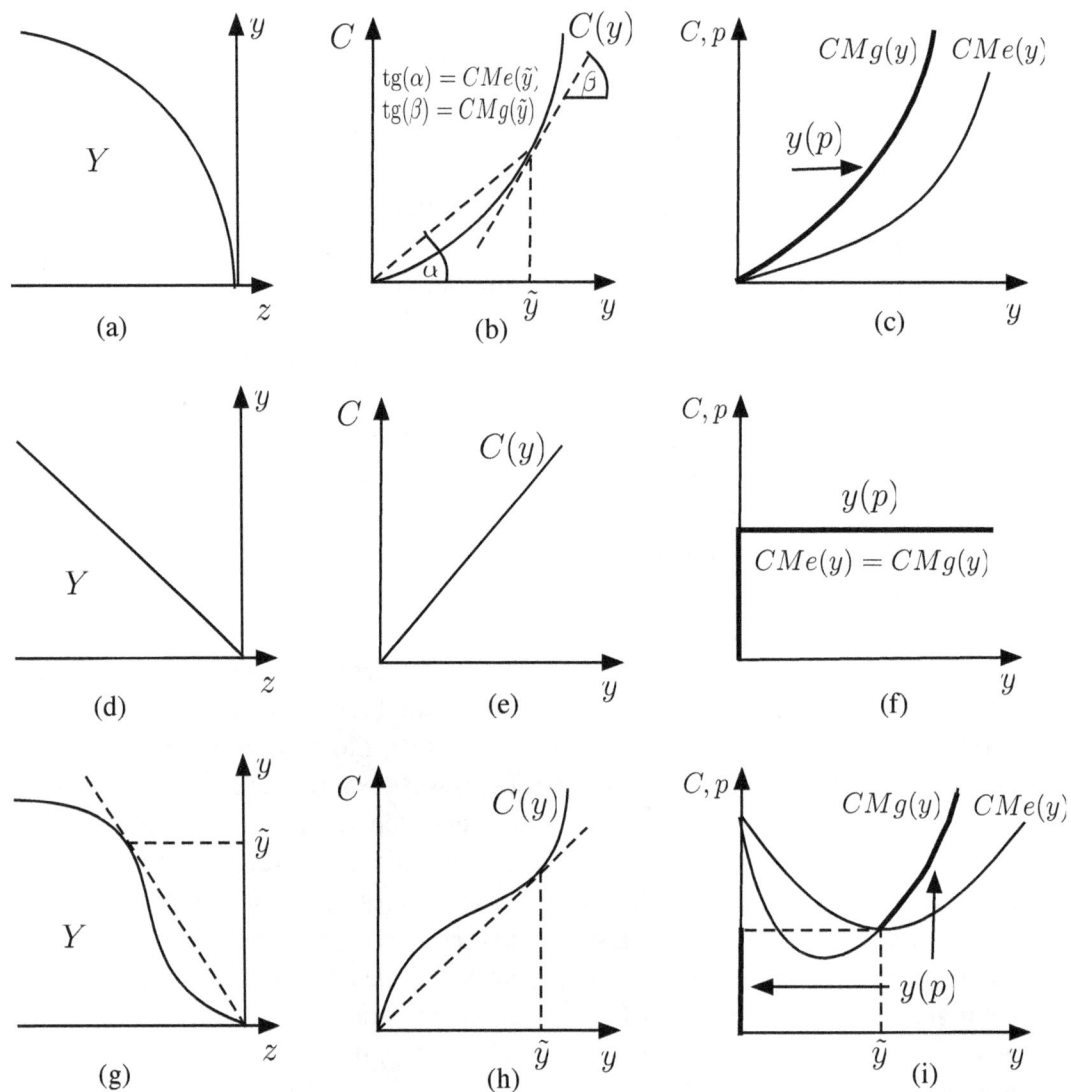

Figura 3.25: Tecnología y coste (1).

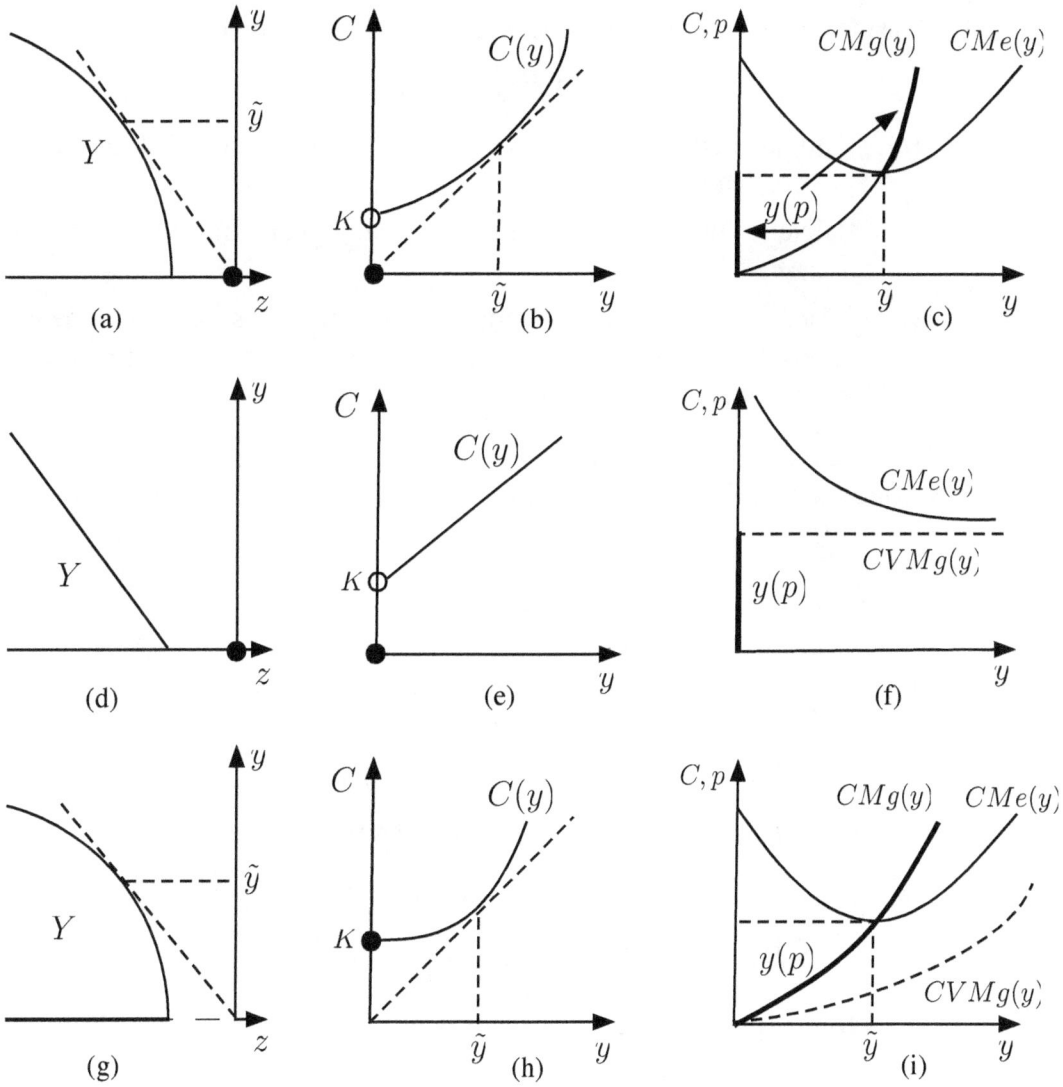

Figura 3.26: Tecnología y coste (2).

de la función de oferta, comparando las figuras 3.25(c) y 3.26(i), es el mismo que si la empresa no tuviera que pagar el coste irrecuperable.

3.6. Ejercicios

1. Considere una función de producción Cobb-Douglas con dos inputs:

$$f(z_1, z_2) = A z_1^\alpha z_2^\beta \quad \text{donde } A, \alpha, \beta \geq 0.$$

   (a) ¿Bajo qué condiciones se cumple que el producto marginal del input z_1 es creciente y el del input z_2 es decreciente?

   (b) ¿Bajo qué condiciones presentará la tecnología rendimientos crecientes a escala?

   (c) Si dada una tecnología de producción los productos marginales de todos los factores son decrecientes, ¿implica esto necesariamente que hay rendimientos decrecientes a escala?

2. Para cada una de las siguientes tecnologías calcule las funciones de demanda final de factores, la función de oferta de producto y la función de beneficio.

   (a) $f(z_1, z_2) = (z_1 + z_2)^{\frac{1}{2}}$.

   (b) $f(z_1, z_2) = (\text{mín}\{z_1, z_2\})^\alpha$ donde $\alpha \in (0, 1)$.

   (c)
   $$f(z) = \begin{cases} 0 & \text{si } z \leq 1. \\ \log z & \text{si } z > 1. \end{cases}$$

   (d) *Elasticidad de sustitución constante (ESC)*:

   $$f(z_1, z_2) = (z_1^\rho + z_2^\rho)^{\frac{\alpha}{\rho}} \quad \text{donde } \rho \in (0, 1) \text{ y } \alpha \in (0, 1).$$

   (e) *Cobb–Douglas (CD)* con n factores de producción:

   $$f(z_1, ..., z_n) = \Pi_{i=1}^n z_i^{\alpha_i} \quad \text{donde } \alpha_i > 0 \text{ y } \sum_{i=1}^n \alpha_i < 1.$$

3. Para las tecnologías ESC y CD del ejercicio 2, calcule la proporción del ingreso que la empresa destina a la retribución del factor i:

$$\frac{w_i z_i(p, w)}{p q(p, w)}.$$

Compruebe que en el caso CD esta proporción es constante, mientras que en el caso ESC la proporción depende del precio de los factores.

4. Considere la función

$$\Pi(p, w_1, w_2) = p^2 \left(\frac{1}{w_1} + \frac{1}{w_2} \right).$$

¿Es una función de beneficio? En caso afirmativo, calcule las funciones de demanda final de factores y la función de oferta de producto.

5. Considere la función

$$\Pi(p, w_1, w_2) = p^\alpha w_1^{\beta_1} w_2^{\beta_2}.$$

¿ Para qué valores de α, β_1 y β_2 es una función de beneficios? ¿ Cuáles son las funciones de demanda final de factores y de oferta de producto correspondientes?

6. Calcule las funciones de demanda condicionada de factores, la función de coste y la función de coste marginal para las tecnologías (b), (d) y (e) del ejercicio 2. Relacione el crecimiento o decrecimiento del coste marginal con los parámetros de la función de producción. Para valores adecuados de estos parámetros, calcule la función de oferta.

7. Considere una empresa con función de producción

$$q = f(z_1, z_2) = z_1 + 10\sqrt{z_2}$$

   (a) Calcule las demandas condicionadas de los factores, $z_i(w_1, w_2, q)$ ($i = 1, 2$).

   (b) Compruebe que para valores de q suficientemente altos la función de costes es

   $$c(w_1, w_2, q) = w_1 q - 25 \frac{w_1^2}{w_2},$$

   mientras que para valores suficientemente bajos de q, la función es proporcional a q^2.

   (c) Dibuje $c(w_1, w_2, q)$ para $q \geq 0$.

   (d) Dibuje la función de coste marginal para dos valores distintos de w_1.

8. Para una tecnología de producción basada en el uso de múltiples factores dada por la función

$$q = f(z),$$

donde $z = (z_1, \ldots, z_m)$, considere las funciones de demanda condicionada de los factores.

(a) ¿Es posible que un aumento en la cantidad de output producida provoque una reducción en la demanda de alguno de los factores? Ilustre gráficamente su respuesta.

(b) Demuestre que si el coste marginal baja al aumentar el precio de un factor, dicho factor es necesariamente un factor inferior.

(c) ¿Es posible que un aumento en el precio del bien producido tenga como resultado una disminución en el coste marginal de producción de dicho bien? Justifique su respuesta.

9. Una empresa tiene dos instalaciones con funciones de coste $c_1(q_1)$ y $c_1(q_2)$, respectivamente (nótese que dichas funciones tienen ya incorporados los precios de los factores de producción). Calcule la función de coste de la empresa $c(q)$ en los siguientes casos (q es la cantidad total de output; $q = q_1 + q_2$):

   (a) $c_1(q_1) = q_1^2/2$, $\quad c_2(q_2) = q_2$.

   (b) $c_1(q_1) = 4\sqrt{q_1}$, $\quad c_2(q_2) = 2\sqrt{q_2}$.

   (c) $c_1(q_1) = 3q_1^3$, $\quad c_2(q_2) = q_2^2$.

10. Se sabe que las funciones de demanda condicionada de factores de una empresa son

$$z_1(w_1, w_2, q) = (1 + 3w_1^{-1/2}w_2^a)q, \quad z_2(w_1, w_2, q) = (1 + bw_1^{-1/2}w_2^c)q.$$

Calcule los valores de los parámetros a, b y c.

11. Estudie si cada una de las siguientes funciones es una función de coste. En caso afirmativo, encuentre las funciones de demanda condicionada de factores y comente el tipo de tecnología de producción que genera dichas funciones de coste.

   (a) $c(w_1, w_2, q) = q^{\frac{1}{2}}(w_1 w_2)^{\frac{3}{4}}$.

   (b) $c(w_1, w_2, q) = q(w_1 + \sqrt{w_1 w_2} + w_2)$.

   (c) $c(w_1, w_2, q) = q(w_1 - \sqrt{w_1 w_2} + w_2)$.

   (d) $c(w_1, w_2, q) = (q + \frac{1}{q})\sqrt{w_1 w_2}$.

12. Un factor es inferior si su demanda condicionada disminuye con el nivel de producción. Es decir, $\frac{\partial z_i(w,q)}{\partial q} < 0$.

   (a) Ilustre gráficamente la posibilidad de que un factor sea inferior.

(b) Explique por qué cuando las funciones de producción son homogéneas no existen factores inferiores.

(c) Demuestre que si el coste marginal baja al aumentar el precio de un factor, dicho factor es inferior.

13. Dada la función de coste

$$c(w_1, w_2, q) = w_1^\alpha w_2^\beta q^\gamma, \quad \alpha, \beta \in (0,1), \gamma > 1$$

calcule las funciones de demanda condicionada de factores, la función de oferta de producto y las funciones de demanda final de factores.

14. Dada la función de coste

$$c(q) = \begin{cases} q^2 + 1 & \text{si } q > 0 \\ 0 & \text{si } q = 0 \end{cases}$$

calcule la función de oferta de producto.

15. Considere una empresa con función de coste

$$c(w_1, w_2, q) = w_2 q - \frac{w_2^2}{4w_1}.$$

¿Cuál es la función de producción de la empresa? (Utilice el *lema de Shephard*).

16. Dada la función de producción $q = f(z) = \ln(z + 1)$, donde z es el único input,

    (a) derive la función de coste y la función de beneficio,

    (b) compruebe que el *lema de Shephard* y el *lema de Hotelling* se cumplen.

17. Las funciones de oferta y demanda de una empresa competitiva con un producto y dos factores de producción son respectivamente $q(p, w_1, w_2)$ $z_1(p, w_1, w_2)$ y $z_2(p, w_1, w_2)$. Se sabe que $\dfrac{\partial q}{\partial w_1} > 0$. ¿ Qué podemos decir sobre los signos de $\dfrac{\partial z_2}{\partial w_1}, \dfrac{\partial z_1}{\partial w_2}, \dfrac{\partial z_1}{\partial p}$?

18. Considere una empresa con una tecnología de producción Cobb–Douglas:

$$q = z_1^\alpha z_2^\beta, \quad \alpha, \beta \geq 0.$$

Suponiendo que la empresa toma los precios de mercado de output y de los factores de producción como dados,

(a) Escriba el problema de maximización del beneficio de la empresa y calcule la función de oferta de la empresa, $q(p, w_1, w_2)$. ¿Qué restricción deben satisfacer los parámetros α y β para que q^* represente un máximo? Relacione su respuesta con el concepto de rendimientos a escala en la producción.

(b) Calcule la función de beneficio de la empresa $\pi(p, w_1, w_2)$.

(c) Para el caso $\alpha = \beta = 1/4$, calcule la función de coste de la empresa, la función de coste marginal, el nivel óptimo de producción y el beneficio máximo de la empresa.

(d) Demuestre que la *primera ley de la oferta* se cumple, es decir,

$$\frac{\partial q(p, w_1, w_2)}{\partial p} \geq 0.$$

Demuestre también que

$$\frac{\partial q(p, w_1, w_2)}{\partial w_i} \leq 0, \quad i = 1, 2.$$

(e) Demuestre que la función de beneficios $\pi(p, w_1, w_2)$ satisface las siguientes propiedades: (A) homogeneidad de grado 1 en (p, w_1, w_2); (B) creciente con respecto al precio del output y decreciente con respecto al precio de los inputs; (C) convexa en (p, w_1, w_2).

(f) Calcule las funciones de demanda incondicionales. Demuestre que la *primera ley de demanda de factores de producción* se cumple, es decir,

$$\frac{\partial z(p, w_1, w_2)}{\partial w_i} \leq 0, \quad i = 1, 2.$$

(g) Suponga que los precios en el mercado de factores son $w_1 = w_2 = \frac{1}{2}$. Encuentre la función de oferta de la empresa y represéntela gráficamente.

Capítulo 4

Teoría del equilibrio general

4.1. Introducción

La idea de *equilibrio* conlleva implícita una situación en el que las fuerzas que operan sobre el mercado se compensan de manera que los agentes que intervienen no tienen incentivos para desviarse de las decisiones que les han conducido a esta situación.

Hasta ahora hemos estudiado demanda y oferta en un solo mercado, sin tener en cuenta que en una economía, (i) hay tantos mercados como bienes, (ii) los bienes están relacionados entre si, ya sea porque son sustitutivos o complementarios, ya sea porque variaciones de los precios afectan a la renta disponible de los consumidores y por lo tanto a sus decisiones de demanda. En una palabra, hasta ahora hemos desarrollado modelos de *equilibrio parcial*.

Cuando introducimos estas interacciones entre los diferentes mercados de la economía en el análisis planteamos modelos de *equilibrio general*. Estudiaremos pues, la forma como las condiciones de demanda y oferta de los diversos mercados determinan *simultáneamente* los precios de equilibrio en cada uno de los mercados.

Los modelos de equilibrio general pueden clasificarse de acuerdo con el poder de mercado de los agentes en modelos de *equilibrio general competitivo* y en modelos de *equilibrio general con oligopolios*. También podemos distinguir entre modelos de *equilibrio general de intercambio puro* si las dotaciones de bienes en la economía son exógenas, y modelos de *equilibrio general con producción* si los bienes disponibles son el resultado de la actividad productiva de las empresas.

En este capítulo estudiaremos el modelo de equilibrio general competitivo, tanto de intercambio puro como la versión con producción.

El primer ensayo de estudio de la interacción entre los mercados se encuentra en *Elements of Pure Economics* que Walras publicó en 1874. Fundamentalmente, la idea de Walras consistió en verificar que el número de ecuaciones coincidía con el número de incógnitas. Si las ecuaciones fueran lineales e independientes, esto es una condición suficiente para la existencia de una solución. Naturalmente, cuando las ecuaciones son no lineales, como típicamente será el caso, y hay restricciones adicionales en el sistema como la no-negatividad de las cantidades, este método no asegura una solución y por lo tanto no asegura la existencia de equilibrio. En los años cincuenta Arrow, Debreu y McKenzie independientemente al principio y en colaboración más tarde utilizaron el enfoque del teorema de punto fijo para demostrar la existencia de un equilibrio walrasiano. Esta aproximación al problema se conoce como el modelo de equilibrio walrasiano de Arrow y Debreu (1954).

Edgeworth en su *Mathematical Physics* publicado en 1881 introdujo nuevas herramientas de análisis y nuevos conceptos de negociación. La elaboración moderna de estas ideas se debe a Debreu y Scarf (1963) a partir del concepto del núcleo de la economía.

4.1.1. Descripción de la economía.

La economía está compuesta per tres elementos: mercancías, consumidores y productores.

- Las *mercancías* las identificamos por $k = 1, 2, \ldots, l$ y las suponemos perfectamente divisibles.

- El conjunto de *consumidores* lo denotamos por I. Los consumidores los identificamos por $i = 1, 2, \ldots, m$. Un consumidor i está descrito por una tripleta $(w_i, \succsim^i, X_i)$ donde $w_i \in \mathbb{R}^l_+$ representa la dotación inicial de recursos del consumidor; $\succsim^i$ representa una relación de preferencias sobre el conjunto de mercancías. Denotaremos como $\mathcal{P}$ el espacio de preferencias, de manera que $\succsim^i \in \mathcal{P}$; y $X_i \subset \mathbb{R}^l_+$ representa el conjunto de consumo. Un plan de consumo para el consumidor i lo representamos como $x_i \in X_i$. Supondremos para simplificar $X_i = X, \forall i \in I$.

- El conjunto de *empresas* lo denotamos por F. Les empresas las identificamos por $j = 1, 2, \ldots, n$. Una empresa j está descrita por una tecnología representada por un conjunto de producción $Y_j \subset \mathbb{R}^l_+$.

- Una *economía* se describe por un vector

$$\left[\mathbb{R}^l_+, \left(X_i, \succsim^i, w_i\right)_{i \in I}, \left(Y_j\right)_{j \in F}\right].$$

Notemos que consideramos una economía sin dinero ni sistema financiero.

4.2. Economías de intercambio puro

Definición 4.1 (Economía de intercambio). *Una economía de intercambio E, es una proyección del conjunto de consumidores sobre el espacio de características de los agentes, es decir,*

$$E : I \longrightarrow \mathcal{P} \times \mathbb{R}_+^l$$
$$i \longrightarrow [\succsim^i, w_i]$$

El problema al que se enfrentan los agentes de una economía es cómo redistribuir los recursos iniciales $w = (w_1, \dots, w_m)$ de la mejor forma posible. Suponemos pues que no hay ninguna actividad productiva en esta economía pero la naturaleza asigna a los individuos unos ciertos recursos iniciales como "maná caído del cielo". La decisión de los consumidores es pues o bien consumir sus dotaciones iniciales, o bien involucrarse en un proceso de intercambio de sus recursos iniciales para diseñar una cesta de consumo mejor. Este intercambio puede concebirse bajo dos perspectivas diferentes. Por una parte podemos imaginar una economía de trueque en la que un mecanismo de negociación determina el resultado final del intercambio. Hablaremos en este contexto de asignaciones en el *núcleo de la economía*. Por otra parte, podemos imaginar un subastador anunciando precios y un mecanismo de mercado para determinar las cestas finales de consumo. En este escenario hablaremos de *equilibrio walrasiano*.

Definición 4.2 (Asignación de recursos). *Una asignación para una economía E es una función que a cada consumidor $i \in I$ asocia una cesta de consumo x_i,*

$$f : I \longrightarrow \mathbb{R}_+^l$$
$$i \longrightarrow x_i$$

Definición 4.3 (Asignación factible). *Una asignación factible para una economía E es una asignación f para E tal que la cantidad agregada de bienes se iguala a la cantidad agregada de dotaciones iniciales*

$$\sum_{i \in I} \sum_{k=1}^{l} x_{ik} \equiv \sum_{i \in I} x_i = \sum_{i \in I} w_i \equiv \sum_{i \in I} \sum_{k=1}^{l} w_{ik}.$$

Definición 4.4 (Asignación eficiente). *Una asignación factible para una economía E es eficiente (Pareto-óptima) si no hay una asignación factible alternativa que permite mejorar a un agente sin que otro agente empeore. Formalmente, una asignación*

$$\widetilde{x} \equiv (\widetilde{x}_1, \dots, \widetilde{x}_m)$$

es eficiente si satisface

$$(i) \sum_{i \in I} \widetilde{x}_i = \sum_{i \in I} w_i$$

$$(ii) \; \nexists \, \widehat{x}_i \;\; t.q. \;\; \sum_{i \in I} \widehat{x}_i = \sum_{i \in I} w_i \;\;\; y \;\;\; \widehat{x}_i \succ^i \widetilde{x}_i, \; \forall i \in I.$$

Notemos que el criterio de eficiencia paretiana no contiene elementos distributivos. Así, por ejemplo, una asignación que otorgue todos los bienes a un consumidor y nada a los demás es eficiente aunque puede resultar poco satisfactoria bajo otros criterios (equidad, justicia distributiva, etc). Para evitar este tipo de asignaciones eficientes, a menudo limitamos el conjunto de asignaciones eficientes a aquellas que satisfacen una propiedad de "racionalidad individual".

Definición 4.5 (Racionalidad individual). *Una asignación $x_i \in \mathbb{R}_+^l$, satisface la propiedad de racionalidad individual si el consumidor i está dispuesto a intercambiar su dotación inicial w_i por una asignación x_i que le proporciona mayor satisfacción.*

$$x_i \succsim^i w_i \quad \forall i \in I.$$

Esta propiedad contiene un supuesto implícito consistente en la propiedad por parte de los agentes de sus recursos iniciales.

Definición 4.6 (Coalición). *Una coalición S es un subconjunto de I. El conjunto de todas las coaliciones lo denotamos como Θ.*

Definición 4.7 (Mejor asignación para una coalición). *Una coalición $S \in \Theta$ puede mejorar sobre una asignación (bloquear) x para una economía E, si existe una asignación alternativa y para S tal que, sea factible para la coalición y también sea preferida para todos los miembros de la coalición.*

$$(i) \; y_i \succ^i x_i, \; \forall i \in S$$

$$y$$

$$(ii) \sum_{i \in S} y_i = \sum_{i \in S} w_i.$$

Definición 4.8 (Núcleo de la economía). *El núcleo de una economía E, $C(E)$, es el conjunto de las asignaciones factibles para E sobre las que ninguna coalición $S \in \Theta$ puede mejorar.*

Señalemos que una coalición sólo puede evitar (bloquear) asignaciones sobre las que *sus miembros* pueden mejorar, pero no impone externalidades sobre los otros agentes de la economía que no pertenecen a la coalición. Un análisis detallado del núcleo y de sus propiedades se encuentra en Hildenbrand y Kirman (1986, cap. 3).

El núcleo como concepto de solución alternativo al concepto de equilibrio general competitivo (que definiremos a continuación), tiene para una economía dada E algunas ventajas. En particular permite obtener soluciones interpretables en contextos donde la solución competitiva no tiene mucho sentido. Así por ejemplo, (i) en mercados con un número pequeño de agentes conscientes de su capacidad para manipular el funcionamiento del mercado, éstos se comportarán estratégicamente; (ii) en mercados donde la tecnología y/o las preferencias no son convexas; (iii) en mercados donde los bienes no son perfectamente divisibles.

En contraste con estas situaciones, la justificación del concepto de equilibrio general competitivo radica en el supuesto de un número grande de agentes (consumidores y productores) que reconocen su incapacidad para afectar el funcionamiento del mercado y por lo tanto la imposibilidad de comportarse estratégicamente. Así pues el estudio de este concepto de solución sólo tiene verdadero sentido en economías grandes.

Para ilustrar todos estos conceptos y el funcionamiento del modelo de equilibrio general competitivo presentaremos primero una economía con dos agentes y dos bienes. A continuación supondremos que en nuestra economía de intercambio E hay un número arbitrariamente grande de consumidores, definiremos el concepto de equilibrio y estudiaremos sus propiedades.

4.2.1. Una ilustración: la economía de la caja de Edgeworth

Consideremos una economía con dos (tipos de) consumidores y dos mercancías.[1] Los dos consumidores consideran los precios como dados. Cada consumidor posee una dotación inicial de bienes $w_i = (w_{i1}, w_{i2})$, $i = 1, 2$, de manera que la dotación total de cada bien en la economía es $\overline{w}_k = w_{1k} + w_{2k} > 0$, $k = 1, 2$.

Una *asignación factible* es un vector no negativo de consumo $x = (x_1, x_2) = ((x_{11}, x_{12}), (x_{21}, x_{22}))$ tal que $x_{1k} + x_{2k} \leq \overline{w}_k$, $k = 1, 2$.

Podemos representar el conjunto de asignaciones factibles gráficamente mediante una *caja de Edgeworth* como ilustra la figura 4.1. La altura de la caja representa la dotación total de bien 2, $\overline{w}_2$, mientras que la anchura representa la dotación total de bien 1, $\overline{w}_1$. El vector de dotaciones iniciales w es un punto en este espacio. Las dotaciones iniciales del consumidor 1 se describen por las coordenadas cartesianas tomando como origen la esquina inferior izquierda. Por su parte las dotaciones iniciales del consumidor 2 se describen por las coordenadas

---

[1]Esta sección se basa fundamentalmente en Mas Colell et al. (1995, Cap. 15B)

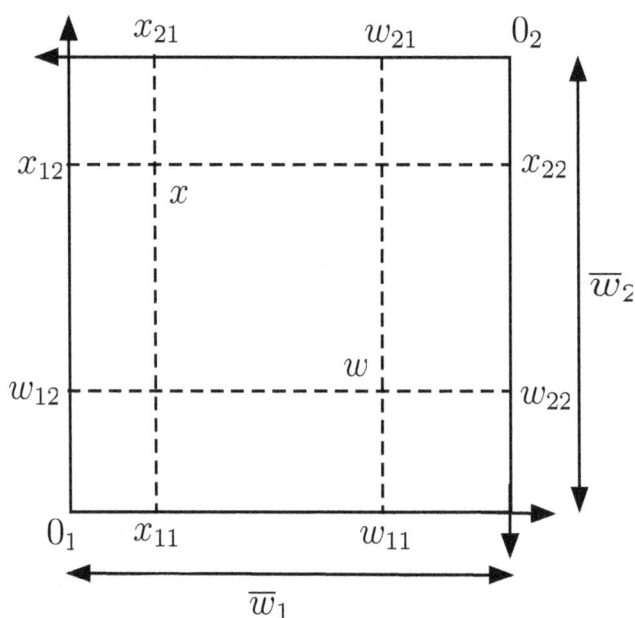

Figura 4.1: La caja de Edgeworth.

cartesianas tomando como origen la esquina superior derecha. Ambas dotaciones iniciales son compatibles en un único punto porque las dimensiones de la caja representan las dotaciones totales de bienes en la economía. El mismo razonamiento describe una asignación factible para ambos individuos como un punto x. Formalmente, la caja de Edgeworth es pues el conjunto de asignaciones

$$E_B = \{x \in \mathbb{R}^2_+ : x_{1k} + x_{2k} \leq \overline{w}_k, \ k = 1, 2\}.$$

La riqueza inicial del individuo viene dada por el valor, al sistema de precios dado, de sus dotaciones iniciales. Dado un sistema de precios $p = (p_1, p_2)$, la renta del consumidor i es pues $m_i \equiv pw_i = p_1 w_{i1} + p_2 w_{i2}$. Esta renta define el conjunto presupuestario del consumidor, $B_i(p) = \{x_i \in \mathbb{R}^2_+ : px_i \leq pw_i\}$.

La figura 4.2 representa los conjuntos presupuestarios de los dos consumidores. Ambos conjuntos tienen la recta presupuestaria en común. Esta es la recta que pasa por el punto w de las dotaciones iniciales y tiene pendiente $-(p_1/p_2)$. Es importante observar que sólo las cestas situadas sobre la recta presupuestaria son factibles para ambos consumidores simultáneamente dado el sistema de precios p.

A continuación, la figura 4.3 muestra las preferencias de los consumidores en la caja de Edgeworth. Suponiendo preferencias estrictamente convexas, continuas y fuertemente monótonas, éstas están representadas por los respectivos mapas de curvas de indiferencia.

La derivación gráfica de la decisión óptima del consumidor 1, dados un sistema de precios p y una renta m_1, se muestra en la figura 4.4 tal como estudiamos en el

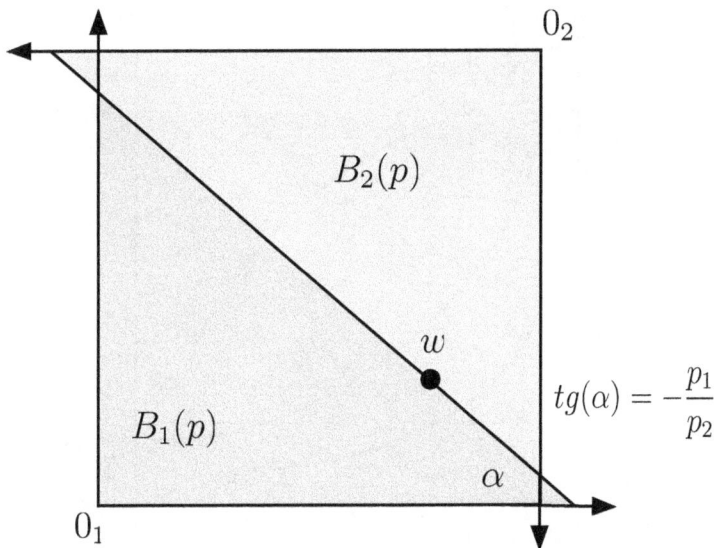

Figura 4.2: Los conjuntos presupuestarios.

capítulo sobre teoría de la demanda. El resultado de esta decisión es una función de demanda del consumidor 1 que expresamos como $x_1(p, pw_1)$.

Por último, la figura 4.5 muestra la *curva de oferta-precio* del consumidor 1, CO_1, es decir el conjunto de cestas óptimas para diferentes sistemas de precios. Observemos que la recta presupuestaria pivota alrededor del punto de las dotaciones iniciales w conforme varía el sistema de precios. Es importante señalar que para cualquier sistema de precios la dotación inicial del consumidor 1 siempre es factible (puesto que ya la tiene), de manera que cualquier punto sobre su curva de oferta-precio debe ser al menos tan deseable como su dotación inicial. En otras palabras, la curva de oferta-precio es tangente a la curva de indiferencia asociada a la cesta de dotaciones iniciales. Por lo tanto, dado w_i podemos encontrar un sistema de precios p tal que w_i es el punto de tangencia entre una curva de indiferencia y la recta presupuestaria.

Una vez recordado el análisis gráfico del proceso de decisión del consumidor, podemos combinar los procesos de decisión de ambos consumidores simultáneamente. Este proceso de decisión simultáneo consiste en determinar dado un sistema de precios p, el intercambio que están dispuestos a implementar cada uno de los consumidores. La figura 4.6 representa las demandas de ambos individuos dado un vector de precios arbitrario p. Fijémonos que estas demandas son incompatibles. En términos del bien 2, el consumidor 1 tiene una dotación inicial w_{12} mientras que quiere consumir una cantidad x_{12}, de manera que su demanda neta de bien 2 es $x_{12} - w_{12}$. Por su parte, el consumidor 2 tiene una dotación inicial w_{22} y sólo quiere consumir x_{22} de manera que su oferta neta de bien 2 es $w_{22} - x_{22}$,

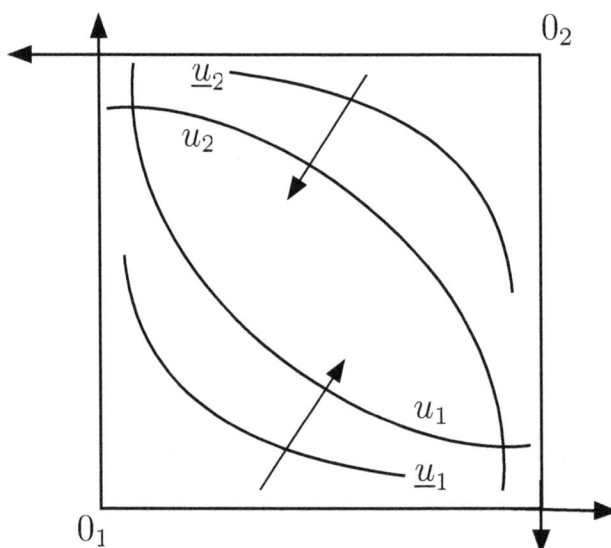

Figura 4.3: Mapas de indiferencia.

pero la oferta neta de bien 2 por parte del consumidor 2 no es suficiente para satisfacer la demanda neta del consumidor 1. En resumen, a los precios p, hay un exceso de demanda de bien 2. De forma similar podemos verificar que existe un exceso de oferta de bien 1.

La noción de equilibrio general competitivo nos dice que los consumidores deben poder satisfacer sus demandas y ofertas netas de bienes a los precios que prevalecen en cada mercado. Formalmente,

Definición 4.9. *Un equilibrio walrasiano para la economía de la caja de Edgeworth es un sistema de precios p^* y una asignación $x^* = (x_1^*, x_2^*)$ en la caja de Edgeworth tal que*

$$\forall x_i \in B_i(p^*), \quad x_i^* \succsim_i x_i, \quad i = 1, 2.$$

La figura 4.7 muestra una situación de equilibrio en la que la demanda neta de cada bien coincide con su oferta neta. La figura 4.8 presenta la caracterización completa del equilibrio. Muestra las curvas de indiferencia tangentes en la asignación x^* de equilibrio, las curvas de indiferencia que pasan por las dotaciones iniciales w, y las curvas de oferta-precio.

El conjunto de equilibrios walrasianos es pues

$$W(w, p) = \{x^* \in E_B : \forall x_i \in B_i(p), \quad x_i^* \succsim_i x_i, \ i = 1, 2.\}$$

En el equilibrio x^* las curvas de oferta CO_1 y CO_2 se intersectan. De hecho cualquier punto de intersección de las curvas de oferta en una asignación diferente

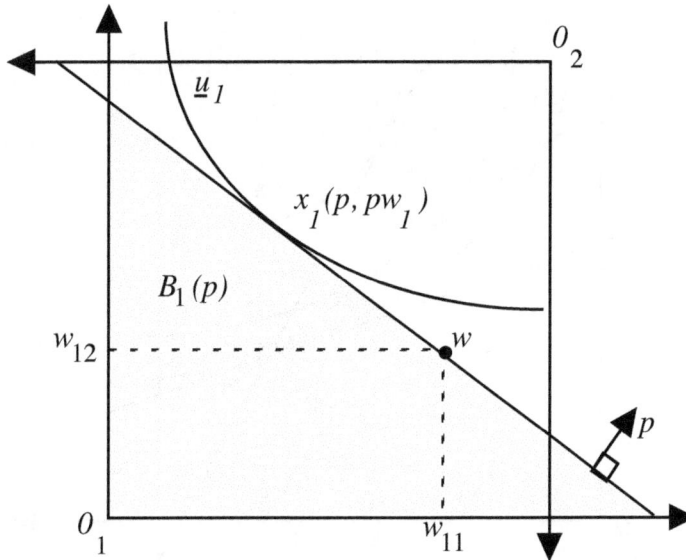

Figura 4.4: La demanda del consumidor 1.

de w corresponde a un equilibrio porque en ese punto de intersección las cestas de consumo correspondientes para cada consumidor son óptimas dado que la recta presupuestaria pasa por w y es un plano tangente en x^*.

Tanto la figura 4.7 como la figura 4.8 muestran un equilibrio walrasiano en el interior de la caja de Edgeworth. Podemos tener también equilibrios en el límite de la caja de Edgeworth. La figura 4.9 muestra un ejemplo de esta situación. A los precios p^*, las demandas netas de ambos consumidores son compatibles.

Recordemos que las funciones de demanda de los consumidores son homogéneas de grado cero en precios y renta. Ello quiere decir que si p^* es un equilibrio walrasiano, un sistema de precios αp^*, $\alpha > 0$ también es equilibrio. Por lo tanto, en equilibrio sólo los precios relativos p_1/p_2 quedan determinados.

El análisis realizado hasta ahora ha servido para identificar un equilibrio walrasiano. La caja de Edgeworth resulta también útil para estudiar la multiplicidad y la existencia de equilibrio.

La figura 4.10 muestra una situación de multiplicidad de equilibrios competitivos. En este ejemplo, las preferencias de los consumidores son tales que las curvas de oferta-precio se cruzan varias veces, de manera que cada sistema de precios al que ocurre una intersección es un equilibrio walrasiano.

Finalmente, la figura 4.11 muestra una primera situación de no existencia de equilibrio. En ésta la dotación inicial de recursos se encuentra en el límite de la caja de Edgeworth. El consumidor 2 tiene toda la dotación de bien 1 y sólo quiere consumir bien 1. El consumidor 1 tiene toda la dotación de bien 2 y su mapa de indiferencia muestra curvas con pendiente infinita en w. Supongamos un sistema

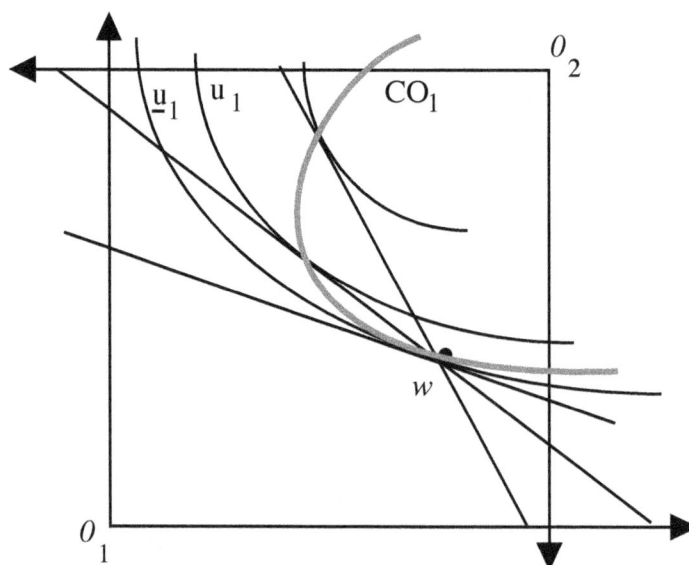

Figura 4.5: La curva de oferta del consumidor 1.

de precios arbitrario p tal que $p_2/p_1 > 0$. La demanda óptima del consumidor 2 es consumir precisamente su dotación inicial w_2. El consumidor 1 por su parte desea comprar bien 1 puesto que la recta de precios no es tangente en w_1 a la curva de indiferencia (cuya pendiente en ese punto es infinita). Si por el contrario, nuestro sistema de precios arbitrario es tal que $p_2/p_1 = 0$, la demanda de bien 2 por parte del consumidor 1 es infinita. El problema que provoca la no existencia de equilibrio en este ejemplo es la no monotonicidad fuerte de las preferencias del consumidor 2.

La no convexidad de las preferencias también puede provocar la no existencia de equilibrio. La figura 4.12 ilustra el argumento. El consumidor 1 tiene preferencias no convexas, de manera que su curva de oferta es discontinua y la única intersección con la curva de oferta del consumidor 2 ocurre en w.

Análisis de Bienestar

Presentamos a continuación el análisis normativo del modelo de equilibrio general competitivo de intercambio puro estudiando sus propiedades de bienestar. El concepto que utilizamos es el de optimalidad de Pareto.

Definición 4.10. *Decimos que una asignación x en la caja de Edgeworth es óptima de Pareto si no existe otra asignación alternativa $\widetilde{x}$ factible tal que $\widetilde{x}_i \succsim_i x_i$ para $i = 1, 2$ y $\widetilde{x}_i \succ_i x_i$ para algún i.*

La figura 4.13(a) presenta un ejemplo de asignación x que no es óptima de

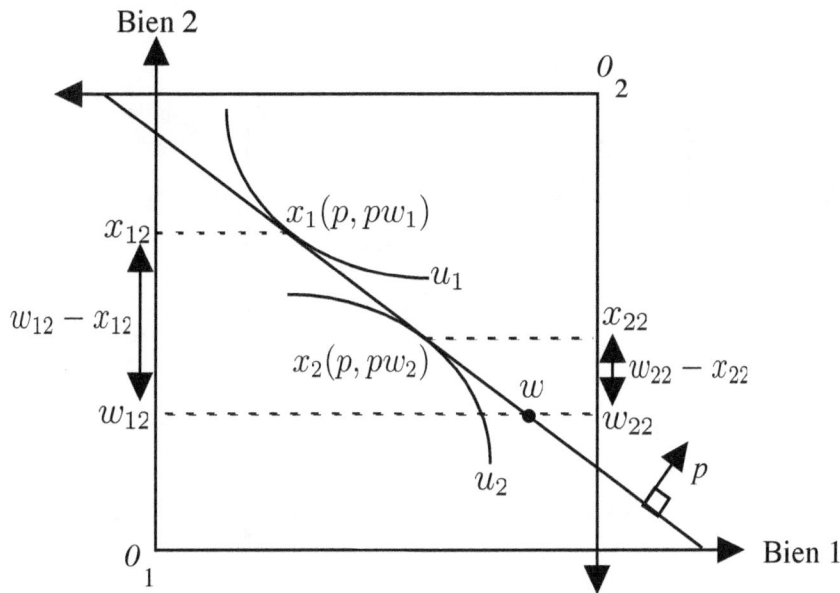

Figura 4.6: Intercambio incompatible.

Pareto. Cualquier asignación dentro del área coloreada, la intersección de los respectivos conjuntos de planes de consumo *no peores* que x_i, es una asignación factible que mejora la satisfacción de ambos consumidores simultáneamente.

Las asignaciones en los paneles (b) y (c) de la figura 4.13 son óptimas de Pareto. En el panel (b) la asignación x es la única de la intersección de los respectivos conjuntos de planes de consumo *no peores* que x_i. Señalemos que cuando una asignación óptima de Pareto se encuentra en el interior de la caja de Edgeworth, está caracterizada por la tangencia de las dos curvas de indiferencia que pasan por x. El panel (c) muestra una asignación óptima de Pareto situada en el límite de la caja de Edgeworth. En tal situación la tangencia entre las curvas de indiferencia puede no aparecer. Podemos pues, definir el conjunto de asignaciones óptimas de Pareto como

$$PO = \{x \in E_B : \not\exists \tilde{x} \in E_B, \forall i \; \tilde{x}_i \succsim_i x_i, \;\; \text{y} \;\; \exists i \; \tilde{x}_i \succ_i x_i\}.$$

El conjunto de todas las asignaciones óptimas de Pareto se denomina *conjunto de Pareto*. El subconjunto de asignaciones óptimas de Pareto que se encuentran entre las dos curvas de indiferencia que pasan por la dotación inicial de bienes w se denomina *curva de contrato*. La figura 4.14 presenta un ejemplo de conjunto de Pareto y de la curva de contrato asociada. En otras palabras, la curva de contrato es el conjunto de aquellas asignaciones óptimas de Pareto con las que ambos consumidores obtienen por lo menos el mismo nivel de satisfacción que con sus dotaciones iniciales. Este es el conjunto de asignaciones candidatas a apa-

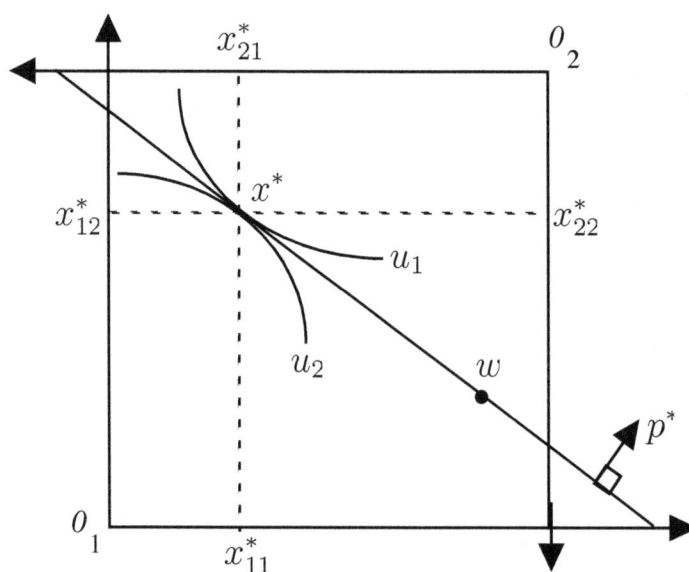

Figura 4.7: Equilibrio walrasiano.

recer como resultado del intercambio entre ambos consumidores. Formalmente, la curva de contrato es el conjunto de asignaciones de equilibrio que satisfce la racionalidad individual,

$$P_C = \{x \in PO : x_i \succeq_i w_i, \ i = 1, 2\}.$$

También, como veremos más adelante, estas asignaciones son candidatas a ser la solución de un proceso de negociación entre los consumidores, es decir a formar parte del *núcleo de la economía.*

Qué relación podemos determinar entre las asignaciones de equilibrio walrasiano y las asignaciones óptimas de Pareto? La respuesta a esta pregunta se concreta en los denominados *teoremas fundamentales del bienestar.*

Teorema 4.1 (Primer teorema del bienestar)**.** *Supongamos que las preferencias son un preorden completo, convexas, y no saciables localmente. Entonces, las asignaciones de equilibrio walrasiano son óptimas de Pareto.*

La demostración formal de este resultado la veremos en la sección 4.2.6. Veamos ahora su contenido intuitivo. La definición de equilibrio walrasiano identifica asignaciones sobre la recta presupuestaria para las que dos curvas de indiferencia son tangentes. Por lo tanto en una asignación como esta no podemos encontrar otra asignación factible que permita mejorar a ambos consumidores simultáneamente. Así pues, cualquier asignación de equilibrio de Walras necesariamente es

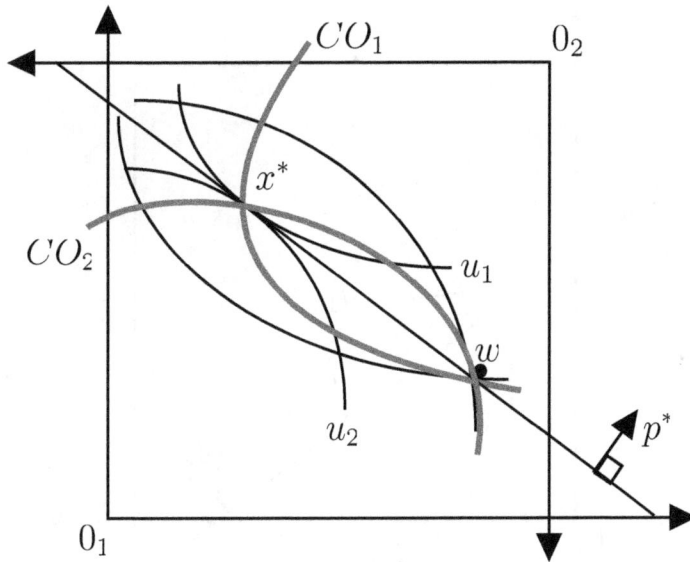

Figura 4.8: Caracterización del equilibrio walrasiano.

una asignación óptima de Pareto. Además, dado que en una asignación de equilibrio cada consumidor debe obtener por lo menos el nivel de utilidad que le proporciona su dotación inicial, necesariamente tal asignación debe encontrarse en la curva de contrato.

Consideremos a continuación la proposición inversa. Consideremos una asignación óptima de Pareto. Podemos encontrar un sistema de precios que soporte esta asignación como equilibrio walrasiano? La respuesta es no siempre.

La figura 4.15 ilustra el caso en el que la respuesta es afirmativa. Cuando las preferencias de los consumidores son regulares, podemos identificar una asignación óptima de Pareto como la tangencia de dos curvas de indiferencia. La pregunta es pues si podemos dibujar un (hiper)plano tangente a ambas curvas de indiferencia que represente el sistema de precios. Como vemos en el gráfico de la izquierda de la figura 4.15 podemos efectivamente hacer pasar una recta por la asignación x, de manera que el sistema de precios p^* permite implementar x como asignación de equilibrio competitivo. Sin embargo, este hiperplano también debe ser compatible con la asignación inicial de recursos. Por tal razón no siempre podremos implementar una asignación paretiana como equilibrio walrasiano.

La figura 4.16 ilustra una situación de carácter diferente en la que la asignación óptima de Pareto no es implementable como equilibrio walrasiano. La razón de ello es la no convexidad de las preferencias del consumidor 1. En particular, la asignación x es eficiente en el sentido de Pareto pero no hay ningún vector de precios que la soporte. Dado un sistema de precios p, el consumidor 1 prefiere la

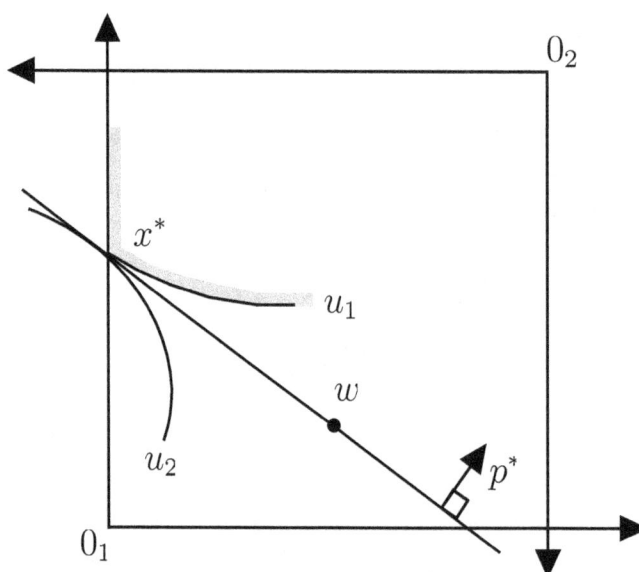

Figura 4.9: Un equilibrio en el límite de la caja de Edgeworth.

cesta $\widetilde{x}$ a la cesta x mientras que el consumidor 2 prefiere la cesta x a la cesta $\widetilde{x}$. Estos argumentos permiten ilustrar el segundo teorema del bienestar.

Teorema 4.2 (Segundo teorema del bienestar)**.** *Cuando las preferencias de ambos consumidores son convexas, continuas y fuertemente monótonas, cualquier asignación óptima de Pareto puede soportarse como equilibrio walrasiano con las adecuadas transferencias entre los consumidores.*

La figura 4.17 ilustra el contenido del teorema considerando dos tipos de transferencias entre ambos consumidores. El panel (a) considera una transferencia de riqueza a través de impuestos; el panel (b) considera una transferencia de dotaciones iniciales.

Supongamos una situación inicial con una dotación inicial de bienes w. Supongamos también que por razones distributivas, socialmente es deseable alcanzar la asignación óptima de Pareto x^*. Una posibilidad, ilustrada en la figura 4.17(a), es transferir a través de impuestos (de tipo lump-sum) riqueza entre ambos consumidores. Ello desplaza la recta presupuestaria paralelamente de manera que corte al conjunto de Pareto en x^*. Así pues dado el sistema de precios p^*, la asignación óptima x^* vacía los mercados y puede implementarse como equilibrio walrasiano.

Alternativamente, como muestra la figura 4.17(b), tal asignación x^* puede alcanzarse transfiriendo, por ejemplo, una parte de la dotación de bien 1 del consumidor 1 al consumidor 2 de manera que la nueva dotación inicial de recursos es $\widetilde{w}$. A partir de esta nueva dotación inicial y dado el sistema de precios p^*, la

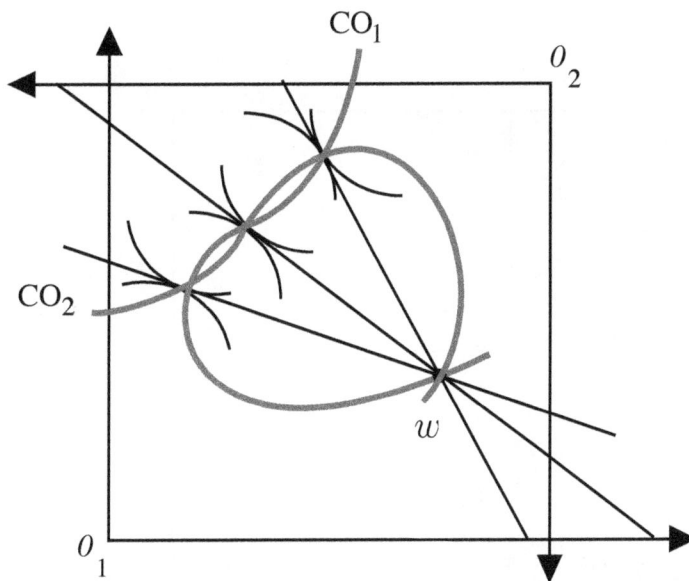

Figura 4.10: Multiplicidad de equilibrios walrasianos.

asignación x^* emerge como equilibrio walrasiano. El mismo resultado podría obtenerse transfiriendo bien 2 del consumidor 1 al consumidor 2 de manera que la nueva dotación inicial sería $\underline{w}$. Finalmente, también podríamos implementar una transferencia de bienes desde w directamente a x^* con lo que obtendríamos la asignación deseada sin intercambio entre los consumidores. El problema con este tipo de razonamiento es que no siempre es fácil transferir dotaciones iniciales especialmente cuando entre éstas consideramos e.g. el capital humano.

El segundo teorema del bienestar permite separar los problemas de distribución de los problemas de eficiencia. El mecanismo competitivo nos permite implementar la asignación óptima de Pareto que deseemos con independencia de criterios distributivos. Es decir, podemos identificar la asignación que genera una distribución de recursos "justa" y sabemos que podemos encontrar un sistema de precios que la soporte.

Análisis formal del intercambio

Consideremos una economía con dos consumidores y dos bienes. Supongamos que las demandas del consumidor i, $i = 1, 2$ vienen dadas por $x_{i1}(p), x_{i2}(p)$. Para que estas demandas puedan ser de equilibrio han de satisfacer que para el sistema de precios p, $x_{1k}(p) + x_{2k}(p) = \overline{w}_k$, $k = 1, 2$. Reescribiendo estas expresiones

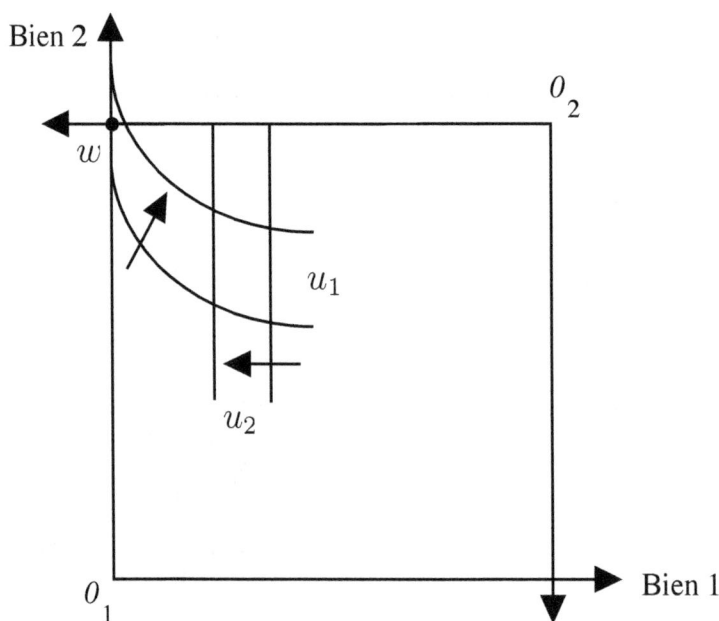

Figura 4.11: No existencia de equilibrio walrasiano (1).

en términos de las demandas netas obtenemos

$$(x_{11}(p) - w_{11}) + (x_{21}(p) - w_{21}) = 0,$$
$$(x_{12}(p) - w_{12}) + (x_{22}(p) - w_{22}) = 0.$$

de manera que la suma de demandas netas de cada bien ha de ser nula. Definamos ahora para simplificar la notación, la *función de exceso de demanda* del bien k para el consumidor i como $e_{ik}(p) = x_{ik}(p) - w_{ik}$, de manera que podemos reescribir el anterior sistema de demandas netas en términos de las funciones de exceso de demanda,

$$e_{11}(p) + e_{21}(p) = 0,$$
$$e_{12}(p) + e_{22}(p) = 0.$$

Podemos finalmente definir la *función de exceso de demanda agregada* del bien k como $z_k(p) = e_{1k}(p) + e_{2k}(p)$, lo que nos permite definir el equilibrio walrasiano como un vector de precios p^* y una asignación x^* tal que $z_k(p*) = 0, k = 1, 2$.

Una propiedad de estas funciones agregadas de exceso de demanda es la denominada *Ley de Walras* que dice que la suma del valor de las funciones de exceso de demanda agregada es idénticamente igual a cero.

Lema 4.1 (Ley de Walras). $\forall p, p_1 z_1(p) + p_2 z_2(p) = 0$

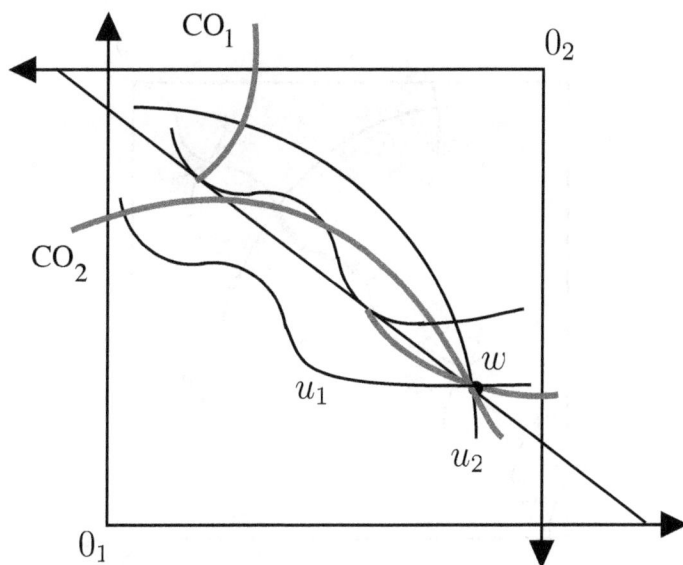

Figura 4.12: No existencia de equilibrio walrasiano (2).

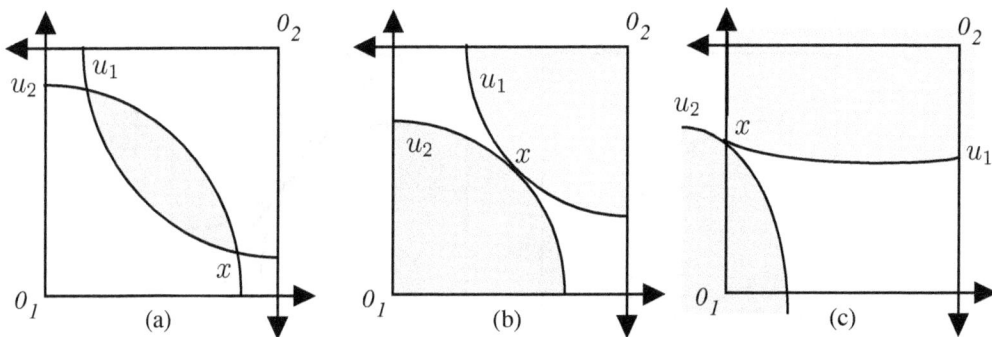

Figura 4.13: Optimalidad de Pareto.

Demostración. Consideremos el consumidor 1. Cualquier cesta de consumo, dado un sistema de precios arbitrario, ha de ser factible, es decir $\forall p, p_1 x_{11}(p) + p_2 x_{12}(p) = p_1 w_{11} + p_2 w_{12}$ lo que podemos expresar como $p_1 e_{11}(p) + p_2 e_{12}(p) = 0$.

Paralelamente, la decisión de consumo del individuo 2 podemos expresarla como $p_1 e_{21}(p) + p_2 e_{22}(p) = 0$.

Sumando ambas expresiones obtenemos $p_1(e_{11}(p) + e_{21}(p)) + p_2(e_{12}(p) + e_{22}(p)) = 0$ que es el contenido de la ley de Walras. $\square$

Corolario 4.1. *Si la demanda se iguala a la oferta en cada uno de los $l - 1$ mercados de la economía, en el mercado l también se verifica la igualdad entre oferta y demanda.*

Demostración. Dado que la ley de Walras se verifica para un sistema arbitrario

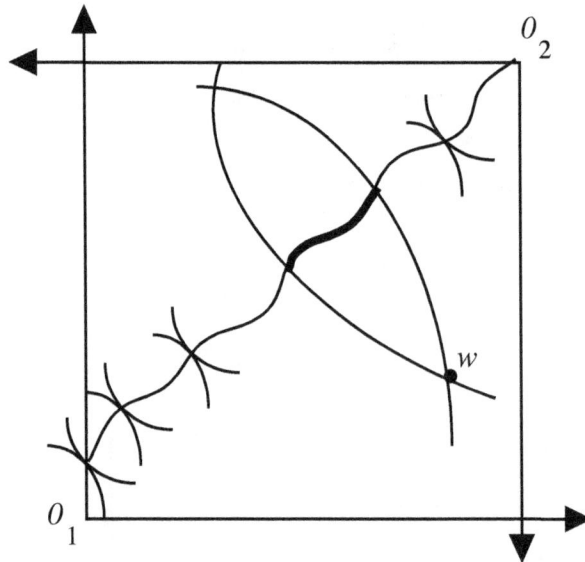

Figura 4.14: El conjunto de Pareto y la curva de contrato.

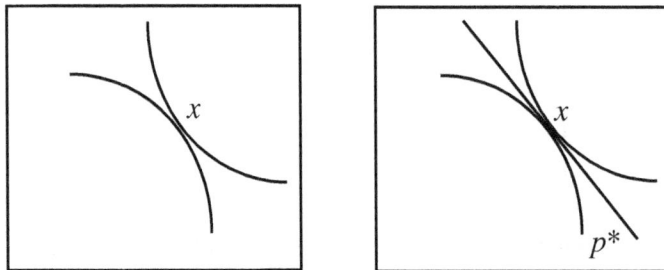

Figura 4.15: El segundo teorema del bienestar (1).

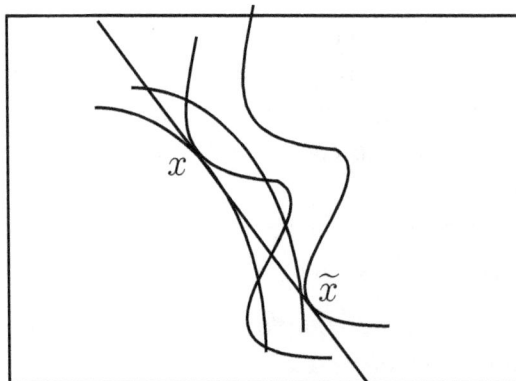

Figura 4.16: El segundo teorema del bienestar (2).

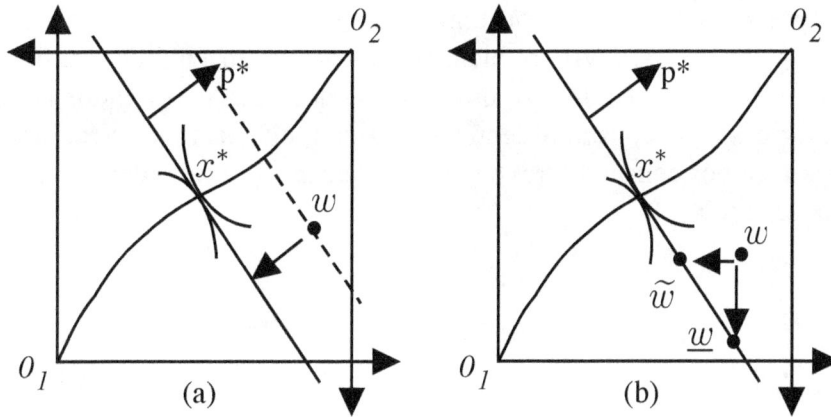

Figura 4.17: El segundo teorema del bienestar.

de precios, también se debe verificar para el sistema de precios que hace que el exceso de demanda agregada de un bien es cero. Sea pues p^* el sistema de precios para el que $z_1(p*) = 0$. De acuerdo con la ley de Walras, debe verificarse que $p^* z_1(p*) + p^* z_2(p*) = 0$. De estas dos igualdades se deduce que $z_2(p*) = 0$ también. $\square$

Así pues el sistema de l ecuaciones que caracteriza el equilibrio de Walras en una economía con l bienes, sólo tenemos $l - 1$ ecuaciones linealmente independientes, de manera que en el equilibrio sólo obtenemos $l - 1$ precios independientes. La normalización del sistema de precios (ya sea definiendo un bien como numerario, ya sea definiendo el sistema de precios en un simplex) completa la caracterización de los precios.

Primer teorema del bienestar

Una vez obtenido el sistema de precios de equilibrio, derivamos las demandas de equilibrio y caracterizamos el intercambio entre los consumidores. La pregunta que nos hacemos ahora es si el intercambio conduce a una asignación óptima de Pareto. Este es el contenido del primer teorema del bienestar

Teorema 4.3 (Primer teorema del bienestar). *Supongamos que las preferencias son un preorden completo, convexas, y no saciables localmente. Entonces, las asignaciones de equilibrio walrasiano son óptimas de Pareto.*

Demostración. En esta economía de dos consumidores y dos bienes podemos demostrar este teorema por contradición.

Consideremos pues una asignación x que sea equilibrio walrasiano y supongamos que no es óptima de Pareto. Esto quiere decir que existe una asignación factible $\widetilde{x}$ preferida para ambos consumidores simultáneamente, es decir $\nexists \widetilde{x} \in E_B$ tal que $\widetilde{x}_i \succsim_i x_i, i = 1, 2$. Ahora bien, si x es una asignación de equilibrio, por la propia definición de equilibrio, quiere decir que cada consumidor ha escogido la mejor cesta de consumo dentro de su conjunto factible. Necesariamente pues, si para ambos consumidores se verifica que $\widetilde{x}_i \succsim_i x_i$ ello debe implicar que $\widetilde{x} \notin B_i(p)$, es decir

$$p_1 \widetilde{x}_{11} + p_2 \widetilde{x}_{12} > p_1 w_{11} + p_2 w_{12}$$
$$p_1 \widetilde{x}_{21} + p_2 \widetilde{x}_{22} > p_1 w_{21} + p_2 w_{22}.$$

Sumando ambas expresiones obtenemos

$$p_1(\widetilde{x}_{11} + \widetilde{x}_{21}) + p_2(\widetilde{x}_{12} + \widetilde{x}_{22}) > p_1(w_{11} + w_{21}) + p_2(w_{12} + w_{22}). \tag{4.1}$$

Como $\widetilde{x}$ es factible, debe verificarse

$$\widetilde{x}_{11} + \widetilde{x}_{21} = w_{11} + w_{21} \tag{4.2}$$
$$\widetilde{x}_{12} + \widetilde{x}_{22} = w_{12} + w_{22}. \tag{4.3}$$

Substituyendo (4.2) y (4.3) en (4.1) obtenemos

$$p_1(w_{11} + w_{21}) + p_2(w_{12} + w_{22}) > p_1(w_{11} + w_{21}) + p_2(w_{12} + w_{22}),$$

que es una contradicción. $\square$

Este teorema nos dice que cuando las preferencias son regulares, en equilibrio los agentes de la economía obtienen todas las posibles ganancias del intercambio. Es oportuno recordar ahora que el criterio de la optimalidad de Pareto no contiene ninguna consideración normativa sobre la distribución de los recursos entre los agentes de la economía en equilibrio.

El teorema exige que las preferencias sean regulares. Esto quiere decir, en particular, que deben satisfacer la no saciabilidad local y la convexidad. Veamos qué ocurre cuando se viola alguno de estos supuestos.

La figura 4.18 ilustra el caso de preferencias saciables localmente. En este caso las curvas de indiferencia pueden ser "anchas". Todas las cestas de consumo en u_2^* están saturadas (mayor cantidad no proporciona más satisfacción). La asignación $\widehat{x}$ es una asignación de equilibrio competitivo pero no es óptima de Pareto porque tanto $\widetilde{x}$ como x^* son asignaciones preferidas para el consumidor 1 sin que empeore la situación del consumidor 2.

La figura 4.19 ilustra una situación en la que los bienes no son perfectamente divisibles (las preferencias no son convexas). Dada una dotación inicial $w = (0, 2; 4, 0)$, consideremos las asignaciones $x^* = (3, 0; 1, 2), \widetilde{x} = (1, 1; 3, 1), \widehat{x} = (2, 1; 2, 1)$ y un sistema de precios p^*. Supongamos las preferencias siguientes

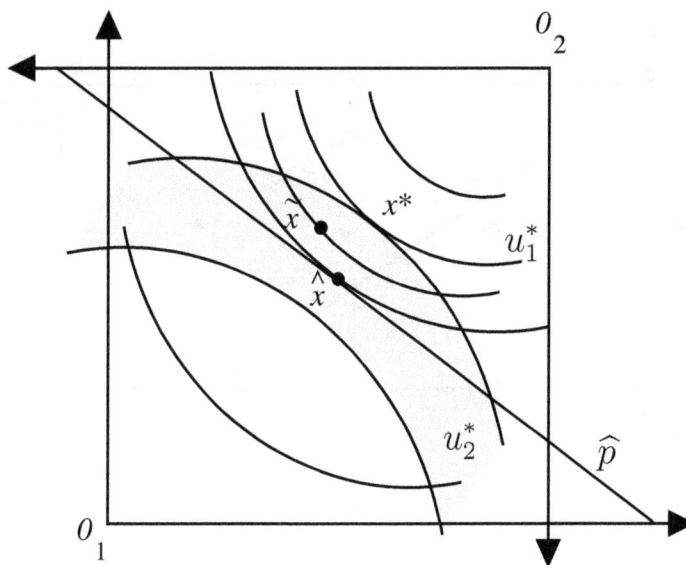

Figura 4.18: Curvas de indiferencia "anchas".

Consumidor 1 $x* \succ_1 w \succ_1 \tilde{x}$ y todas las demás asignaciones por debajo de la línea de precios. Además, $\hat{x} \succ_1 x^*$

Consumidor 2 $x* \succsim_2 x$. También, $x* \succ_2 W$ y todas las demás asignaciones (excepto $\hat{x}$) por debajo de la línea de precios (respecto a 0_2)

En este escenario podemos concluir que x^* es una asignación de equilibrio walrasiano y p^* es el sistema de precios que permite implementar x^*. Ahora bien, x^* no es óptima de Pareto porque $\hat{x} \succ_1 x^*$ y $\hat{x} \sim_2 x^*$.

4.2.2. El modelo walrasiano de equilibrio general competitivo

Una vez introducidos todos los elementos podemos ofrecer la descripción completa del modelo competitivo para una economía de intercambio con conjunto I de consumidores y l bienes. Esta contiene los siguientes elementos:

(i) el espacio de mercancías: $\mathbb{R}^l_+$,

(ii) el conjunto de consumidores I, donde $i \in I$ está descrito por

- un conjunto de consumo: $X_i = X \subset \mathbb{R}^l_+$,
- unas preferencias: $\succsim^i \in \mathcal{P}$,
- una dotación inicial de recursos: $w_i \in \mathbb{R}^l_+$,

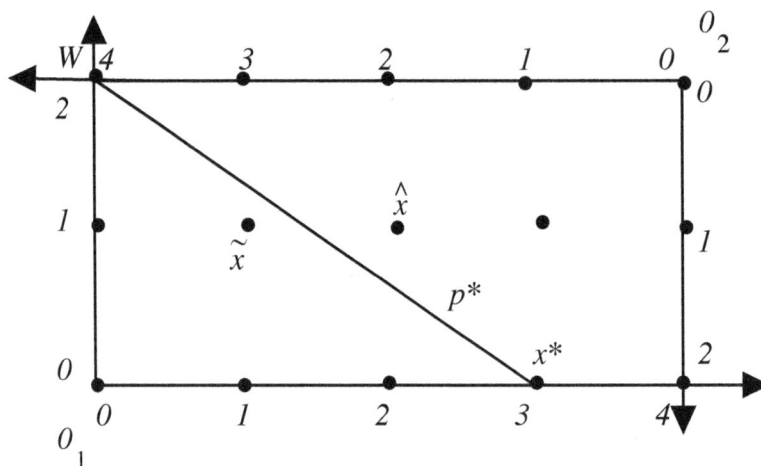

Figura 4.19: Bienes no divisibles.

(iii) un sistema de precios: $p \in \mathbb{R}_+^l$,

(iv) un conjunto presupuestario: $B_i(p, w_i)$, $\forall i \in I$,

(v) un conjunto de demanda: $\Phi_i(\succsim^i, w_i, p)$, $\forall i \in I$.

4.2.3. Equilibrio de Walras

Dado un sistema de precios, los agentes demandan la mejor cesta de consumo dentro de sus conjuntos presupuestarios. Si la demanda total se iguala a la oferta total para todos los bienes, decimos que la economía se encuentra en un equilibrio de Walras. En este equilibrio, el sistema de precios permite descentralizar el problema de la asignación de recursos. Formalmente,

Definición 4.11 (Equilibrio de Walras). *Un equilibrio de Walras para una economía E es una asignación $\widetilde{x} \in \mathbb{R}_+^l$, y un sistema de precios $p \in \mathbb{R}_+^l$ tal que,*

$$\widetilde{x}_i \in \Phi_i(\succsim^i, w_i, p), \ \forall i \in I,$$

$$\sum_{i \in I} \widetilde{x}_i = \sum_{i \in I} w_i,$$

$$\sum_{k=1}^{l} \sum_{i \in I} \widetilde{x}_{ik} = \sum_{k=1}^{l} \sum_{i \in I} w_{ik}.$$

Definición 4.12 (Asignación de Walras). *Una asignación $\widetilde{x}$ para una economía E para la que existe un sistema de precios p tal que $(\widetilde{x}, p)$ es un equilibrio de Walras, se denomina una asignación de Walras. El conjunto de asignaciones de Walras lo denotamos como $W(E)$.*

Definición 4.13 (Sistema de precios de Walras). *Un sistema de precios p para una economía E para la que existe una asignación $\widetilde{x}$ tal que $(\widetilde{x}, p)$ es un equilibrio de Walras, se denomina un sistema de precios de equilibrio. El conjunto de estos sistemas de precios lo denotamos como $\Pi(E)$.*

4.2.4. Existencia de equilibrio de Walras

Implícitamente hemos definido una economía sin tener en cuenta el dinero ni las instituciones financieras. La consecuencia inmediata de esto es que la única información relevante son los precios relativos y no sus valores absolutos. Por lo tanto podemos escoger una representación del espacio de precios que nos resulte conveniente. Esta representación consiste en imponer una normalización de los precios. Esta normalización puede realizarse fundamentalmente de dos maneras. Podemos fijar el precio de una mercancía k en la unidad, $p_k = 1$, de manera que el intercambio en esta economía se realiza en términos de este bien cuyo precio está normalizado que denominamos el *numerario de la economía*. Alternativamente podemos fijar en la unidad la suma de todos los precios de todas las mercancías de la economía, $\sum_{k=1}^{l} p_k = 1$. En este caso, cada precio esta relativizado con respecto a la suma de los precios, es decir, redefinimos cada precio p_k como $\widetilde{p}_k \equiv p_k / \sum_h p_h$ de manera que la suma de los precios así normalizados es siempre la unidad. Finalmente y abusando de notación, expresamos los precios $\widetilde{p}_k$ como p_k porque no hay lugar a confusión. El espacio en el que representamos estos precios se denomina el *simplex unitario* y lo denotamos como Δ^{l-1} puesto que está definido en el espacio de dimensión $l-1$ correspondiente a los $l-1$ precios linealmente independientes. Formalmente,

$$\Delta^{l-1} = \{p : p \in \mathbb{R}_+^l, \sum_{k=1}^{l} p_k = 1\}$$

Adoptaremos esta normalización en nuestro análisis.

Geométricamente el simplex unitario es un triángulo generalizado en el espacio $l-1$ dimensional. Para el caso de $l=2$, el simplex unitario es un segmento desde el punto $(1,0)$ al punto $(0,1)$. Para $l=3$ es un triángulo con vértices en $(1,0,0)$, $(0,1,0)$ y $(0,0,1)$. La figura 4.20 representa ambos casos.

La *demanda* de un consumidor es un vector en el espacio $\mathbb{R}_+^l$. Para cada consumidor $i \in I$ definimos su demanda $x_i(p)$ en función del sistema de precios $p \in \Delta^{l-1}$, es decir,

$$x_i : \Delta^{l-1} \longrightarrow \mathbb{R}_+^l$$
$$p \longrightarrow x_i$$

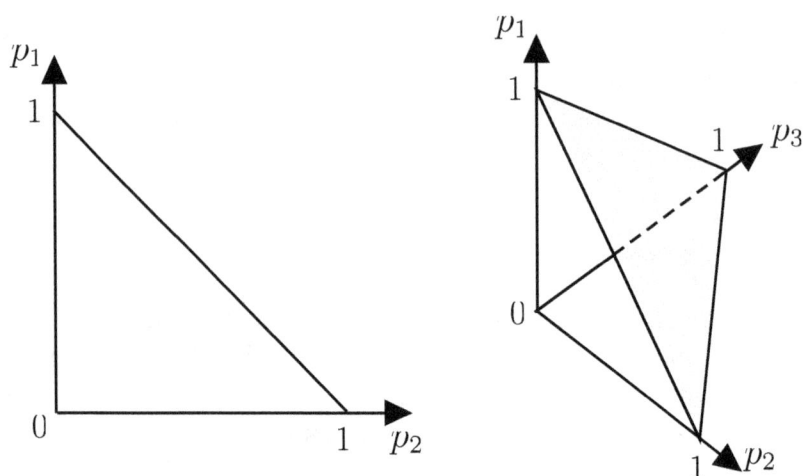

Figura 4.20: El simplex unitario en $\mathbb{R}^2$ y en $\mathbb{R}^3$.

En esta versión de la economía, la oferta individual de bienes está descrita por las dotaciones iniciales $w_i \in \mathbb{R}_+^l$ de bienes. Agregando las funciones individuales de demanda y de oferta obtenemos la función de *exceso de demanda agregado*, $z(p)$ que representa demandas no satisfechas (como coordenadas positivas) y ofertas innecesarias (como coordenadas negativas). Formalmente,

$$z : \Delta^{l-1} \longrightarrow \mathbb{R}^l$$
$$p \longrightarrow z \qquad \text{donde}$$
$$z_k(p) = \sum_{i \in I} x_{ik}(p) - \sum_{i \in I} w_{ik}$$

es decir, $z(p) = (z_1(p), z_2(p), \ldots, z_l(p)) \in \mathbb{R}^l$ donde $z_k(p)$ representa el exceso de demanda agregado del bien k a los precios p.

Estudiamos a continuación las propiedades de la función de exceso de demanda agregada. Estas son tres:

Proposición 4.1. *Si para cada consumidor $i \in I$, la función de utilidad u_i es continua, estrictamente creciente y estrictamente cuasicóncava en $\mathbb{R}_+^l$, entonces para cualquier sistema de precios estrictamente positivos, la función de exceso de demanda agregada satisface,*

1. *Continuidad. $z(p)$ es una función continua (y por lo tanto la RMS es decreciente).*

2. *Homogeneidad de grado cero.*

$$\forall p \in \Delta^{l-1}, \ \lambda > 0, \ z(\lambda p) = z(p).$$

3. Ley de Walras

$$\forall p \in \Delta^{l-1}, \ pz(p) = \sum_{k=1}^{l} p_k z_k(p) = 0.$$

Demostración. La continuidad se deriva de la continuidad de las funciones de exceso de demanda individuales.

La homogeneidad de grado cero se deriva de la homogeneidad de grado cero en precios de las funciones de exceso de demanda individuales.

La ley de Walras nos dice que el valor del exceso agregado de demanda siempre es cero para cualquier sistema de precios positivos. La ley de Walras se verifica porque cuando las funciones de utilidad de los consumidores son estrictamente crecientes, la restricción presupuestaria de cada consumidor se satisface con igualdad. (Veremos que debemos ser más cuidadosos en la formulación de la ley de Walras en las economías con producción). En este caso pues, podemos escribir la restricción presupuestaria del individuo i como

$$\sum_{k=1}^{m} p_k \big(x_{ik}(p, pw_i) - w_{ik}\big) = 0.$$

Sumando sobre el conjunto de consumidores obtenemos,

$$\sum_{i \in I} \sum_{k=1}^{m} p_k \big(x_{ik}(p, pw_i) - w_{ik}\big) = 0.$$

Dado que la suma es conmutativa, podemos reescribir la expresión anterior como,

$$\sum_{k=1}^{m} \sum_{i \in I} p_k \big(x_{ik}(p, pw_i) - w_{ik}\big) = 0.$$

A su vez, dado que p_k no está afectado por la suma sobre el conjunto de consumidores, podemos escribir,

$$\sum_{k=1}^{m} p_k \left(\sum_{i \in I} x_{ik}(p, pw_i) - \sum_{i \in I} w_{ik} \right) = 0.$$

La expresión entre paréntesis es precisamente la definición del exceso de demanda agregado del bien k, de manera que podemos escribir,

$$\sum_{k=1}^{m} p_k z_k(p) = 0.$$

Concluimos pues que dado un sistema de precios p, cualquier exceso de demanda en el sistema de mercados debe compensarse exactamente con un exceso de oferta de igual valor. A su vez, si para un sistema de precios $l-1$ mercados están en equilibrio, la ley de Walras asegura que el l-ésimo mercado también estará en equilibrio. Como hemos comentado en el caso de dos bienes y dos consumidores, el sistema de l ecuaciones que caracteriza el equilibrio de Walras en una economía con l bienes, sólo tenemos $l-1$ ecuaciones linealmente independientes, de manera que en el equilibrio sólo obtenemos $l-1$ precios independientes. La normalización del sistema de precios completa la caracterización del equilibrio. □

Ahora podemos redefinir el equilibrio de Walras a partir de la función de exceso de demanda agregado.

Definición 4.14 (Equilibrio de Walras). *Decimos que un vector $p^* \in \Delta^{l-1}$ es un vector de precios de equilibrio si $z(p^*) \leq 0$, con $p_k^* = 0$ para aquellos bienes k tales que $z_k(p^*) < 0$.*

En otras palabras, p^* es un vector de precios de equilibrio si oferta y demanda se igualan en todos los mercados (con posible exceso de oferta de bienes libres).

Cuando en una economía existen bienes de libre disposición (el agua de la lluvia, el aire, el acceso al mar para navegar, ...) seguramente no tiene sentido hablar de la propiedad de estos bienes. Esto plantea una indefinición sobre la diferencia entre un precio igual a cero o la ausencia de ese precio. Esta es una cuestión más allá del objetivo de estas notas, de manera que cuando la cuestión surja, supondremos que los bienes libres que puedan existir en la economía se obtienen a precio cero y se (pueden encontrar) encuentran en exceso de oferta.

Teorema 4.4 (Existencia de equilibrio de Walras). *Supongamos $z : \Delta^{l-1} \to \mathbb{R}^l$ es continua y satisface la ley de Walras, $pz(p) = 0$. Entonces, existe un vector de precios $p^* \in \Delta^{l-1}$ tal que $z(p^*) = 0$, es decir p^* es un vector de precios de equilibrio (en el sentido de la definición anterior).*

Demostración. Las condiciones del teorema están garantizadas a partir de la proposición 4.1.

Imaginemos que un "subastador" anuncia precios. Tras cada anuncio, $p \in \Delta^{l-1}$, el mercado reacciona con un vector de exceso de demanda $z(p)$. Este vector de demandas netas nos dirá que algunos bienes se encuentran en exceso de oferta y otros en exceso de demanda. Con esta información el subastador confecciona un nuevo vector de precios aumentando el precio de aquellos bienes en exceso de demanda y rebajando el precio de los bienes en exceso de oferta. Tras este nuevo anuncio $p' \in \Delta^{l-1}$, el mercado vuelve a reaccionar con un nuevo vector de exceso de demanda $z(p')$, y así sucesivamente. Este mecanismo de ajuste de precios en el simplex lo podemos formalizar con una función $T : \Delta^{l-1} \longrightarrow \Delta^{l-1}$

donde $T(p) = (T_1(p), T_2(p), \ldots, T_l(p))$ y $T_k(p))$ representa el proceso de ajuste del precio del bien k. Este proceso de ajuste está descrito por

$$T_k(p) = \frac{\text{máx}[0, p_k + z_k(p)]}{\sum_{h=1}^{l} \text{máx}[0, p_h + z_h(p)]}.$$

La expresión $p_k + z_k(p)$ captura la idea de que un bien k para el que a los precios p presenta un exceso de demanda, su precio p_k debe ajustarse al alza, mientras que si presenta un exceso de oferta el ajuste del precio es a la baja. Además, la expresión $\text{máx}[0, p_k + z_k(p)]$ asegura que el proceso de ajuste de precios siempre genera precios no negativos. Por lo tanto, el numerador garantiza que $T_k(p) \geq 0$ ya que la ley de Walras asegura que el denominador de la fracción nunca es cero.[2] Finalmente, la expresión de T en forma de fracción nos dice que después de cada ajuste del precio del bien k, todos los precios se reajustan proporcionalmente para mantenerse dentro del simplex Δ^{l-1}.

Dado que $z(p)$ es continua, $T(p)$ es también una función continua que proyecta el simplex sobre si mismo. Aplicando el teorema de punto fijo de Brower (véase más adelante), podemos afirmar que existe un sistema de precios $p^* \in \Delta^{l-1}$ tal que $T(p^*) = p^*$. Esto representa que el mecanismo de ajuste de precios deja los precios inalterados, o de forma más prosaica, el subastador detiene el proceso de ajuste.

Por último debemos demostrar que que la decisión del subastador de detener el proceso de ajuste de precios en p^* es la decisión adecuada porque p^* representa un sistema de precios de equilibrio para la economía. En otras palabras, tenemos que demostrar que a los precios p^* todos los mercados se vacían (excepto quizás los bienes libres que pueden presentar exceso de oferta).

La situación $T(p^*) = p^*$ quiere decir que $T_k(p^*) = p_k^*$, y por lo tanto,

$$p_k^* = \frac{\text{máx}[0, p_k^* + z_k(p^*)]}{\sum_{h=1}^{l} \text{máx}[0, p_h^* + z_h(p^*)]}, \quad k = 1, 2, \ldots, l.$$

El numerador de esta expresión nos dice que la ecuación se satisface en dos escenarios diferentes. Estos son,

$$p_k^* = \begin{cases} 0 & \text{Caso 1} \\ \dfrac{p_k^* + z_k(p^*)}{\sum_{h=1}^{l} \text{máx}[0, p^* + z_h(p^*)]} > 0, & \text{Caso 2} \end{cases}$$

Caso 1: En este caso $p_k^* = 0 = \text{máx}[0, z_k(p^*)]$. Por lo tanto, $z_k(p^*) \leq 0$. Este es el caso de los bienes libres que en equilibrio pueden vaciar el mercado o presentar exceso de oferta.

---

[2]Para que el denominador fuera cero o negativo todos los bienes deberían encontrarse en situación de exceso de oferta simultáneamente, lo que es contradictorio con la ley de Walras.

Caso 2: Simplifiquemos la notación definiendo

$$\lambda \equiv \frac{1}{\sum_{h=1}^{l} \text{máx}[0, p_h^* z_h(p^*)]} > 0,$$

Dado que λ es igual para todos los bienes k, la expresión anterior se satisface para todos los bienes k tales que $p_k^* > 0$, es decir

$$T_k(p^*) = p_k^* = \lambda(p_k^* + z_k(p^*)) > 0, \ \forall k \in \text{Caso 2} \qquad (4.4)$$

Agrupando términos en (4.4) podemos escribir

$$(1 - \lambda)p_k^* = \lambda z_k(p^*), \ \forall k \in \text{Caso 2}$$

multiplicando por $z_k(p^*)$,

$$(1 - \lambda)p_k^* z_k(p^*) = \lambda(z_k(p^*))^2, \ \forall k \in \text{Caso 2}$$

y sumando sobre los k bienes del caso 2

$$(1 - \lambda) \sum_{k \in \text{Caso 2}} p_k^* z_k(p^*) = \lambda \sum_{k \in \text{Caso 2}} (z_k(p^*))^2. \qquad (4.5)$$

Por otra parte, la ley de Walras nos dice

$$\sum_{k=1}^{l} p_k^* z_k(p^*) = 0,$$

que podemos expresarla como

$$\sum_{k \in \text{Caso 1}} p_k^* z_k(p^*) + \sum_{k \in \text{Caso 2}} p_k^* z_k(p^*) = 0.$$

Para los bienes que se encuentran en el caso 1 ya sabemos que $p_k^* z_k(p^*) = 0$, de manera que la ley de Walras se reduce a

$$\sum_{k \in \text{Caso 2}} p_k^* z_k(p^*) = 0. \qquad (4.6)$$

Substituyendo (4.6) en (4.5) obtenemos

$$(1 - \lambda) \sum_{k \in \text{Caso 2}} p_k^* z_k(p^*) = \lambda \sum_{k \in \text{Caso 2}} (z_k(p^*))^2,$$

es decir

$$\lambda \sum_{k \in \text{Caso } 2} (z_k(p^*))^2 = 0,$$

que a su vez implica,

$$z_k(p^*) = 0 \ \forall k \in \text{Caso } 2$$

y por lo tanto, p^* es un vector de precios de equilibrio.

Resumiendo, a partir de la ley de Walras, obtenemos que la expresión de la izquierda de (4.5) es igual a cero. Pero la expresión de la derecha sólo puede ser cero si $z_k(p^*) = 0$ para los bienes k que se encuentran en el caso 2, de manera que p^* es un equilibrio.

$\square$

Esta demostración permite ver la interacción entre los elementos económicos y matemáticos que confluyen en la existencia del equilibrio general competitivo. Estos elementos son el teorema de punto fijo de Brower, la ley de Walras y la continuidad de las funciones de exceso de demanda. Si la economía satisface la continuidad y la ley de Walras, el teorema de punto fijo asegura la existencia de equilibrio.

Para completar el argumento presentamos (sin demostración) el teorema de punto fijo de Brower utilizado en la demostración.

Teorema 4.5 (Brower). *Sea $X \subset R^l$ un conjunto convexo y compacto. Sea f una aplicación continua que asocia a cada punto x de X un punto $f(x)$ de X,*

$$f : X \to X$$
$$x \to f(x)$$

Entonces existe al menos un punto $\widehat{x}$ que satisface $\widehat{x} = f(\widehat{x})$. Denominamos a $\widehat{x}$ un punto fijo de f.

La interpretación gráfica del teorema se ilustra en la figura 4.21 donde $X = [0, 1]$. Las funciones A y B tienen dos puntos fijos en 0 y 1; la función C tiene tres puntos fijos en 0, 1 y en el punto x_1 donde cruza la recta de 45 grados; finalmente la función D tiene un único punto fijo en x_2, su intersección con la recta de 45 grados.

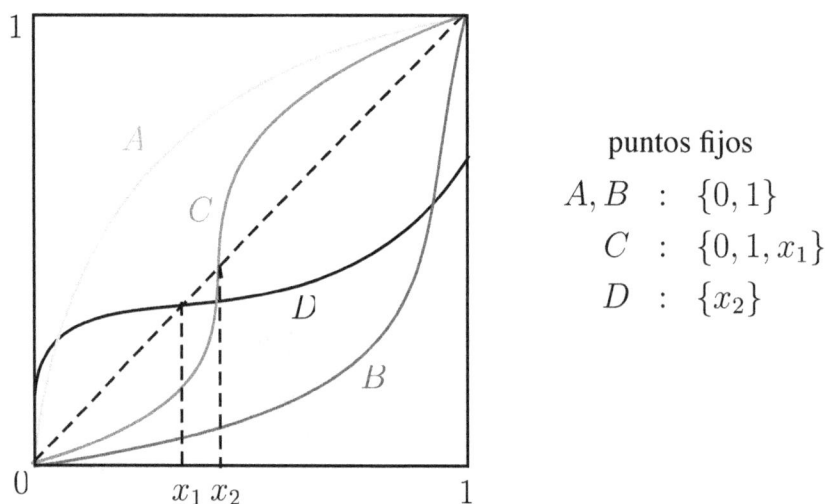

puntos fijos

$$A, B \;:\; \{0, 1\}$$
$$C \;:\; \{0, 1, x_1\}$$
$$D \;:\; \{x_2\}$$

Figura 4.21: El Teorema de punto fijo de Brower.

4.2.5. El núcleo y el equilibrio walrasiano

Hemos definido dos conceptos de equilibrio en el marco del modelo de equilibrio general competitivo, el núcleo y el equilibrio walrasiano. La idea de núcleo está basada en el concepto de coalición. A diferencia de la idea de equilibrio walrasiano, la formulación del núcleo no necesita ningún soporte institucional ni ningún mecanismo de intercambio. La definición del núcleo de una economía supone solamente que todos los agentes están perfectamente informados de las características (preferencias y dotaciones iniciales) de todos los agentes. La competencia entre éstos se escenifica en la *capacidad de compromiso* ante cualquier acuerdo ventajoso.

A continuación queremos estudiar la relación entre el núcleo y el equilibrio walrasiano. Para ello, recordemos las definiciones 4.6, 4.7, y 4.8, e ilustrémoslas para el caso de una economía de dos consumidores y dos bienes que podemos representar en una caja de Edgeworth. En este escenario, la curva de contrato coincide con el núcleo de la economía. Con dos consumidores sólo hay tres coaliciones posibles: $\{1\}, \{2\}, \{1, 2\}$. Cualquier asignación que *no* sea Pareto-óptima será bloqueada por alguna de estas coaliciones. En particular, cualquier asignación que no se encuentre en la curva de contrato será bloqueada por la coalición $\{1\}$ o por la coalición $\{2\}$. Observemos la figura 4.22 y comprovemos que las asignaciones $\tilde{x}$ y $\hat{x}$ son bloqueadas por la coalición $\{1\}$, porque $w \succ \tilde{x}$ y $w \succ \hat{x}$. De forma paralela, las asignaciones x' y $\bar{x}$ son bloquadas por la coalición $\{2\}$ porque $w \succ \bar{x}$ y $w \succ x'$. También, la asignación x es bloqueada por la coalición $\{1, 2\}$.

Naturalmente, en economías con más consumidores hay un mayor número de coaliciones posibles. Sin embargo, el hecho importante a destacar es que el con-

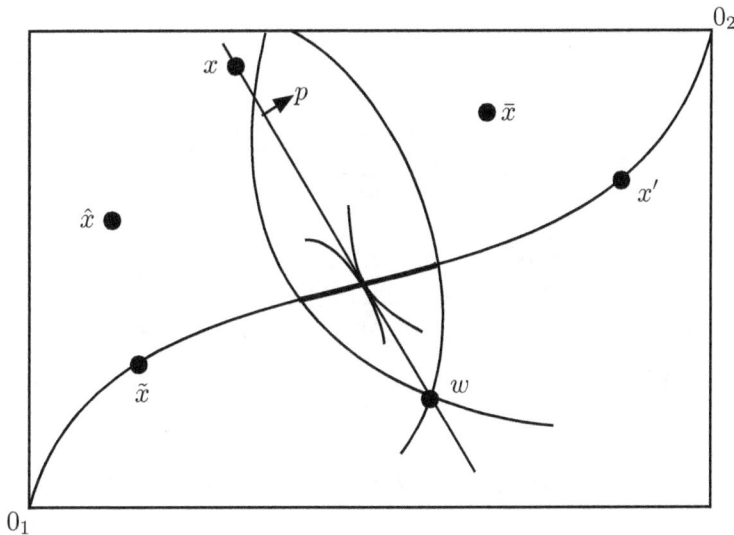

Figura 4.22: Núcleo vs. equilibrio walrasiano

junto de todos los consumidores, la denominada *coalición universal*, es siempre un elemento del conjunto de coaliciones. Ello garantiza que todas las asignaciones en el núcleo son Pareto-óptimas.

La figura 4.22 también nos permite relacionar el núcleo de la economía con los equilibrios walrasianos y los teoremas del bienestar. Así demostraremos que una asignación walrasiana situada en la curva de contrato tambien pertenece al núcleo de la economía (proposición 4.2). En consecuencia, podremos proponer una extensión del primer teorema del bienestar que diga que una asignación de equilibrio walrasiano no puede ser bloqueada por la coalición universal ni por ninguna otra coalición (ver Mas-Colell *et al.*, pp. 654-655).

Empezemos pues el estudio formal de la relación entre las asignaciones en el núcleo de la economía y las asignaciones de equilibrio walrasiano enunciado el resultado siguiente:

Proposición 4.2. *Consideremos una economía de intercambio en la que la función de utilidad de cada consumidor, u_i, es continua y estrictamente creciente en $\mathbb{R}^l_+$. Entonces, todas las asignaciones walrasianas se encuentran en el núcleo, es decir*

$$W(E) \subset C(E).$$

Demostración. Procederemos por contradicción. Supongamos pues que dado un vector de precios de equilibrio p^*, la asignación $x(p^*)$ es una asignación de equilibrio de Walras. Supongamos también que $x(p^*) \notin C(E)$. Ello quiere decir que podemos encontrar una coalición $S \in \Theta$ y una asignación alternativa y para S tal que

$$y_i \succ_i x_i \quad \forall i \in S \tag{4.7}$$

$$\sum_{i \in S} y_i = \sum_{i \in S} w_i. \tag{4.8}$$

Dado que $x(p^*)$ es una asignación de Walras, (4.7) implica que para el vector de precios de equilibrio p^*, asociado a $x(p^*)$ debe verificarse que $p^* y_i > p^* w_i$ para todo $i \in S$. Es decir, $p^*(y_i - w_i) > 0$, de manera que $p^* \sum_{i \in S}(y_i - w_i) > 0$ que, a su vez, implica $\sum_{i \in S}(y_i - w_i) > 0$ lo que es contradictorio con (4.8). $\square$

Para obtener un resultado con la implicación contraria (y por lo tanto un teorema de equivalencia) necesitamos ser muy precisos en la forma de obtener una economía grande a partir de una economía pequeña en la que hemos identificado una asignación que se encuentra en su núcleo. Una vez tenemos esta economía grande, podemos mirar las condiciones que nos permiten asegurar que una asignación en el núcleo puede implementarse descentralizadamente mediante un vector de precios de equilibrio.

Hay dos maneras de obtener una economía grande a partir de una economía pequeña. Una primera posibilidad se conoce como la versión del "teorema límite". Este consiste en replicar la economía un número grande de veces. Así lo que en la economía pequeña son los consumidores $i \in I$, en la economía grande pasan a ser los "tipos de consumidores" $i \in I$, donde de cada tipo de consumidor hay tantos como réplicas hemos hecho de la economía. En este contexto el objetivo es poder demostrar que como más grande es la economía, más pequeña es la "distancia" entre la solución competitiva y el núcleo de la economía.

La segunda posibilidad consiste en considerar directamente el caso de una economía ideal en la que hay un continuo de agentes. Una economía de este tipo captura la idea de la competencia perfecta. Con esta economía ideal podremos demostrar que $W(E) = C(E)$. Este resultado, aunque muy elegante, no deja de ser un caso especial si no demostramos que la distancia entre $W(E)$ y $C(E)$ disminuye conforme la economía se hace más y más grande.

Adoptaremos la primera forma de multiplicar una economía.

Definiremos pues en primer lugar la distancia entre el conjunto de asignaciones walrasianas, $W(E)$ y el conjunto de asignaciones en el núcleo de la economía, $C(E)$. Si $W(E)$ contuviera un único elemento, definiríamos la distancia δ como el número más pequeño tal que todas las asignaciones en el núcleo estuviesen a una distancia inferior a δ de $W(E)$. Sin embargo, en general hemos de considerar una asignación en el núcleo y verificar si hay una asignación walrasiana cerca. Así pues diremos que $C(E)$ se encuentra a una distancia δ de $W(E)$ si para cada asignación en el núcleo hay una asignación en $W(E)$ a una distancia no superior a δ. Formalmente,

Definición 4.15 (Distancia entre $C(E)$ y $W(E)$). *Sea δ_E el número más pequeño δ que satisface la propiedad siguiente*

$$\forall x \in C(E), \quad \exists \widetilde{x} \in W(E) \ t.q. \left| x_i - \widetilde{x}_i \right| \leq \delta \quad \forall i \in I.$$

Por lo tanto si δ_E es pequeño, desde el punto de vista de cada consumidor $i \in I$, cualquier asignación en el núcleo se aproxima a una asignación competitiva.

Consideremos pues una economía E y repliquémosla r veces para obtener una economía E^r como la original en la que cada consumidor i aparece r veces. Cada "copia" del agente $i \in I$ tiene las mismas preferencias y dotaciones iniciales que tenía el agente i en la economía original E. Formalmente, una economía

$$E : I \longrightarrow \mathcal{P} \times \mathbb{R}^l_+$$

la replicamos r veces

$$E^r : I \times \{1, 2, \dots, r\} \longrightarrow \mathcal{P} \times \mathbb{R}^l_+$$

donde en la k-ésima réplica las dotaciones iniciales y las preferencias de cada agente de tipo i en la réplica k, que denotamos (i, k), son iguales, es decir

$$w_i^k = w_i \quad \text{y} \quad \succsim_{i,k} = \succsim_i, \ i \in I; \ k = 1, 2, \dots, r.$$

También queremos replicar r veces las asignaciones de la economía E y en particular, las asignaciones que se encuentran en el núcleo. Así, para una asignación $x \in C(E)$, definimos el resultado de replicarla r veces como,

$$x^r : I \times \{1, 2, \dots, r\} \longrightarrow \mathbb{R}^l_+$$

donde, como antes, para un agente $i \in I$, en la k-ésima réplica le corresponde

$$x_i^k = x_i, \ i \in I; \ k = 1, 2, \dots, r.$$

Con este instrumental ya podemos abordar la conexión entre asignaciones en el núcleo y asignaciones walrasianas. El resultado que queremos obtener es que una asignación es competitiva si y sólo si esa asignación replicada r veces se encuentra en el núcleo de E^r para todo r. En este sentido, el contenido de la primera implicación (si una asignación es competitiva $\Rightarrow$ esa asignación replicada r veces se encuentra en el núcleo de E^r para todo r), dice que si independientemente de cuántas veces replicamos la economía E no aparece ninguna coalición que permita mejorar sobre la réplica de una asignación x, entonces existe un sistema de precios p tal que (x, p) es un equilibrio competitivo.

Este resultado hay que interpretarlo con cuidado. Nos dice que una asignación competitiva se mantiene en el núcleo de la economía independientemente del número de réplicas al que sometamos a la economía. Una interpretación tentadora pero, de momento, incorrecta sería que el núcleo de la economía se reduce conforme hacemos réplicas hasta que queden las asignaciones competitivas. Igualmente incorrecto sería interprtetar que esta afirmación como diciendo que cada asignación en el núcleo de una economía grande puede aproximarse de forma descentralizada con un sistema de precios. Estas afirmaciones veremos que efectivamente pueden demostrarse, pero lo haremos más adelante.

Naturalmente, si una asignación es competitiva, la asignación que resulta tras replicarla r veces también será competitiva y por lo tanto, de acuerdo con la proposición 4.2 se encontrará en el núcleo.

Ahora ya podemos enunciar el resultado fundamental que queremos demostrar.

Teorema 4.6. *Sea $E : I \longrightarrow \mathcal{P} \times \mathbb{R}^l_+$ una economía en la que los consumidores tienen preferencias monótonas y estrictamente convexas, y sea E^r esta economía replicada r veces. La distancia entre el conjunto de asignaciones competitivas y el núcleo tiende a cero conforme el número de réplicas tiende a infinito, es decir $\lim_{r \to \infty} \delta(E^r) = 0$.*

Este resultado es muy importante. Nos dice que si replicamos la economía suficientes veces, el núcleo de la economía así obtenida no es mucho mayor que el conjunto de asignaciones competitivas. Esto implica que todas las asignaciones en el núcleo se pueden (aproximadamente) descentralizar con un sistema adecuado de precios.

Demostración. Para demostrar el teorema procederemos en dos etapas. Primero demostraremos (proposición 4.3) que en una asignación que se encuentra en el núcleo de una economía replicada r veces, todos los consumidores de un mismo tipo obtienen la misma cesta de consumo.

La segunda etapa (proposición 4.4) consiste en caracterizar las asignaciones walrasianas, es decir en demostrar que solamente las asignaciones que se mantienen en el núcleo de cada réplica de la economía son las asignaciones walrasianas de la economía original.

Proposición 4.3 (Tratamiento igual). *Sea $E : I \longrightarrow \mathcal{P} \times \mathbb{R}^l_+$ una economía en la que los consumidores tienen preferencias monótonas y estrictamente convexas, y sea E^r esta economía replicada r veces. Si $x \in C(E^r)$ entonces los agentes del mismo tipo obtienen la misma cesta de consumo, es decir,*

$$x_i^k = x_i^j \quad \forall i \in I, \quad j, k = 1, 2, \ldots, r$$

Demostración. Consideremos una asignación en E^r

$$x = (x_1^1, x_1^2, \ldots, x_1^r, x_2^1, x_2^2, \ldots, x_2^r, \ldots, x_i^1, x_i^2, \ldots, x_i^r, \ldots, x_n^1, x_n^2, \ldots, x_n^r)$$

y supongamos que $x \in C(E^r)$ pero no satisface la propiedad de tratamiento igual, es decir, podemos encontrar al menos un tipo de consumidor $\tilde{i} \in I$ tal que para $k \neq j$ $x_{\tilde{i}}^k \neq x_{\tilde{i}}^j$, $k, j = 1, 2, \ldots, r$. Supongamos, sin pérdida de generalidad, que el tipo de consumidor 1 es el que sufre el trato peor, es decir

$$x_1^k \succ x_1^1, \ k = 2, \ldots, r \tag{4.9}$$

Para cada tipo de consumidor $i \in I$, podemos afirmar que hay uno que no está mejor tratado que los demás. Supongamos, también sin pérdida de generalidad, que éste es el primer consumidor de cada tipo. Por lo tanto,

$$x_i^k \succsim_i x_i^1, \quad k = 1, 2, \ldots, r.$$

Calculemos ahora la asignación media para cada tipo de consumidor. Esta es,

$$\widehat{x}_i = \frac{1}{r} \sum_{k=1}^{r} x_i^k.$$

Dado que las preferencias son estrictamente convexas podemos estar seguros que

$$\widehat{x}_i \succsim_i x_i^1, \tag{4.10}$$

y también, dado que los consumidores de tipo 1 no están igualmente tratados y que el primer consumidor de tipo 1 es el peor tratado entre los consumidores de tipo 1 podemos afirmar que

$$\widehat{x}_1 \succ_1 x_1^1. \tag{4.11}$$

Consideremos ahora una coalición S formada por los n consumidores, uno de cada tipo, peor tratados, es decir,

$$S = \{(1, 1), (2, 1), \ldots, (n, 1)\}$$

donde $(i, 1)$ denota el primer consumidor de tipo i.

Podemos demostrar que esta coalición S puede conseguir una asignación alternativa que mejora sobre la asignación inicial x, lo que es contradictorio con el supuesto $x \in C(E^r)$.

Esta asignación alternativa consiste en otorgar a cada miembro de la coalición el consumo medio de su tipo, es decir, la asignación alternativa es

$$y = (\widehat{x}_1, \widehat{x}_2, \ldots, \widehat{x}_n)$$

A partir de (4.10) y (4.11) ésta es una asignación estrictamente mejor para el consumidor de tipo 1 y no es peor para el resto de miembros de la coalición. Por lo tanto, los miembros de la coalición prefieren la asignación y a la asignación x.

Ahora nos queda demostrar que la asignación y es factible para la coalición S. Los recursos que representa la asignación y son

$$\sum_{i=1}^{n} \widehat{x}_i = \sum_{i=1}^{n} \frac{1}{r} \sum_{k=1}^{r} x_i^r = \frac{1}{r} \sum_{i=1}^{n} \sum_{k=1}^{r} x_i^r \tag{4.12}$$

Dado que x es factible

$$\sum_{i=1}^{n} \sum_{k=1}^{r} x_i^r = \sum_{i=1}^{n} \sum_{k=1}^{r} w_i^r = \sum_{i=1}^{n} r w_i = r \sum_{i=1}^{n} w_i \tag{4.13}$$

donde la penúltima igualdad se deriva del hecho de que, por construcción, $w_i^k = w_i^h$, $k \neq h$.

Combinando (4.12) y (4.13) obtenemos,

$$\sum_{i=1}^{n} \widehat{x}_i = \frac{1}{r} r \sum_{i=1}^{n} w_i = \sum_{i=1}^{n} w_i$$

de manera qua la asignación y es factible y permite mejorar a los miembros de la coalición S por ellos mismos con respecto a la asignación x. Ello es contradictorio con el supuesto $x \in C(E^r)$. $\qquad\square$

La importancia de la propiedad de tratamiento igual es que el núcleo está completamente descrito por las asignaciones que obtiene un representante de cada tipo de consumidor. Recordemos que una asignación en el núcleo de E^r se encuentra en el espacio Euclídeo de dimensión $l \times n \times r$. Por lo tanto el núcleo es un subconjunto de este espacio, $C(E^r) \subset \mathbb{R}^{lnr}$. Conforme r aumenta, la dimensión del espacio aumenta. Ahora bien, con la propiedad de tratamiento igual sólo necesitamos considerar la parte de núcleo consistente en la asignación correspondiente a un representante de cada tipo de agente. Denotemos a este núcleo reducido como $C^r \subset \mathbb{R}^{ln}$. El hecho de que la dimensión de C^r sea independiente de r es fundamental para el resultado de economías replicadas y lo utilizaremos más adelante, en la ilustración del caso de dos tipos de consumidores utilizando la caja de Edgeworth.

La segunda parte de la demostración del teorema 4.6 consiste en demostrar que $W(E) = \cap_{r=1}^{\infty} C^r$. Este es el contenido de la siguiente proposición 4.4.

Proposición 4.4 (Caracterización de las asignaciones de Walras). *Sea $E : I \longrightarrow \mathcal{P} \times \mathbb{R}_{+}^{l}$ una economía en la que los consumidores tienen preferencias monótonas, y $w > 0$. Entonces $x \in W(E)$ si y sólo si $x^r \in C(E^r)$, $r = 1, 2, \ldots$, donde x^r representa la asignación x replicada r veces.*

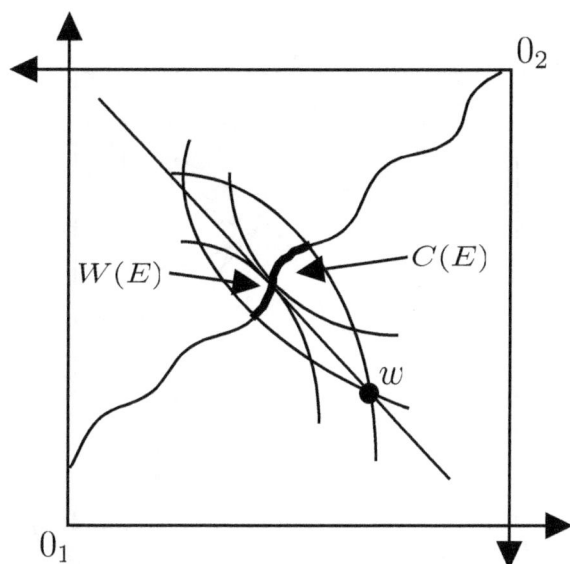

Figura 4.23: $W(E)$ y $C(E)$ en una economía 2×2.

Demostración. La demostración tiene dos partes.

La primera implicación, Si $x \in W(E)$ entonces $x^r \in C(E^r)$ es fácil.

Consideremos una asignación walrasiana $x \in W(E)$. La asignación correspondiente replicada k veces, como ya hemos argumentado anteriormente también será walrasiana en la economía E^r replicada r veces, $x^r \in W(E^r)$. Por lo tanto a partir de la proposición 4.2 dada la inclusión, $W(E^r) \subset C(E^r)$ tenemos que $x^r \in C(E^r)$.

La demostración de la segunda implicación es mucho más compleja y la dividiremos en cuatro apartados. En primer lugar presentaremos un análisis gráfico para argumentar que en economías pequeñas, replicando la economía podemos seleccionar asignaciones que no son factibles en la economía original. A continuación replicaremos la economía; luego supondremos que hemos identificado el sistema de precios y demostraremos que $x \in W(E)$. Por último identificaremos el sistema de precios.

Parte 1

Consideremos una economía con dos consumidores y dos bienes como la que se muestra en la figura 4.23.

En esta economía pequeña, todas las asignaciones sobre la curva de contrato pertenecen al núcleo, pero sólo una de ellas es equilibrio de Walras.

Parte 2 Así pues, para obtener el resultado $x \in C(E^r) \Rightarrow x \in W(E^r)$, necesitamos que haya muchos consumidores. La intuición podemos desarrollarla con la ayuda de la figura 4.24.

Consideremos una asignación x que trata más favorablemente al consumidor 1

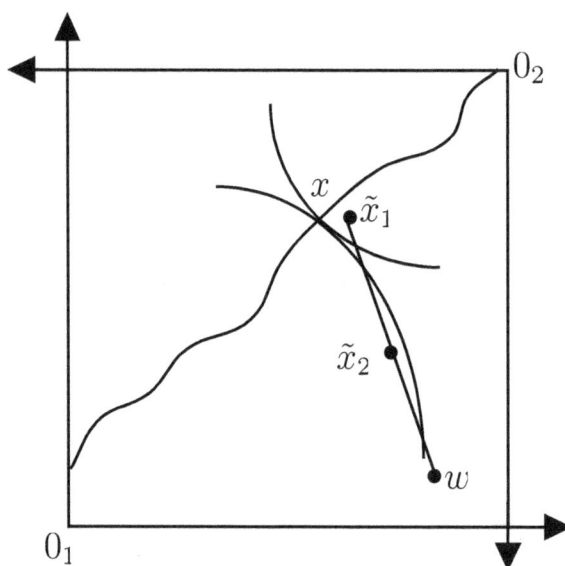

Figura 4.24: $x^r \in C(E^r) \Rightarrow x \in W(E^r)$.

que al consumidor 2. Este último no puede hacer nada al respecto en el sentido que no puede mejorar su asignación por él mismo.

Supongamos ahora que las preferencias y las dotaciones iniciales no representan consumidores individuales sino tipos de consumidores, y que la economía contiene cuatro consumidores, dos de tipo 1 y dos más de tipo 2 (es decir, hemos replicado la economía una vez). Consideremos de nuevo la asignación $x = (x_1^1, x_2^1; x_1^2, x_2^2)$ a la que damos la interpretación siguiente: cada consumidor de tipo 1 obtiene x_1 y cada consumidor de tipo 2 obtiene x_2. Ahora aparecen nuevas posibilidades para formar coaliciones. En particular, los dos consumidores de tipo 2 pueden formar una coalición con uno de los consumidores de tipo 1. En la figura 4.24 vemos que la asignación x puede ser mejorada por la coalición otorgando $\tilde{x}_1$ al consumidor de tipo 1 dentro de la coalición y $\tilde{x}_2$ a los dos consumidores de tipo 2.

Verifiquemos a continución la factibilidad de esta asignación que bloquea x. Sea $S = \{x_1^1, x_2^1, x_2^2\}$. La dotación inicial agregada de esta coalición es $w_1 + 2w_2$. La asignación propuesta requiere de unos recursos $\tilde{x}_1 + 2\tilde{x}_2$, de manera que la factibilidad exige que $w_1 + 2w_2 = \tilde{x}_1 + 2\tilde{x}_2$, es decir, $\tilde{x}_1 - w_1 = -2(\tilde{x}_2 - w_2)$. Observemos la figura 4.25 y calculemos demandas y ofertas en ambos nercados:

En el mercado de bien 1,
- la oferta de bien 1 por la coalición S es $w_{11} - \tilde{x}_{11} = 2\gamma$,
- la demanda de bien 1 por la coalición S es $2(\tilde{x}_{21} - w_{21}) = 2\gamma$.

En el mecado de bien 2,
- la oferta de bien 2 por la coalición S es $2(w_{22} - \tilde{x}_{22}) = 2\beta$,

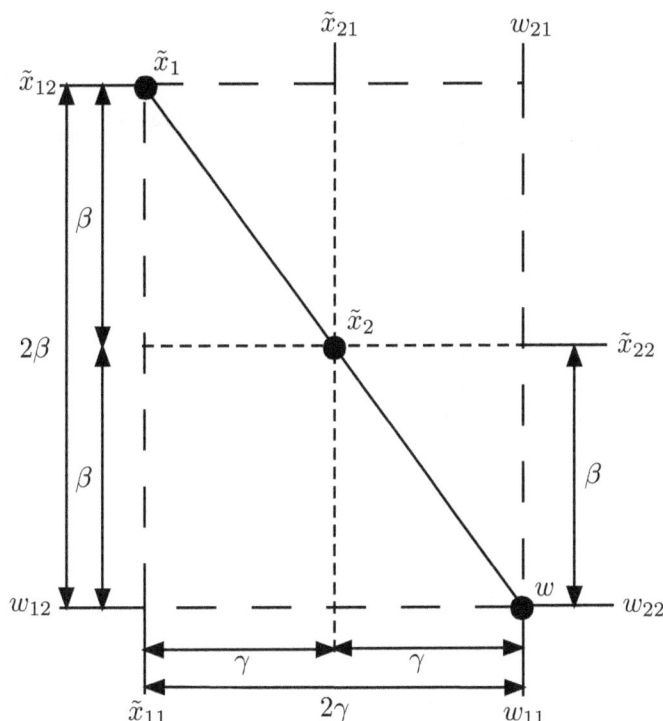

Figura 4.25: Bloqueo de la asignación x.

- la demanda de bien 2 por la coalición S es $\tilde{x}_{12} - w_{12} = 2\beta$.

Por lo tanto, vemos que efectivamente se satisface la factibilidad.

Esta asignación $(\tilde{x}_1, \tilde{x}_2)$ depende, naturalmente, de la forma de las curvas de indiferencia. Ahora bien, como veremos inmediatamente, siempre hay manera de formar una coalición que mejore sobre la asignación inicial x cuando tenemos un número suficiente de consumidores. Para comenzar pues representemos el conjunto de tipos de consumidores por $I = \{1, 2, \ldots, m\}$ donde cada tipo $i \in I$ tiene preferencias $\succsim_i$ y una dotación inicial w_i. Replicamos la economía r veces de manera que tenemos r consumidores de cada tipo con un total de $r \times m$ consumidores.

Denominamos a aquellas asignaciones que otorgan la misma cesta de consumo a los consumidores del mismo tipo como "asignaciones de tratamiento igual".

Consideremos una asignación x para la economía E. Sea x^r la asignación asociada tras replicar la economía r veces. Por hipótesis, $x^r \in C(E^r)$ para todo r. Tenemos que demostrar que existe un sistema de precios p tal que (p, x) es un equilibrio competitivo, es decir

$$\text{(i)} \quad px_i = pw_i \quad \forall i \in I \tag{4.14}$$

$$\text{(ii)} \quad y \succ_i x_i \Rightarrow py > pw_i, \quad \forall i \in I. \tag{4.15}$$

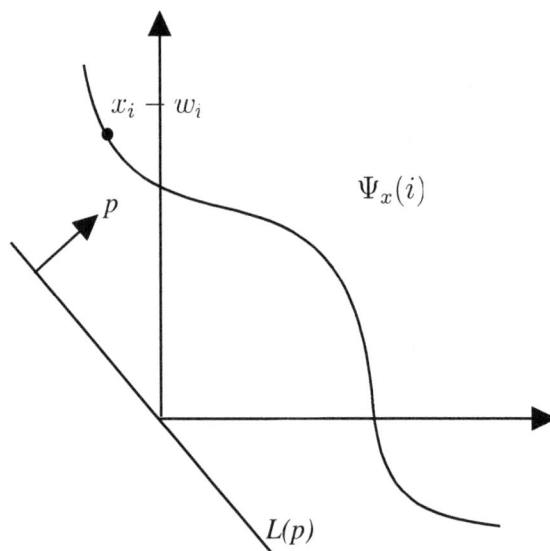

Figura 4.26: El hiperplano $L(p)$ y el conjunto $\Psi_x(i)$.

Definamos para cada i el conjunto de intercambios netos de la dotación inicial que dan lugar a una asignación preferida a x_i como

$$\Psi_x(i) = \left\{ z \in \mathbb{R}^l : z + w_i \succ_i x_i \right\} = \left\{ z \in \mathbb{R}^l : z \succ_i (x_i - w_i) \right\}.$$

Geométricamente, la propiedad (ii) quiere decir que para cada consumidor i el conjunto $\Psi_x(i)$ se encuentra por encima del hiperplano

$$L(p) = \left\{ x \in \mathbb{R}^l : px = 0 \right\}$$

es decir, $pz > 0 \ \forall z \in \Psi_x(i)$. La figura 4.26 ilustra este argumento y también nos indica cómo podemos utilizar un teorema de separación para obtener el sistema de precios p deseado. Para visualizar cómo podemos aplicar este teorema, supongamos, de momento, que ya hemos encontrado el sistema de precios p.

Parte 3

Recordemos (4.15). Si esta expresión se verifica para $p \in \mathbb{R}^l_+$, $p \neq 0$ entonces, $x \in W(E)$.

Para ver que esto es verdad, observemos en primer lugar que si x_i se encuentra en el conjunto presupuestario, i.e. si $px_i = pw_i \ \forall i \in I$, por monotonicidad de las preferencias, para cualquier $\varepsilon > 0$ podemos asegurar que $x_i + (\varepsilon, \varepsilon, \dots, \varepsilon) \succ_i x_i$. Por lo tanto, a partir de (4.15) tenemos que

$$px_i + p(\varepsilon, \varepsilon, \dots, \varepsilon) \geq pw_i.$$

Cuando $\varepsilon \to 0$ obtenemos $px_i \geq pw_i$, es decir, $p(x_i - w_i) \geq 0$.

Consideremos ahora

$$\sum_{i \in I} p(x_i - w_i) = p \sum_{i \in I}(x_i - w_i) = 0,$$

dado que x es una redistribución de w y por lo tanto el valor monetario de la asignación x_i es el mismo que el de w_i para todo $i \in I$.

Observemos en segundo lugar que $p > 0$. En otro caso no se verificaría (4.15) (si un elemento de x_i tuviera un precio negativo, podríamos aumentar la cantidad de ese bien mejorando la utilidad de la cesta disminuyendo su valor).

Dado que $w \gg 0$, por lo menos un consumidor debe tener renta estrictamente positiva, $pw_i > 0$. Para este consumidor x_i ha de ser el mejor elemento en su conjunto presupuestario. En otro caso querría decir que existe una cesta $y \succ_i x_i$ con $py \leq pw_i$ y podríamos encontrar otra cesta $\widehat{y} \succ_i x_i$ con $p\widehat{y} < pw_i$ que sería contradictorio con (4.15). Ahora bien, si x_i es un elemento mejor en el conjunto presupuestario de $i \in I$, necesariamente $p \gg 0$. En este caso, x_i es un elemento mejor en el conjunto presupuestario de $i \in I$ incluso si $pw_i = 0$, de manera que obtendríamos un equilibrio competitivo y la demostración estaría completa. En otras palabras, nos queda demostrar la existencia de un sistema de precios $p \neq 0$ para el que se satisfaga (4.15).

Cómo encontramos este sistema de precios?

Parte 4

Comencemos enunciando el lema siguiente,

Lema 4.2. *La unión de los conjuntos $\Psi_x(i)$ convexificados tiene una intersección vacía con el interior del ortante negativo, formalmente*

$$co \cup_{i \in I} \Psi_x(i) \cap int(\mathbb{R}^l_-) = \emptyset$$

Demostración. Consideremos, a senso contrario, una asignación $z \ll 0$, $z \in co \cup_{i \in I} \Psi_x(i)$.

(a) Repliquemos la economía E un número r de veces para obtener E^r. En esta economía x^r representa el resultado de replicar r veces la asignación x. Por hipótesis, $x^r \in C(E^r)$.

En la economía E^r, denotemos por i_k el conjunto de consumidores de tipo k, $k = 1, 2, \ldots, m$). Sea z_k la asignación que corresponde a los consumidores de tipo k, es decir $z_k \in \Psi_x(i_k)$. Busquemos ahora un número $\alpha_k > 0$ tal que $\sum k = 1^m \alpha_k = 1$ y $\sum k = 1^m \alpha_k z_k = z$, de manera que $\sum k = 1^m \alpha_k z_k \ll 0$.

Supongamos que α_k son números racionales. Entonces podemos encontrar $m + 1$ números $(\beta_1, \ldots, \beta_m, r)$ que nos permiten expresar $\alpha_k = \dfrac{\beta_k}{r}$.

(b) Formemos una coalición con β_k consumidores de tipo i_k. Esta coalición puede mejorar sobre x^r. Para comprobarlo, notemos que los recursos de los que dispone la coalición son

$$\sum_{k=1}^{m} \beta_k w_k^i.$$

A continuación construyamos una asignación que otorga a cada miembro de la coalición el vector de consumo $z_k + w_k^i$. Dado que $z_k \in \Psi_x(i_k)$, se verifica que $z_k + w_k^i \succ_{i_k} x_k^i$. Debemos verificar que esta asignación es factible. Los recursos necesarios para implementar la asignación son

$$\sum_{k=1}^{m} \beta_k(z_k + w_k^i) = r \sum_{k=1}^{m} \alpha_k(z_k + w_k^i) =$$

$$r\left(\sum_{k=1}^{m} \alpha_k z_k + \sum_{k=1}^{m} \alpha_k w_k^i\right) \ll r \sum_{k=1}^{m} \alpha_k w_k^i = \sum_{k=1}^{m} \beta_k w_k^i.$$

Es decir, la coalición puede mejorar sobre x^r con menos recursos de los de la dotación inicial. Podemos, pues, asignar el resto de recursos no utilizados a un individuo quien, por monotonicidad, preferirá esta nueva asignación a la cesta que le corresponde en x^r. Por lo tanto, la coalición mejora sobre x^r. Sin embargo esto es contradictorio con el supuesto $x^r \in C(E^r)$. $\square$

Dado que los conjuntos convexos $co \cup_{i \in I} \Psi_x(i)$ y $\mathbb{R}_-^l$ son disjuntos, aplicando el teorema de separación de conjuntos convexos de Minkowski sabemos que existe un hiperplano $L(p)$ con normal p que separa ambos conjuntos. El primer conjunto, $co \cup_{i \in I} \Psi_x(i)$, se encuentra por encima de $L(p)$ y el segundo conjunto, $\mathbb{R}_-^l$, se encuentra por debajo de $L(p)$.

En consecuencia, $p > 0$ y $pz \geq 0 \; \forall z \in \Psi_x(i) \; \forall i \in I$. Esto implica

$$y \succ_i x^i \Rightarrow py \geq pw^i. \tag{4.16}$$

Finalmente debemos demostrar que x_i satisface (4.14) y (4.15) para todo $i \in I$.

Demostremos primero que x_i se encuentra en el conjunto presupuestario, es decir $px_i = pw_i \; \forall i \in I$.

Consideremos un vector $(\varepsilon, \varepsilon, \dots, \varepsilon)$ donde $\varepsilon > 0$ es arbitrariamente pequeño. Dada la monotonía de las preferencias,

$$x_i + (\varepsilon, \varepsilon, \dots, \varepsilon) \succ_i x_i.$$

Utilizando (4.16) sabemos que

$$px_i + p(\varepsilon, \varepsilon, \dots, \varepsilon) \geq pw_i.$$

Hagamos ahora $\varepsilon \to 0$ de manera que

$$px_i \geq pw_i \quad \text{es decir} \quad p(x_i - w_i) \geq 0. \tag{4.17}$$

Ahora bien, dado que x es una redistribución de las dotaciones iniciales w,

$$\sum_{i \in I} p(x_i - w_i) = p \sum_{i \in I} (x_i - w_i) = 0. \qquad (4.18)$$

Combinando (4.17) y (4.18) obtenemos $p(x_i - w_i) = 0 \; \forall i \in I$.

Notemos además que $p > 0$ porque de otra manera (4.14) no se satisfaría. Imaginemos que el componente p^h de p es negativo, $p^h < 0$. Entonces podemos construir una asignación alternativa aumentando el componente h de la cesta de consumo del individuo i. Ello genera una cesta mejor a un coste menor.

Por último demostraremos que (4.16) implica (4.15).

La propia definición de una economía nos dice que $w > 0$. Por lo tanto debe haber por lo menos un consumidor con renta estrictamente positiva, $pw_i > 0$. Para este consumidor i x_i debe ser un elemento mejor en su conjunto presupuestario. Si no fuera así querría decir que hay una asignación $y \succ_i x_i$ con $py \leq pw_i$, de manera que podemos encontrar $\hat{y} \succ_i x_i$ tal que $p\hat{y} < pw_i$ lo que es contradictorio con (4.16).

Ahora bien, si x_i es un elemento mejor en el conjunto presupuestario del consumidor i, entonces $p > 0$. Por lo tanto, si $p > 0$, x_i es el mejor elemento en el conjunto presupuestario para todos los consumidores $i \in I$, incluso si $pw_i = 0$ y tenemos un equilibrio competitivo. □

Una vez demostradas las proposiciones 4.3 y 4.4, podemos proceder a demostrar el teorema 4.6.

Dada la definición de $\delta(E)$ y la propiedad de tratamiento igual, sólo necesitamos demostrar que la distancia entre $C(E^r)$ y $W(E)$ converge a zero conforme r aumenta. En otras palabras, debemos demostrar que para toda secuencia $\{x^r\}$, $x^r \in C(E^r)$ hay una subsecuencia convergente en $\mathbb{R}^{l \times m}$ tal que su límite $\overline{x} \in W(E)$. Esta propiedad implica que $\lim_{r \to \infty} \delta(E^r) = 0$.

Sea pues $\{x^r\}$ una secuencia con $x^r \in C(E^r)$. Recordemos que el conjunto $C(E^1)$ es compacto y contiene toda la secuencia. Por lo tanto hay una subsecuencia convergente que (abusando de notación) denotamos también como $\{x^r\}$. Denotemos su límite como $\overline{x}$.

Escojamos un número entero q. Dado que la secuencia $C(E^r)$ es decreciente, podemos afirmar que $x^q \in C(E^q)$. Recordemos que $C(E^q)$ es cerrado y por lo tanto $\overline{x} \in C(E^q)$. Pero esto es cierto para todo q. En consecuencia,

$$\overline{x} \in \cap_{q=1}^{\infty} C(E^q).$$

Por último, la proposición 4.4 nos permite concluir que $\overline{x} \in W(E)$. □

Si adoptamos la segunda manera de conseguir economías grandes, i.e. introducir directamente un continuo de agentes, podemos también obtener este resultado. Ver Hildenbrand y Kirman (1976 pp. 105-113) y (1991 pp. 178-185).

4.2.6. Teoremas del bienestar

Hasta ahora hemos jugado con dos maneras de visualizar una economía de equilibrio general de intercambio puro. Por una parte, a partir del concepto de equilibrio walrasiano, cada consumidor actúa independientemente de los demás. Es decir, dado un sistema de precios calcula su renta disponible y demanda la cesta de consumo que le proporciona el máximo nivel de satisfacción. En este proceso de decisión un consumidor no se preocupa de cuáles puedan ser las decisiones de los demás consumidores, o la disponibilidad total de cada bien en la economía.

Por otra parte también hemos defendido la interpretación de la economía como un conjunto de consumidores que, conscientes de las disponibilidad total de cada bien, intercambian sus dotaciones iniciales en un esquema de trueque. Para ello cada consumidor debe ser capaz de evaluar que tipo de intercambio puede realizar con cada uno de los consumidores en la economía. En otras palabras, esta visión de la conducta de los agentes de la economía puede replantearse como un problema de coordinación que requiere la ayuda de una autoridad central que actúe de intermediario entre ofertas y demandas.

La proposición 4.2 demuestra que es posible obtener asignaciones en el núcleo de la economía sin la ayuda de un planificador central. En otras palabras, este resultado nos dice que nadie en la economía necesita consejo o ayuda de nadie. La simple observación de los precios permite a cada consumidor proponer sus ofertas y demandas en el mercado conducentes a una cesta de consumo maximizadora de utilidad. En este sentido decimos que en una economía de intercambio el mecanismo de mercado es *descentralizado*.

Recordemos que todas las asignaciones en el núcleo de la economía son eficientes en el sentido de Pareto. La proposición 4.2 nos asegura que las asignaciones de Walras también han de serlo. Pero no cualquier asignación eficiente en el sentido de Pareto es una asignación de Walras. Recordemos que la definición de asignación de Walras nos dice que cada consumidor satisface la racionalidad individual, es decir en la asignación de equilibrio cada consumidor tiene que obtener por lo menos el nivel de satisfacción que le proporciona el consumo de su dotación inicial. Este es precisamente el contenido del *primer teorema del bienestar*

Teorema 4.7 (Primer teorema del bienestar). *Si $x^*(p)$ es una asignación de Walras, entonces es eficiente en el sentido de Pareto.*

Demostración. Procederemos por contradicción. Supongamos que $x^*(p)$ es una asignación de Walras pero no es eficiente en el sentido de Pareto. Ello quiere decir que podemos encontrar otra cesta x factible y preferida para todos los consumidores. Que x sea factible quiere decir que tanto individual como agregadamente los agentes tienen suficiente renta para adquirirla. Es decir, $px_i = pw_i$ y $p\sum_{i \in I} x_i \leq p\sum_{i \in I} w_i$. Ahora bien, dado que x^* es una asignación de Walras, por definición (y dado que suponemos que la utilidad es continua y estrictamente creciente) si $x_i \succ_i x_i^*$ entonces $px_i > pw_i$. Es decir, para cada individuo i una asignación preferida a una asignación walrasiana es más cara. Agregando sobre el conjunto de consumidores obtenemos $p\sum_{i \in I} x_i > p\sum_{i \in I} w_i$ lo que es contradictorio con la desigualdad anterior. $\square$

Teorema 4.8 (Segundo teorema del bienestar). *Consideremos una economía de intercambio E en la que la función de utilidad de cada consumidor es continua, estrictamente creciente y estrictamente cuasicóncava y la dotación agregada de recursos es estrictamente positiva, $w \gg 0$. Supongamos que la asignación $\widetilde{x}$ es eficiente en el sentido de Pareto. Supongamos también que podemos implementar un mecanismo de redistribución de las dotaciones iniciales de manera que el nuevo vector de dotaciones iniciales es precisamente $\widetilde{x}$. Entonces $\widetilde{x}$ es una asignación de Walras para la economía E.*

Demostración. Dado que $\widetilde{x}$ es una asignación de Pareto, necesariamente es factible, es decir $\sum_{i \in I} \widetilde{x}_i = \sum_{i \in I} w_i \gg 0$. Por lo tanto podemos aplicar el teorema 4.4 y concluir que la economía E tiene un equilibrio competitivo, es decir un sistema de precios p y una asignación $\widehat{x}$ tales que $(p, \widehat{x})$ es un equilibrio de Walras.

A continuación debemos demostrar que $\widehat{x} = \widetilde{x}$.

En el equilibrio competitivo, por definición, la demanda de cada consumidor es una cesta de consumo factible maximizadora de utilidad. Dado que la dotación inicial (redistribuida) de cada consumidor es $\widetilde{x}_i$ necesariamente debe verificarse

$$u_i(\widehat{x}_i) \geq u_i(\widetilde{x}_i) \quad \forall i \in I. \tag{4.19}$$

También, dado que $\widehat{x}$ es una asignación de Walras, tiene que ser factible para la economía transformada por la redistribución de las dotaciones iniciales. Así pues,

$$\sum_{i \in I} \widehat{x}_i = \sum_{i \in I} \widetilde{x}_i = \sum_{i \in I} w_i$$

de manera que la asignación $\widehat{x}$ es también factible para la economía original E. Además (4.19) nos dice que la asignación $\widehat{x}$ no empeora la situación de ningún consumidor con respecto a la asignación $\widetilde{x}$ (que recordemos es eficiente en el sentido de Pareto para la economía E). Ello implica que $\widehat{x}$ tampoco puede mejorar la situación de ningún consumidor dado que $\widetilde{x}$ es una asignación de Pareto. Concluimos pues que la expresión (4.19) debe verificarse como igualdad $u_i(\widehat{x}_i) = u_i(\widetilde{x}_i) \; \forall i \in I$.

Para verificar que $\widehat{x}_i = \widetilde{x}_i$ para cada $i \in I$ supongamos que existe un consumidor j para el que esta igualdad no se verifica. En tal caso en el equilibrio competitivo de la economía transformada este consumidor podría obtener una asignación (factible) definida como la media de $\widehat{x}_i$ y $\widetilde{x}_i$. Dado que su función de utilidad es

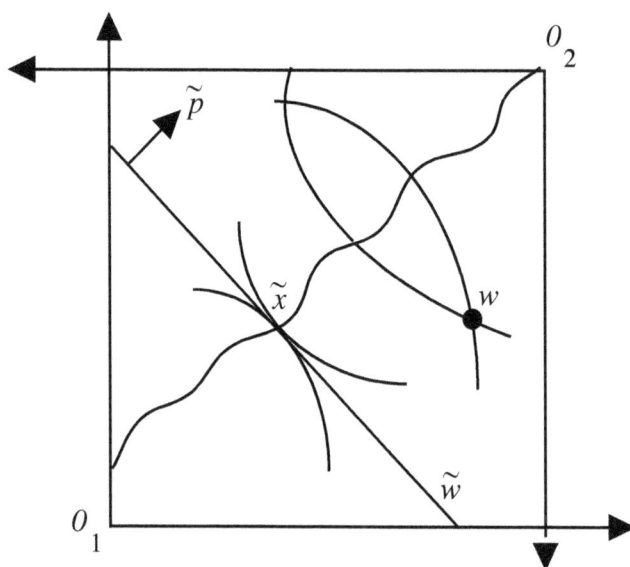

Figura 4.27: El segundo teorema del bienestar.

estrictamente cuasicóncava, esta nueva asignación de proporcionaría mayor utilidad. Ello sin embargo es contradictorio con el hecho de que $\widehat{x}_i$ es maximizadora de utilidad en el equilibrio competitivo.   □

En el enunciado o la demostración del segundo teorema del bienestar no hemos mencionado los precios. Sin embargo el sistema de precios está implícito. El teorema nos dice que hay un sistema de precio walrasiano $\widetilde{p}$ tal que cuando cuando la asignación inicial de recursos es $\widetilde{x}$, cada consumidor i maximiza su utilidad $u_i(x_i)$ bajo la restricción presupuestaria $\widetilde{p}x_i \leq \widetilde{p}\widetilde{x}_i$ escogiendo el plan de consumo $\widetilde{x}_i$. Por lo tanto $(\widetilde{p}, \widetilde{x})$ es un equilibrio walrasiano, $\widetilde{x}$ es una asignación de Walras y $\widetilde{p}$ es un sistema de precios de Walras.

Señalemos también que hemos enunciado el teorema imponiendo una redistribución de la dotación inicial $w \gg 0$ de forma que la nueva asignación transformada inicial de recursos fuera precisamente $\widetilde{x}$. La figura 4.27 muestra que de hecho cualquier transformación de la asignación inicial en una asignación en el (hiper)plano de precios que pasa por $\widetilde{x}$, como por ejemplo $\widetilde{w}$ permite obtener la asignación $\widetilde{x}$ como asignación de Walras.

Por lo tanto podemos enunciar el siguiente corolario al segundo teorema del bienestar:

Corolario 4.2. *Bajo los supuestos del segundo teorema del bienestar, si $\widetilde{x}$ es eficiente en el sentido de Pareto entonces podemos encontrar un sistema de precios $\widetilde{p}$ que soporta a $\widetilde{x}$ como asignación de Walras imponiendo una redistribución de la*

dotación inicial w que la transforme en una asignación $\tilde{w}$ que satisfaga $\tilde{p}\tilde{w}_i = \tilde{p}\tilde{x}_i$
para todo $i \in I$.

4.2.7. Unicidad del equilibrio walrasiano

Cuando hablamos de las condiciones que garantizan la unicidad del equilibrio en un modelo de equilibrio general competitivo lo hacemos teniendo bajo la consideración de que esta unicidad se verifica dada la normalización de precios utilizada en el planteamiento del modelo.

En esta sección estudiamos las condiciones que garantizan la unicidad de la solución. Un problema diferente, pero igualmente importante, es encontrar una interpretación económica a estas condiciones.

Consideremos pues, una función de exceso de demanda $z(p)$ para una economía E. Sea $\Pi(E)$ el conjunto de precios de equilibrio en el simplex Δ^{l-1}. Recordemos que dado que $z(p)p = 0$, la matriz jacobiana

$$Dz(p) = \begin{pmatrix} \frac{\partial z_1(p)}{\partial p_1} & \frac{\partial z_1(p)}{\partial p_2} & \cdots & \frac{\partial z_1(p)}{\partial p_l} \\ \vdots & \vdots & \ddots & \vdots \\ \frac{\partial z_l(p)}{\partial p_1} & \frac{\partial z_l(p)}{\partial p_2} & \cdots & \frac{\partial z_l(p)}{\partial p_l} \end{pmatrix}$$

es singular. Esto es consecuencia de la homogeneidad de grado cero de $z(p)$. Es decir, dado que $z(\lambda p) = z(p)$, diferenciando con respecto a λ obtenemos $Dz(\lambda p)p = 0$. Para $\lambda = 1$ obtenemos la propiedad deseada.

En los argumentos que presentaremos a continuación utilizaremos extensivamente el rango de la matriz jacobiana. De las observaciones anteriores sabemos que como máximo el rango puede ser $l - 1$. La clase de economías para las que el rango de la matriz jacobiana $Dz(p)$ es máximo jugará un papel importante. Definamos pues,

Definición 4.16 (Precios regulares). *Un vector de precios $p = (p_1, \ldots, p_l) \in \Pi(E)$ para una economía E es regular si la función de exceso de demanda $z(p)$ es continuamente diferenciable y la matriz jacobiana $Dz(p)$ tiene rango máximo.*

Definición 4.17 (Economía regular). *Una economía E se denomina regular si todos sus precios de equilibrio $p \in \Pi(E)$ son regulares.*

Para ilustrar esta definición consideremos algunos ejemplos de economías con dos bienes en las que utilizamos la normalización $p_2 = 1$.

Las figuras 4.28(a) y (b) muestran ejemplos de economías regulares porque en todos sus equilibrios los precios son regulares, es decir la pendiente de la función de exceso de demanda satisface $\dfrac{\partial z_1(p_1, 1)}{\partial p_1} \neq 0$ en todas las soluciones. Sin embargo, las figuras 4.28(c) y (d) muestran ejemplos de economías no regulares. En

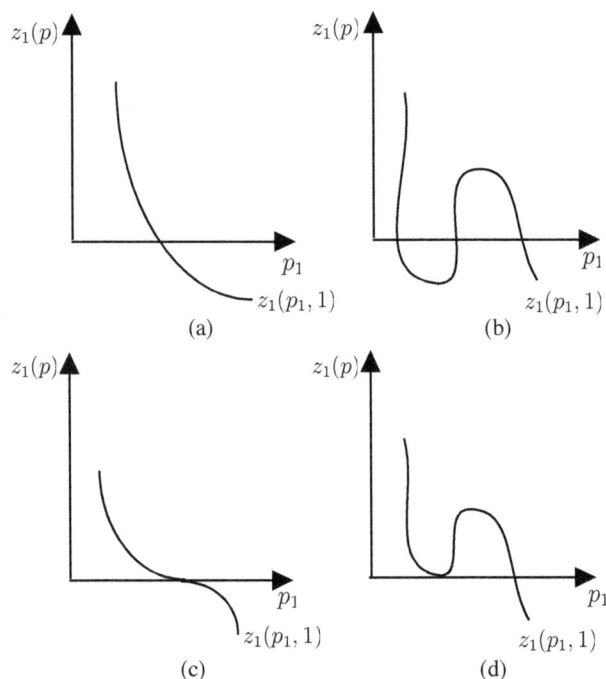

Figura 4.28: Economías regulares y no regulares.

el caso (c) la pendiente de la función de exceso de demanda en la solución es cero; en el caso (d) la pendiente de la función de exceso de demanda en alguna de las soluciones es cero.

En economías de intercambio como la que nos ocupan, la cuestión de la unicidad se concreta en la propiedad de la substituibilidad bruta de la función de exceso de demanda $z(p)$. Para motivar el concepto, que definiremos a continuación, consideremos la función de demanda de un consumidor en una economía con dos bienes. Dado un vector de precios, la matriz de Slutsky tiene componentes negativos en la diagonal principal y componentes positivos fuera de la diagonal principal. Esto nos dice que si el precio de un bien aumenta, la demanda compensada de otro bien aumenta. Sin embargo, si consideramos el efecto sobre la demanda bruta, es decir incorporando el efecto riqueza, es posible que el incremento del precio de un bien provoque una disminución de la demanda de ambos bienes. En otras palabras, en términos brutos ambos bienes pueden ser complementarios.

Definición 4.18 (Substitutivos brutos). *Consideremos una economía E con l bienes. Decimos que los bienes son substitutivos brutos si cuando aumenta el precio de uno de los bienes, su demanda disminuye y la demanda de cada uno de los otros bienes aumenta.*

Definición 4.19 (Función de exceso de demanda y substitutivos brutos). *Decimos* *que la función de exceso de demanda $z(p)$ posee la propiedad de la substitución bruta si para un par de sistemas de precios p y $\widehat{p}$ para los que podemos encontrar algún bien h tal que $\widehat{p}_h > p_h$ y $\widehat{p}_k = p_k$, $k \neq h$ tenemos que $z_k(\widehat{p}) > z_k(p)$, $\forall k \neq h$.*

De hecho, dada la homogeneidad de grado cero de $z(p)$, con substituibilidad bruta también se verifica que $z_h(\widehat{p}) < z_h(p)$. Para verlo consideremos $\widetilde{p} = \alpha p$ donde $\alpha = \widehat{p}_h / p_h$. Notemos que $\widetilde{p}_h = \widehat{p}_h$ y $\widetilde{p}_k > \widehat{p}_k$ para $k \neq h$. La homogeneidad de grado cero de $z(\cdot)$ nos dice que $0 = z_h(\widetilde{p}) - z_h(p) = z_h(\widetilde{p}) - z_h(\widehat{p}) + z_h(\widehat{p}) - z_h(p)$. Ahora bien, la substituibilidad bruta implica $z_h(\widetilde{p}) - z_h(\widehat{p}) > 0$, (cambiamos secuencialmente cada precio $\widehat{p}_k$ $k \neq h$ por $\widetilde{p}_k$ aplicando la propiedad de substituibilidad bruta en cada etapa) de manera que necesariamente debe verificarse $z_h(\widehat{p}) - z_h(p) < 0$.

La versión diferencial de la substituibilidad bruta nos dice $\dfrac{\partial z_k(p)}{\partial p_h} > 0$, $h \neq k$. Además, la homogeneidad de grado cero implica que $Dz(p)p = 0$ de manera que $\dfrac{\partial z_h(p)}{\partial p_h} < 0$, $\forall h = 1, 2, \ldots, l$. En otras palabras, la matriz jacobiana $Dz(p)$ tiene los elementos de la diagonal principal negativos y los elementos fuera de la diagonal principal positivos.

La interpretación económica de la substituibilidad bruta nos dice que las curvas de demanda son decrecientes en el propio precio y todas las complementariedades a nivel agregado están excluidas.

Teorema 4.9 (Unicidad). *Sea E una economía de intercambio en la que las preferencias de los consumidores son monótonas y estrictamente convexas. Una función de demanda que satisface la propiedad de la substituibilidad bruta tiene como máximo un equilibrio. Es decir, la ecuación $z(p) = 0$ tiene como máximo una solución.*

Demostración. Necesitamos demostrar que no puede ocurrir que $z(p) = z(\widehat{p})$ cuando p y $\widehat{p}$ son dos vectores de precios no colineales.

A partir de la homogeneidad de grado cero, podemos suponer que $\widehat{p} \geq p$ y $p_h = \widehat{p}_h$ para algún h. Modifiquemos ahora el vector de precios $\widehat{p}$ para obtener el vector de precios p en una sucesión de $l - 1$ etapas disminuyendo (o manteniendo) el precio de cada bien $k \neq h$ secuencialmente, uno en cada etapa.

Dada la substituibilidad bruta, el exceso de demanda del bien h no puede disminuir en ninguna etapa y como $p \neq \widehat{p}$, en realidad aumentará en al menos una de las etapas. Por lo tanto $z_h(p) > z_h(\widehat{p})$. $\qquad\square$

4.2.8. Estabilidad del equilibrio de Walras

La idea de la estabilidad de un equilibrio consiste en examinar si las fuerzas que operan sobre esta situación de equilibrio restauran a la economía a su situación original tras sufrir una perturbación que la desplaza de la situación de equilibrio.

En nuestro contexto, una perturbación representa una situación en la que el precio presente no coincide con el precio de equilibrio.

Definición 4.20 (Equilibrio estable). *Decimos que un equilibrio es estable si las fuerzas que operan sobre la oferta y la demanda permiten recuperar el equilibrio después de haber estado sometidas a una perturbación.*

Distinguiremos dos tipos de estabilidad. La estabilidad *estática* y la estabilidad *dinámica*.

Estabilidad estática

La estabilidad estática (o estabilidad de Walras) del modelo de equilibrio general competitivo se conoce también como la *ley de la oferta y la demanda*. Hemos ya definido la función de exceso de demanda del bien k para el consumidor i como $e_{ik}(p) = x_{ik}(p) - w_{ik}$. También hemos definido la función de exceso de demanda agregada del bien k como $z_k(p) = \sum_{i \in I} e_{ik}(p)$. Finalmente, el equilibrio competitivo es un vector de precios p^* tal que $z_k(p^*) = 0$, $\forall k$.

Imaginemos ahora un shock que disminuye el precio del mercado k. Como consecuencia se genera un exceso de demanda positivo en el mercado del bien k. Ante esta situación nos encontraremos en una situación estable si el precio p_k tiende a aumentar de forma que disminuya el exceso de demanda y reencontremos el precio de equilibrio p_k^*. De forma paralela, también debe ocurrir que ante un shock que provoque un aumento del precio del bien k debe ocurrir que el precio p_k tienda a disminuir de forma que aumente el exceso de demanda negativo (disminuya el exceso de oferta) y reencontremos el precio de equilibrio p_k^*.

Cuando este comportamiento se verifica en todos los mercados de la economía estamos en presencia de un equilibrio estable.

Para abordar el análisis formal de este argumento consideremos el mercado del bien k y un precio p_k. A este precio habrá consumidores (de acuerdo con sus dotaciones iniciales y sus preferencias) que estarán dispuestos a adquirir unidades adicionales del bien k. Estos consumidores los denominamos *demandantes* de bien k. La cantidad que agregadamente están dispuestos a comprar la denotamos como $D_k(p)$. También encontraremos consumidores que estarán dispuestos a vender parte de su dotación inicial del bien k. Estos consumidores los denominamos *oferentes* de bien k. La cantidad que agregadamente están dispuestos a vender

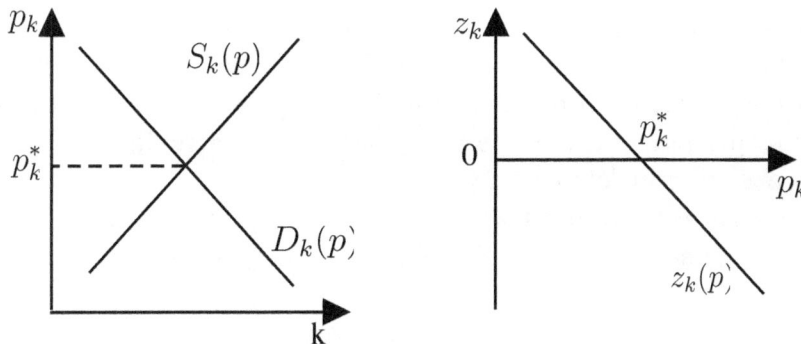

Figura 4.29: Estabilidad estática.

la denotamos como $S_k(p)$. Con esta notación podemos reescribir la función de exceso de demanda agregada del bien k como

$$z_k(p) = D_k(p) - S_k(p),$$

La estabilidad del equilibrio competitivo simplemente nos dice que para todos los mercados k

$$\frac{dz_k(p)}{dp_k} < 0 \quad \forall k,$$

es decir

$$\frac{dD_k(p)}{dp_k} < \frac{dS_k(p)}{dp_k} \quad \forall k.$$

Por lo tanto, el equilibrio competitivo es estable en el sentido de Walras cuando en todos los mercados, la curva de oferta tiene más pendiente que la curva de demanda. Notemos que esto siempre se verifica cuando la demanda es decreciente y la oferta es creciente en el precio. La figura 4.29 ilustra este argumento.

Estabilidad dinámica

Aunque el modelo de equilibrio general competitivo es estático podemos imaginar una historia de la evolución de los precios hacia el precio de equilibrio que nos ayude a comprender cómo los mercados alcanzan el equilibrio y la estabilidad de éste. Esta historia se desarrolla en una secuencia de periodos ficticios de acontecimientos.

Consideremos un mercado arbitrario (en todos los mercados ocurre lo mismo). En el primer periodo se selecciona aleatoriamente un consumidor quien hace una oferta inicial. Esta oferta es pública de manera que todos los agentes tienen la oportunidad de reaccionar y realizar intercambios a un cierto precio.

Pasado este primer periodo se se selecciona aleatoriamente otro consumidor quien hace una oferta. Ante esta segunda oferta de nuevo se producen intercambios a un nuevo precio. El proceso se repite una y otra vez hasta que el precio al cual se realiza el intercambio se repite periodo tras periodo. Entonces hemos alcanzado el equilibrio del mercado.

Formalmente, estamos planteando un proceso de formación de precios del tipo (obviamos el subíndice correspondiente al mercado para aligerar la notación)

$$p_t - p_{t-1} = kz(p_{t-1}), \tag{4.20}$$

donde k es una constante positiva.

Ejemplo 4.1. *Consideremos a efectos ilustrativos el ejemplo siguiente. Demanda y oferta en el periodo (ficticio) t vienen dadas por*

$$D_t(p_t) = ap_t + b \tag{4.21}$$
$$S_t(p_t) = Ap_t + B. \tag{4.22}$$

La función de exceso de demanda agregada en $t - 1$ es pues

$$z(p_{t-1}) = (a - A)p_{t-1} + (b - B). \tag{4.23}$$

Sustituyendo (4.23) en (4.20) obtenemos,

$$p_t - p_{t-1} = k[(a - A)p_{t-1} + (b - B)],$$

es decir,

$$p_t = p_{t-1}[1 + k(a - A)] + k(b - B).$$

Esta ecuación en diferencias, dada una condición inicial p_0 en $t = 0$, tiene como solución[3]

$$p_t = \left[p_0 - \frac{b - B}{A - a}\right]\left(1 + k(a - A)\right)^t + \frac{b - B}{A - a}. \tag{4.24}$$

En el equilibrio el exceso de demanda es cero, $z(p_t) = 0$. El precio de equilibrio lo obtenemos a partir de (4.21) y (4.22) haciendo $D_t - S_t = 0$, es decir

$$ap_t + b - (Ap_t + B) = 0$$
$$p_t = \frac{b - B}{A - a} = p^*$$

de manera que el término constante de (4.24) representa el precio de equilibrio.

---

[3] Ver Gandolfo (1976) para el estudio de las soluciones de las ecuaciones en diferencias.

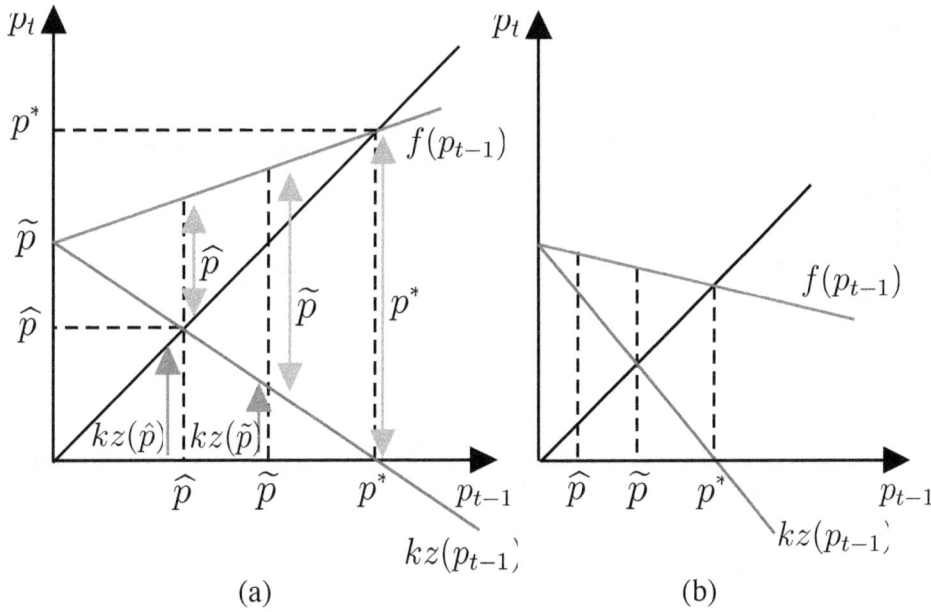

Figura 4.30: Estabilidad dinámica (1).

El término

$$\left[p_0 - \frac{b-B}{A-a} \right]$$

representa la diferencia entre el primer precio y el precio de equilibrio. El término

$$\left(1 + k(a-A) \right)^t$$

representa el proceso de ajuste desde p_0 hasta p^*. Finalmente k representa el grado del ajuste. Un valor grande de k quiere decir que los ajustes sobreestimarán el exceso de demanda. Vemos pues que la estabilidad dinámica también depende, como la estabilidad estática, de las pendientes de las curvas de demanda y de oferta.

Análisis gráfico de la estabilidad dinámica Recordemos que el proceso de formación de precios que consideramos está representado por (4.20). Por lo tanto, gráficamente p_t no es más que la suma de la función $kz(p_{t-1})$ y el lugar geométrico de puntos $p_t = p_{t-1}$. El resultado de esta suma, que denotamos como $f(p_{t-1})$ puede ser una función creciente o decreciente. La figura 4.30 muestra la derivación de $f(p_{t-1})$ en ambos casos.

Consideremos la situación de la figura 4.30(a) y veamos la estabilidad del equilibrio p^*. Para ello observemos la figura 4.31. Supongamos que el precio inicial es p_0 que nos sitúa en el punto K de la figura. En el periodo siguiente el precio vendrá dado por $p_1 = f(p_0)$ que nos sitúa en el punto M de la figura. En el

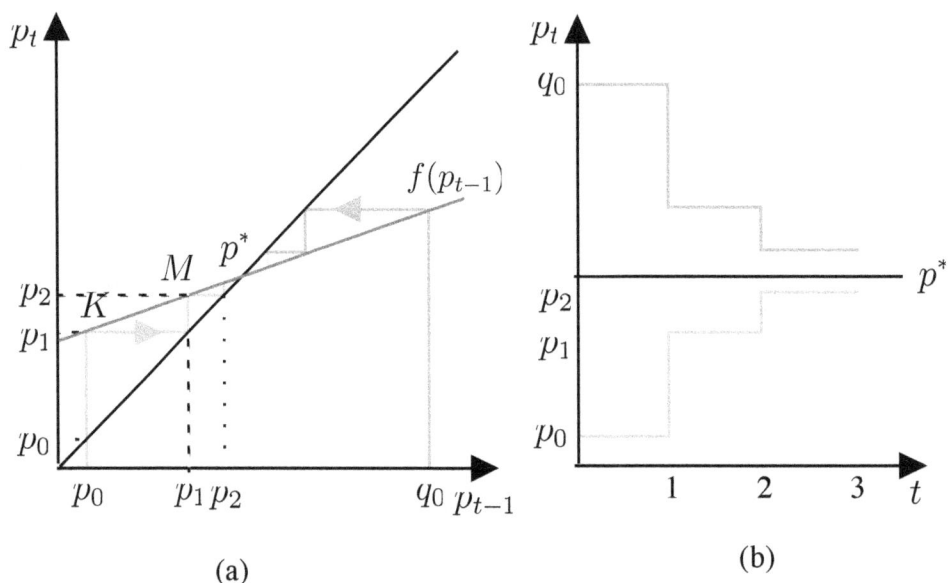

Figura 4.31: Estabilidad dinámica (2).

periodo siguiente obtendremos un precio $p_2 = f(p_1)$ y así sucesivamente. Vemos que este proceso converge al precio p^* que se encuentra en la intersección de la función $f(p_{t-1})$ con la recta de 45 grados. Un argumento paralelo puede desarrollarse si el precio inicial fuese q_0. La figura 4.31(a) muestra el proceso de ajuste mientras que la figura 4.31(b) muestra la trayectoria del precio a lo largo de los periodos (ficticios) de tiempo. Finalmente la figura 4.32 muestra la estabilidad del equilibrio p^* en el caso de la figura 4.30(b).

Las figuras 4.31 y 4.32 muestran dos situaciones de equilibrio estable en el que la trayectoria de los precios muestra un acercamiento progresivo al precio de equilibrio ya sea desde arriba o desde abajo o bien un comportamiento "cíclico" en el que el acercamiento se realiza dando saltos alrededor del precio de equilibrio.

Podemos también ilustrar situaciones en el que el equilibrio no es estable, ya sea porque el proceso de ajuste de los precios es explosivo como en las figuras 4.33 y 4.34 o porque los saltos alrededor del precio de equilibrio son de oscilación constante como en la figura 4.35.

Fijémonos que la estabilidad o inestabilidad del equilibrio depende de que la pendiente de la función $f(p_{t-1})$ sea (en valor absoluto) inferior a 1 (estabilidad) o bien superior o igual a 1 (inestabilidad). Este fenómeno está relacionado con la pendiente de la función de exceso de demanda agregada y por lo tanto con las pendientes de las funciones de oferta y demanda como en el caso de la estabilidad estática.

Ejemplo 4.2. *Retomemos el ejemplo 4.1, y supongamos el siguiente conjunto de*

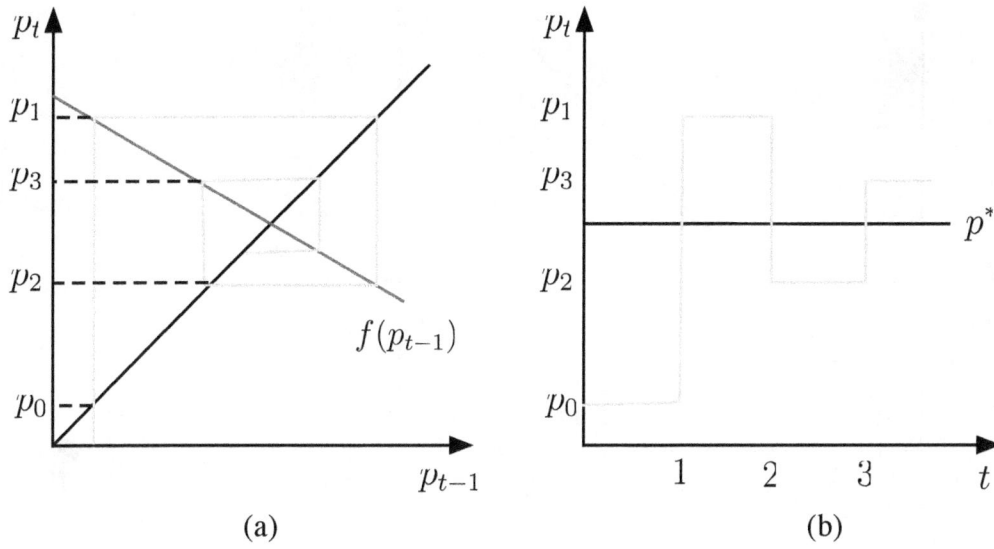

(a)

(b)

Figura 4.32: Estabilidad dinámica (3).

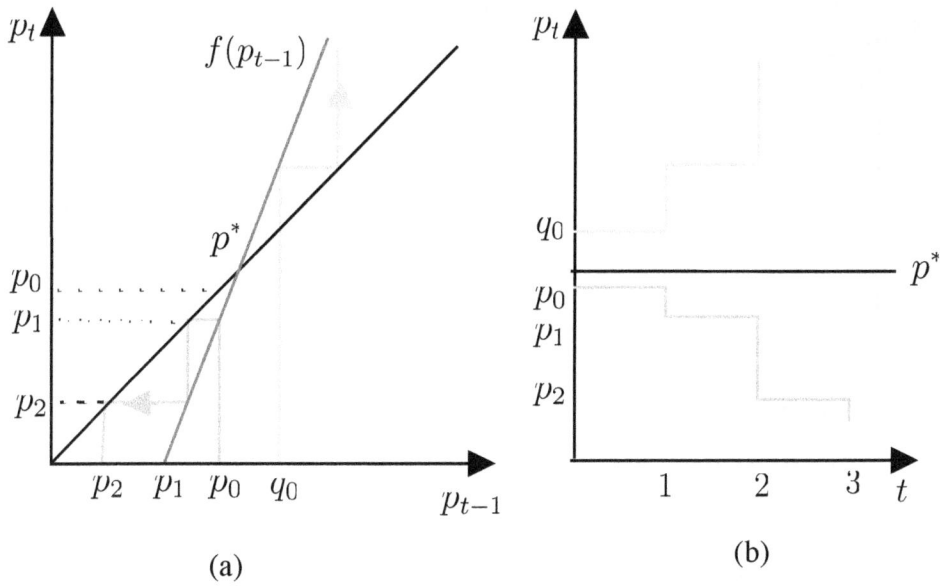

(a)

(b)

Figura 4.33: Inestabilidad dinámica (1).

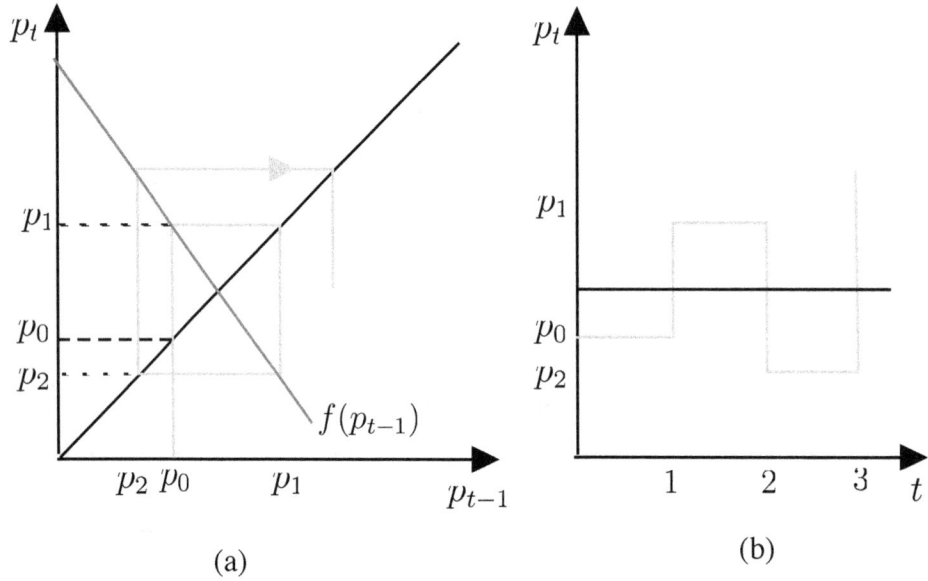

(a)   (b)

Figura 4.34: Inestabilidad dinámica (2).

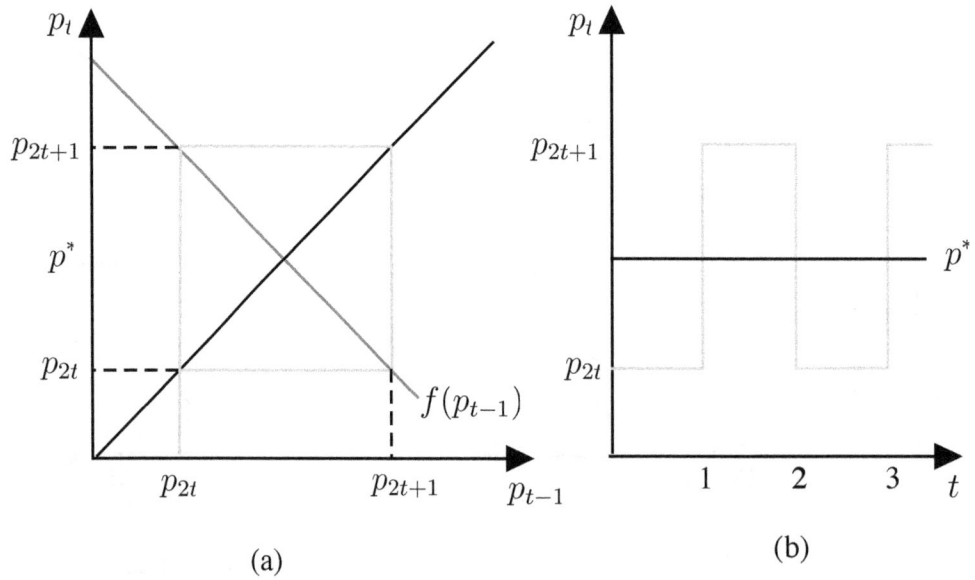

(a)   (b)

Figura 4.35: Inestabilidad dinámica (3).

valores de los parámetros:

$$a = -1; \quad A = 1; \quad b = 5; \quad B = 1,$$

de manera que las funciones de oferta y demanda se reducen a.

$$D_t(p_t) = 5 - p_t$$
$$S_t(p_t) = 1 + p_t$$

El precio de equilibrio en este mercado es $p^* = 2$.

Veamos a continuación el proceso de ajuste. La función de exceso de demanda agregado en $t - 1$ es

$$z(p_{t-1}) = D_{t-1} - S_{t-1} = 2(2 - p_{t-1}).$$

Por lo tanto,

$$p_t = p_{t-1} + kz(p_{t-1}) = p_{t-1} + 2k(2 - p_{t-1}) = p_{t-1}(1 - 2k) + 4k.$$

Supongamos finalmente, $k = 1$, de manera la trayectoria del precio se describe con la siguiente ecuación en diferencias no homogénea:

$$p_t = 4 - p_{t-1}.$$

La solución de esta ecuación es

$$p_t = (p_0 - 2)(-1)^t + 2.$$

Consideremos un precio inicial arbitrario, $p_0 = 3$. La trayectoria de precios que queremos analizar es pues,

$$p_t = (-1)^t + 2.$$

Notemos que estamos en una situación $p_t = f(p_{t-1})$ donde $f' = -1$. Ello quiere decir que los precios describen una trayectoria de ciclo constante, o en otras palabras, en este mercado el equilibrio $p^* = 2$ es inestable. Es decir, si por alguna razón el mercado recibe un shock el precio oscilará con un ciclo constante entre los valores 1 y 3:
- en $t = 0$, el precio es $p_t = 3$
- en $t = 1$, el precio es $p_t = 1$
- en $t = 2$, el precio es $p_t = 3$
- en $t = 3$, el precio es $p_t = 1$, etc, etc.

4.3. Economías con producción

Hasta ahora hemos supuesto que los consumidores solo podían intercambiar sus dotaciones iniciales de bienes. Vamos a ampliar la perspectiva del modelo de equilibrio general competitivo suponiendo que es posible producir nuevos bienes en la economía utilizando como inputs algunos de los bienes que reciben los consumidores como dotaciones iniciales. En consecuencia pues, las cantidades de bienes ya no estarán fijadas por las dotaciones iniciales sino que se determinarán endógenamente a partir de los precios de los mercados de factores de producción y productos.

4.3.1. Un modelo sencillo: la economía de Robinson-Crusoe

La manera más sencilla de visualizar un modelo de equilibrio general competitivo con producción es pensar en un agente que se comporta simultáneamente como consumidor y como productor. A este agente se le suele denominar Robinson-Crusoe. Exposiciones brillantes de este modelo pueden encontrarse en Koopmans (1980), Mas-Colell et al. (1995) o Starr (1997) por ejemplo.

Esta economía sencilla permite caracterizar un proceso centralizado de decisiones que permiten obtener una asignación eficiente. También permite, aunque de manera artificial, descomponer las decisiones de producción y de consumo a través de un mecanismo de mercado.

El objetivo de este ejercicio es pues ilustrar los conceptos de asignación eficiente, de equilibrio general y de descentralización via el mecanismo del mercado. En esta economía resulta trivial caracterizar las asignaciones eficientes. Cualquier asignación que maximice la utilidad de Robinson sujeta a los recursos disponibles y a la tecnología será eficiente. Sin embargo, y por construcción, en esta economía no aparecen problemas de distribución entre individuos.

Con esta economía identificaremos, en primer lugar, las asignaciones eficientes. En otras palabras, caracterizaremos un plan de consumo y un plan de producción que maximice la utilidad de Robinson bajo las restricciones impuestas por la tecnología y la disponibilidad de recursos. A continuación estudiaremos esta economía desde una óptica diferente. Plantearemos el problema de caracterizar una economía competitiva con una empresa, un propietario de la empresa (Robinson), un consumidor (Robinson), y un trabajador (Robinson). Todos estos agentes se comportan de forma competitiva, es decir, consideran los precios como dados. Resumiendo, en esta economía competitiva tendremos una empresa que, a la vista de los precios de los factores y de los productos, decide contratar una cierta cantidad de horas de trabajo con el objetivo de producir un bien de consumo y maximizar su beneficio; un Robinson trabajador que vende horas de su ocio a la empresa en forma de trabajo y recibe un salario; un Robinson empresario que recibe el beneficio; y un Robinson consumidor que decide comprar una cesta de bienes (ocio, bien de consumo) a la empresa con el objetivo de maximizar su satisfacción.

Para completar la descripción de la economía señalemos que el Robinson consumidor tiene preferencias continuas, convexas y fuertemente monótonas definidas sobre el consumo de ocio y un bien de consumo producido por la empresa. Tiene una dotación inicial de $\overline{L}$ horas (e.g. 24 horas al día) y no tiene dotación de ningún bien de consumo. El bien de consumo lo denotamos por c y el ocio como R. El tiempo de ocio está determinado por $R = \overline{L} - L$, donde L representa las horas de trabajo. La función de utilidad $u(c, R)$ es estrictamente cóncava y representa las preferencias del Robinson consumidor. En particular,

$$\frac{\partial u}{\partial R} > 0, \frac{\partial u}{\partial c} > 0, \frac{\partial^2 u}{\partial R^2} < 0, \frac{\partial^2 u}{\partial c^2} < 0, \frac{\partial^2 u}{\partial R \partial c} > 0.$$

En la economía hay una única actividad productiva consistente en la producción de un bien de consumo (e.g. recolección de cocos). Esta actividad requiere de un único factor de producción que es trabajo. Formalmente, la tecnología de recolección de cocos es $q = F(L)$, donde q representa la producciónde cocos, L las horas de trabajo, y F es estrictamente cóncava y creciente. En particular, $F'(\cdot) > 0$, $F'(0) = +\infty$, $F''(\cdot) < 0$.

El enfoque centralizado

El problema que queremos resolver es la identificación de (L, q) consistente con la dotación inicial de $\overline{L}$ horas de ocio y la tecnología F, que maximice $u(c, R)$ donde $c = q = F(L)$ y $R = \overline{L} - L$. Formalmente,

$$\max_{c,R} u(c, R) \text{ s.a} \begin{cases} c = q, \\ q = F(L), \\ R = \overline{L} - L \end{cases}$$

es decir,

$$\max_{q,L} u(q, \overline{L} - L) \text{ s.a } q = F(L),$$

es decir,

$$\max_{L} u(F(L), \overline{L} - L). \tag{4.25}$$

La solución de este problema es,

$$\frac{\partial u(F(L), \overline{L} - L)}{\partial L} = 0, \tag{4.26}$$

es decir,

$$\frac{\partial u}{\partial F}\frac{\partial F}{\partial L} + \frac{\partial u}{\partial (\overline{L} - L)}\frac{\partial (\overline{L} - L)}{\partial L} = 0,$$

es decir, dado que $\dfrac{\partial u}{\partial F} = \dfrac{\partial u}{\partial q} = \dfrac{\partial u}{\partial c}$ podemos escribir,

$$\frac{\partial u}{\partial c}F' - \frac{\partial u}{\partial R} = 0. \tag{4.27}$$

Por lo tanto,

$$\frac{\dfrac{\partial u}{\partial R}}{\dfrac{\partial u}{\partial c}} = F' = -\frac{dq}{dR} \tag{4.28}$$

puesto que $q = F(\overline{L} - L)$. Los supuestos de concavidad sobre $u(\cdot)$ y $F(\cdot)$ junto con (4.28) aseguran que la solución es un maximizador de la utilidad.

La condición (4.28) caracteriza la solución y nos dice que la pendiente de la curva de indiferencia y de la frontera de posibilidades de producción (i.e. la función de producción) se igualan en la solución. Esta solución tiene la propiedad de ser (por construcción) eficiente en el sentido de Pareto. La eficiencia de Pareto en este contexto significa dos cosas. Por una parte, que la solución contiene la demanda de trabajo técnicamente óptima para la recolección de cocos realizada. En otras palabras, la combinación (L, q) se encuentra sobre la frontera del conjunto de posibilidades de producción. Por otra parte, la combinación de cocos y ocio (c, R) es la que permite conseguir la máxima satisfacción al Robinson consumidor.

Fijémonos que el lado izquierdo de (4.28) es la tasa marginal de sustitución de ocio por cocos, $TMS_{R,c}$. El lado derecho es el producto marginal del trabajo en la recolección de cocos. Dado que trabajo y ocio se convierten uno en otro a la tasa constante uno a uno, el producto marginal del trabajo en la recolección de cocos también representa la tasa marginal de transformación. Así pues, podemos reescribir (4.28) como

$$TMS_{R,c} = TMT_{L,q}.$$

Podemos acabar de clarificar la caracterización de la solución (4.28) con la ayuda de la figura 4.36. Utilizando la convención de inputs negativos, en ordenadas medimos la producción y el consumo de cocos y en abscisas medimos horas de ocio de izquierda a derecha y horas de trabajo de derecha a izquierda.

La curva cóncava representa la frontera del conjunto de posibilidades de producción. Las curvas convexas representan curvas de indiferencia. La solución eficiente está representada por el punto M donde la frontera del conjunto de producción permite alcanzar el máximo nivel de utilidad (sujeto a la restricción adicional de las $\overline{L}$ horas) y las pendientes de ambas funciones se igualan.

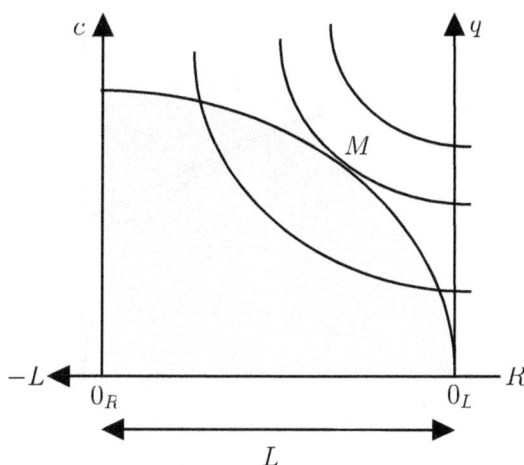

Figura 4.36: Asignación eficiente en la economía de Robinson Crusoe.

El enfoque descentralizado

Nos planteamos a continuación la posibilidad de conseguir la asignación M de forma descentralizada a través del mecanismo de mercado, en lugar del programa de optimización que acabamos de estudiar. Para ello, analizamos primero la actividad de produción y a continuación el comportamiento del Robinson consumidor.

Robinson productor

La actividad productiva consiste en la compra de tiempo de ocio (del consumidor) para utilizarlo en forma de trabajo que permite producir el bien de consumo (cocos) cuya venta (al consumidor) genera los ingresos de la empresa. Sea w el precio de una hora de ocio (trabajo) y p el precio de una unidad del bien de consumo. Estos precios están dados. La empresa debe decidir la cantidad de trabajo que utiliza para maximizar los beneficios dados (p, w). Formalmente, buscamos la solución del problema,

$$\max_{L} pF(L) - wL.$$

El resultado de este problema es una demanda óptima de trabajo, $L(p, w)$, un nivel óptimo de producción de cocos, $q(p, w)$, y unos beneficios óptimos, $\pi(p, w)$. La figura 4.37 ilustra la situación.

Robinson consumidor

El propietario de la empresa es Robinson. Por lo tanto la renta del Robinson consumidor procede de dos vías: de los beneficios de la empresa y de la venta de tiempo de ocio en forma de trabajo (a la tasa de conversión uno a uno). Representando la renta como Y, ésta se define como

$$Y = w(\overline{L} - R) + \pi(p, w).$$

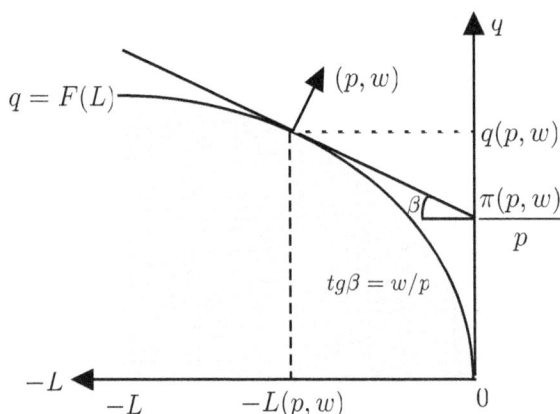

Figura 4.37: El problema de la empresa.

El problema del Robinson consumidor es pues decidir un plan de consumo (R, c) que maximice su utilidad dados los precios (p, w) y la renta Y, es decir

$$\max_{R,c} u(R, c) \text{ s.a } pc \leq w(\overline{L} - R) + \pi(p, w).$$

Las demandas óptimas resultantes de ocio y del bien de consumo las denotamos como $R(p, w)$ y $c(p, w)$ respectivamente.

La figura 4.38 ilustra este problema de decisión. En el eje de abscisas medimos trabajo y ocio. El conjunto presupuestario refleja las dos fuentes de renta. Cada unidad de ocio que vende le genera una renta w que le permite adquirir w/p unidades del bien de consumo. Además, cada unidad de ocio que vende hace obtener beneficios a la empresa que se incorporan a su renta. Por ello, la recta presupuestaria no corta al eje de abscisas en 0_L sino que en ese punto Robinson dispone de una renta $\pi(p, w)/p$.

Es importante darse cuenta de que la recta isobeneficio de la figura 4.37 asociada al problema de la maximización del beneficio, coincide con la recta presupuestaria de la figura 4.38.

Un sistema de precios walrasiano en esta economía se caracteriza por un vector de precios (p^*, w^*) al que tanto el mercado de trabajo como el del bien de consumo están equilibrados, es decir

$$q(p^*, w^*) = c(p^*, w^*)$$
$$\overline{L} - R(p^*, w^*) = L(p^*, w^*).$$

Los precios (p, w) de la figura 4.38 no son de equilibrio walrasiano. Por el contrario, a esos precios obtenemos un exceso de demanda de trabajo y un exceso de oferta de bien de consumo. Una situación de equilibrio se muestra en la figura 4.39 en la que a los precios (p^*, w^*) ambos mercados se vacían.

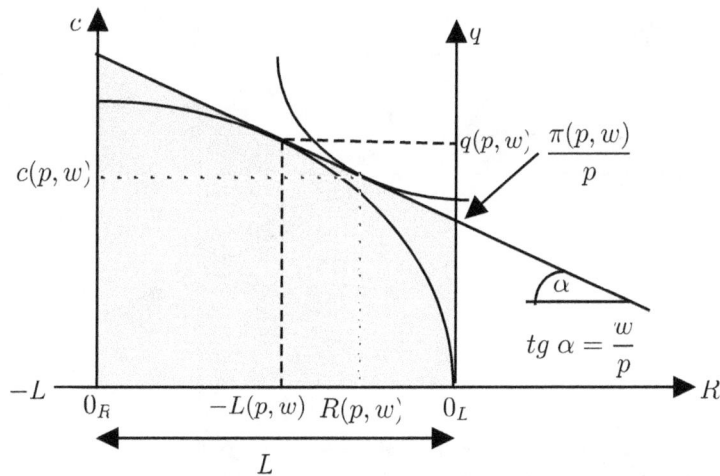

Figura 4.38: El problema del consumidor.

La figura 4.39 nos ilustra sobre un fenómeno muy importante. Una combinación de consumo y ocio puede surgir como equilibrio competitivo si y sólo si maximiza la utilidad del consumidor sujeta a las restricciones impuestas por la tecnología y la disponibilidad de recursos. En otras palabras, la asignación walrasiana es la misma asignación que hubiéramos obtenido si un planificador central gestionara la economía con el objetivo de maximizar el bienestar del consumidor.

El análisis gráfico que hemos desarrollado tiene su traducción formal en los siguientes términos.

El problema de la empresa, como hemos descrito, consiste en determinar una demanda de trabajo maximizadora de beneficios, es decir,

$$\max_{L} pF(L) - wL$$

La condición de primer orden nos dice,

$$\frac{d\pi}{dL} = pF' - w = 0,$$

es decir,

$$F' = \frac{w}{p}.$$

Esta condición nos dice que el salario real se iguala al producto marginal del trabajo. Por lo tanto, dado que para la empresa los precios son paramétricos, las decisiones óptimas de la empresa son una demanda de trabajo $L(p, w)$ y una oferta de bien de consumo $q(p, w)$ que maximiza los beneficios dada su tecnología caracterizada por la función de producción $F(L)$. Estas decisiones generan un nivel de beneficios $\pi(p, w)$ que la empresa transfiere a su propietario.

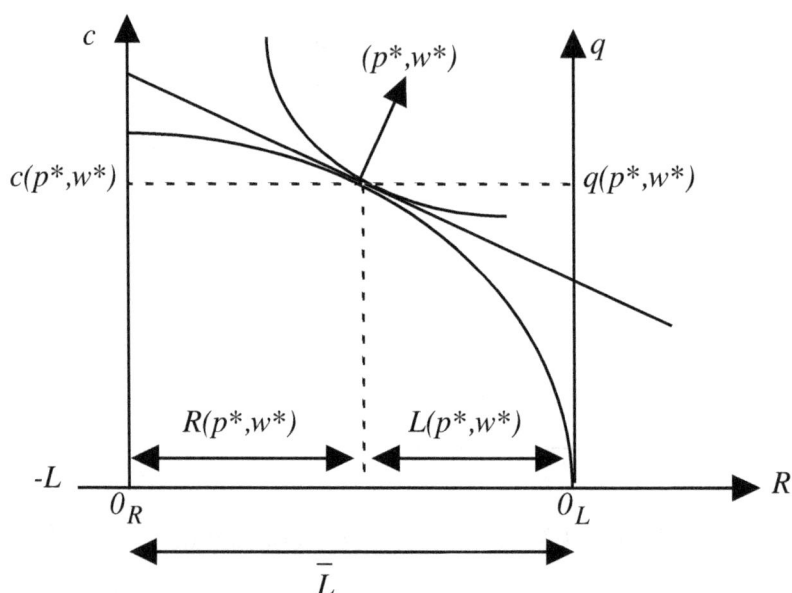

Figura 4.39: El equilibrio walrasiano.

El problema del consumidor es determinar una cesta de consumo (c, R), cuyo valor de mercado es $pc + wR$, que le permita obtener la máxima satisfacción dados los precios (p, w) y su renta Y. Formalmente,

$$\max_{c,R} u(c, R) \text{ s.a } Y = wR + pc,$$

que podemos reformular como

$$\max_{c} u\left(c, \frac{Y - pc}{w}\right).$$

La condición de primer orden nos dice

$$\frac{du}{dc} = \frac{\partial u}{\partial c} + \frac{\partial u}{\partial R}\frac{\partial R}{\partial c} = 0, \text{ i.e.}$$
$$\frac{\partial u}{\partial c} + \frac{\partial u}{\partial R}\left(-\frac{p}{w}\right) = 0,$$

y reordenando términos,

$$\frac{\dfrac{\partial u}{\partial R}}{\dfrac{\partial u}{\partial c}} = \frac{w}{p}.$$

Es decir, el consumidor a la vista de (p, w) y $\pi(p, w)$ determina una cesta de ocio y consumo caracterizada por la igualdad entre la tasa marginal de sustitución de ocio por el bien de consumo (cocos), $TMS_{R,c}$, y el salario real.

Para cualquier sistema de precios (p, w) podemos también demostrar la coincidencia entre la recta presupuestaria del consumidor y la recta isobeneficio escogida por la empresa (es decir la asociada al máximo beneficio). La ecuación de esa recta isobeneficio es

$$q = \frac{\pi(p, w) + wL}{p} \tag{4.29}$$

con pendiente $-w/p$ (recordemos que estamos utilizando la convención de inputs negativos, $L < 0$).

Por otra parte, la renta del consumidor, recordémoslo, está definida por

$$Y = w(\overline{L} - R) + \pi(p, w).$$

Esta renta debe permitir la compra del bien de consumo decidido por el consumidor. Por lo tanto,

$$pc = w(\overline{L} - R) + \pi(p, w), \tag{4.30}$$

que podemos reescribir como

$$c = \frac{w(\overline{L} - R) + \pi(p, w)}{p}. \tag{4.31}$$

Dado que $L = \overline{L} - R$, podemos reescribir (4.31) como

$$c = \frac{wL + \pi(p, w)}{p}, \tag{4.32}$$

que es la ecuación de la recta presupuestaria del consumidor.

Como ya hemos mencionado, este es un argumento general para cualquier sistema de precios. Para verlo, notemos que la ecuación (4.30) es una identidad contable. Nos dice que el valor de la producción de la empresa al precio del mercado se utiliza para retribuir a los factores de producción (las horas de trabajo de Robinson) y al propietario de la empresa (Robinson). Por lo tanto, la renta de que dispone el Robinson consumidor es precisamente la justa para comprar la producción de la empresa. Ello se verifica para cualquier sistema de precios porque los beneficios de la empresa se computan como parte de la renta del consumidor.

En equilibrio el papel de los precios es conseguir que oferta y demanda se igualen en los dos mercados. Las decisiones de la empresa y del consumidor se han tomado independientemente pero, naturalmente están relacionadas entre si.

Precisamente, los precios proporcionan los incentivos para que estas decisiones independientes sean consistentes. En otras palabras, la selección de (p^*, w^*) nos permite descentralizar las decisiones de la empresa y del consumidor.

Podemos finalmente obtener la *Ley de Walras*. Esta nos dice que para cualquier sistema de precios, la suma del valor de los excesos de demanda es cero. A partir de (4.30) y utilizando la definición de beneficios podemos escribir,

$$pc = w(\overline{L} - R) + [pF(L) - wL],$$

que podemos simplificar para obtener,

$$p[c - F(L)] = 0 \tag{4.33}$$

que es precisamente la ley de Walras dado que $q = F(L)$ representa la oferta de bien de consumo y c representa la demanda. Una vez más podemos observar aquí la descentralización de las decisiones. La empresa determina un par (L, q); el consumidor determina un par (c, R). Sólo en equilibrio estas decisiones son consistentes, i.e. $c = q$ y $R = \overline{L} - L$.

Existencia y optimalidad del equilibrio

Consideremos la normalización del precio del bien de consumo $p = 1$. La definición del equilibrio general competitivo se reduce a una asignación (c, R) y a un salario w^* tal que $q(w^*) = c(w^*)$ y $L(w^*) = \overline{L} - R(w^*)$.

Sea pues, $L(w)$ la demanda de trabajo y sea $R(w)$ la demanda de ocio. Dados los supuestos sobre la tecnología y las preferencias sabemos que

- $L(w)$ y $R(w)$ son continuas;

- Para $w = 0$, la demanda de trabajo es positiva pero la oferta de trabajo es nula, es decir $L(0) > 0$ y $R(0) = \overline{L}$;

- Para $w > \overline{w}$ obtenemos $R(\overline{w}) < \overline{L}$ y $L(\overline{w}) \to 0$, es decir, si el salario es suficientemente alto, la oferta de trabajo es sustancial, pero la demanda es negligible.

Sea $z(w) = R(w) + L(w) - \overline{L}$ la función de exceso de demanda de trabajo/ocio. Dadas las propiedades de $L(w)$ y de $R(w)$, sabemos que $z(w)$ es continua y $z(0) > 0$ y $z(\overline{w}) < 0$.

Aplicando el teorema del valor intermedio, sabemos que ha de existir un salario $w^* \in (0, \overline{w})$ tal que $z(w^*) = 0$. Estableciendo así la existencia del equilibrio. La ley de Walras implicará que en w^* dado que $L(w^*) = \overline{L} - R(w^*)$ también $q(w^*) = c(w^*)$.

Para estudiar la optimalidad de Pareto de este equilibrio, recordemos que la condición de primer orden de la maximización del beneficio nos dice

$$w^* = F'(L(w^*)),$$

y la condición de primer orden de la maximización de la utilidad nos dice

$$w^* = \frac{\dfrac{\partial u(c(w^*), R(w^*))}{\partial R}}{\dfrac{\partial u(c(w^*), R(w^*))}{\partial c}}$$

de manera que

$$F'(L(w^*)) = TMS_{R,c}(w^*).$$

que es la condición de primer orden que caracteriza la optimalidad de Pareto de acuerdo con (4.28). Por lo tanto el salario de equilibrio general competitivo posee la propiedad de la optimalidad de Pareto.

Este resultado nos dice que podemos alcanzar una asignación eficiente de forma descentralizada utilizando los precios como mecanismo de coordinación entre los agentes. Los precios, en este caso el salario, conllevan toda la información relevante para proveer los incentivos adecuados a los agentes de manera que las ofertas y demandas en los dos mercados se equilibren. En otras palabras, el problema de Robinson (obtener la máxima satisfacción a partir de las posibilidades productivas) puede descomponerse y descentralizarse en dos problemas independientes pero relacionados: la maximización del beneficio para la empresa y la maximización sujeta a la restricción presupuestaria para el consumidor.

4.3.2. El modelo generalizado: Robinson y Viernes

Vamos a proponer a continuación una generalización de la economía de Robinson Crusoe considerando dos consumidores, dos empresas, dos factores de producción y dos bienes de consumo que permitirá capturar todos los aspectos relevantes del modelo con m consumidores, n empresas y l mercancías.

Supongamos pues que Robinson encuentra a Viernes y ello modifica la economía introduciendo dos actividades productivas (recolección de cocos y pesca) que se realizan con dos factores (trabajo cualificado de Robinson y trabajo no cualificado de Viernes). Estas dos actividades productivas se realizan por dos empresas independientes cuyos propietarios son Robinson y Viernes. Robinson tiene inicialmente toda la dotación de trabajo cualificado $\bar{z}_1$, y Viernes tiene inicialmente toda la dotación de trabajo no cualificado $\bar{z}_2$. Asimismo, Robinson y Viernes tienen preferencias definidas sobre los dos bienes de consumo (x_1, x_2) representables mediante funciones de utilidad $u_i(x_i)$ estrictamente cuasicóncavas, donde $x_i = (x_{i1}, x_{i2})$ representa un plan de consumo del consumidor i.

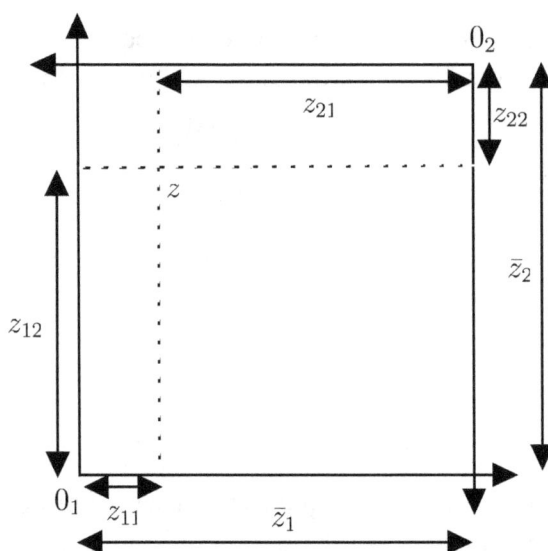

Figura 4.40: Asignaciones de factores de producción.

Denotaremos un plan de producción de la economía como (q_1, q_2), donde q_j es la producción del bien de consumo correspondiente a la empresa j. Denotaremos los factores utilizados por la empresa j como $z_j = (z_{j1}, z_{j2})$; finalmente las tecnologías de las respectivas empresas las representaremos mediante las funciones de producción $f_j(z_j)$. Supondremos que ambas tecnologías son estrictamente cuasicóncavas y crecientes en los dos factores.

Podemos representar una asignación de factores de producción para las empresas mediante una caja de Edgeworth donde la base de la caja representa la dotación total de trabajo cualificado $\bar{z}_1$ y la altura representa la dotación total de trabajo no cualificado $\bar{z}_2$. Los factores utilizados por la empresa 1 los medimos desde la esquina inferior izquierda y los factores utilizados por la empresa 2 los medimos desde la esquina superior derecha. Una asignación de factores de producción es pues un vector $z = (z_{11}, z_{12}, z_{21}, z_{22})$ que representamos como un punto en la caja de Edgeworth. La figura 4.40 ilustra esta descripción.

Empezaremos el análisis con el estudio de la determinación de las asignaciones de factores de producción eficientes en el sentido de Pareto.

Recordemos que el conjunto de isocuantas de la empresa j es

$$\{(z_{j1}, z_{j2}) \in \mathbb{R}^2_+ : f_j(z_{j1}, z_{j2}) = v\}$$

donde v es una constante arbitraria. Podemos dibujar los mapas de curvas isocuantas de ambas empresas en el espacio definido por la caja de Edgeworth de la figura 4.40 de la misma manera como dibujamos los mapas de curvas de indiferencia de los consumidores en la figura 4.3.

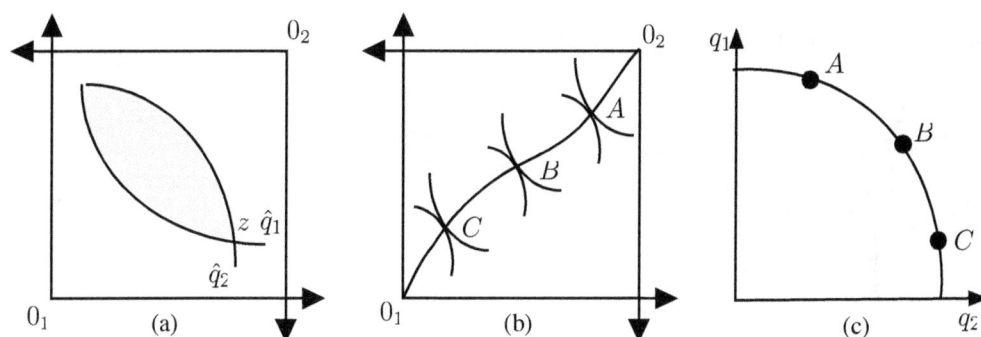

Figura 4.41: Asignaciones eficientes de factores.

Definición 4.21 (Asignación eficiente de factores de producción). *Decimos que una asignación de factores de producción z es eficiente en el sentido de Pareto si no existe otra combinación de factores alternativa que permita aumentar la producción de alguna empresa sin disminuir la producción de alguna otra.*

La figura 4.41 ilustra esta definición. La parte (a) de la figura muestra una asignación que no es eficiente porque cualquier asignación en el interior de la zona coloreada permite aumentar la producción de las dos empresas simultáneamente.

Por lo tanto, una asignación eficiente de factores estará caracterizada por la tangencia entre dos isocuantas. La parte (b) de la figura 4.41 ilustra el conjunto de asignaciones eficientes de factores. Este conjunto es especialmente relevante porque genera las combinaciones de volúmenes de producción (q_1, q_2) en la frontera del conjunto de posibilidades de producción de la economía de Robinson y Viernes, como ilustra la figura 4.41(c).

El enfoque centralizado

Un planificador central se enfrenta al problema de determinar una asignación eficiente de inputs $z = (z_{11}, z_{12}, z_{21}, z_{22})$ que generarán unos volúmenes de producción $\overline{q}_j = q_j(z_{j1}, z_{j2})$, $j = 1, 2$. A su vez, y dada esta disponibilidad de bienes de consumo, debe determinar un plan de consumo para Robinson y para Viernes $x = (x_{11}, x_{12}, x_{21}, x_{22})$ que maximicen sus utilidades respectivas y agoten el producto, es decir $x_{1j} + x_{2j} = q_j$, $j = 1, 2$. Formalmente, el problema del planificador central podemos formularlo como

$$\max_z \sum_j \left[p_j f_j(z_{j1}, z_{j2}) - w_1 z_{j1} - w_2 z_{j2} \right] \quad \text{s.a}$$

$$\begin{cases} z_{11} + z_{21} = \overline{z}_1 \\ z_{12} + z_{22} = \overline{z}_2 \\ f_1(z_1) = x_{11} + x_{21} \\ f_2(z_2) = x_{12} + x_{22} \\ (x_{i1}, x_{i2}) = \arg\max_{x_i} u_i(x_{i1}, x_{i2}) \ \text{s.a} \ (x_{i1}, x_{i2}) \in B_i(p) \ \forall i \end{cases} \quad (4.34)$$

Gráficamente, el punto $(\overline{q}_1, \overline{q}_2)$ determina las dimensiones de la caja de Edgeworth para los consumidores Robinson y Viernes. En ésta, la asignación de consumo x debe satisfacer la optimalidad de Pareto, es decir debe ser una asignación en la que las curvas de indiferencia respectivas son tangentes, o en otras palabras las tasas marginales de sustitución se igualen.

Por último, y para que las decisiones de producción y consumo sean consistentes debe ocurrir que, como en el caso sencillo de la economía de Robinson, las tasas marginales de sustitución sean iguales entre si y se igualen también a la tasa marginal de transformación.

Así pues, una asignación (z^*, x^*) de equilibrio se caracteriza por

$$TMS^1_{x_1,x_2} = TMS^2_{x_1,x_2} = TMT_{q_1,q_2}.$$

La figura 4.42 ilustra el argumento.

El enfoque descentralizado

Como en el caso de la economía sencilla de Robinson, podemos preguntarnos también si existe un sistema de precios $(p, w) = (p_1, p_2; w_1, w_2)$ que permita de forma descentralizada via el mecanismo del mercado, implementar una asignación (z^*, x^*) de equilibrio walrasiano.

El problema para la empresa j es comprar inputs (z_{j1}, z_{j2}) y producir bien de consumo q_j que, dados los precios (p, w) maximice el beneficio. Formalmente,

$$\max_{(z_{j1}, z_{j2})} p_j f_j(z_{j1}, z_{j2}) - w_1 z_{j1} - w_2 z_{j2}, \ j = 1, 2$$

Las cuatro condiciones de primer orden

$$p_j \frac{\partial f_j}{\partial z_{jk}} = w_k \quad \text{para } j = 1, 2 \text{ y } k = 1, 2$$

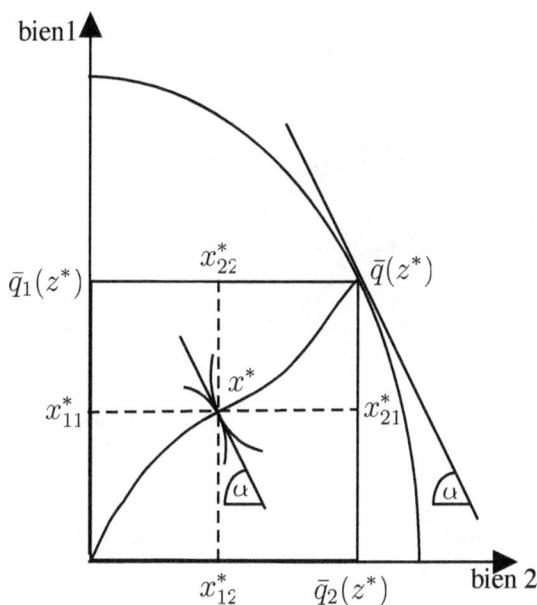

Figura 4.42: Equilibrio centralizado.

junto con la condición de equilibrio en el mercado de factores,

$$\sum_j z_{jk} = \overline{z}_k \quad \text{para } k = 1, 2$$

determinan la demanda óptima de inputs $z_{j1}(p, w)$ y $z_{j2}(p, w)$, que a su vez, vía la función de producción identifican un volumen de producción $q_j(p, w)$. Los ingresos generados por la venda de esta producción netos de los costes de producción definen el nivel de beneficios $\pi_j(p, w)$.

Alternativamente podemos caracterizar las condiciones de equilibrio de las empresas a partir de las funciones de coste $c_j(w, q_j)$. Este es el denominado *enfoque dual de costes*. Las condiciones de primer orden

$$p_j = \frac{\partial c_j(w, q_j)}{\partial q_j} \quad j = 1, 2$$

nos dicen que el nivel de producción de cada empresa es el que maximiza los beneficios. Entonces, podemos aplicar el lema de Shephard para determinar la demanda óptima de inputs de la empresa j. Esta viene dada por

$$z_{jk} = \frac{\partial c_j(w, q_j)}{\partial w_k}.$$

Por último, la condición

$$\sum_j z_{jk} = \overline{z}_k$$

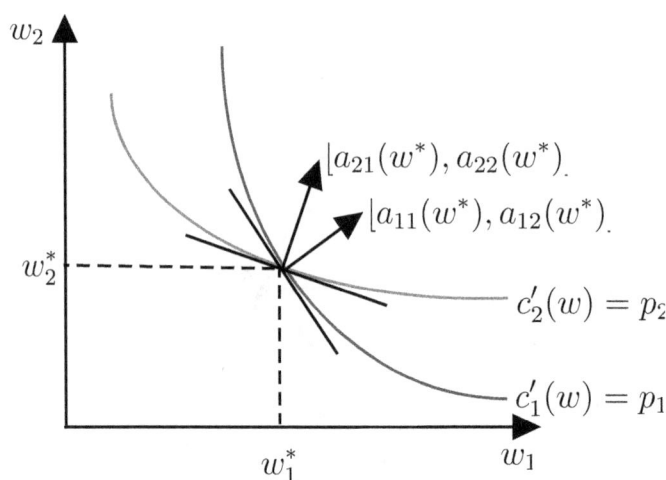

Figura 4.43: Equilibrio en el mercado de factores.

asegura que el mercado de factores se vacía.

Profundicemos un poco más en la determinación del equilibrio en el mercado de factores. Para ello vamos a denotar como $a_j(w) = (a_{j1}(w), a_{j2}(w))$ la combinación de factores minimizadora del coste de la empresa j. Supongamos que la producción del bien 1 es relativamente más intensiva en el factor 1 que la producción del bien 2, es decir

$$\frac{a_{11}(w)}{a_{12}(w)} > \frac{a_{21}(w)}{a_{22}(w)} \quad \forall w = (w_1, w_2).$$

Supongamos que tenemos un equilibrio interior en el que los niveles de producción de ambos bienes es estrictamente positivo. Para determinar los precios de los factores de equilibrio (w_1^*, w_2^*) una condición necesaria es que w^* satisfaga el sistema de ecuaciones

$$p_1 = \frac{\partial c_1(w)}{\partial q_1}, \quad p_2 = \frac{\partial c_2(w)}{\partial q_2}. \tag{4.35}$$

Es decir, en un equilibrio interior los precios de los bienes de consumo deben igualarse al coste marginal de producción. Este sistema de dos ecuaciones determina los precios de los factores (w_1^*, w_2^*). Gráficamente, este sistema de ecuaciones nos dice que las curvas de coste marginal deben cruzarse en (w_1^*, w_2^*) como muestra la figura 4.43.

Además, el supuesto sobre la intensidad de los factores implica que en la intersección de las curvas de coste marginal, la correspondiente a la empresa 2 es más plana que la de la empresa 1.

Una vez determinados los precios de los factores, podemos identificar los niveles de producción determinando el punto (z_1^*, z_2^*) en la caja de Edgeworth de

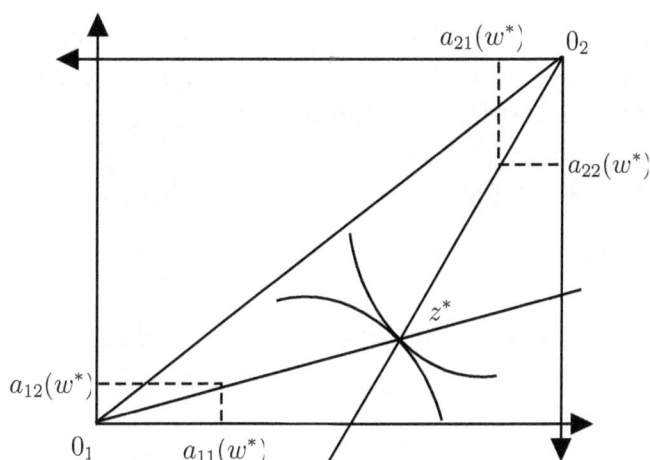

Figura 4.44: Niveles de producción de equilibrio.

asignaciones de factores para el que las intensidades asociadas de factores se corresponden con las encontradas para los precios w^*, es decir, el vector z^* es aquel punto en la caja de Edgeworth que verifica

$$\frac{z_{11}^*}{z_{12}^*} = \frac{a_{11}(w^*)}{a_{12}(w^*)}$$

$$\frac{z_{21}^*}{z_{22}^*} = \frac{a_{21}(w^*)}{a_{22}(w^*)}$$

tal como se muestra en la figura 4.44

Veamos a continuación el problema de Robinson y Viernes como consumidores.

La renta de cada consumidor procede, como en el caso de la economía sencilla de Robinson, de dos fuentes. Las renta salarial como oferente de trabajo y la renta no salarial como propietario de las empresas. Denotemos como θ_{ij} la participación del consumidor i en la propiedad de la empresa j, de manera que $\sum_i \theta_{ij} = 1 \ \forall j$. Recordemos que suponemos que sólo Robinson posee trabajo cualificado (z_1) y sólo Viernes posee trabajo no cualificado (z_2). Así pues, la renta disponible de Robinson es

$$Y_1 = w_1(z_{11} + z_{21}) + \theta_{11}\pi_1(p, w) + \theta_{12}\pi_2(p, w).$$

De forma similar la renta de Viernes es

$$Y_2 = w_2(z_{12} + z_{22}) + \theta_{21}\pi_1(p, w) + \theta_{22}\pi_2(p, w).$$

Por lo tanto el objetivo de Robinson y Viernes como consumidores es definir un plan de consumo $x_i = (x_{i1}, x_{i2})$ $i = 1, 2$ que maximice sus utilidades respectivas sujeto a sus restricciones presupuestarias,

$$\max_{x_1} u_1(x_1) \text{ s.a } p_1 x_{11} + p_2 x_{12} = w_1(z_{11} + z_{21}) + \theta_{11}\pi_1(p, w) + \theta_{12}\pi_2(p, w)$$

$$\max_{x_2} u_2(x_2) \text{ s.a } p_1 x_{21} + p_2 x_{22} = w_2(z_{12} + z_{22}) + \theta_{21}\pi_1(p, w) + \theta_{22}\pi_2(p, w)$$

Los planes de consumo resultantes deben permitir el equilibrio de los mercados de bienes de consumo, es decir

$$q_1 = x_{11} + x_{21} \quad \text{y} \quad q_2 = x_{12} + x_{22}.$$

Resumiendo pues, un equilibrio walrasiano en la economía de Robinson y Viernes es un sistema de precios (p^*, w^*) y una asignación (q^*, x^*) donde

$$q^* = (q_1(z_{11}^*(p^*, w^*), z_{12}^*(p^*, w^*)), q_2(z_{21}^*(p^*, w^*), z_{22}^*(p^*, w^*))) \text{ y}$$
$$x^* = (x_{11}(p^*, w^*), x_{12}(p^*, w^*), x_{21}(p^*, w^*), x_{22}(p^*, w^*))$$

tal que las empresas maximizan beneficios, los consumidores maximizan utilidad y los mercados se vacían. Esta asignación se caracteriza porque las relaciones marginales de sustitución de los dos consumidores son iguales entre si, iguales a la relación marginal de transformación de la economía, e iguales a los precios relativos de los bienes de consumo. formalmente,

$$TMS_{x_{11},x_{12}} = TMS_{x_{21},x_{22}} = TMT_{q_1,q_2} = \frac{p_2}{p_1}$$

Naturalmente en esta economía también se verifica la Ley de Walras. La demostración de la existencia del equilibrio sigue las mismas líneas de razonamiento que el caso de la economía de intercambio. Ver Starr (1997, cap. 11).

La figura 4.45 resume la discusión. En ella podemos observar que la oferta óptima de bienes de consumo de la economía viene dada por el vector $\overline{q}(z^*) = (\overline{q}_1(z^*), \overline{q}_2(z^*),)$ como resultado de la selección de inputs $z^* = (z_{11}^*, z_{12}^*, z_{21}^*, z_{22}^*)$ maximizadora de beneficios para cada una de las empresas. Esta oferta óptima de bienes de consumo satisface la propiedad que la tasa marginal de transformación se iguala a la relación de precios $p_2/p_1 = \tan(\alpha)$. Dadas las preferencias de los consumidores Robinson y Viernes y dados los precios p_2 y p_1, buscamos sus demandas óptimas (maximizadoras de utilidad) dadas sus respectivas rentas salariales y no salariales. Ello nos selecciona un plan de consumo $x_i^* = (x_{i1}^*, x_{i2}^*)$ en el que las relaciones marginales de sustitución se igualan entre si y a la relación de precios. Como consecuencia las demandas de los consumidores son consistentes

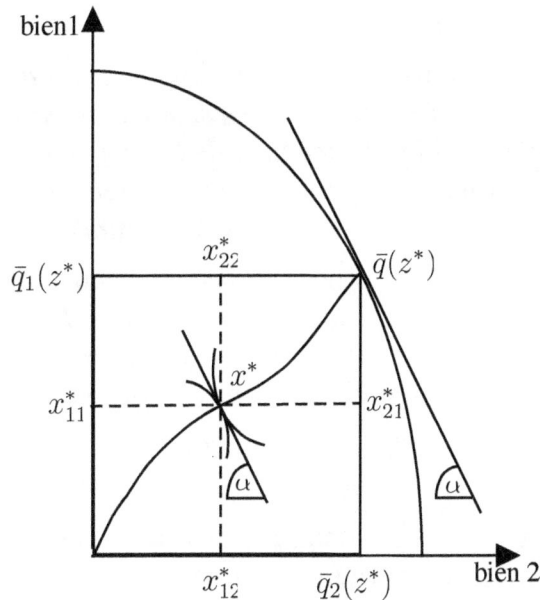

Figura 4.45: La asignación de equilibrio.

entre si y las demandas agregadas son iguales a las ofertas agregadas. La asignación descrita junto con el sistema de precios asociado (p^*, w^*), es pues nuestro equilibrio general competitivo con producción en la economía de Robinson y Viernes.

Estudiado el enfoque positivo del modelo de equilibrio general competitivo con producción podemos pasar ahora a estudiar el enfoque normativo.

Los teoremas del bienestar

Como ya hemos visto en el modelo sin producción, el *primer teorema del bienestar* dice que cualquier equilibrio competitivo es óptimo de Pareto. En esta sección extenderemos el teorema al modelo con producción y lo demostraremos. Este teorema es importante porque requiere muy pocos supuestos sobre la estructura formal del modelo más allá de alguna versión del supuesto de monotonicidad de las preferencias. En particular no necesita de ningún supuesto de convexidad de las preferencias o de la tecnología.

Proponemos a continuación una formulación general del teorema para una economía con l mercancías ($k = 1, 2, \ldots, l$), un conjunto I de consumidores ($i = 1, 2, \ldots m$) y un conjunto J de empresas ($j = 1, 2, \ldots, n$). Recuperamos la convención de inputs negativos, de manera que un sistema de precios en esta economía lo denotamos como un vector l-dimensional $p \in \mathbb{R}^l_+$. Por último para evitar confusión en la notación, denominaremos a la renta de un consumidor i

dado un sistema de precios p, como $M_i(p)$.

Teorema 4.10 (Primer teorema del bienestar). *Supongamos que las preferencias de los consumidores son continuas y fuertemente monótonas (ver cap. 2). Sea $p^0 \in \mathbb{R}^l_+$ un sistema de precios competitivo de la economía. Sean x_i^0, $i \in I$ y q_j^0, $j \in J$ el plan de consumo individual y el plan de producción de la empresa j asociados. Entonces, x_i^0 es eficiente en el sentido de Pareto.*

Demostración. (i) Dado que x_i^0 es una asignación de equilibrio debe satisfacer $x_i^0 \succsim_i x_i$, $\forall x_i \in X_i$, de manera que $p^0 x_i \leq M_i(p^0)$, $\forall i \in I$.

Consideremos ahora un plan de consumo $\widehat{x}_i$ que para el consumidor i es preferido a x_i^0. En este caso, la asignación $\widehat{x}_i$ debe ser también más cara, es decir

$$\widehat{x}_i \succ_i x_i^0 \quad \text{implica} \quad p^0 \widehat{x}_i > p^0 x_i^0.$$

(ii) De forma parecida, la maximización del beneficio en equilibrio implica que planes de producción que generan mayor beneficio que q_j^0 a los precios p^0 no forman parte de su conjunto de producción Y_j. Es decir,

$$p^0 \widehat{q}_j > p^0 q_j^0 \quad \text{implica} \quad \widehat{q}_j \notin Y_j.$$

(iii) Dado que en equilibrio los mercados se vacían debe ocurrir

$$\sum_{i \in I} x_i^0 \leq \sum_{j \in J} q_j^0 + \sum_{i \in I} w_i$$

donde w_i representa la dotación inicial de recursos del consumidor i.

(iv) Dado que las preferencias satisfacen la monotonicidad fuerte, en equilibrio cada consumidor seleccionará un plan de consumo que agotará su renta, es decir

$$p^0 x_i^0 = M_i(p^0), \quad \text{donde} \quad M_i(p^0) = p^0 w_i + \sum_{j \in J} \theta_{ij} \pi_j^0, \qquad (4.36)$$

donde, dada la convención de inputs negativos $\pi_j^0 = p^0 q_j^0$.

Sumando (4.36) sobre el conjunto de consumidores obtenemos,

$$\begin{aligned}
\sum_{i \in I} p^0 x_i^0 &= \sum_{i \in I} \left[p^0 w_i + \sum_{j \in J} \theta_{ij} (p^0 q_j^0) \right] \\
&= p^0 \sum_{i \in I} w_i + p^0 \sum_{i \in I} \sum_{j \in J} \theta_{ij} q_j^0 \\
&= p^0 \sum_{i \in I} w_i + p^0 \sum_{j \in J} \sum_{i \in I} \theta_{ij} q_j^0 \\
&= p^0 \sum_{i \in I} w_i + p^0 \sum_{j \in J} q_j^0,
\end{aligned}$$

puesto que para cada empresa j se verifica que $\sum_i \theta_{ij} = 1$.

(v) Supongamos ahora, contrariamente al teorema, que hay una asignación factible v_i, $i \in I$ que verifica $v_i \succsim_i x_i^0$ para todo $i \in I$ y para algunos consumidores $h \in I$ esta preferencia es estricta, $v_h \succ_h x_h^0$. La asignación v_i debe ser más cara que x_i^0 para aquellos consumidores que mejoran su nivel de satisfacción y no debe ser más barata para el resto. Por lo tanto,

$$\sum_{i \in I} p^0 v_i > \sum_{i \in I} p^0 x_i^0 = \sum_{i \in I} M_i(p^0) = p^0 \sum_{i \in I} w_i + p^0 \sum_{j \in J} q_j^0.$$

Pero si v_i es factible significa que debe existir un plan de producción $\widetilde{q}_j \in Y_j$ para cada $j \in J$ tal que

$$\sum_{i \in I} v_i \leq \sum_{j \in J} \widetilde{q}_j + \sum_{i \in I} w_i.$$

Ahora bien, si evaluamos este nuevo plan de producción a los precios p^0 obtenemos,

$$p^0 \sum_{i \in I} w_i + p^0 \sum_{j \in J} q_j^0 < p^0 \sum_{i \in I} v_i \leq p^0 \sum_{j \in J} \widetilde{q}_j + p^0 \sum_{i \in I} w_i,$$

de manera que concluimos que

$$p^0 \sum_{j \in J} q_j^0 < p^0 \sum_{j \in J} \widetilde{q}_j.$$

Por lo tanto, para alguna empresa $j \in J$ debe ocurrir $p^0 q_j^0 < p^0 \widetilde{q}_j$. Ahora bien, hemos supuesto que q_j^0 maximizaba el beneficio de la empresa j dados los precios p^0, de manera que no puede existir un plan de producción alternativo que genere mayor beneficio. Por lo tanto el plan de producción $\widetilde{q}_j$ no puede ser factible para la empresa. Esta contradicción a su vez demuestra que la asignación v_i no puede ser factible y la demostración está completa. $\square$

El primer teorema de bienestar representa la formalización de la mano invisible de Adam Smith. Un equilibrio competitivo descentraliza el proceso de decisión que conduce a una asignación eficiente. Los precios contienen toda la información necesaria para proveer los incentivos adecuados a productores y consumidores para que actuando de forma independiente, tomen decisiones óptimas (maximizadoras de las respectivas funciones objetivo), eficientes y consistentes entre si.

El *segundo teorema del bienestar* dice que para toda asignación eficiente en el sentido de Pareto de una economía en la que los consumidores tienen preferencias convexas y las empresas utilizan tecnologías convexas, puede encontrarse un sistema de precios que permite implementarla como un equilibrio competitivo siempre y cuando podamos diseñar un sistema de redistribución de las dotaciones iniciales y de la propiedad de las empresas.

La demostración de este resultado (ver Starr (1997, pp. 146-151) es más compleja y menos general. En particular, veremos que la convexidad de las preferencias y de la tecnología es crucial. La estrategia de la demostración consiste en demostrar dos resultados previos. Finalmente, el segundo teorema del bienestar aparecerá como un corolario de estos resultados.

Lema 4.3. *Consideremos una economía en la que los conjuntos de consumo $X_i \subset \mathbb{R}_*^l$, $i \in I$ son cerrados, no vacíos y convexos, las preferencias de los consumidores son fuertemente monótonas, continuas y convexas. Sea $x^0 \in X_i$. Entonces podemos identificar $x^\nu \in X_i, \nu = 1, 2, \ldots$ tal que $x^\nu \succ_i x^0$ y $\lim_{\nu \to \infty} x^\nu = x^0$.*

Demostración. Definamos la secuencia $x^\nu = x^0 + (1/\nu, 1/\nu, \ldots, 1/\nu,)$ Dadas las propiedades de X_i y la monotonía fuerte de las preferencias sabemos que $x^\nu \in X_i$ y también $x^\nu \succ_i x^0$. Finalmente es trivial verificar que $x^\nu \to x^0$. $\qquad\square$

Recordemos que en el capítulo 2 definimos el conjunto cerrado y convexo de los planes de consumo *no peores* que x_i^0 como

$$MI_i(x_i^0) \equiv \{x \in X_i : x \succsim_i x_i^0\}.$$

A partir de la asignación x_i^0, $i \in I$ podemos sumar estos conjuntos para obtener un conjunto convexo

$$MI = \sum_{i \in I} MI_i(x_i^0)$$

que representa el conjunto de consumos agregados no peores que x_i^0. Consideremos ahora el subconjunto de consumos agregados estrictamente preferidos a x_i^0. Este será también un conjunto convexo que denotaremos por M. Un punto en M es un plan de consumo agregado que puede generar una asignación preferida en el sentido de Pareto a x_i^0, $i \in I$.

Sea $Y = \cup_{j \in J} Y_j$ y denotemos $w = \sum_{i \in I} w_i$. Entonces el conjunto de asignaciones agregadas factibles se define como los elementos no negativos de $(Y + \{w\})$. Este será el conjunto convexo que definimos como

$$B = (Y + \{w\}) \cap \mathbb{R}_+^l.$$

A partir de una asignación Pareto óptima, x_i^0, $i \in I$ y dada la monotonicidad de las preferencias, los conjuntos M y B han de ser disjuntos. En otro caso podríamos encontrar una asignación factible preferida a x_i^0. Por lo tanto podemos

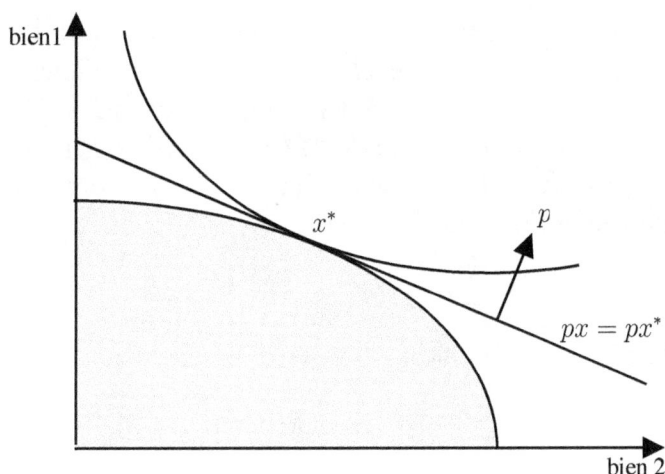

Figura 4.46: El soporte de una asignación de equilibrio.

aplicar el teorema del hiperplano separador y afirmar que existe un hiperplano que separa ambos conjuntos. Un vector ortogonal a este hiperplano es precisamente el sistema de precios que descentraliza la asignación eficiente. La figura 4.46 ilustra el teorema del hiperplano separador.

El teorema siguiente caracteriza el sistema de precios.

Teorema 4.11. *Supongamos una economía productiva en la que los conjuntos de producción de las empresas son convexos, cerrados, contemplan la posibilidad de suspender la actividad* $(0 \in Y_j)$ *y satisfacen el postulado de que sin factores no se obtiene producción. Supongamos que los conjuntos de consumo son cerrados, no vacíos y convexos, y que las preferencias de los consumidores son fuertemente monótonas, continuas y convexas. Sea* (x_i^*, q_j^*), $i \in I$, $j \in J$ *una asignación eficiente en el sentido de Pareto. Entonces existe un sistema de precios* $p \in \mathbb{R}_+^l$ *tal que*

(i) x_i^* *minimiza* $p \cdot x$ *en* $MI_i(x_i^*)$, $i \in I$ *y*

(ii) q_j^* *maximiza* $p \cdot q$ *en* Y_j, $j \in J$

Este teorema nos dice que podemos utilizar el teorema del hiperplano separador para identificar un sistema de precios que soporte una asignación eficiente.

Demostración. Sea $x^* = \sum_{i \in I} x_i^*$ y sea $q^* = \sum_{j \in J} q_j^*$. Notemos que para cada coordenada se verifica que $x^* \leq q^* + w$. Sea $MI = \sum_{i \in I} MI_i(x_i^*)$. Sea $B = Y + \{w\}$. Ambos conjuntos son convexos cerrados y tienen en común los puntos $x^*, q^* + w$. Sea $M = \sum_{i \in I}\{x \in X_i : x \succ_i x_i^*\}$ un conjunto convexo cuya clausura es MI (por el lema 4.3). El conjunto M representa planes de consumo agregados que pueden generar una asignación que represente una mejora de Pareto sobre x_i^*, $i \in I$. Señalemos que dado que x_i^* es una asignación eficiente, el supuesto de monotonicidad fuerte de las preferencias implica que M y B son conjuntos disjuntos. Así pues x^* es un elemento de MI y de B pero x^* no es un elemento en el interior de MI ni de B. En consecuencia, a partir del teorema del hiperplano separador hay un vector ortogonal p tal que

$$p \cdot x \geq p \cdot v \quad \forall x \in M, \ \forall v \in B.$$

La continuidad de las preferencias también nos permite afirmar que

$$p \cdot x \geq p \cdot v \quad \forall x \in MI, \ \forall v \in B.$$

Por lo tanto aquellos puntos comunes a MI y B que tienen coordenadas $x^*, (q^* + w) \in A \cap B$ verifican que

- x^* minimiza $p \cdot x$ en MI y

- $(q^* + w)$ maximiza $p \cdot x$ en B

La monotonicidad fuerte de las preferencias asegura que p es un vector no negativo, $p \in \Delta^{l-1}$. Dado que $x^*, (q^* + w) \in A \cap B$ tenemos que

- x^* minimiza $p \cdot x$ en MI y

- $(q^* + w)$ maximiza $p \cdot v$ en B,

es decir el valor del producto $p \cdot x^*$ es el mayor de entre los productos con cualquier elemento de B y es el menor con respecto a cualquier elemento de MI. Sin embargo x^* es la suma de un elemento de cada $MI_i(x_i^*)$, $i \in I$ y q^* es la suma de un elemento de cada Y_j, $j \in J$. La estructura aditiva de MI y de B implica que

- x_i^* minimiza $p \cdot x$ en $MI_i(x_i^*)$ y

- q_j^* maximiza $p \cdot q$ en Y_j.

Es decir

$$p \cdot x^* = \min_{x \in MI} p \cdot x = \min_{x_i \in MI_i(x_i^*)} p \cdot \sum_{i \in I} x_i = \sum_{i \in I} \left(\min_{x_i \in MI_i(x_i^*)} p \cdot x \right),$$

y

$$p \cdot (w + q^*) = \max_{v \in B} p \cdot v = p \cdot w + \sum_{j \in J} \left(\max_{q_j \in Y_j} p \cdot q_j \right).$$

Por lo tanto x_i^* minimiza $p \cdot x$ para todo $x \in MI_i(x_i^*)$ y q_j^* maximiza $p \cdot q$ para todo $q \in Y_j$. $\square$

El corolario que presentamos a continuación constituye el segundo teorema del bienestar. Nos dice que el sistema de precios que soportan una asignación eficiente identificado en el teorema 4.11 puede utilizarse junto con una adecuada redistribución de las dotaciones iniciales para soportar cualquier asignación eficiente como equilibrio competitivo.

Corolario 4.3 (Segundo teorema del bienestar). *Supongamos una economía productiva en la que los conjuntos de producción de las empresas son convexos, cerrados, contemplan la posibilidad de suspender la actividad* $(0 \in Y_j)$ *y satisfacen el postulado de que sin factores no se obtiene producción. Supongamos que los conjuntos de consumo son cerrados, no vacíos y convexos, y que las preferencias de los consumidores son fuertemente monótonas, continuas y convexas. Sea* (x_i^*, q_j^*), $i \in I$, $j \in J$ *una asignación eficiente en el sentido de Pareto. Entonces existe un sistema de precios* $p \in \mathbb{R}_+^l$, *unas dotaciones iniciales de recursos* $\widehat{w}_i \geq 0$, *y una estructura de propiedad de las empresas* $\widehat{\theta}_{ij} \geq 0$ *tal que,*

$$\sum_{i \in I} \widehat{w}_i = w$$

$$\sum_{i \in I} \widehat{\theta}_{ij} = 1 \ \forall j$$

$$p \cdot q_j^* \ maximiza \ p \cdot q_j \ para \ q_j \in Y_j$$

$$p \cdot x_i^* = p \cdot \widehat{w}_i + \sum_{j \in J} \widehat{\theta}_{ij}(p \cdot q_j^*).$$

Además, para cada consumidor $i \in I$ *se satisface la propiedad siguiente:*

$$(p \cdot x_i^* > \min_{x \in X_i} p \cdot x) : x_i^* \succsim_i x \ \forall x \in X_i$$

de manera que

$$p \cdot x \leq p \cdot \widehat{w}_i + \sum_{j \in J} \widehat{\theta}_{ij}(p \cdot q_j^*).$$

El segundo teorema del bienestar nos dice que, bajo algunos supuestos, cualquier asignación eficiente puede descentralizarse a través del mecanismo de los precios. La propiedad final referida a los consumidores nos dice que cada uno de ellos es un maximizador de utilidad sujeto a su restricción presupuestaria.

Demostración. A partir del teorema 4.11 tenemos $p \in \Delta^{l-1}$ de manera que x_i^* minimiza $p \cdot x$ para todo $x \in MI_i(x_i^*)$ y q_j^* maximiza $p \cdot q$ para todo $q \in Y_j$.

Tenemos que demostrar dos propiedades: (i) que podemos encontrar $\widehat{w}_i, \widehat{\theta}_{ij}$ que satisfagan las condiciones del corolario y (ii) que el comportamiento del consumidor puede caracterizarse como la maximización de la utilidad sujeta a la restricción presupuestaria.

(i) Dado que la asignación x_i^* es factible, sabemos que

$$\sum_{I \in I} x_i^* \leq \sum_{j \in J} q_j^* + w.$$

Dado que la asignación es eficiente en el sentido de Pareto, sabemos que la desigualdad será estricta sólo para aquellos bienes redundantes k que no son deseables para ningún consumidor de manera que $p_k = 0$. Además, dada la monotonicidad fuerte hay por lo menos un bien que es deseable y por lo tanto su precio es positivo. Evaluando la ecuación anterior a los precios p obtenemos

$$\sum_{I \in I} p x_i^* = \sum_{j \in J} p q_j^* + pw.$$

Ahora ya es pura aritmética identificar los $\widehat{w}_i$ y $\widehat{\theta}_{ij}$ adecuados. Por ejemplo, definamos

$$\lambda_i = \frac{p x_i^*}{\sum_{h \in I} p x_h^*},$$

de manera que $\widehat{w}_i = \lambda_i w$, $\widehat{\theta}_{ij} = \lambda_i$, $i \in I$, $j \in J$.

(ii) Por parte del consumidor queremos demostrar que la minimización del coste sujeta a la la restricción de la utilidad es equivalente a la maximización de la utilidad sujeta a la restricción presupuestaria. Esto se sigue de la continuidad de las preferencias. Supongamos, a senso contrario, que existe $\widetilde{x}_i$ que satisface $p \widetilde{x}_i = p x_i^*$ y $\widetilde{x}_i \succ_i x^*$ y derivemos una contradicción.

La continuidad de las preferencias implica que existe un entorno ε alrededor de $\widetilde{x}_i$ en el que todos sus puntos son preferidos o indiferentes a x_i^*. Pero entonces el valor de algunos de estos puntos (evaluados en p) es inferior que el valor de x_i^*, de manera que x_i^* ya no minimiza el coste en $MI_i(x_i^*)$. Esto es una contradicción. Por lo tanto no puede existir una asignación como $\widetilde{x}_i$.   □

4.3.3. Estática comparativa

Consideremos una economía con dos bienes (empresas) y dos factores de producción. Supongamos que esta economía está en equilibrio con un sistema de precios (p, w) y una asignación de factores (z_1, z_2).

Supongamos que está economía recibe un shock que provoca un aumento del precio de uno de los bienes de consumo. Queremos estudiar el impacto de la variación de ese precio sobre los precios de los factores y sobre la (re)asignación de factores. Alternativamente, podemos plantearnos un shock inicial en forma de expansión de la oferta de un factor de producción. En tal caso la pregunta se plantea en términos del impacto sobre los precios de los factores y sobre los niveles

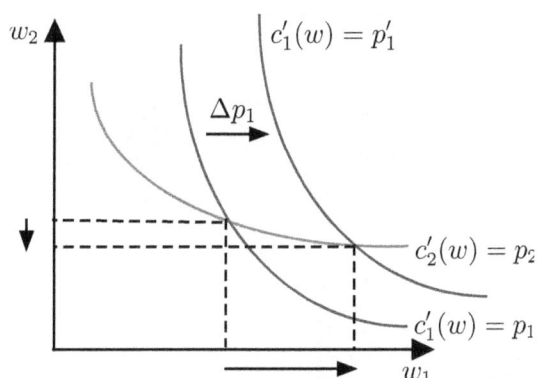

Figura 4.47: Estática comparativa ante la variación de p_1.

de producción de los bienes de consumo. La respuesta a estas preguntas es el contenido de la *estática comparativa* del equilibrio.

Variación del precio de un bien de consumo

Supongamos que el precio del bien de consumo 1, que denotamos como p_1, aumenta desde su valor de equilibrio hasta p_1'. Este aumento del precio del bien 1, se traduce en un aumento del coste marginal, puesto que en el óptimo ya sabemos que debe verificarse la igualdad entre precio y coste marginal,

$$\frac{\partial C_1}{\partial q_1} = p_1', \ \forall w$$

Este incremento del coste marginal representa un desplazamiento hacia afuera de la curva de coste marginal, tal como muestra la figura 4.47. El resultado de este desplazamiento de la curva de coste marginal provoca un aumento del precio del factor 1, w_1, y una disminución del precio del factor de producción 2, w_2. En consecuencia, ambas empresas ajustan su demanda de factores, aumentando la conratación de factor2 y disminuyendo la contratación de factor 1. Es decir, aumenta el ratio z_1/z_2. La figura 4.48 muestra este ajuste en el que

$$\frac{z_1^*}{z_2^*} < \frac{\widetilde{z}_1}{\widetilde{z}_2}$$

Es fácil verificar que esta nueva asignación de factores $\widetilde{z}$ conlleva un desplazamiento sobre la frontera de posibilidades de producción en favor de q_2. Este es el contenido del teorema de Stolper-Samuelson.

Teorema 4.12 (Stolper-Samuelson). *Supongamos que la intensidad de uso del factor 1 es mayor en la producción del bien 1 que en la producción del bien 2. Si aumenta p_1, el precio de equilibrio del factor utilizado más intensivamente en a producción del bien 1 aumenta mientras que el precio del otro factor disminuye.*

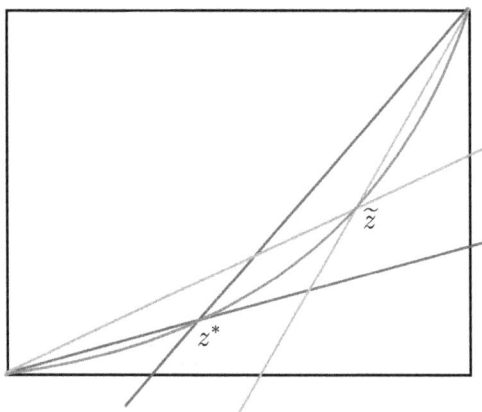

Figura 4.48: Ajuste ante la variación de p_1.

Variación de la oferta de un factor de producción

Supongamos ahora que aumenta la oferta total de factor 1, $\overline{z}_1' > \overline{z}_1$. Queremos estudiar el efecto de este cambio sobre los precios de los factores y sobre los niveles de producción de los bienes de consumo.

Dado que ni los precios de los bienes de consumo varían, ni las tecnologías varían, los precios de los factores no se verán afectados. Por lo tanto, las intensidades de uso de los factores tampoco se verán afectadas. La nueva asignación se determina fácilmente con ayuda de la figura 4.49, en la se ha modificado la caja de Edgeworth original a la nueva disponibilidad de factor 1 dada por $\overline{z}_1'$. Esta nueva asignación se encuentra en a nueva intersección de las dos rectas que representan las (inalteradas) intensidades de uso de factores. A esta nueva situación z^* le corresponde una nueva combinsción (q_1, q_2) sobre la frontera de posibilidades de producción, donde q_1 que es el bien que utiliza más intensivamente el factor z_1 ha aumntado su nivel de producción en detrimento del volumen de producción del bien de consumo q_2. Formalmente, éste es el contenido del teorema de Rybcszynski.

Teorema 4.13 (Rybcszynski). *Supongamos que el factor de producción z_1 se utiliza más intensivamente en la producción del bien de consumo q_1 que en la producción del bien de consumo q_2. Si aumenta a dotación del factor z_1, la producción de bien 1 aumenta y la producción de bien 2 disminuye.*

4.4. Ejercicios

1. Consideremos una economía con dos bienes (x_1, x_2) y dos consumidores. Hay 100 unidades de x_1 y 100 unidades de x_2. Cada consumidor tiene una

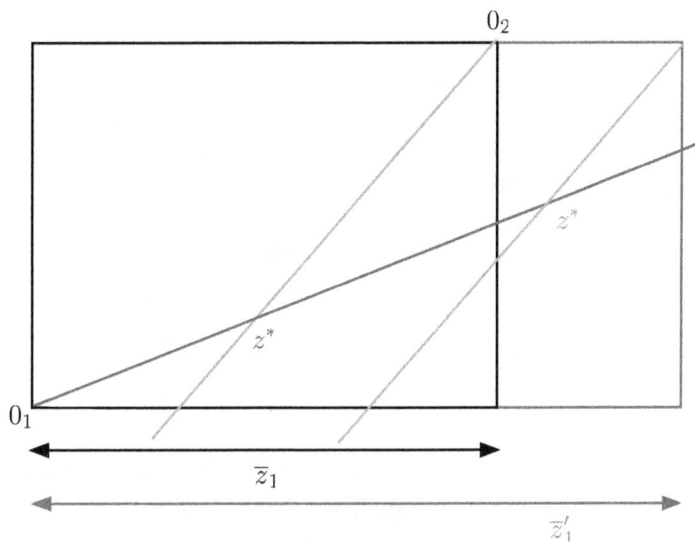

Figura 4.49: Ajuste ante la variación de z_1.

dotación inicial de 50 unidades de cada bien. Las preferencias de los consumidores están descritas por las siguientes declaraciones:

Consumidor 1 "Me gusta x_1 pero puedo tomar o dejar x_2"

Consumidor 2 "Me gusta x_2 pero puedo tomar o dejar x_1"

(a) Dibujar una caja de Edgeworth con los mapas de indiferencia de ambos consumidores.

(b) Encontrar los equilibrios walrasianos de esta economía.

2. Consideremos una economía de intercambio con dos consumidores idénticos. Su función de utilidad común es

$$u_i(x_1, x_2) = x_1^\alpha x_2^{1-\alpha}, \quad \alpha \in (0, 1)$$

La economía tiene 10 unidades de x_1 y 10 unidades de x_2 en total. Encontrar las dotaciones iniciales w_1 y w_2 con $w_1 \neq w_2$ y los precios de equilibrio walrasiano que soportan la asignación igualitaria para ambos consumidores, es decir $(5, 5)$.

3. Considere una economía de intercambio con dos bienes y dos consumidores. La dotación agregada es $\bar{w} = (20, 10)$. La utilidad del agente 1 es $u_1(x_{11}, x_{12}) = 2x_{11} + x_{12}$.

Encuentre el *conjunto de asignaciones Pareto óptimas* de cuando la utilidad del agente 2 es,

   (a) $u_2(x_{21}, x_{22}) = 4x_{21}^2 x_{22}$;

   (b) $u_2(x_{21}, x_{22}) = 2x_{21}^2 x_{22}$;

   (c) $u_2(x_{21}, x_{22}) = x_{21} + 2x_{22}$;

   (d) $u_2(x_{21}, x_{22}) = \min\{x_{21}, x_{22}\}$.

4. En una economía de intercambio con dos bienes y dos consumidores con las siguientes *funciones de de utilidad indirecta*:

$$
\begin{aligned}
v_1(p_1, p_2, m) &= \log m_1 - \alpha \log p_1 - (1 - \alpha) \log p_2, \\
v_2(p_1, p_2, m) &= \log m_2 - \beta \log p_1 - (1 - \beta) \log p_2.
\end{aligned}
$$

(donde $0 < \alpha < 1$ y $0 < \beta < 1$), las dotaciones iniciales de los bienes son $w_1 = (1, 1)$ y $w_2 = (1, 1)$ respectivamente. Calcule la función de exceso de demanda agregada para cada uno de los bienes. Demuestre que dichas funciones son homogéneas de grado cero y satisfacen la *Ley de Walras*. Calcule el equilibrio Walrasiano de la economía.

5. Considere una economía de intercambio con 2 bienes y n consumidores en la que todos los agentes tienen las mismas preferencias Cobb–Douglas, $u_i(x_{i1}, x_{i2}) = x_{i1}^\alpha x_{i2}$ $(\alpha > 0)$, y las dotaciones iniciales son $w_i = (w_{i1}, w_{i2})$ $(i = 1, 2, ..., n)$.

   (a) Calcule la función de demanda agregada de cada bien.

   (b) Calcule la asignación y los precios de equilibrio.

   (c) Demuestre que los precios de equilibrio no dependen de la distribución inicial de los bienes.

   (d) Describa el conjunto de óptimos paretianos de la economía.

6. Considere una economía de intercambio con dos bienes y dos consumidores. Las preferencias y las dotaciones iniciales de los agentes son (respectivamente)

$$
\begin{aligned}
u_1(x_{11}, x_{12}) &= x_{11}^\alpha x_{12}^{1-\alpha}, \ \ \alpha \in (0, 1), \quad w_1 = (0, 1); \\
u_2(x_{21}, x_{22}) &= \min\{x_{21}, x_{22}\}, \quad w_2 = (1, 0).
\end{aligned}
$$

   (a) Encuentre el conjunto de asignaciones Pareto óptimas de esta economía.

   (b) Calcule el equilibrio Walrasiano.

[Nota: Se puede calcular el equilibrio sin calcular las funciones de demanda.]

7. Considere la siguiente economía de intercambio:

$$u_1(x_{11}, x_{12}) = x_{11}x_{12}, \quad w_1 = (4, 6);$$
$$u_2(x_{21}, x_{22}) = \log x_{21} + \log x_{22}, \quad w_2 = (6, 4).$$

(a) Calcule el conjunto de asignaciones Pareto óptimas y la *curva de contrato*.

(b) Calcule el equilibrio Walrasiano.

(c) Compruebe que la *Ley de Walras* se cumple para cualquier sistema de precios, sean o no precios de equilibrio.

8. Considere una economía de intercambio con dos consumidores y dos bienes en la cual las preferencias son $u_1(x_{11}, x_{12}) = x_{11}^3 x_{12}$, $u_2(x_{21}, x_{22}) = x_{21}x_{22}$, y las dotación agregada es $\bar{w} = (16, 16)$.

(a) Determine si las siguientes asignaciones son Pareto óptimas:

$$(i) \, (x_{11}, x_{12}) = (8, 8), \quad (x_{21}, x_{22}) = (8, 8);$$
$$(ii) \, (x_{11}, x_{12}) = (8, 4), \quad (x_{21}, x_{22}) = (8, 12);$$
$$(iii) \, (x_{11}, x_{12}) = (12, 8), \quad (x_{21}, x_{22}) = (4, 8);$$
$$(iv) \, (x_{11}, x_{12}) = (12, 4), \quad (x_{21}, x_{22}) = (4, 12).$$

(b) En cada caso diga si la asignación es una asignación de equilibrio cuando la dotaciones iniciales de los agentes son (respectivamente) $(w_{11}, w_{12}) = (0, 16)$ y $(w_{21}, w_{22}) = (16, 0)$. En caso afirmativo calcule los precios de equilibrio.

(c) Si alguna de las asignaciones no es un óptimo paretiano, describa que tipo de intercambio daría lugar a una mejora para ambos consumidores.

9. Discutir las siguientes afirmaciones:

(a) Si en una economía de intercambio todos los consumidores poseen idénticas dotaciones de recursos ($w_i = w$ para todo $i = 1, 2, ..., I$), entonces no se producirá intercambio alguno.

(b) Si en una economía de intercambio todos los consumidores tienen las mismas preferencias ($u_i(x_i) = u(x_i)$ para todo $i = 1, 2, ..., I$), entonces no se producirá intercambio alguno.

(c) En una economía de intercambio no se producirá intercambio alguno si y sólo si tanto las dotaciones iniciales como las preferencias de todos los consumidores son idénticas.

10. Considere una economía de producción con tres mercancías (un bien de consumo x, trabajo L, y capital K), tres consumidores (A, R, T) y una empresa. Los consumidores demandan x y ofrecen L y K. Las funciones individuales de demanda del bien de consumo son

$$x^A(p, w) = \frac{24w + M^A}{3p}; \quad x^R(p, w) = \frac{24w + M^R}{3p}; \quad x^T(p, w) = \frac{24w + M^T}{3p}.$$

Las funciones individuales de oferta de trabajo son

$$L^A(w) = 8 - \frac{2M^A}{3w}; \quad L^R(w) = 8 - \frac{2M^R}{3w}; \quad L^T(w) = 8 - \frac{2M^T}{3w},$$

donde p, w, r son los precios del bien de consumo, del trabajo y del capital respectivamente, y M^A, M^R, M^T son las rentas no salariales de cada uno de los consumidores.

El consumidor A es el propietario de la empresa y M^A son los beneficios de ésta. El consumidor R es el propietario del capital, los servicios del cual vende a la empresa. M^R son las rentas del capital. La cantidad de capital en manos del consumidor R es $\overline{K} = 24/49$. El consumidor T sólo tiene rentas salariales, es decir $M^T = 0$.

La empresa utiliza capital y trabajo como inputs para producir el bien de consumo. Su función de oferta de bien de consumo es

$$S_x(p, w, r) = \frac{p^2}{9wr}.$$

Las funciones de demanda de capital y trabajo son

$$D_L(p, w, r) = \frac{p^3}{27w^2r}; \quad D_K(p, w, r) = \frac{p^3}{27wr^2}.$$

(a) Teniendo en cuenta como se determinan M^A y M^R, expréselas en función de los precios y verifique su homogeneidad de grado 1 con respecto a esos precios.

(b) Calcule la demanda agregada de consumo y la oferta agregada de trabajo en función de los precios, es decir teniendo en cuenta la dependencia de M^A y M^R de éstos.

(c) Calcular las funciones de exceso de demanda de consumo, trabajo y capital de la economía. Verificar que satisfacen la homogeneidad de grado cero con respecto a los precios i la ley de Walras. (La oferta agregada de servicios de capital es $\overline{K} = 24/49$.)

(d) Calcular los precios y cantidades del equilibrio general competitivo.

(e) Verificar que el comportamiento competitivo de los tres consumidores resulta de unas preferencia idénticas representables por $u = xl^2$ donde l es el número de horas de ocio y el número de horas a repartir entre trabajo y ocio es de 24.

(f) Verificar que la función de producción de la empresa es $x = L^{1/3}K^{1/3}$.

11. Describir la curva de transformación entre dos outputs 1 y 2 cuando la función de producción del output 1 es $y_1 = \min\{l_1, k_1\}$, la función de producción de output 2 es $y_2 = l_2^\alpha k_2^{1/2}$, $l_1 + l_2 = k_1 + k_2 = 100$. Calcular la relación de transformación entre los outputs en el punto $y_1 = 50$. Cómo debe ser α para que el conjunto de posibilidades de producción sea convexo?

12. Considere una economía de producción con tres bienes, un consumidor y dos empresas. La función de utilidad del consumidor es $u(x_1, x_2) = x_1 x_2$ y su dotación inicial es $w = (0, 0, 32)$. El bien 3 es un input de producción para las dos empresas. La empresa 1 utiliza dicho input para producir el bien 1 con la tecnología $q_1 = l_1^{1/3}$. La empresa 2 lo utiliza para producir el bien 2 con la tecnología $q_2 = l_2$. (Nota: l_1 y l_2 son por tanto las cantidades del bien 3 utilizadas en los respectivos procesos de producción).

(a) Describa la curva de transformación entre las mercancías 1 y 2 si todos los recursos iniciales de la mercancía 3 se utilizan en la producción.

(b) Calcule la asignación Pareto óptima y encuentre los precios que descentralizan dicha asignación, así como los planes productivos correspondientes. (Normalizar haciendo $p_3 = 1$).

(c) Calcule la renta del consumidor y los beneficios de la empresas en equilibrio.

13. Considere una economía de producción con tres bienes, un consumidor y dos empresas. La función de utilidad del consumidor es $u(x_1, x_2) = x_1^3 x_2$ y su dotación inicial es $w = (0, 0, 32)$. El bien 3 es un input de producción para las dos empresas. La empresa 1 utiliza dicho input para producir el bien 1 con la tecnología $q_1 = l_1^{1/2}$. La empresa 2 lo utiliza para producir el bien 2 con la tecnología $q_2 = l_2$. (Nota: l_1 y l_2 son por tanto las cantidades del bien 3 utilizadas en los respectivos procesos de producción).

(a) Dibuje la frontera de posibilidades de producción de esta economía.

(b) Calcule la asignación Pareto óptima y encuentre los precios que descentralizan dicha asignación, así como los planes productivos correspondientes.

(c) Calcule la renta del consumidor y los beneficios de la empresas en equilibrio.

14. Considere un economía de producción con tres bienes, un consumidor y dos empresas. La función de utilidad del consumidor es $u(x_1, x_2) = x_1^{1/3} x_2^{2/3}$ y su dotación inicial es $w = (0, 0, 18)$. Además, el consumidor es propietario de las dos empresas. El bien 3 es un input de producción para las dos empresas. La empresa 1 utiliza dicho input para producir el bien 1 con la tecnología $q_1 = 1/2 l_1$. La empresa 2 lo utiliza *junto con el bien 1* para producir el bien 2 con la tecnología $q_2 = z_{21}^{1/2} l_2^{1/2}$ (z_{21} es la cantidad del bien 1 que es utilizado en la producción).

    Calcule el equilibrio Walrasiano. Es decir,

    (i) la asignación de equilibrio del consumidor (x_1^*, x_2^*),

    (ii) los planes de producción de equilibrio de las empresas $y_1^* = (q_1^*, 0, -l_1^*)$, $y_2^* = (q_2^*, -z_{21}^*, -l_2^*)$, y

    (iii) el vector de precios de equilibrio $p^* = (p_1^*, p_2^*, p_3^*)$.

    [Sugerencia: utilice la normalización $p_3 = 1$.]

15. Considere una economía productiva de rendimientos constantes a escala con tres mercancías. La mercancía 1 es el output de un proceso productivo que utiliza la mercancía 3 como input de acuerdo con la función de producción $y_1 = \frac{1}{2} l_1$. La mercancía 2 es el output de un proceso productivo que utiliza las mercancías 1 y 3 como inputs de acuerdo con la función de producción $y_2 = l_2^{1/2} z_{12}^{1/2}$, donde z_{12} es la cantidad de mercancía 1 que se utiliza como input en la producción de la mercancía 2. Cada uno de estos procesos de producción está controlado por una empresa competitiva. Los únicos recursos que existen inicialmente en la economía son 18 unidades de la mercancía 3. Existe un único consumidor que es el propietario de los recursos y de las dos empresas. Las funciones de demanda de este consumidor son

    $$x_1 = \frac{m}{3p_1}, \quad x_2 = \frac{2m}{3p_2},$$

    donde m es su renta.

    Calcular los precios y cantidades de equilibrio.

    [Sugerencia: utilice la normalización $p_3 = 1$. Calcule las funciones de coste de las empresas y encuentre los precios. A partir de éstos calcule las cantidades.]

16. Consideremos una economía de Robinson Crusoe. La dotación inicial de Robinson son 24 horas de tiempo h y nada de bien de consumo x, es decir $w = (24, 0)$. Supongamos que las preferencias de Robinson están representadas por la función de utilidad $u(h, x) = hx$. El conjunto de posibilidades de producción es $Y = \{(-h, x) : 0 \leq h \leq b, 0 \leq x \leq \sqrt{h}\}$ donde b es un número positivo grande. sean p_x y p_h los precios del bien de consumo y del ocio.

   (a) Encontrar el precios relativo p_x/p_h que vacían los mercados de bien de consumo y de ocio simultáneamente.

   (b) Calcular los planes de producción y de consumo y representarlos gráficamente en $\mathbb{R}^2_+$.

   (c) Cuántas horas al día trabaja el consumidor?

Capítulo 5

Problemas resueltos

5.1. Teoría del consumidor

1. Considere un individuo i caracterizado por $X_i = \{A, B, C, D, E, F, G, \ldots, S\}$ y con preferencias

$$
\begin{array}{lll}
A \sim B \sim K, & C \sim M \sim N, & L \sim K \\
H \sim I \sim S, & F \sim G \sim E, & C \succ B \\
D \sim O \sim M, & P \sim G \sim Q, & Q \sim S \\
J \sim R \sim S, & S \succ M, & O \succ L
\end{array}
$$

Identificar las clases de equivalencia y ordenarlas.

2. Considere un individuo i caracterizado por $X_i = \{A, B, C\}$, donde

$$
A = (x_A, y_A), \quad B = (x_B, y_B), \qquad C = (x_C, y_C);
$$
$$
x_B > x_C, \qquad y_B > y_C.
$$

Las preferencias son:
$$
A \sim B, \qquad A \sim C
$$

Son estas preferencias compatibles con el comportamiento racional?

3. Considere una economía con dos bienes (x, y). Dibujar los mapas de curvas de indiferencia cuando,

   (a) el bien y es un "bien inutil".

   (b) el bien y es un "mal económico".

   (c) los bienes x e y son substitutos perfectos.

    (d) los bienes x e y son complementarios perfectos.

4. Considere la función de utilidad $u(x, y) = x^\alpha y^\beta$.

    (a) Considere la cesta de consumo (x_0, y_0) y suponga que aumenta el consumo del bien x en un 10 % (manteniendo constante el consumo del bien y en el nivel y_0). En qué porcentaje varía el nivel de utilidad? Proporcionar la interpretación económica de los parámetros α y β.

    (b) Identifique la relación entre la tasa marginal de substitución y la elasticidad de la utilidad con respecto a cada bien.

    (c) Suponga que la elasticidad de una curva de indiferencia es $\varepsilon = -1$ y la elasticidad de la utilidad con respecto al bien x es $\eta_x = 1/2$. Si multiplicamos por cuatro las cantidades de ambos bienes, en cuánto variará el nivel de utilidad?

5. Considere la función de utilidad individual $u(x, y) = kx^\alpha y^\beta$. El individuo tiene una renta w.

    (a) Calcule la función indirecta de utilidad, la demanda marshaliana, la función de gasto y la demanda hicksiana.

    (b) Verifique las cuatro identidades fundamentales.

    (c) Utilice el lema de Shepard para obtener la demanda hicksiana.

    (d) Utilice la identidad de Roy para obtener la demanda marshaliana.

    (e) Encuentre la ecuación de Slutsky.

(a) be inutil

(b) mal econòmic

(c) substitutius perfectes

(d) complementaris perfectes

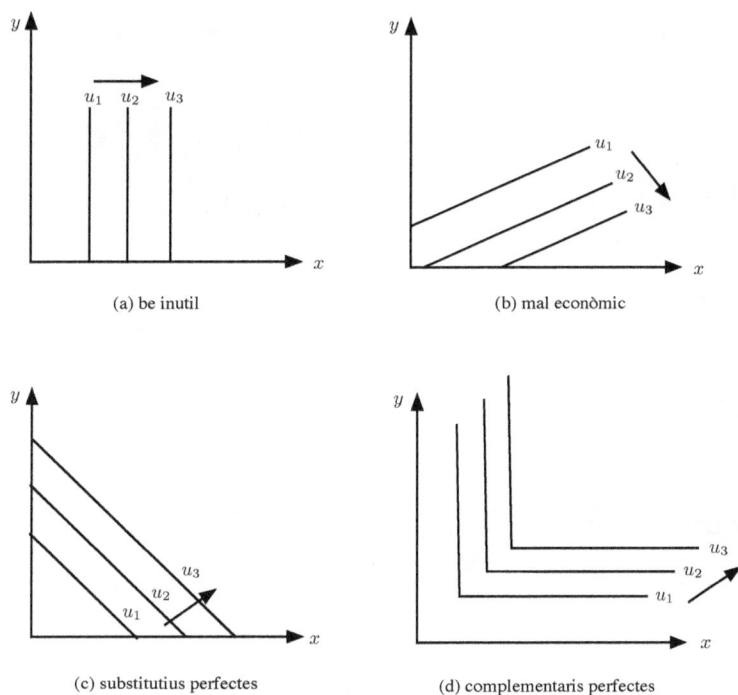

Figura 5.1: Mapas de curvas de indiferencia.

Soluciones

1. Clases de indiferencia:

$$E_1 = \{A, B, K, L\}$$
$$E_2 = \{D, O, M, C, N\}$$
$$E_3 = \{H, I, S, J, R, P, G, Q, F, E\}$$

Ordenación: $E_3 \succ E_2 \succ E_1$

2. No.
   Aplicando transitividad, obtenemos $B \sim C$, y aplicando monotonia, $B \succ C$. Ambos resultados son incompatibles.

3. Véase la Figura 5.1

4. $u(x, y) = x^\alpha y^\beta$.

   (4a) Consideremos la cesta (x_0, y_0) y mantengamos fijo y_0. Por lo tanto $u(x, y_0) = y_0^\beta x^\alpha$. Para simplificar la notación, definamos $A \equiv y_0$, y escribimos, $u(x) = Ax^\alpha$

Si aumenta el consumo de x, la variación del nivel de utilidad es,

$$\triangle u = \frac{du}{dx} \triangle x.$$

Consideremos un aumento en el consumo de x del $10\,\%$, es decir, $\triangle x / x = 0{,}1$. Entonces,

$$\frac{\triangle u}{x} = \frac{du}{dx}\frac{\triangle x}{x} = \alpha A x^{\alpha-1}\frac{\triangle x}{x}.$$

Es decir,

$$\triangle u = \alpha A x^{\alpha}\frac{10}{100} = \alpha u \frac{10}{100},$$

que podemos expresar como,

$$\frac{\triangle u}{u} = \alpha \frac{10}{100}. \tag{5.1}$$

Por lo tanto una variación en el consumo del bien x del $10\,\%$ genera una variación en el nivel de utilidad de $0{,}1\alpha$.

Reescribimos (5.1) como

$$\alpha = \frac{\frac{\triangle u}{u}}{\frac{\triangle x}{x}} = \frac{\triangle u}{\triangle x}\frac{x}{u} = \eta_x$$

y obtenimos que α es precisamente la elasticidad de la utilidad con respecto al bien x.

Mutatis mutandis, podemos demostrar que $\beta = \eta_y$.

(4b) Per definición,

$$TMS_{x,y} \equiv \frac{dy}{dx} = -\frac{\frac{\partial u}{\partial x}}{\frac{\partial u}{\partial y}} = -\frac{\alpha y}{\beta x} = -\frac{\eta_x y}{\eta_y x},$$

es decir,

$$\frac{dy}{dx}\frac{x}{y} = -\frac{\eta_x}{\eta_y}. \tag{5.2}$$

La expresión de la izquierda de (5.2) es la elasticidad de la curva de indiferencia, que denotamos como ε. Así pues podemos reescribir (5.2) como,

$$\varepsilon = -\frac{\eta_x}{\eta_y}. \tag{5.3}$$

(4c) Sean $\varepsilon = -1$ y $\eta_x = 1/2$. Substituyendo estos valores en (5.3) obtenemos $\eta_y = \frac{1}{2}$. Además ya hemos obtenido (véase la sección (1a)) $\alpha = \eta_x$ i $\beta = \eta_y$, de manera que podemos escribir, $u(x, y) = x^{\frac{1}{2}} y^{\frac{1}{2}}$. Finalmente, si multiplicamos por cuatro x e y obtenemos,

$$(4x^{\frac{1}{2}})(4y^{\frac{1}{2}}) = 4x^{\frac{1}{2}} y^{\frac{1}{2}} = 4u,$$

es decir el nivel de utilidad también se multiplica por cuatro. Formalmente, decimos que $u(x, y)$ es una función H^1.

5. Sea $u(x, y) = kx^{\alpha} y^{\beta}$

(5a) Las *Demandas marshallianas* son la solución de

$$\max_{x, y} kx^{\alpha} y^{\beta} \text{ s.a } p_x x + p_y y \leq w$$

Condiciones de primer orden:

$$\frac{\partial u}{\partial x} = \alpha k x^{\alpha-1} y^{\beta} - \lambda p_x = 0 \tag{5.4}$$

$$\frac{\partial u}{\partial y} = \beta k x^{\alpha} y^{\beta-1} - \lambda p_y = 0 \tag{5.5}$$

$$\frac{\partial u}{\partial \lambda} = p_x x + p_y y - w = 0 \tag{5.6}$$

Dividiendo (5.4) entre (5.5) y simplificando obtenemos,

$$y = \frac{\beta}{\alpha} \frac{p_x}{p_y} x. \tag{5.7}$$

Substituyendo (5.7) en (5.6) obtenemos,

$$p_x x \left(1 + \frac{\beta}{\alpha} \right) = w \tag{5.8}$$

Finalmente resolviendo el sistema (5.7), (5.8) para x e y obtenemos las demandas marshallianas:

$$x(p, w) = \frac{\alpha w}{p_x(\alpha + \beta)} \tag{5.9}$$

$$y(p, w) = \frac{\beta w}{p_y(\alpha + \beta)} \tag{5.10}$$

La *Función indirecta de utilidad* es

$$v(p, w) = k \left[\frac{\alpha w}{p_x(\alpha + \beta)} \right]^\alpha \left[\frac{\beta w}{p_y(\alpha + \beta)} \right]^\beta \tag{5.11}$$

Las *Demandas hicksianas* son la solución de

$$\min_{x,y} p_x x + p_y y \text{ s.a } kx^\alpha y^\beta$$

Condiciones de primer orden:

$$\frac{\partial v}{\partial x} = p_x - \lambda(\alpha k x^{\alpha-1} y^\beta) = 0 \tag{5.12}$$

$$\frac{\partial v}{\partial y} = p_y - \lambda(\beta k x^\alpha y^{\beta-1}) = 0 \tag{5.13}$$

$$\frac{\partial v}{\partial \lambda} = kx^\alpha y^\beta - u_0 = 0 \tag{5.14}$$

Dividiendo (5.12) entre (5.13) y simplificando obtenemos,

$$y = \frac{\beta}{\alpha} \frac{p_x}{p_y} x. \tag{5.15}$$

Substituyendo (5.15) en (5.14) obtenemos,

$$x^{\alpha+\beta} = \frac{u_0}{k} \left(\frac{\alpha}{\beta} \frac{p_y}{p_x} \right)^\beta$$

Por lo tanto la *función de demanda hicksiana* del bien x es,

$$h_x(p, u_0) = u_0^{\frac{1}{\alpha+\beta}} k^{\frac{-1}{\alpha+\beta}} \left(\frac{\alpha}{\beta} \frac{p_y}{p_x} \right)^{\frac{\beta}{\alpha+\beta}} \tag{5.16}$$

Substituyendo (5.16) en (5.15) obtenemos la *función de demanda hicksiana* del bien y:

$$h_y(p, u_0) = u_0^{\frac{1}{\alpha+\beta}} k^{\frac{-1}{\alpha+\beta}} \left(\frac{\alpha}{\beta} \frac{p_y}{p_x} \right)^{\frac{-\alpha}{\alpha+\beta}} \tag{5.17}$$

La *función de gasto* es

$$e(p, u_0) = p_x h_x(p, u_0) + p_y h_y(p, u_0) \tag{5.18}$$

Substituyendo (5.16) y (5.17) en (5.18) y simplificando, obtenemos

$$e(p, u_0) = u_0^{\frac{1}{\alpha+\beta}} k^{\frac{-1}{\alpha+\beta}} p_x^{\frac{\alpha}{\alpha+\beta}} p_y^{\frac{\beta}{\alpha+\beta}} \alpha^{\frac{-\alpha}{\alpha+\beta}} \beta^{\frac{-\beta}{\alpha+\beta}} (\alpha + \beta) \tag{5.19}$$

(5b) La *identidad 1* dice: $e(p, v(p, w)) \equiv w$. Utilizando (5.11) y (5.19) obtenemos

$$\left[k\left[\frac{\alpha w}{p_x(\alpha+\beta)}\right]\left[\frac{\beta w}{p_y(\alpha+\beta)}\right]\right]^{\frac{1}{\alpha+\beta}} k^{\frac{-1}{\alpha+\beta}} p_x^{\frac{\alpha}{\alpha+\beta}} p_y^{\frac{\beta}{\alpha+\beta}} \alpha^{\frac{-\alpha}{\alpha+\beta}} \beta^{\frac{-\beta}{\alpha+\beta}}(\alpha+\beta) =$$

$$k^{\frac{1}{\alpha+\beta}} k^{\frac{-1}{\alpha+\beta}} p_x^{\frac{-\alpha}{\alpha+\beta}} p_x^{\frac{\alpha}{\alpha+\beta}} p_y^{\frac{-\beta}{\alpha+\beta}} p_y^{\frac{\beta}{\alpha+\beta}} \alpha^{\frac{\alpha}{\alpha+\beta}} \alpha^{\frac{-\alpha}{\alpha+\beta}} \beta^{\frac{\beta}{\alpha+\beta}} \beta^{\frac{-\beta}{\alpha+\beta}} w^{\frac{\alpha+\beta}{\alpha+\beta}}(\alpha+\beta)^{-1}(\alpha+\beta) = w$$

La *identidad 2* dice: $v(p, e)) \equiv u$. Utilizando (5.11) y (5.19) obtenemos

$$k\left[\frac{\alpha}{p_x(\alpha+\beta)}\right]^{\alpha}\left[\frac{\beta}{p_y(\alpha+\beta)}\right]^{\beta}\left[u_0^{\frac{1}{\alpha+\beta}} k^{\frac{-1}{\alpha+\beta}} p_x^{\frac{\alpha}{\alpha+\beta}} p_y^{\frac{\beta}{\alpha+\beta}} \alpha^{\frac{-\alpha}{\alpha+\beta}} \beta^{\frac{-\beta}{\alpha+\beta}}(\alpha+\beta)\right]^{(\alpha+\beta)}$$

$$kk^{-1}\alpha^{\alpha}\alpha^{-\alpha}\beta^{\beta}\beta^{-\beta}p_x^{-\alpha}p_x^{\alpha}p_y^{-\beta}p_y^{\beta}(\alpha+\beta)^{(\alpha+\beta)}(\alpha+\beta)^{-(\alpha+\beta)}u_0 = u$$

La *identidad 3* dice: $h_x(p, v) \equiv x$. Utilizando (5.11) y (5.16) obtenemos

$$\left[k\left[\frac{\alpha w}{p_x(\alpha+\beta)}\right]^{\alpha}\left[\frac{\beta w}{p_y(\alpha+\beta)}\right]^{\beta}\right]^{\frac{1}{\alpha+\beta}} k^{\frac{-1}{\alpha+\beta}}\left(\frac{\alpha}{\beta}\frac{p_y}{p_x}\right)^{\frac{\beta}{\alpha+\beta}} =$$

$$\left(\frac{\alpha}{\beta}\right)^{\frac{\beta}{\alpha+\beta}}\left(\frac{\alpha}{\alpha+\beta}\right)^{\frac{\alpha}{\alpha+\beta}}\left(\frac{\beta}{\alpha+\beta}\right)^{\frac{\beta}{\alpha+\beta}}\left(\frac{p_y}{p_x}\right)^{\frac{\beta}{\alpha+\beta}}\left(\frac{w}{p_x}\right)^{\frac{\alpha}{\alpha+\beta}}\left(\frac{w}{p_y}\right)^{\frac{\beta}{\alpha+\beta}} =$$

$$\frac{\alpha w}{p_x(\alpha+\beta)} = x(p, w)$$

La *identidad 4* dice: $x(p, e)) \equiv h_x$. Utilizando (5.9) y (5.19) obtenemos

$$\frac{\alpha}{p_x(\alpha+\beta)}\left[u_0^{\frac{1}{\alpha+\beta}} k^{\frac{-1}{\alpha+\beta}} p_x^{\frac{\alpha}{\alpha+\beta}} p_y^{\frac{\beta}{\alpha+\beta}} \alpha^{\frac{-\alpha}{\alpha+\beta}} \beta^{\frac{-\beta}{\alpha+\beta}}(\alpha+\beta)\right] =$$

$$u_0^{\frac{1}{\alpha+\beta}} k^{\frac{-1}{\alpha+\beta}} p_x^{\frac{-\beta}{\alpha+\beta}} p_y^{\frac{\beta}{\alpha+\beta}} \alpha^{\frac{\beta}{\alpha+\beta}} \beta^{\frac{-\beta}{\alpha+\beta}} = h_x(p, u_0)$$

(5c) El lema de Shephard dice

$$h_x(p, u_0) = \frac{\partial e(p, u)}{\partial p_x}$$

Calculemos pues,

$$\frac{\partial e(p, u)}{\partial p_x} = u_0^{\frac{1}{\alpha+\beta}} k^{\frac{-1}{\alpha+\beta}} \alpha^{\frac{\beta}{\alpha+\beta}} \beta^{\frac{-\beta}{\alpha+\beta}} p_x^{\frac{-\beta}{\alpha+\beta}} p_y^{\frac{\beta}{\alpha+\beta}} = h_x(p, u_0)$$

(5d) La identidad de Roy dice

$$x(p, w) = -\frac{\frac{\partial v}{\partial p_x}}{\frac{\partial v}{\partial w}}$$

Calculemos estas expresiones:

$$\frac{\partial v}{\partial p_x} = \alpha k \left(\frac{\alpha w}{p_x(\alpha + \beta)}\right)^{(\alpha-1)} \left(\frac{\beta w}{p_y(\alpha + \beta)}\right)^{(\beta)} \left(\frac{-\alpha w(\alpha + \beta)}{p_x^2(\alpha + \beta)^2}\right) =$$

$$= -\alpha k \left(\frac{\alpha}{p_x(\alpha + \beta)}\right)^{\alpha} \frac{1}{p_x} \left(\frac{\beta}{p_y(\alpha + \beta)}\right)^{\beta} w^{(\alpha+\beta-1)}.$$

$$\frac{\partial v}{\partial w} = (\alpha + \beta)k \left(\frac{\alpha}{p_x(\alpha + \beta)}\right)^{\alpha} \left(\frac{\beta}{p_y(\alpha + \beta)}\right)^{\beta} w^{(\alpha+\beta-1)}.$$

$$-\frac{\frac{\partial v}{\partial p_x}}{\frac{\partial v}{\partial w}} = \frac{\alpha w^{(\alpha+\beta)} w^{-(\alpha+\beta-1)}}{p_x(\alpha + \beta)} = \frac{\alpha w}{p_x(\alpha + \beta)} = x(p, w)$$

(5e) La ecuación de Slutsky dice

$$\frac{\partial x(p, w)}{\partial p_y} = \frac{\partial h_x(p, u)}{\partial p_y} - \frac{\partial x(p, w)}{\partial w} y$$

Calculemos estas expresiones:

$$\frac{\partial x(p, w)}{\partial p_y} = 0$$

$$\frac{\partial h_x(p, u)}{\partial p_y} = u_0^{\frac{1}{\alpha+\beta}} k^{\frac{-1}{\alpha+\beta}} \left(\frac{\alpha}{p_x}\right)^{\frac{\beta}{\alpha+\beta}} \left(\frac{\beta}{p_y}\right)^{\frac{-\alpha}{\alpha+\beta}} (\alpha + \beta)^{-1}$$

$$\frac{\partial x(p, w)}{\partial w} y = \frac{\alpha}{p_x(\alpha + \beta)} \frac{\beta w}{p_y(\alpha + \beta)} = \text{identitat 1}$$

$$= \frac{\alpha \beta}{p_x p_y(\alpha + \beta)^2} u_0^{\frac{1}{\alpha+\beta}} k^{\frac{-1}{\alpha+\beta}} p_x^{\frac{\alpha}{\alpha+\beta}} p_y^{\frac{\beta}{\alpha+\beta}} \alpha^{\frac{-\alpha}{\alpha+\beta}} \beta^{\frac{-\beta}{\alpha+\beta}} (\alpha + \beta) =$$

$$= u_0^{\frac{1}{\alpha+\beta}} k^{\frac{-1}{\alpha+\beta}} \left(\frac{\alpha}{p_x}\right)^{\frac{\beta}{\alpha+\beta}} \left(\frac{\beta}{p_y}\right)^{\frac{-\alpha}{\alpha+\beta}} (\alpha + \beta)^{-1}$$

Por lo tanto,

$$\frac{\partial h_x(p, u)}{\partial p_y} = \frac{\partial x(p, w)}{\partial w} y \Rightarrow \frac{\partial x(p, w)}{\partial p_y} = 0.$$

5.2. Teoría de la empresa

1. Consideremos una empresa que produce un bien Q con dos factores, capital, K, y trabajo, L. La función de producción es

$$Q = 2\sqrt{KL}$$

Sea p el precio del bien Q, s el salario por hora, y c el coste de uso de una unidad de capital.

   (i) Calcular la función de coste asociada.

   (ii) Calcular la demanda de trabajo cuando el stock de capital es $K = 4$.

   (iii) Calcular el valor óptimo de los beneficios a los precios $(p, s, c) = (2, 1, 2)$.

2. En una ciudad debe construirse una planta productora de electricidad. El precio al que puede vender electricidad está fijo. Resulta que la demanda de electricidad es constante cada periodo de 24 horas, pero esta demanda difiere entre el día (de 6:00h a 18:00h) y la noche (de 18:00 a 6:00h). Durante el día se demandan 4 unidades mientras que durante la noche se demandan 3 unidades. El output total para cada día es pues siempre de 7 unidades. La planta tiene la obligación de satisfacer toda la demanda al precio fijado. La planta produce electricidad de acuerdo con una función de producción

$$q_i = (KF_i)^{1/2}, \quad i = \text{dia, noche}$$

donde K representa el tamaño de la planta y F_i son toneladas de combustible. La empresa debe construir una única planta para satisfacer la demanda tanto del día como de la noche. Si el coste de una unidad de tamaño de planta es w_K para el periodo de 24 horas y una tonelada de combustible cuesta w_F, cuál será el tamaño de la planta que se debe construir?

3. Consideremos una economía con dos factores de producción, 1 y 2, y un bien de consumo. Dos empresas A y B disponen de tecnologías representables mediante funciones de coste $c_A(w_1, w_2, q)$ y $c_B(w_1, w_2, q)$ respectivamente. Los precios de los factores son w_1 y w_2 y el producto lo representamos por q. Supongamos que w_2 y q están fijados en valores $\overline{w}_2, \overline{q}$. Las funciones $c_A(w_1)$ y $c_B(w_1)$ se representan en la figura5.2.

   (i) Se puede obtener la demanda condicionada de factor 1 de la empresa A, $h_1^A(w_1, w_2, q)$ a partir de $c_A(w_1, w_2, q)$? En qué resultado general se basa?

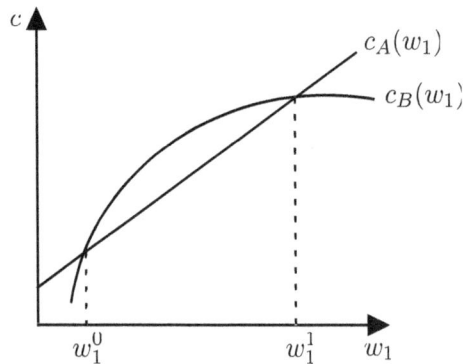

Figura 5.2: Las tecnologías del problema 3.

(ii) Supongamos que el precio del factor 2 es $\overline{w}_2$, y la cantidad de producción $\overline{q}$. Si el precio del factor 1 es w_1^0, qué empresa utiliza más cantidad de factor 1? Y si el precio del factor 1 aumenta hasta w_1^1? Por qué?

4. Demostrar que cuando el coste medio es decreciente, el coste marginal es inferior al coste medio.

5. Consideremos una economía dotada con una tecnología que permite obtener un producto a partir de un factor de producción. Esta tecnología genera la función de beneficios siguiente:

$$\pi(p, w) = p^2 w^\alpha$$

donde p es el precio del bien producido, w es el precio del factor de producción, y α es un parámetro.

(i) Obtener el valor de α para que la función $\pi(p, w)$ sea una verdadera función de beneficios.

(ii) Obtener la función de oferta de producto y la función de demanda de factor.

Soluciones

1. (i) Función de coste.

Para calcular la función de coste hemos de resolver el problema siguiente:

$$\min_{K,L} sL + cK \text{ s.a } Q_0 = 2\sqrt{KL}$$

donde Q_0 es un nivel de producción dado. Las condiciones de primer orden son

$$c - \lambda L^{\frac{1}{2}} K^{-\frac{1}{2}} = 0 \tag{5.20}$$

$$s - \lambda K^{\frac{1}{2}} L^{-\frac{1}{2}} = 0 \tag{5.21}$$

$$2\sqrt{KL} - Q_0 = 0 \tag{5.22}$$

donde λ representa el multiplicador lagrangiano. Combinando (5.20) y (5.21), obtenemos

$$K = \frac{s}{c} L \tag{5.23}$$

Substituyendo (5.23) en (5.22), obtenemos

$$L = \frac{1}{2} Q_0 \sqrt{\frac{c}{s}} \tag{5.24}$$

Finalmente, substituyendo (5.24) en (5.23) obtenemos

$$K = \frac{1}{2} Q_0 \sqrt{\frac{s}{c}} \tag{5.25}$$

Podemos calcular la función de coste substituyendo (5.24) y (5.25) en la función objetivo, es decir

$$C(s, c; Q_0) = sL + cK = s\frac{1}{2} Q_0 \sqrt{\frac{c}{s}} + c\frac{1}{2} Q_0 \sqrt{\frac{s}{c}} = Q_0 \sqrt{sc}.$$

(ii) Demanda de trabajo

Para obtener la demanda de trabajo, debemos empezar enunciado la función de beneficios:

$$\pi(Q, K, L; p, s, c) = pQ - sL - cK$$

Sabemos que el volumen de producción Q está determinado por la función de producción. También, hemos supuesto que el stock de capital está dado, $K = 4$. Por lo tanto, la función de beneficios deviene

$$\pi(L, p, s, c) = p2\sqrt{4L} - sL - 4c \tag{5.26}$$

Obtenemos la demanda de trabajo solucionando el problema

$$\max_{L} p2\sqrt{4L} - sL - 4c$$

La condición de primer orden es

$$2pL^{-\frac{1}{2}} - s = 0$$

Resolviendo para L obtenemos

$$L(p, s) = \left(\frac{2p}{s}\right)^2. \tag{5.27}$$

(iii) Beneficios

Substituyendo el vector de precios $(p, s, c) = (2, 1, 2)$ en (5.27), obtenemos $L = 16$. Por lo tanto el nivel de beneficios en el óptimo lo obtenemos substituyendo el vector de precios y la demanda de trabajo a esos precios en (5.26),

$$\pi = 4\sqrt{(4)(16)} - 16 - 8 = 8.$$

2. El problema de minimización de costes es

$$\min_{K, F_d, F_n} w_K K + w_F(F_d + F_n) \text{ s. a } \begin{cases} q_d = 4 = (F_d K)^{\frac{1}{2}} \\ q_n = 3 = (F_n K)^{\frac{1}{2}} \end{cases}$$

Podemos reescribir las restricciones como,

$$F_d = \frac{16}{K},$$
$$F_n = \frac{9}{K},$$

de manera que el problema de minimización de costes se reduce a,

$$\min_K w_k K + w_F \frac{25}{K}$$

La condición de primer orden es

$$\frac{d}{dK} = w_k + w_F\left(-\frac{25}{K^2}\right) = 0$$

Resolviendo para K, obtenemos

$$K^* = 5\left(\frac{w_F}{w_K}\right)^{\frac{1}{2}}$$

3. (i) Sí. A partir del lema de Shephard, sabemos que

$$h_1^A(w_1, w_2, q) = \frac{\partial c_A(w_1, w_2, q)}{\partial w_1}$$

   (ii) Al salario w_1^1 (condicional al volumenr de producción $\bar{q}$) podemos verificar que

$$\frac{\partial c_A(w_1)}{\partial w_1} > \frac{\partial c_B(w_1)}{\partial w_1}.$$

Por lo tanto, la empresa A utilizará *mayor* cantidad de factor 1 que la empresa B.

Al salario w_1^0 (condicional al volumenr de producción $\bar{q}$) podemos verificar que

$$\frac{\partial c_A(w_1)}{\partial w_1} < \frac{\partial c_B(w_1)}{\partial w_1}.$$

Por lo tanto, la empresa A utilizará *menor* cantidad de factor 1 que la empresa B.

4. Recordemos las definiciones de coste medio y marginal:

$$CM_e = \frac{C(x)}{x}$$
$$CM_g = \frac{dC(x)}{dx}$$

Si el coste medio es decreciente, quiere decir

$$\frac{dCM_e}{dx} < 0.$$

Por lo tanto,

$$\frac{dCM_e}{dx} = \frac{\frac{dC(x)}{dx}x - C(x)}{x^2} = \frac{1}{x}\left(\frac{dC(x)}{dx} - \frac{C(x)}{x}\right).$$

Entonces

$$\frac{dCM_e}{dx} < 0 \iff \frac{dC(x)}{dx} - \frac{C(x)}{x} < 0$$

es decir, el coste marginal es menor que el coste medio.

5. (i) Para que la función $\pi(p, w)$ propuesta sea una verdadera función de beneficios, debe satisfacer la homogeneidad de grado 1 en (p, w), es decir,

$$\pi(\theta p, \theta w) = \theta \pi(p, w).$$

Por lo tanto ha de verificarse que,

$$(\theta p)^2)(\theta w)^\alpha = \theta p^2 w^\alpha. \tag{5.28}$$

Desarollando la expresión de la izquierda de (5.28) obtenemos

$$(\theta p)^2)(\theta w)^\alpha = \theta^{2+\alpha} p^2 w^\alpha. \tag{5.29}$$

Combinando pues (5.29) con el lado derecho de (5.28) obtenemos

$$\theta^{2+\alpha} p^2 w^\alpha = \theta p^2 w^\alpha.$$

Observemos que ambas expresiones serán iguales cuando $2 + \alpha = 1$. Por lo tanto,

$$\alpha = -1.$$

(ii) Aplicando el lema de Hotelling,

$$q(p, w) = \frac{\partial \pi(p, w)}{\partial p} = \frac{2p}{w}$$

$$z(p, w) = -\frac{\partial \pi(p, w)}{\partial w} = \frac{p^2}{w^2}.$$

5.3.   Teoría del equilibrio general

1. Consideremos una economía de intercambio con dos consumidores (A, B) y dos bienes (x, y) en la que las funciones de utilidad son:

$$U_A = x_A y_A, \qquad U_B = x_B y_B.$$

Las dotaciones iniciales de bienes son,

$$\overline{x}_A = 90, \qquad \overline{x}_B = 30$$
$$\overline{y}_A = 35, \qquad \overline{y}_B = 25.$$

Sean P_x y P_y los precios de los bienes x e y respectivamente. Obtener la asignación walrasiana de equilibrio (utilizar la normalización $P_y = 1$).

2. Consideremos una economía de intercambio con dos consumidores (A, B) y dos bienes (x, y) en la que las funciones de utilidad son:

$$U_A(x_A, y_A) = x_A^3 y_A, \quad U_B(x_B, y_B) = x_B y_B,$$

y la dotación agregada es $\overline{w} = (16, 16)$.

(a) Determinar si las siguientes asignaciones son Pareto-óptimas:

$$\text{(i)} \ (x_A, y_A) = (8, 4), \quad (x_B, y_B) = (8, 12);$$
$$\text{(ii)} \ (x_A, y_A) = (12, 8), \quad (x_B, y_B) = (4, 8);$$

(b) En cada caso, estudiar si la asignación es una asignación de equilibrio cuando las dotaciones iniciales de los agentes son (respectivamente)

$$(\overline{x}_A, \overline{y}_A) = (0, 16), \quad (\overline{x}_B, \overline{y}_B) = (16, 0).$$

En caso afirmativo, calcular los precios de equilibrio (P_x, P_y).

3. Consideremos una economía de intercambio puro formada por dos consumidores con preferencias de buen comportamiento y un único bien de consumo. Ambos consumidores tienen dotaciones iniciales $w = (w_1, w_2)$ estrictamente positivas del bien de consumo.

   a) Representar gráficamente esta economía.

   b) Determinar el conjunto de asignaciones de Pareto de esta economía.

   c) Determinar la asignación de equilibrio walrasiano y el precio de equilibrio general competitivo.

4. Consideremos una economía d'intercambio puro con dos individuos A y B y dos bienes 1 y 2. Las preferencies de los individuos son las seguientes:

   - El individuo A sólo obtiene utilidad del consumo del bien 2. El bien 1 es neutral;

   - El individuo B sólo obtiene utilidad del consumo del bien 1. El bien 2 es neutral.

   Obtener *gráficamente* el lugar geométrico de las asignaciones Pareto-óptimes.

5. Consideremos una economía de intercambio con dos consumidores A y B, y dos bienes 1 y 2. Cada consumidor dispone de una renta $m^j, j = A, B$. Supongamos que las funciones indirectas de utilidad de ambos consumidores son:

$$v^A(p_1, p_2, m^A) = \ln m^A - \frac{1}{2} \ln p_1 - \ln p_2$$
$$v^B(p_1, p_2, m^B) = (p_1^{-1} + p_2^{-1}) m^B.$$

Cada consumidor tiene una dotación inicial de 6 unidades de bien 1, y 2 unidades de bien 2. Calcular el precio relativo de equilibrio competitivo en esta economía, suponiendo que el bien 1 es el numerario ($p_1 = 1$).

Soluciones

1. Oferta del bien $x = \overline{x}_A + \overline{x}_B = 120$.

   Oferta del bien $y = \overline{y}_A + \overline{y}_B = 60$.

   Condiciones de equilibrio:

$$x_A^* + x_B^* = 120 = \overline{x}_A + \overline{x}_B$$
$$y_A^* + y_B^* = 60 = \overline{y}_A + \overline{y}_B$$

   Normalización: $P_y = 1$

   Restricciones presupuestarias:

$$\text{Consumidor A}: P_x x_A + y_A = 90 P_x + 35$$
$$\text{Consumidor B}: P_x x_B + y_B = 30 P_x + 25$$

   Problema del consumidor A:

$$\max_{x_A, y_A} x_A y_A \text{ s.a } P_x x_A + y_A = 90 P_x + 35$$

   Condiciones de primer orden:

$$\frac{\partial U_A}{\partial x_A} = 0 \implies \lambda_A = y_A \frac{1}{P_x} \tag{5.30}$$

$$\frac{\partial U_A}{\partial y_A} = 0 \implies \lambda_A = x_A \tag{5.31}$$

$$\frac{\partial U_A}{\partial \lambda_A} = 0 \implies 90 P_x + 35 - P_x x_A - y_A = 0 \tag{5.32}$$

   Combinando (5.30) y (5.31) obtenemos

$$\lambda_A = x_a = \frac{y_A}{P_x} \tag{5.33}$$

   Substituyendo (5.33) en (5.32) obtenemos

$$90 P_x + 35 - P_x \frac{y_A}{P_x} - y_A = 0$$

   Por lo tanto, la demanda de bien y por parte del consumidor A es

$$y_A = 45 P_x + \frac{35}{2} \tag{5.34}$$

Substituyendo (5.34) en (5.33) obtenemos

$$x_A = 45P_x + \frac{35}{2}\frac{1}{P_x}$$

Por lo tanto, la demanda de bien x por parte del consumidor A es

$$x_A = 45 + \frac{35}{2P_x} \qquad (5.35)$$

Problema del consumidor B:

$$\max_{x_B, y_B} x_B y_B \text{ s.a } P_x x_B + y_B = 30P_x + 25$$

Demandas del consumidor B

$$y_B = 15P_x + \frac{25}{2} \qquad (5.36)$$

$$x_B = 15 + \frac{25}{2P_x} \qquad (5.37)$$

Equilibrio:

$$y_A + y_B = 60p_X + 30$$
$$\overline{y}_A + \overline{y}_B = 60.$$

Por lo tanto, la solución de $60P_x + 30 = 60$ determinará el precio de equilibrio del bien x:

$$P_x = \frac{1}{2} \qquad (5.38)$$

Substituyendo (5.38) en (5.34), (5.35), (5.36) y (5.37) obtenemos

$$x_A^* = 80 \qquad y_A^* = 40$$
$$x_B^* = 40 \qquad y_A^* = 20$$

2. (a) Optimalidad de Pareto

$$RMS_A = \frac{\frac{\partial U_A}{\partial x_A}}{\frac{\partial U_A}{\partial y_A}} = \frac{3y_A}{x_A}$$

$$RMS_B = \frac{\frac{\partial U_B}{\partial x_B}}{\frac{\partial U_B}{\partial y_B}} = \frac{y_B}{x_B}$$

Assignación (i):

$$RMS_A = \frac{3}{2}$$

$$RMS_B = \frac{3}{2}$$

Por lo tanto la asignación (i) es Pareto-óptima.

Assignación (ii):

$$RMS_A = 2$$

$$RMS_B = 2$$

Por lo tanto la asignación (ii) es Pareto-óptima.

(b) Equilibrio walrasiano

Assignación factible:

$$P_x x_j + P_y y_j = P_x \overline{x}_j + P_y \overline{y}_j, \ j = A, B$$

Assignación walrasiana:

$$RMS_A = RMS_B = \frac{P_x}{P_y}$$

Assignación (i), consumidor A:

$$RMS_A = \frac{3}{2} = \frac{P_x}{P_y} \rightarrow P_x = 3, \ P_y = 2$$

$$P_x x_A + P_y y_A = (3)(8) + (2)(4) = 32$$

$$P_x \overline{x}_j + P_y \overline{y}_j = (3)(0) + (2)(16) = 32$$

Para el consumidor B, aplicamos la Ley de Walras.

En consecuencia, la asignación (i) puede implementarse como equilibrio walrasiano con un sistema de precios $(P_x, P_y) = (3, 2)$.

Assignación (ii), consumidor A:

$$RMS_A = 2 = \frac{P_x}{P_y} \rightarrow P_x = 2, \ P_y = 1$$

$$P_x x_A + P_y y_A = (2)(12) + (1)(8) = 32$$

$$P_x \overline{x}_j + P_y \overline{y}_j = (2)(0) + (1)(16) = 16$$

Por lo tanto, la asignación (ii) no es implementable como equilibrio walrasiano.

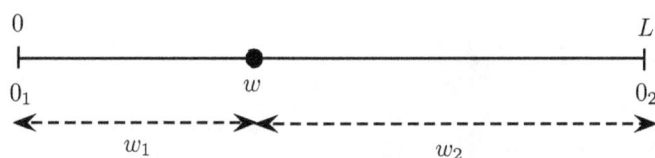

Figura 5.3: La economía con un bien

3. a) Dado que sólo hay un bien, la representación gráfica es un segmento de longitud L dado por la suma de las dotaciones iniciales de ambos consumidores, $L = w_1 + w_2$. Véase la Figura 5.3. El extremo izquierdo representa el origen de medida del consumidor 1, y el extremo derecho representa el origen de medida del consumidor 2. El punto w representa la dotación inicial.

   b) Para estudiar las asignaciones paretianas consideremos la asignación w. Cualquier intercambio entre ambos individuos hará que un consumidor aumente su utilidad y el otro la disminuya. Por lo tanto, la asignación w es eficiente en el sentido de Pareto. Este argumento se aplica a cualquier asignación en el segmento $[0, L]$. Por lo tanto, todas las asignaciones del segmento $[0, L]$ son eficientes en el sentido de Pareto.

   c) Identifiquemos ahora la asignación de equilibrio. A partir de la dotación inicial w, no hay ningún sistema de precios que soporte un intercambio beneficioso para ambos consumidores. Por lo tanto, w es la asignación de equilibrio.

4. Representemos la economía en una *caja de Edgeworth* como la de la figura 5.4.

   Las curvas de indiferencia del individuo A son rectas horitzontales $U_A^0, U_A^1, U_A^2, \ldots$.

   Las curvas de indiferencia del individuo B son rectas verticales $U_B^0, U_B^1, U_B^2, \ldots$.

   Asignaciones interiores: Consideremos una asignación g representativa del conjunto de asignaciones interiores de la caja de Edgeworth.

   Esta asignación es susceptible de mejora. Cualquier intercambio a lo largo de la curva de indiferencia U_A^1 hacia la izquierda representa una mejora para el consumidor B, y deja indiferente al consumidor A. De forma paralela, cualquier intercambio a lo largo de la curva de indiferencia vertical hacia arriba representa una mejora para el consumidor A y deja indiferente al consumidor B.

   Podemos concluir pues que ninguna asignación en el interior de la caja de Edgeworth forma parte del conjunto de asignaciones óptimes en el

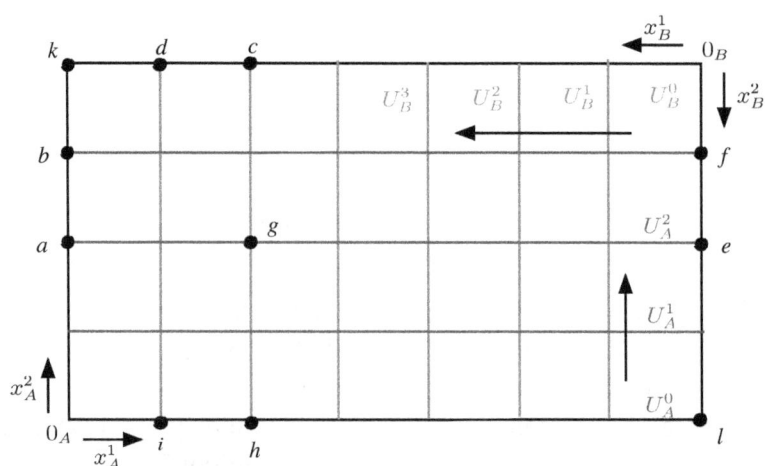

Figura 5.4: La caja de Edgeworth del problema 4

sentido de Pareto.

Asignaciones sobre la frontera: Consideremos en primer lugar asignaciones en los lados de la caja de Edgeworth pero no en las esquinas.

Consideremos la asignación a. Esta asignación no puede ser Pareto-óptima porque un intercambio que situase a los consumidores en la asignación b representaría una mejora para el individuo A dejando indiferente al consumidor B. El mismo argumento se aplica a la asignación e.

Consideremos a continuación una asignación como c. Esta asignación tampoco puede ser Pareto-óptima porque un intercambio que situase a los consumidores en la asignación d representaría una mejora para el individuo B dejando indiferente al consumidor A. El mismo argumento se aplica a la asignación h.

Examinemos a continuación las asignaciones situadas en las esquinas de la caja de Edgeworth. Consideremos pues la asignación l en la esquina inferior derecha de la caja de Edgeworth. Claramente, la asignación e es superior porque representa un intercambio que deja indiferente al consumidor B pero permite mejorar el nivel de satisfacción del consumidor A. De forma paralela, la asignación h representa un intercambio que mejora la satisfacción del individuo B y deja indiferente al consumidor A. El mismo argumento se aplica a las asignaciones 0_A i 0_B

Finalmente, nos queda examinar la asignación k situada en la esquina superior izquierda. Cualquier intercambio que represente un desplazamiento hacia la derecha representará una pérdida de utilidad para el consumidor B; y cualquier intercambio que represente un desplazamiento hacia abajo representará una pérdida de utilidad para el consumidor A.

Resumiendo, *el conjunto de asignaciones paretianas solamente contiene un elemento, la asignación k.*

5. La ley de Walras nos dice que si uno de los mercados está equilibrado, el otro también lo estará. Consideremos pues el mercado del bien 1. El equilibrio en el mercado del bien 1 podemos caracteritzarlo a partir de la función de exceso de demanda agregada:

$$Z_1(p) = e_1^A(p) + e_1^B(p) = 0$$

donde p representa el sistema de precios, y e_1^j representa la demanda neta de bien 1 del consumidor j, es decir, la diferencia entre la demanda de bien 1, $(x_1^j(p.m)$ del consumidor j y su dotación inicial de bien 1.

Utilitzamos la identidad de Roy para obtener las demandas marshallianas:

$$x_1^A(p.m^A) = -\frac{\frac{\partial v^A}{\partial p_1}}{\frac{\partial v^A}{\partial m^A}} = -\frac{(-1/2)/p_1}{1/m^A} = \frac{m^A}{2p_1}$$

$$x_1^B(p.m^B) = -\frac{\frac{\partial v^B}{\partial p_1}}{\frac{\partial v^B}{\partial m^B}} = -\frac{-m^B/p_1^2}{p_1^{-1} + p_2^{-1}} = \frac{m^B p_1^{-2}}{p_1^{-1} + p_2^{-1}}$$

La renta de los consumidores está definida como el valor de las dotaciones iniciales. Es decir,

$$m^A = m^B = m = 6p_1 + 2p_2.$$

Substituyendo los valores de las demandas marshallianas, de las dotaciones iniciales, y de la renta en la función de exceso de demanda agregada de bien 1 obtenemos, (recordando que $p_1 = 1$)

$$Z_1(p) = \left(\frac{m}{2p_1} - 6\right) + \left(\frac{m^B p_1^{-2}}{p_1^{-1} + p_2^{-1}} - 6\right) =$$

$$= \frac{3p_2^2 - 2p_2 - 9}{1 + p_2} = 0.$$

Solucionando esta ecuación para p_2 obtenemos,

$$p_2^* = \frac{1 + 2\sqrt{7}}{3} \approx 2{,}0972$$

Por lo tanto, el precio relativo de equilibrio es,

$$\frac{p_2^*}{p_1^*} = \frac{1 + 2\sqrt{7}}{3}.$$

Apéndices

Apéndice A

Condiciones necesarias y suficientes

Decimos que una condición es *necesaria* cuando debe verificarse pero no garantiza que se obtenga el resultado; Decimos que una condición es *suficiente* cuando su verificación garantiza el resultado (pero también podemos obtener el resultado sin ella); finalmente decimos que una condición es *necesaria y suficiente* cuando debe estar presente y si lo está garantiza el resultado.

Estudiaremos estas afirmaciones primero desde la óptica de la lógica formal y a continuación las ilustraremos con un ejemplo

A.1.   Lógica formal

El propósito de la lógica formal es asignar a frases la categoría de *verdaderas* o *falsas*. Tales frases entonces devienen afirmaciones (véase Binmore, 1980).

Supongamos que P y Q son dos afirmaciones. La afirmación "P implica Q", que representamos como $P \Rightarrow Q$ está definida por la tabla de verdad A.1

P	Q	$P \Rightarrow Q$
T	T	T
T	F	F
F	T	T
F	F	T

Cuadro A.1: Condición suficiente.

Por lo tanto, la verdad de "P implica Q" significa que a partir de la verdad de P podemos deducir la verdad de Q. Esto se expresa normalmente diciendo que *"Si P entonces Q"* o también *"P es condición suficiente para Q"*.

Es interesante señalar que P implica Q es verdadero cuando P es falso.

P	Q	$P \Rightarrow Q$	$\neg Q$	$\neg P$	$\neg Q \Rightarrow \neg P$
T	T	T	F	F	T
T	F	F	T	F	F
F	T	T	F	T	T
F	F	T	T	T	T

Cuadro A.2: Condición necesaria.

Consideremos ahora la tabla de verdad A.2. Observemos que las entradas de las columnas tercera y sexta son idénticas. Ello quiere decir que las afirmaciones "P implica Q" y "no Q implica no P" son ambas verdaderas o falsas, o en otras palabras son lógicamente equivalentes. La afirmación "no Q implica no P" se denomina contrapositivo de "P implica Q", y se escribe normalmente como "P sólo si Q" o también *"Q es condición necesaria para P"*.

Así pues, "Q es condición necesaria para P" es equivalente a "P es condición suficiente para Q".

Por último, consideremos la tabla de verdad A.3. Observemos ahora que las

P	Q	$P \Rightarrow Q$	$Q \Rightarrow P$	$(P \Rightarrow Q)y(Q \Rightarrow P)$	$P \Leftrightarrow Q$
T	T	T	T	T	T
T	F	F	T	F	F
F	T	T	F	F	F
F	F	T	T	T	T

Cuadro A.3: Condición necesaria y suficiente.

entradas de las columnas quinta y sexta son iguales, de manera que decir que "P es lógicamente equivalente a Q" es lo mismo que decir que "P implica Q y Q implica P". Es decir "P si y sólo si Q" o alternativamente *"P es condición necesaria y suficiente para Q"*.

A.2. Un ejemplo

Imaginemos (véase Lipsey, 1963), cap.2) que se constituye un club que sólo admite a hombres graduados en Oxford o bien a hombres miembros del Parlamento (independientemente de cual sea su nivel de educación).

El cuadro A.4 presenta en la columna de la izquierda una lista de afirmaciones que pueden presentarse, y en la columna de la derecha la calificación como condición necesaria y/o suficiente. Notemos que la afirmación 2 no es condición

1.	Ser hombre	Necesaria pero no suficiente
2.	Ser graduado en Oxford	No necesaria ni suficiente
3.	Ser miembro del Parlamento	No necesaria ni suficiente
4.	Ser graduado en Oxford y parlamentario	No necesaria ni suficiente
5.	Ser hombre y parlamentario	Suficiente pero no necesaria
6.	Ser hombre y graduado en Oxford	Suficiente pero no necesaria
7.	Ser hombre graduado en Oxford y parlamentario	Suficiente pero no necesaria
8.	Ser hombre graduado en Oxford o ser hombre parlamentario	Necesaria y suficiente

Cuadro A.4: Condiciones necesarias y suficientes en el ejemplo.

necesaria porque no graduados de Oxford pueden entrar en el club si son parlamentarios, y no es condición suficiente porque no se admiten mujeres aunque sean graduadas en Oxford. Un argumento paralelo se aplica a las afirmaciones 3 y 4.

La teoría de conjuntos puede ayudar a clarificar un poco más calificación de una afirmación como condición necesaria y/o suficiente. Para ello reformulamos el ejemplo anterior definiendo en primer lugar los conjuntos siguientes:

- A el conjunto de hombres,

- B el conjunto de graduados en Oxford, y

- C el conjunto de parlamentarios

A continuación podemos *traducir* las afirmaciones del cuadro A.4 en términos de los conjuntos A, B, C tal como se representa en el cuadro A.5,

1.	$x \in A$	Necesaria pero no suficiente
2.	$x \in B$	No necesaria ni suficiente
3.	$x \in C$	No necesaria ni suficiente
4.	$x \in B \cap C$	No necesaria ni suficiente
5.	$x \in A \cap C$	Suficiente pero no necesaria
6.	$x \in A \cap B$	Suficiente pero no necesaria
7.	$x \in A \cap B \cap C$	Suficiente pero no necesaria
8.	$x \in (A \cap B) \cup (A \cap C)$	Necesaria y suficiente

Cuadro A.5: Condiciones necesarias y suficientes en el ejemplo (2).

Finalmente, podemos representar gráficamente las afirmaciones de la columna de la izquierda del cuadro A.5 mediante diagramas de Venn tal como muestra

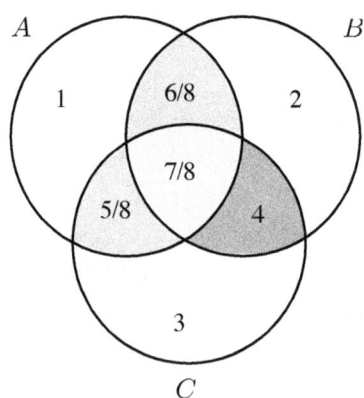

Figura A.1: Condiciones necesarias y suficientes.

la figura A.1. Los números representan las áreas corresppondientes a las afirmaciones correspondientes en el cuadro A.5. Así por ejemplo, la zona coloreada de amarillo representa la intersección de los tres conjuntos, lo que se corresponde con la afirmación 7.

Apéndice B

Programación No Lineal.

El problema de la *programación no lineal* es el de seleccionar valores no negativos de ciertas variables que maximicen (o minimicen) una cierta función objetivo, sujeta a un conjunto de restricciones expresadas como desigualdades. Formalmente, el problema en notación vectorial es,

$$\max_{\mathbf{x}} F(\mathbf{x}) \quad \text{sujeto a} \quad \mathbf{g}(\mathbf{x}) \leq \mathbf{b}, \quad \mathbf{x} \geq \mathbf{0} \tag{B.1}$$

De forma equivalente,

$$\max_{x_1, x_2, \ldots, x_n} F(x_1, x_2, \ldots, x_n) \quad \text{s.a}$$

$$g_1(x_1, x_2, \ldots, x_n) \leq b_1$$
$$g_2(x_1, x_2, \ldots, x_n) \leq b_2$$
$$\vdots$$
$$g_m(x_1, x_2, \ldots, x_n) \leq b_m$$
$$x_1 \geq 0, x_2 \geq 0, \ldots, x_n \geq 0.$$

Las n variables $x_1, x_2, \ldots, x_n$ son los *instrumentos*, que podemos expresar de forma compacta como un vector columna $\mathbf{x}$. La función $F(\cdot)$ es la *función objetivo*, y las m funciones $g_1(\cdot), g_2(\cdot), \ldots, g_m(\cdot)$ son las restricciones que podemos también expresar de forma compacta mediante un vector columna $\mathbf{g}(\cdot)$. Los números $b_1, b_2, \ldots, b_n$ son las *constantes de las restricciones*, que en forma vectorial expresamos como un vector columna $\mathbf{b}$.

Introducimos a continuación algunos supuestos:

- m y n son números finitos;

- las $m+1$ funciones $F(\cdot), g_1(\cdot), g_2(\cdot), \ldots, g_m(\cdot)$ están dadas, son contínuas, continuamente diferenciables, y no contienen ningún elemento aleatorio;

- el vector **b** contiene números reales;

- el vecor **x** puede ser cualquier vector real sujeto a las $m + 1$ restricciones de (B.1).

La formulación del problema de programación no lineal y los supuestos que acabamos de introducir exigen los siguientes comentarios:

(i) No imponemos ninguna restricción sobre los tamaños relativos de m y n (a diferencia del supuesto sobre los grados de libertad en el problema de programación clásica).

(ii) La dirección de la desigualdad ($\leq$) en las restricciones es solamente una convención. Por ejemplo, la desigualdad $x_1 - 2x_2 \geq 7$ puede convertirse en la desigualdad inversa multiplicando por -1 y obtener $-x_1 + 2x_2 \leq -7$.

(iii) Una restricción de igualdad, por ejemplo $x_3 + 8x_4 = 12$ puede substituirse por dos restricciones de desigualdad $x_3 + 8x_4 \leq 12$ y $-x_3 - 8x_4 \leq -12$.

(iv) Las restricciones de no negatividad sobre los instrumentos no son restrictivas. Si una variable particular, por ejemplo x_9 fuese libre (i.e. pudiese ser positiva, negativa, o cero), podríamos substituirla por la diferencia entre dos variables no negativas: $x_9 = x_9' - x_9''$, donde $x_9' \geq 0$ y $x_9'' \geq 0$, y el problema podría reformularse en términos de estas dos nuevas variables.

En consecuencia, el problema de la programación clássica puede considerarse como un caso particular de programación no lineal en el que no hay restricciones de no negatividad y en el que las restricciones de desigualdad pueden combinarse de manera que den lugar a restricciones de igualdad.

En términos geométricos, cada una de las restricciones de no negatividad

$$x_j \geq 0, \quad j = 1, 2, \ldots, n$$

define un semiespacio de valores no negativos. La intersección de estos semi-espacios es el *ortante no negativo*, de un subconjunto del espacio Euclídeo n-dimensional, E^n. Por ejemplo en E^2, estamos identificando el primer cuadrante.

Cada una de las restricciones de desigualdad

$$g_i(x_1, x_2, \ldots, x_n) \leq b_i, \quad i = 1, 2, \ldots, m$$

también define un conjunto de puntos en el espacio Euclídeo n-dimensional. La intersección de estos m conjuntos con el ortante no negativo determina el *conjunto de oportunidades* del problema de programación no lineal. Denotamos este conjunto como X y lo definimos como,

$$X = \{\mathbf{x} \in E^n | \mathbf{g}(\mathbf{x}) \leq \mathbf{b}, \ \mathbf{x} \geq \mathbf{0}\}.$$

Es fácil verificar que este conjunto es cerrado.

Geométricamente, el problema de la programación no lineal consiste en encontrar un punto o un conjunto de puntos en X que permitan alcanzar la curva de nivel más alta posible de la función objetivo $F(\mathbf{x})$. Dado que X es cerrado, y el supuesto de continuidad de la función objetivo, nos permite utilizar el teorema de Weierstrass y garantizar que el problema (B.1) tiene solución.[1] Esta solución puede encontrarse en la frontera o en el interior del conjunto X tal como se ilustra en la figura B.1 para el caso unidimensional.

Los supuestos de convexidad juegan un papel importante en los problemas de programación ni lineal. A partir del teorema local.global, un máximo local de la función objetivo en el (o sobre la frontera del) conjunto factible es un máximo global y el conjunto de puntos al que pertenece el máximo global es convexo, si las funciones de restricción son convexas y la función objetivo es cóncava. En este caso hablamos de *programación cóncava*. Si además la función objetivo es estrictamente cóncava, el máximo de la función es único.

B.1. Restricciones de no negatividad ($m = 0$)

Cuando el problema de maximización no contiene restricciones de desigualdad, $m = 0$, el problema básico (B.1) se reduce a un problema de maximización de una función en el ortante positivo:

$$\max_{\mathbf{x}} F(\mathbf{x}) \quad \text{s.a} \quad \mathbf{x} \geq 0 \tag{B.2}$$

Una manera de abordar este problema es utilizar la técnica de solución del problema de programación clásica sin restricciones. Esta es la expansión de Taylor. Supongamos pues, que el problema (B.2) tiene un máximo local en $\mathbf{x}^*$. Entonces todos los puntos en un entorno de $\mathbf{x}^*$, digamos $\mathbf{x}^* + \Delta \mathbf{x}$ satisfacen (B.3).

$$F(\mathbf{x}^*) \geq F(\mathbf{x}^* + h\Delta \mathbf{x}), \tag{B.3}$$

donde $\Delta \mathbf{x}$ representa una dirección en E^n y h es un número arbitrariamente pequeño y positivo. Dado que $F(\mathbf{x})$ es dos veces (contínuamente) diferenciable, la función del lado derecho de (B.3) puede expandirse como una serie de Taylor alrededor de $\mathbf{x}^*$ como

$$F(\mathbf{x}^* + h\Delta \mathbf{x}) = F(\mathbf{x}^*) + h\frac{\partial F}{\partial \mathbf{x}}(\mathbf{x}^*)\Delta \mathbf{x} + \frac{1}{2}h^2(\Delta \mathbf{x})'\frac{\partial^2 F}{\partial \mathbf{x}^2}(\mathbf{x}^* + \theta h\Delta \mathbf{x})\Delta \mathbf{x},$$

donde $0 < \theta < 1$.

---

[1]El teorema de Weierstrass dice que una función contínua definida sobre un conjunto acotado y no vacío tiene máximo y mínimo.

Combinando (B.2) y (B.3), obtenemos la *desigualdad fundamental*:

$$h\frac{\partial F}{\partial \mathbf{x}}(\mathbf{x}^*)\Delta\mathbf{x} + \frac{1}{2}h^2(\Delta\mathbf{x})'\frac{\partial^2 F}{\partial \mathbf{x}^2}(\mathbf{x}^* + \theta h\Delta\mathbf{x})\Delta\mathbf{x} \leq 0, \tag{B.4}$$

que es una condición necesaria para caracterizar un máximo local en $\mathbf{x}^*$. Si $\mathbf{x}^*$ es una solución interior, i.e. $\mathbf{x}^* > 0$, entonces la desigualdad fundamental debe verificarse en cualquier dirección $\Delta\mathbf{x}$ de manera que obtenemos la misma condición de primer orden que ne la programación clásica. Es decir, la anulación de todas las derivadas parciales de primer orden. Supongamos, sin embargo, que para uno de los instrumentos $x_j^* = 0$. Suponiendo que todas las demás variaciones son iguales a cero, la desigualdad fundamental (B.4) implica que para $x_j^* = 0$ la unica dirección factible es aquella para la que $\Delta x_j \geq 0$, Es decir, (dividiendo por h y tomando el límite cuando $h \to 0$, obtenemos,

$$\frac{\partial F}{\partial x_j}(\mathbf{x}^*)\Delta x_j \leq 0.$$

La desigualdad fundamental exige ahora como condición de primer orden,

$$\frac{\partial F}{\partial x_j}(\mathbf{x}^*) \leq 0 \quad \text{si} \quad x_j^* = 0.$$

Por lo tanto, mientras que la primera derivada con respecto a x_j necesariamnte se cancela cuando la solución es interior ($x_j^* > 0$), en las soluciones de esquina, $x_j = 0$, la primera derivada necesariamente es no positiva. Dado que o bien la primera derivada se anula (en la solución interior) o bien el instrumnto toma valor cero (en una solución de esquina), el producto de ambos es siempre cero,

$$\frac{\partial F}{\partial x_j}(\mathbf{x}^*)x_j^* = 0. \tag{B.5}$$

Considerando ahora las n dimensiones del problema, podemos escribir

$$\frac{\partial F}{\partial \mathbf{x}}(\mathbf{x}^*)\mathbf{x}^* = \sum_{j=1}^{n}\frac{\partial F}{\partial x_j}(\mathbf{x}^*)x_j^* = 0.$$

Esta única condición sobre la anulación de la suma de los productos implica que, de hecho, cada elemento de la suma se anula, (i.e. implica (B.5) para cada dimensión j. Por lo tanto un máximo local en $\mathbf{x}^*$ està caracteritzado por las $2n + 1$ condiciones de primer orden,

$$\frac{\partial F}{\partial \mathbf{x}}(\mathbf{x}^*) \leq 0$$

$$\mathbf{x}^* \geq \mathbf{0} \tag{B.6}$$

$$\frac{\partial F}{\partial \mathbf{x}}(\mathbf{x}^*)\mathbf{x}^* = 0$$

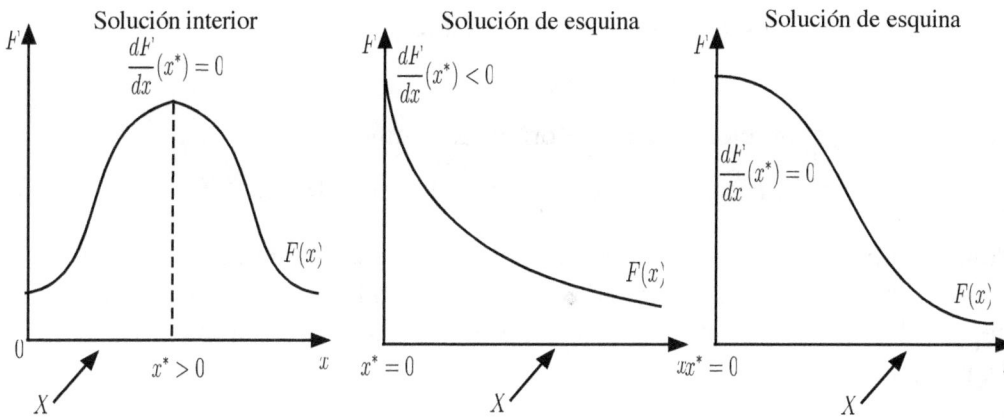

Figura B.1: Tres posibles soluciones al problema unidimensional de la maximización de una función objectiu restringida a valores no negativos del instrumento.

Estas condiciones implican los resultados mencionados antes: (i) cada derivada parcial de primer orden se cancela cuando el instrumento correspondiente es estrictamente positivo, y (ii) cada derivada parcial es no positiva si el instrumento es cero,

$$\frac{\partial F}{\partial x_j}(\mathbf{x}^*)x_j^* = 0 \quad \text{si} \quad \mathrm{x}_j^* > 0$$

$$\frac{\partial F}{\partial x_j}(\mathbf{x}^*)x_j^* \leq 0 \quad \text{si} \quad \mathrm{x}_j^* = 0$$

$$j = 1, 2, \ldots, n.$$

Las distintas posibilidades que pueden aparecer en el caso unidiemnsional están ilustradas en la figura B.1. El panel superior izquierdo muestra el caso de una solución interior en el que la pendiente de la función objetivo es cero. El panel superior derecho ilustra el caso de una solución de esquina en el que la peniente de la función objetivo es negativa. finalmente, el panel inferior muestra el caso de una solución de esquina en la que la pendiente de la función objetivo también es cero.

B.2. Las condiciones de Kuhn-Tucker.

El problema general de la programación no lineal

$$\max_{\mathbf{x}} F(\mathbf{x}) \quad \text{s. a} \quad \mathbf{g}(\mathbf{x}) \leq \mathbf{b}, \quad \mathbf{x} \geq \mathbf{0} \tag{B.7}$$

puede analizarse utilizando los resultados de la seccón anterior. Las restricciones de desigualdad pueden resscribirse como restricciones de igualdad añadiendo un vector de m *variables de holgura* (slack variables):

$$\mathbf{s} \equiv \mathbf{b} - \mathbf{g}(\mathbf{x}) = (s_1, s_2, \ldots, s_m)',$$

de manera que el problema puede reformularse como

$$\max_{\mathbf{x}, \mathbf{s}} F(\mathbf{x}) \quad \text{s. a} \quad \mathbf{g}(\mathbf{x}) + \mathbf{s} = \mathbf{b}, \quad \mathbf{x} \geq \mathbf{0}, \quad \mathbf{s} \geq \mathbf{0} \qquad \text{(B.8)}$$

donde la no negatividad de las variables de holgura asegura que se satisfacen las restricciones de desigualdad. Si (B.8) no contuviera las $m + n$ restrcciones de no negatividad, recuperaríamos el problema de programación clásica cuya función lagrangiana sería,

$$L'(x, y, s) = F(\mathbf{x}) + \mathbf{y}(\mathbf{b} - \mathbf{g}(\mathbf{x}) - \mathbf{s})$$

donde $\mathbf{y} = (y_1, y_2, \ldots, y_m)$ es un vector de multiplicadores de Lagrange, como en la sección anterior.

Las condiciones necesarias de primer orden per caracteritzar un màxim local de (B.8) son:

$$\frac{\partial L'}{\partial \mathbf{x}} = \frac{\partial F}{\partial \mathbf{x}} - \mathbf{y}\frac{\partial \mathbf{g}}{\partial \mathbf{x}} \leq \mathbf{0}$$

$$\frac{\partial L'}{\partial \mathbf{x}}\mathbf{x} = \left(\frac{\partial F}{\partial \mathbf{x}} - \mathbf{y}\frac{\partial \mathbf{g}}{\partial \mathbf{x}}\right)\mathbf{x} = \mathbf{0}$$

$$\mathbf{x} \geq \mathbf{0}$$

$$\frac{\partial L'}{\partial \mathbf{y}} = \mathbf{b} - \mathbf{g}(\mathbf{x}) - \mathbf{s} = \mathbf{0} \qquad \text{(B.9)}$$

$$\frac{\partial L'}{\partial \mathbf{s}} = -\mathbf{y} \leq \mathbf{0}$$

$$\frac{\partial L'}{\partial \mathbf{s}}\mathbf{s} = -\mathbf{y}\mathbf{s} = \mathbf{0}$$

$$\mathbf{s} \geq \mathbf{0}$$

donde todas las variables, funciones, y derivadas está evaluadas en $\mathbf{x}^*$, $\mathbf{y}^*$, $\mathbf{s}^*$. Si eliminamos el vector de variables de holgura $\mathbf{s}$ substituyéndolo por $\mathbf{b} - \mathbf{g}(\mathbf{x})$ obtenemos las *condiciones de Kuhn-Tucker*:

$$\left(\frac{\partial F}{\partial \mathbf{x}} - \mathbf{y}\frac{\partial \mathbf{g}}{\partial \mathbf{x}}\right) \leq \mathbf{0}$$

$$\left(\frac{\partial F}{\partial \mathbf{x}} - \mathbf{y}\frac{\partial \mathbf{g}}{\partial \mathbf{x}}\right)\mathbf{x} = \mathbf{0}$$

$$\mathbf{x} \geq \mathbf{0} \qquad \text{(B.10)}$$

$$\mathbf{b} - \mathbf{g}(\mathbf{x}) \geq \mathbf{0}$$

$$\mathbf{y}(\mathbf{b} - \mathbf{g}(\mathbf{x})) = \mathbf{0}$$

$$\mathbf{y} \geq \mathbf{0}$$

donde todas las variables, funciones, y derivadas están evaluadas en $\mathbf{x}^*$, $\mathbf{y}^*$.

Obtenemos estas mismas condiciones si, para el problema original (B.7), definimos el lagrangiano[2]:

$$L = L(\mathbf{x}, \mathbf{y}) = F(\mathbf{x}) + \mathbf{y}(\mathbf{b} - \mathbf{g}(\mathbf{x})),$$

Las condiciones de Kuhn-Tucker ahora son,

$$\frac{\partial L}{\partial \mathbf{x}}(\mathbf{x}^*, \mathbf{y}^*) = \frac{\partial F}{\partial \mathbf{x}}(\mathbf{x}^*) - \mathbf{y}^*\frac{\partial \mathbf{g}}{\partial \mathbf{x}}(\mathbf{x}^*) \leq 0$$
$$\frac{\partial L}{\partial \mathbf{x}}(\mathbf{x}^*, \mathbf{y}^*)\mathbf{x}^* = \left(\frac{\partial F}{\partial \mathbf{x}}(\mathbf{x}^*) - \mathbf{y}^*\frac{\partial \mathbf{g}}{\partial \mathbf{x}}(\mathbf{x}^*)\right)\mathbf{x}^* = 0$$
$$\mathbf{x}^* \geq 0 \tag{B.11}$$
$$\frac{\partial L}{\partial \mathbf{y}}(\mathbf{x}^*, \mathbf{y}^*) = \mathbf{b} - \mathbf{g}(\mathbf{x}^*) \geq 0$$
$$\mathbf{y}^*\frac{\partial L}{\partial \mathbf{y}}(\mathbf{x}^*, \mathbf{y}^*) = \mathbf{y}^*(\mathbf{b} - \mathbf{g}(\mathbf{x}^*)) = 0$$
$$\mathbf{y}^* \geq 0$$

Estas condiciones son necesarias y suficientes para identificar un máximo local (estricto) si la función objetivo es (estrictamente) cóncava y las funciones de restricción son convexas, y tambiés se satisfacen unas ciertas condiciones sobre *cualificación de las restricciones*, que introduciremos más adelante. Para facilitar la comprensión del contenido de las condiciones de Kuhn-Tucker podemos expresar (B.10) de forma extensiva,

$$\frac{\partial L}{\partial x_j} = \frac{\partial F}{\partial x_j} - \sum_{i=1}^{m} y_i\frac{\partial g}{\partial x_j} \leq 0, \qquad j = 1, 2, \ldots, n \tag{B.12}$$

$$\sum_{j=1}^{n}\frac{\partial L}{\partial x_j}x_j = \sum_{j=1}^{n}\left(\frac{\partial F}{\partial x_j} - \sum_{i=1}^{m} y_i\frac{\partial g}{\partial x_j}\right)x_j = 0 \tag{B.13}$$

$$x_j \geq 0, \quad j = 1, 2, \ldots, n \tag{B.14}$$

$$\frac{\partial L}{\partial y_i} = b_i - g_i(\cdot) \geq 0, \quad i = 1, 2, \ldots, m \tag{B.15}$$

$$\sum_{i=1}^{m} y_i\frac{\partial L}{\partial y_i} = \sum_{i=1}^{m} y_i(b_i - g_i(\cdot)) = 0 \tag{B.16}$$

$$y_i \geq 0, \quad i = 1, 2, \ldots, m \tag{B.17}$$

---

[2]Alternativamente, podemos escribir la función lagrangiana del problema como $L(\mathbf{x}, \mathbf{y}) = F(\mathbf{x}) - \mathbf{y}(\mathbf{g}(\mathbf{x}) - \mathbf{b})$

donde todas las variables, funciones, y derivadas están evaluadas en $(\mathbf{x}^*, \mathbf{y}^*)$.

Es importante señalar en primer lugar que todas las restricciones de no negatividad y las restricciones de desigualdad del problema original de programación no lineal aparecen en (B.14) y (B.15) respectivamente. En segundo lugar, señalemos que dado el signo de las restricciones en (B.12) y (B.14), cada término de la suma de (B.13) ha de ser cero, de manera que

$$\text{Be} \ \ \frac{\partial F}{\partial x_j} - \sum_{i=1}^{m} y_i \frac{\partial g}{\partial x_j} = 0 \ \text{ o be} \ \ x_j = 0 \ \ (\text{o ambdós}) \ \ j = 1, 2, \ldots, n$$

es a dir, o bien la condición marginal se verifica con igualdad, o bien el instrumnto toma valor cero, o ambas. Formalmente,

$$\frac{\partial F}{\partial x_j} - \sum_{i=1}^{m} y_i \frac{\partial g}{\partial x_j} \leq 0, \ \ \text{pero} = 0 \ \ \text{si} \ \ x_j^* > 0$$

$$x_j^* \geq 0, \ \ \text{pero} = 0 \ \ \text{si} \ \ \frac{\partial F}{\partial x_j} - \sum_{i=1}^{m} y_i \frac{\partial g}{\partial x_j} < 0 \qquad \text{(B.18)}$$

$$j = 1, 2, \ldots, n$$

De forma parecida, señalemos que dado el signo de las restricciones en (B.15) y (B.17), cada término de la suma de (B.16) ha de ser cero, de manera que,

$$y_i = 0 \ \ \text{o bien} \ \ g_i(\mathbf{x}^*) = b_i \ \ (\text{o ambos}) \ \ i = 1, 2, \ldots, m$$

es decir, o bien el multiplicador de lagrange se hace cero, o la restricción se satisface como igualdad, o ambos. Formalmente,

$$g_i(x^*) \leq b_i, \ \ \text{pero} = b_i \ \ \text{si} \ \ y_i^* > 0$$
$$y_i^* \geq 0, \ \ \text{pero} = 0 \ \ \text{si} \ \ g(x^*) < b_i \qquad \text{(B.19)}$$
$$i = 1, 2, \ldots, m$$

Las condiciones (B.18) y (B.19) se denominan *condiciones de holgura complementaria* (complementary slackness conditions) y son una manera alternativa de representar las condiciones de Kuhn-Tucker. Finalmente, como en el caso de la programación clássica, el lagrangiano evaluado en la solución es simplemente el valor óptimo de la función objetivo:

$$L(\mathbf{x}^*, \mathbf{y}^*) = F(\mathbf{x}^*) + \mathbf{y}^*(\mathbf{b} - \mathbf{g}(\mathbf{x}^*)) = F(\mathbf{x}^*)$$

dado que (B.16) implica $\mathbf{y}^*(\mathbf{b} - \mathbf{g}(\mathbf{x}^*)) = 0$.

B.3. Interpretación geométrica

Para presentar la interpretación geométrica de las condiciones de Kuhn-Tucker, recuperemos la versión original de las variables de holgura eqref4.2.5 y añadamos un segundo vector n-dimensional no negativo de variables de holgura,

$$\mathbf{r} = \mathbf{y}\frac{\partial \mathbf{g}}{\partial \mathbf{x}} - \frac{\partial F}{\partial \mathbf{x}} = (r_1, r_2, \ldots, r_n) \geq 0$$

Ahora podemos expresar las condiciones de Kuhn-Tucker como

$$\frac{\partial F}{\partial \mathbf{x}} - \mathbf{y}\frac{\partial \mathbf{g}}{\partial \mathbf{x}} + \mathbf{r} = 0$$
$$\mathbf{r}\mathbf{x} = 0$$
$$\mathbf{r} \geq 0, \quad \mathbf{x} \geq 0$$
$$\mathbf{b} - \mathbf{g}(\mathbf{x}) - \mathbf{s} = 0$$
$$\mathbf{y}\mathbf{s} = 0$$
$$\mathbf{s} \geq 0, \quad \mathbf{y} \geq 0$$

donde todas las variables, funciones, y derivadas están evaluadas en $(\mathbf{x}^*, \mathbf{y}^*, \mathbf{r}^*, \mathbf{s}^*)$. La no negatividad de las variables de holgura asegura que las condiciones de desigualdad se satisfacen. El primer grupo de de n condiciones podemos escribirmo como

$$\frac{\partial F}{\partial \mathbf{x}}(\mathbf{x}^*) = \mathbf{y}^*\frac{\partial \mathbf{g}}{\partial \mathbf{x}}(\mathbf{x}^*) + \mathbf{r}^*(-\mathbf{I})$$

donde $\mathbf{I}$ representa la matriz identidad. Geométricamente, estas condiciones nos dicen que en la solución $\mathbf{x}^*$, el gradiente de la función objectivo, $(\frac{\partial F}{\partial \mathbf{x}})$ es una media ponderada de los gradientes de las hipersuperficies de las restricciones, donde los gradientes de las restricciones de desigualdad son las filas del Jacobiano $(\frac{\partial \mathbf{g}}{\partial \mathbf{x}})$; los gradientes de las restricciones de no negatividad son las filas del negativo de la matriz identidad, -$\mathbf{I}$; y las ponderaciones son los vectores de multiplicadores de Lagrange no negativos, $\mathbf{y}^*$, i las variables de holgura $\mathbf{r}^*$.

Por lo tanto, geométricament, en una solución de esquina la dirección de preferencia ha de ser una combinación lineal no negativa de las normales a la superficie que apunten hacia afuera en el punt en cuestión. Estas normales son los vectores ortogonales $\mathbf{r}\mathbf{x} = 0$ y $\mathbf{y}(\mathbf{b} - \mathbf{g}(\mathbf{x})) = 0$.

Per clarificar esta construcción, consideremos el ejemplo de programación no lineal siguiente:

$$\max_{x_1,x_2} F(x_1, x_2) = -8x_1^2 - 10x_2^2 + 12x_1x_2 - 50x_1 + 80x_2$$

$$\text{s.a}$$

$$x_1 + x_2 \leq 1$$
$$8x_1^2 + x_2^2 \leq 2$$
$$x_1 \geq 0, \quad x_2 \geq 0$$

donde dado que la función objetivo es estrictamente cóncava y las restricciones son funciones estrictamente convexas, las condiciones de Kuhn-Tucker y el teorema local-global nos dicen que hay un único máximo global. El lagrangiano de este problema es

$$L(x_1, x_2, y_1, y_2) = -8x_1^2 - 10x_2^2 + 12x_1x_2 - 50x_1 + 80x_2 +$$
$$y_1(1 - x_1 - x_2) + y_2(2 - 8x_1^2 - x_2^2),$$

y las condiciones de Kuhn-Tucker son,

$$\frac{\partial L}{\partial x_1} = -16x_1 + 12x_2 - 50 - y_1 - 16y_2x_1 \leq 0$$

$$\frac{\partial L}{\partial x_2} = -20x_2 + 12x_1 + 80 - y_1 - 2y_2x_2 \leq 0$$

$$\frac{\partial L}{\partial x_1}x_1 + \frac{\partial L}{\partial x_2}x_2 = (-16x_1 + 12x_2 - 50 - y_1 - 16y_2x_1)x_1 +$$

$$(-20x_2 + 12x_1 + 80 - y_1 - 2y_2x_2)x_2 = 0$$

$$x_1 \geq 0$$

$$x_2 \geq 0 \tag{B.20}$$

$$\frac{\partial L}{\partial y_1} = 1 - x_1 - x_2 \geq 0$$

$$\frac{\partial L}{\partial y_2} = 2 - 8x_1^2 - x_2^2 \geq 0$$

$$\frac{\partial L}{\partial y_1}y_1 + \frac{\partial L}{\partial y_2}y_2 = (1 - x_1 - x_2)y_1 + (2 - 8x_1^2 - x_2^2)y_2 = 0$$

$$y_1 \geq 0$$

$$y_2 \geq 0$$

Estas condiciones caracterizan una solución, pero no la identifican. Por ejemplo, el punto

- $(x_1, x_2) = (0, 0)$ no verifica las condiciones de Kuhn-Tucker, dado que en este punto, $(y_1, y_2) = (0, 0)$ y $\frac{\partial L}{\partial x_2} = 80 > 0$.

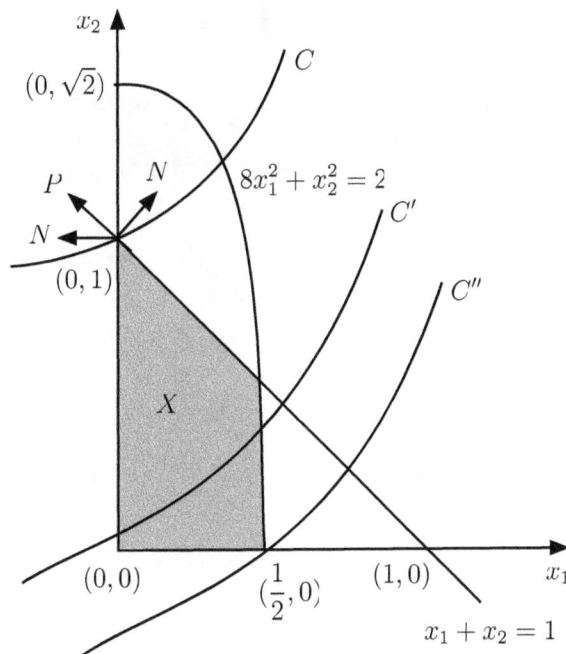

Figura B.2: Representación geométrica de la solución del problema de programación no lineal (B.20).

- $(x_1, x_2) = (\frac{1}{2}, 0)$ tampoco verifica las condiciones de Kuhn-Tucker, dado que en este punto, $y_1 = 0$ y $\frac{\partial L}{\partial x_2} = 86 > 0$.

- $(0, 1)$ sí verifica las condiciones de Kuhn-Tucker:

$$(x_1^*, x_2^*) = (0, 1)$$
$$(y_1^*, y_2^*) = (60, 0)$$
$$(\frac{\partial L}{\partial x_1}, \frac{\partial L}{\partial x_2})|_{\mathbf{x}^*,\mathbf{y}^*} = (-98, 0)$$
$$(\frac{\partial L}{\partial y_1}, \frac{\partial L}{\partial y_2})|_{\mathbf{x}^*,\mathbf{y}^*} = (0, 1)$$
$$F(x_1^*, x_2^*) = 70$$
$$(\frac{\partial F}{\partial x_1}, \frac{\partial F}{\partial x_2})|_{\mathbf{x}^*} = (-38, 60)$$

La figura B.2 representa esta solución.

Notemos que en la solución, la dirección de preferencia (P) toma un valor intermedio entre las normales (N) que apuntan hacia afuera.

B.4.   El teorema de Kuhn-Tucker.

El enfoque de Kuhn-Tucker al problema general de la programación no lineal:

$$\max_{\mathbf{x}} F(\mathbf{x}) \quad \text{s. a} \quad \mathbf{g}(\mathbf{x}) \le \mathbf{b}, \quad \mathbf{x} \ge 0 \tag{B.21}$$

tal como lo hemos desarrollado en la sección B.2, consiste (i) en introducir un vector fila de multiplicadores de Lagrange $\mathbf{y} = (y_1, y_2, \dots, y_m)$ con tantos elementos como restricciones de desigualdad, y (ii) en definir la función lagrangiana como

$$L(\mathbf{x}, \mathbf{y}) = F(\mathbf{x}) + \mathbf{y}(\mathbf{b} - \mathbf{g}(\mathbf{x})),$$

Las condiciones de Kuhn-Tucker, a partir de (B.11) son por lo tanto,

$$\frac{\partial L}{\partial \mathbf{x}}(\mathbf{x}^*, \mathbf{y}^*) \le 0, \quad \frac{\partial L}{\partial \mathbf{y}}(\mathbf{x}^*, \mathbf{y}^*) \ge 0$$

$$\frac{\partial L}{\partial \mathbf{x}}(\mathbf{x}^*, \mathbf{y}^*)\mathbf{x}^* = 0, \quad \mathbf{y}^*\frac{\partial L}{\partial \mathbf{y}}(\mathbf{x}^*, \mathbf{y}^*) = 0 \tag{B.22}$$

$$\mathbf{x}^* \ge 0, \quad \mathbf{y}^* \ge 0$$

Si nos fijamos en las direcciones de las desigualdades y recordamos las condiciones que caracterizan un máximo, se sigue que $(\mathbf{x}^*, \mathbf{y}^*)$ es un *punto de silla* del lagrangiano, puesto que estamos maximitzando con respecto a los instrumentos (no negativos) y minimizando con respecto a los multiplicadores (no negativos) de Lagrange $\mathbf{y}$. Por lo tanto, podemos escribir,

$$L(\mathbf{x}, \mathbf{y}^*) \le L(\mathbf{x}^*, \mathbf{y}^*) \le L(\mathbf{x}^*, \mathbf{y}) \quad \forall \, \mathbf{x} \ge 0 \, \, \mathbf{y} \ge 0 \tag{B.23}$$

El problema de identificar vectores no negatius $(\mathbf{x}^*, \mathbf{y}^*)$ que satisfagan (B.23) se conoce como el *problema del punto de silla*.

Una vez introducido el problema del punto de silla podemos enunciar el teorema de Kuhn-Tucker.

Teorema B.1. *(a) El vector de instrumentos* $\mathbf{x}^*$ *soluciona el problema de programación no lineal si* $(\mathbf{x}^*, \mathbf{y}^*)$ *soluciona el problema de punto de silla.*

(b) También, bajo ciertas condiciones $\mathbf{x}^*$ *soluciona el problema de programación no lineal sólo si existeix un vector de multiplicadors* $\mathbf{y}^*$ *tal que* $(\mathbf{x}^*, \mathbf{y}^*)$ *soluciona el problema del punto de silla.*

Demostración.   (a) De acuerdo con la primera parte del teorema, , si $(\mathbf{x}^*, \mathbf{y}^*)$ es un punto de silla com en (B.23), entonces $\mathbf{x}^*$ soluciona el problema de la programación no lineal. Supongamos pues que $(\mathbf{x}^*, \mathbf{y}^*)$ es tal punto de silla. Dado que $\mathbf{x}^*$ maximiza el lagrangiano con respecto a los instrumentos $\mathbf{x} \geq 0$, se sigue que

$$F(\mathbf{x}) + \mathbf{y}^*(\mathbf{b} - \mathbf{g}(\mathbf{x})) \leq F(\mathbf{x}^*) + \mathbf{y}^*(\mathbf{b} - \mathbf{g}(\mathbf{x}^*)) \qquad \text{(B.24)}$$

y dado que $\mathbf{y}^*$ minimiza el lagrangiano debe verificarse,

$$F(\mathbf{x}^*) + \mathbf{y}^*(\mathbf{b} - \mathbf{g}(\mathbf{x}^*)) \leq F(\mathbf{x}^*) + \mathbf{y}(\mathbf{b} - \mathbf{g}(\mathbf{x}^*))$$

Podemos reescribir esta última desigualdad como

$$(\mathbf{y} - \mathbf{y}^*)(\mathbf{b} - \mathbf{g}(\mathbf{x}^*)) \geq 0, \quad \mathbf{y} \geq 0 \qquad \text{(B.25)}$$

y dado que los componentes de $\mathbf{y}$ pueden ser arbitrariamente grandes, resulta que $\mathbf{x}^*$ debe satisfacer las restricciones de desigualdad:

$$\mathbf{g}(\mathbf{x}^*) \leq \mathbf{b}.$$

Por otra parte, escogiendo $\mathbf{y} = 0$ en (B.25), y teniendo en cuenta que $\mathbf{y}^* \geq 0$ y $\mathbf{b} - \mathbf{g}(\mathbf{x}^*) \geq 0$ se sigue que

$$\mathbf{y}^*(\mathbf{b} - \mathbf{g}(\mathbf{x}^*)) = 0. \qquad \text{(B.26)}$$

Consideremos ahora (B.24), que utilizando (B.26), podemos expresar como

$$F(\mathbf{x}^*) \geq F(\mathbf{x}) + \mathbf{y}^*(\mathbf{b} - \mathbf{g}(\mathbf{x})), \quad \mathbf{x} \geq 0$$

Dado que $\mathbf{y}^*$ es no negativo, si $\mathbf{x}$ es factible tiene que verificarse que

$$F(\mathbf{x}^*) \geq F(\mathbf{x})$$

de manera que $\mathbf{x}^*$ maximiza $F(\cdot)$ dentro de la clase de $\mathbf{x}$ factibles, y por lo tanto soluciona el problema de la programación no lineal.

Señalemos que esta demostración de la condición suficiente de teorema de Kuhn-Tucker no exige ningún supuesto sobre las funciones $F(\cdot)$ y $g(\cdot)$.

(b) Para demostrar la condición necesaria del teorema de Kuhn-Tucker necessitamos introduir algunos supuestos sobre les funcions $F(\cdot)$ y $g(\cdot)$. En particular, suponemos que $F(\cdot)$ es una función cóncava, las funciones $\mathbf{g}(\cdot)$ son convexas, y las restricciones satisfacen la *condició sobre la cualificación de las restricciones*. Recordemso que esta última nos dice que existe algún punto en el conjunto factible que satisface todas las restriciones de desigualdad como desigualdad estricta. Es decir, existe un vector $\mathbf{x}^0$ tal que $\mathbf{x}^0 \geq 0$

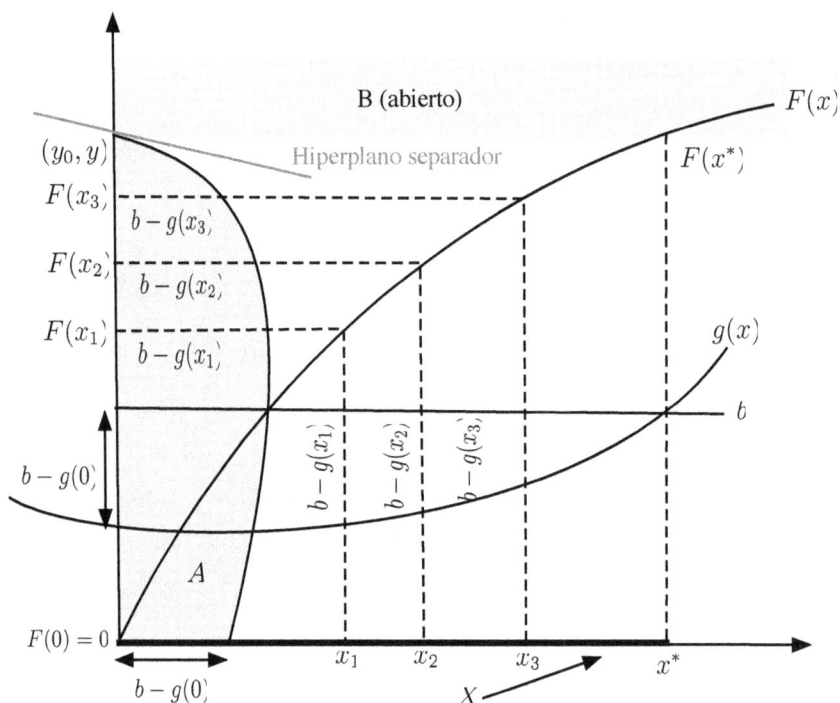

Figura B.3: Los conjuntos A y B para un problema de programación no lineal con $m = n = 1$.

y $g(\mathbf{x^0}) < \mathbf{b}$. Con estas hipótesis supongamos ahora que $\mathbf{x}^*$ soluciona el problema de programación no lineal

$$\mathbf{x}^* \geq \mathbf{0}, \quad \mathbf{g(x^*)} \leq \mathbf{b}, \text{ i } F(\mathbf{x}^*) \geq F(\mathbf{x}) \quad \forall \mathbf{x} \geq \mathbf{0}, \quad \mathbf{g(x)} \leq \mathbf{b}.$$

Definamos a continuación dos conjuntos A y B, en el espacio $m+1$ dimensional:

$$A = \left\{ \begin{pmatrix} a_0 \\ \mathbf{a} \end{pmatrix} \middle| \begin{pmatrix} a_0 \\ \mathbf{a} \end{pmatrix} \leq \begin{pmatrix} F(\mathbf{x}) \\ \mathbf{b - g(x)} \end{pmatrix} \right\} \text{ para algún } \mathbf{x} \geq \mathbf{0}$$

$$B = \left\{ \begin{pmatrix} b_0 \\ \mathbf{b} \end{pmatrix} \middle| \begin{pmatrix} b_0 \\ \mathbf{b} \end{pmatrix} > \begin{pmatrix} F(\mathbf{x}^*) \\ \mathbf{0} \end{pmatrix} \right\}$$

donde a_0 y b_0 son escalares, y $\mathbf{a}$ y $\mathbf{b}$ son vectores fila m-dimensionales.

La figura B.3 presenta una ilustración de estos conjuntos para $m = n = 1$, donde el conjunto factible es la parte sombreada del eje de abcisas, X, y la solución es x^*.

El conjunto A está acotado por puntos con distancia vertical $F(x)$ y distáncia horizontal $b - g(x)$. El conjunto B es el interior del cuadrante con vértice en el punto con distancia vertical $F(x^*)$ y distancia horizontal positiva. En este caso, y también en el caso más general, dado que $F(\cdot)$ es una función cóncava y las funciones $g(\cdot)$ son convexas, el conjunto A es convexo. El conjunto B también es convexo porque es el interior de un ortante. Dado que $\mathbf{x}^*$ soluciona el problema de programación no lineal, los dos conjuntos son disjuntos, de manera que utilizando el teorema del hiperplano separador para conjuntos convexos disjuntos, sabemos que existe un vector fila diferente de cero $(y_0, \mathbf{y})$, donde y_0 es un escalar e $\mathbf{y}$ es un vector $1 \times m$ tal que:

$$(y_0, \mathbf{y}) \begin{pmatrix} a_0 \\ \mathbf{a} \end{pmatrix} \leq (y_0, \mathbf{y}) \begin{pmatrix} b_0 \\ \mathbf{b} \end{pmatrix} \quad \forall \begin{pmatrix} a_0 \\ \mathbf{a} \end{pmatrix} \in A, \quad \begin{pmatrix} b_0 \\ \mathbf{b} \end{pmatrix} \in B \quad \text{(B.27)}$$

A partir de la definición de B se sigue que $(y_0, \mathbf{y})$ es un vector no negativo, y dado que $(F(\mathbf{x}^*), \mathbf{0})'$ se encuentra en la frontera de B,

$$y_0 F(\mathbf{x}) + \mathbf{y}(\mathbf{b} - \mathbf{g}(\mathbf{x})) \leq y_0 F(\mathbf{x}^*) \quad \forall \mathbf{x} \geq \mathbf{0} \quad \text{(B.28)}$$

Como consecuencia de la condición sobre cualificación de les restricciones, $y_0 > 0$ dado que si $y_0 = 0$ entonces la implicación de (B.28) que $\mathbf{y}(\mathbf{b} - \mathbf{g}(\mathbf{x})) \leq 0 \quad \forall \mathbf{x} \geq \mathbf{0}$ y la no negatividad de $\mathbf{y}$ serían contradictorios con la existencia de un $\mathbf{x}^0 \geq \mathbf{0}$ tal que $\mathbf{g}(\mathbf{x}^0) < \mathbf{b}$. Pero si $y_0 > 0$ entonces ambos lados de la desigualdad (B.28) pueden dividirse por y_0 para obtener

$$F(\mathbf{x}) + \mathbf{y}^*(\mathbf{b} - \mathbf{g}(\mathbf{x})) \leq F(\mathbf{x}^*) \quad \forall \mathbf{x} \geq \mathbf{0}$$

$$\text{donde} \quad \mathbf{y}^* = \left(\frac{1}{y_0}\right)\mathbf{y} \geq \mathbf{0}. \quad \text{(B.29)}$$

En particular, si $\mathbf{x} = \mathbf{x}^*$ entonces

$$\mathbf{y}^*(\mathbf{b} - \mathbf{g}(\mathbf{x}^*)) \leq 0,$$

pero, dado que $\mathbf{g}(\mathbf{x}^*) \leq \mathbf{b}$ i $\mathbf{y}^* \geq \mathbf{0}$, necesariamente debe verificarse

$$\mathbf{y}^*(\mathbf{b} - \mathbf{g}(\mathbf{x}^*)) = 0. \quad \text{(B.30)}$$

Definiendo el lagrangiano como

$$L(\mathbf{x}, \mathbf{y}) = F(\mathbf{x}) + \mathbf{y}(\mathbf{b} - \mathbf{g}(\mathbf{x})),$$

se sigue que a partir de (B.29), de (B.30), y de la no negativitat de $\mathbf{y}$, que $(\mathbf{x}^*, \mathbf{y}^*)$ es un punto de silla de $L(\mathbf{x}, \mathbf{y})$ para $\mathbf{x} \geq \mathbf{0}$, $\mathbf{y} \geq \mathbf{0}$, proporcionando de esta manera la condición necesaria ("sólo si") del teorema.

Resumiendo, con los supuestos introducidos, $\mathbf{x}^*$ soluciona el problema de programación no lineal (B.21) si y solo si existe un $\mathbf{y}^*$ tal que $(\mathbf{x}^*, \mathbf{y}^*)$ soluciona el problema del punto de silla (B.23). $\qquad\qquad \square$

Consideremos ahora el problema del punto de silla con un supuesto adicional que no hemos utilizado hasta ahora. Este supuesto es que les funcions $F(\mathbf{x})$ y $\mathbf{g}(\mathbf{x})$ son funciones diferenciables. La primera parte del problema del punto de silla es la maximitzación de $L(\mathbf{x}, \mathbf{y}^*)$ escogiendo instrumentos $\mathbf{x}$ no negativos. Podemos aplicar los resultados en (B.6) para obtener las seguientes condiciones:

$$\frac{\partial L}{\partial \mathbf{x}}(\mathbf{x}^*, \mathbf{y}^*) \leq \mathbf{0}$$

$$\frac{\partial L}{\partial \mathbf{x}}(\mathbf{x}^*, \mathbf{y}^*)\mathbf{x}^* = \mathbf{0}$$

$$\mathbf{x}^* \geq \mathbf{0}$$

La segunda parte del problema del punto de silla, es la minimitzación de $L(\mathbf{x}^*, \mathbf{y})$ seleccionando multiplicadores de Lagrange $\mathbf{y}$ no negativos. Este problema genera las siguientes condiciones:

$$\frac{\partial L}{\partial \mathbf{y}}(\mathbf{x}^*, \mathbf{y}^*) \geq \mathbf{0}$$

$$\mathbf{y}^*\frac{\partial L}{\partial \mathbf{x}}(\mathbf{x}^*, \mathbf{y}^*) = \mathbf{0}$$

$$\mathbf{y}^* \geq \mathbf{0}$$

Estos dos conjuntos de condiciones son precisamente las condiciones de Kuhn-Tucker (B.22) que hemos visto antes.

La interpretación de los multiplicadores de Lagrange.

Proposición B.1. *Podemos interpretar los multiplicadores de Lagrange, como variaciones en el valor óptimo de la función objetivo ante variaciones de las constantes de las restricciones:*

$$\mathbf{y}^* = \frac{\partial F^*}{\partial b} \tag{B.31}$$

Demostración. En primer lugar queremos demostrar que $\mathbf{x}^*$ i $\mathbf{y}^*$ pueden solucionarse como funciones de las constantes de las restricciones. A continuación simplemente tendremos que diferenciar el lagrangiano con respecto a estas constantes.

Si pudiéramos saber qué restricciones están saturadas, i qué instrumentos son positivos todo ello evaluado en la solución del problema de programación no lineal, podríamos escribir las condiciones de Kuhn-Tucker como igualdades. Supongamos en particular, que evaluadas en la solución renumeramos las restricciones de manera que las m_1 primeras se satisfacen como igualdades, y las $m - m_1$

restantes se satisfacen como desigualdades $(0 \leq m_1 \leq m)$. supongamos también que de forma paralela, renumeramos los instrumentos de manera que los n_1 primeros son positivos y los $n - n_1$ restantes son cero $(0 \leq n_1 \leq n)$. entonces podemos particionar los vectores como

$$\mathbf{g}(\mathbf{x}) = \begin{pmatrix} \mathbf{g^1}(\mathbf{x}) \\ \mathbf{g^2}(\mathbf{x}) \end{pmatrix}, \quad \mathbf{b} = \begin{pmatrix} \mathbf{b^1} \\ \mathbf{b^2} \end{pmatrix}, \quad \mathbf{y} = (\mathbf{y^1}, \mathbf{y^2}), \quad \mathbf{x} = \begin{pmatrix} \mathbf{x^1} \\ \mathbf{x^2} \end{pmatrix},$$

donde $\mathbf{g^1}(\mathbf{x})$, $\mathbf{b^1}$, e $\mathbf{y^1}$ representan los primeros m_1 elementos de $\mathbf{g}(\mathbf{x})$, $\mathbf{b}$, e $\mathbf{y}$ respectivamente, y $\mathbf{x^1}$ contiene los n_1 elementos de $\mathbf{x}$. Ahora podemos escribir las condiciones de Kuhn-Tucker como,

$$\frac{\partial L}{\partial \mathbf{x^1}} = \frac{\partial F}{\partial \mathbf{x^1}}(\mathbf{x}) - \mathbf{y^1}\frac{\partial g^1}{\partial \mathbf{x^1}}(\mathbf{x}) = \mathbf{0}$$

$$\mathbf{x^2} = \mathbf{0}$$

$$\frac{\partial L}{\partial \mathbf{y^1}} = \mathbf{b^1} - \mathbf{g^1}(\mathbf{x}) = \mathbf{0}$$

$$\mathbf{y^2} = \mathbf{0}$$

Es fácil verificar que (B.31) se verifica para los $m - m_1$ multiplicadores de Lagrange, que son iguales a cero, dado que

$$y_i^* = \frac{\partial F^*}{\partial b_i} = 0, \quad i = m_1 + 1, m_1 + 2, \ldots, m$$

Estas $m - m_1$ restricciones se satisfaces como desigualdades, de manera que pequeños incrementos en las correspondientes constantes de las restricciones no pueden hacer variar el valor óptimo de la función objetivo. Con respecto a los primeros m_1 multiplicadores de Lagrange, el problema se reduce a un caso de programación clásica,

$$\max_{x^1} F(\mathbf{x^1}, \mathbf{0}) \text{ s.a. } \mathbf{g^1}(\mathbf{x^1}, \mathbf{0}) = \mathbf{b^1}$$

de manera que ya sabemos que es posible solucionarlo para $\mathbf{x^1}$ e $\mathbf{y^1}$ como funciones de $\mathbf{b^1}$, podemos diferenciar el lagrangiano con respecto a $\mathbf{b^1}$, y obtener

$$y_i^* = \frac{\partial F^*}{\partial b_i} \geq 0, \quad i = 1, 2, \ldots, m_1.$$

Esto completa la demostración. $\qquad\qquad\qquad\qquad\qquad\qquad\qquad\qquad$ $\square$

B.5. Les condicions de Fritz-John.

Consideremos el problema genérico de programación no lineal

$$\max_{x_1, x_2, \ldots, x_n} F(x_1, x_2, \ldots, x_n) \quad \text{s.a}$$

$$g_1(x_1, x_2, \ldots, x_n) \leq b_1$$
$$g_2(x_1, x_2, \ldots, x_n) \leq b_2$$
$$\vdots$$
$$g_m(x_1, x_2, \ldots, x_n) \leq b_m$$
$$x_1 \geq 0, x_2 \geq 0, \ldots, x_n \geq 0.$$

y expresémoslo como

$$\max_{x_1, x_2, \ldots, x_n} F(x_1, x_2, \ldots, x_n) \quad \text{s.a}$$

$$g_1(x_1, x_2, \ldots, x_n) - b_1 \leq 0$$
$$g_2(x_1, x_2, \ldots, x_n) - b_2 \leq 0$$
$$\vdots$$
$$g_m(x_1, x_2, \ldots, x_n) - b_m \leq 0$$
$$- x_1 \leq 0, -x_2 \leq 0, \ldots, -x_n \leq 0.$$

de manera que introduciendo las funciones h_i y h_j definidas como

$$h_i(x_1, x_2, \ldots, x_n) = g_i(x_1, x_2, \ldots, x_n) - b_i, \ i = 1, \ldots, m$$
$$h_j(x_1, x_2, \ldots, x_n) = -x_j, \ j = 1, \ldots, n$$

podem expresar el problema original como,

$$\max_{x_1, x_2, \ldots, x_n} F(x_1, x_2, \ldots, x_n) \quad \text{s.a}$$

$$h_1(x_1, x_2, \ldots, x_n) \leq 0$$
$$h_2(x_1, x_2, \ldots, x_n) \leq 0$$
$$\vdots$$
$$h_m(x_1, x_2, \ldots, x_n) \leq 0$$
$$h_{m+1}(x_1, x_2, \ldots, x_n) \leq 0$$
$$\vdots$$
$$h_{m+n}(x_1, x_2, \ldots, x_n) \leq 0$$

Consideremos a continuación un punto $\overline{x}^*$ tal que F y h_i, $i = 1, \ldots m+n$ sean diferenciables en $\overline{x}^*$ y definamos el conjunto $I = \{i | h_i(\overline{x}^*) = 0\}$. Entonces, si h_i, $i \notin I$, son continuas en $\overline{x}^*$, se verifica que cuando $\overline{x}^*$ es un óptimo local, existen escalares λ_0, λ_i, $i \in I$ no todos nulos tales que,

$$\lambda_0 \bigtriangledown F(\overline{x}^*) + \sum_{i \in I} \lambda_i \bigtriangledown g_i(\overline{x}^*) = \overline{0}$$

$$\lambda_0, \lambda_i \geq 0 \text{ per } i \in I \tag{B.32}$$

$$g_j(\overline{x}^*) \leq 0, \; j = 1, \ldots, m+n.$$

Ademas, si g_i para $i \notin I$ es diferenciable en $\overline{x}^*$, entonces las condiciones (B.32) pueden expresarse como,

$$\lambda_0 \bigtriangledown F(\overline{x}^*) + \sum_{j=1}^{m+n} \lambda_j \bigtriangledown g_j(\overline{x}^*) = \overline{0}$$

$$\lambda_j g_j(\overline{x}^*) = 0, \; j = 1, \ldots, m+n$$

$$\lambda_0, \lambda_i \geq 0 \; j = 1, \ldots, m+n$$

$$g_j(\overline{x}^*) \leq 0, \; j = 1, \ldots, m+n.$$

con λ_j, $j = 1, \ldots, m+n$ no todos nulos.

Estas condiciones de primer orden son solamente necesarias pero no suficientes para identificar un punt óptimo (máximo o mínimo) local. Para demostrar que efectivamente son condiciones necesarias pero no suficientes, consideremos el ejemplo siguiente:

$$\min_{x_1, x_2} - (x_1 - 5)^2 - (x_2 - 2)^2 \quad \text{s.a}$$

$$2x_1 + x_2 \leq 6$$

$$x_1 \geq 0$$

$$5 \geq x_2 \geq 0.$$

La figura B.4 representa este ejemplo. el punto $\overline{x}^0 = (0, 2)$ es un punto factible pero no es una solución del problema minimitzador. El mínimo se encuentra en $(0, 5)$. Ahora bien, en este punto $\overline{x}^0 = (0, 2)$ se satisfacen todas las condiciones de Fritz-John. Efectivamente, la única restricción saturada es $g_2(x_1, x_2) = -x_1 \leq 0$. Dado que $\bigtriangledown F(\overline{x}^0) = (10, 0)$ y $\bigtriangledown g_2(\overline{x}^0) = (-1, 0)$, existen $\lambda_0 \geq 0, \lambda_2 \geq 0, \lambda_1 = \lambda_3 = \lambda_4 = 0$, tales que

$$\lambda_0 \bigtriangledown F(\overline{x}^0) + \sum_{j=1}^{4} \lambda_j \bigtriangledown g_j(\overline{x}^0) = \overline{0}$$

$$\lambda_j g_j(\overline{x}^0) = 0, \; j = 1, 2, 3, 4$$

$$\lambda_j \geq 0 \; j = 0, 1, \ldots, 4.$$

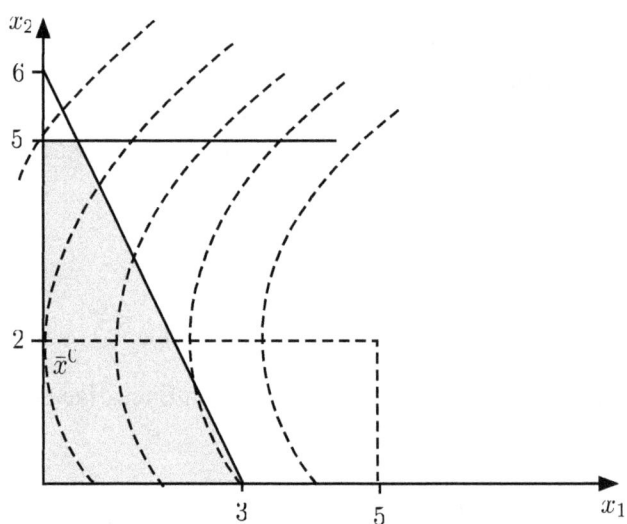

Figura B.4: Condiciones de Fritz-John.

Solamente necesitamos seleccionar valores λ_0 y λ_2 tales que $\lambda_2 = 10\lambda_0$.

Apéndice C

Algebra Lineal: vectores y matrices

C.1. Introducción

Los modelos matemáticos utilizados en economía a menudo contienen sistemas de ecuaciones. Cuando estas ecuaciones son todas ellas lineales, el estudio de estos sistemas de ecuaciones se enmarca en el área de las matemáticas denominada *álgebra lineal*.

Cuando los sitemas de ecuaciones son suficientemente grandes, su estudio se ve facilitado utilizando una notación adecuada. Un sistema general de m ecuaciones lineales con n incógnitas que denotamos $(x_1, x_2, \ldots, x_n)$ lo podemos expresar como,

$$a_{11}x_1 + a_{12}x_2 + \cdots + a_{1n}x_n = b_1$$
$$a_{21}x_1 + a_{22}x_2 + \cdots + a_{2n}x_n = b_2$$

(C.1)

$$a_{m1}x_1 + a_{m2}x_2 + \cdots + a_{mn}x_n = b_m$$

donde $a_{11}, a_{12}, \ldots, a_{mn}$ se denominan los *coeficientes* del sistema, y $b_1, b_2, \ldots, b_m$ son números reales.

Una **solución** del sistema (C.1) es un conjunto ordenado de números $s_1, s_2, \ldots, s_n$ que satisface todas las ecuaciones simultáneamente cuando consideremos $x_1 = s_1, x_2 = s_2, \ldots, x_n = s_n$. Normalmente escribimos una solución como $(s_1, s_2, \ldots, s_n)$. Si el sistema (C.1) tiene al menos una solución decimos que es *consistente*. Cuando el sistema no tiene solución decimos que es *inconsistente*.

La notación utilizada para presentar el sistema (C.1) es muy farragosa y poco práctica. Una forma alternativa más compacta de escribir las ecuaciones es,

$$x_1 \begin{pmatrix} a_{11} \\ \vdots \\ a_{m1} \end{pmatrix} + x_2 \begin{pmatrix} a_{12} \\ \vdots \\ a_{m2} \end{pmatrix} + \cdots + x_n \begin{pmatrix} a_{1n} \\ \vdots \\ a_{mn} \end{pmatrix} = \begin{pmatrix} b_1 \\ \vdots \\ b_m \end{pmatrix} \tag{C.2}$$

La ecuación (C.2) representa una forma alternativa de escribir (C.1), donde las expresiones,

$$\begin{pmatrix} a_{11} \\ \vdots \\ a_{m1} \end{pmatrix}, \quad \begin{pmatrix} a_{12} \\ \vdots \\ a_{m2} \end{pmatrix}, \quad \text{etc.,} \quad \text{y} \quad \begin{pmatrix} b_1 \\ \vdots \\ b_m \end{pmatrix}$$

se denominan *vectores* o, a veces *vectores columna* dado que sus elementos están estructurados en forma de columna.

Los vectores de la ecuació (C.2) son objetos matemáticos por si mismos, de manera que es conveniente asignarles una notación como $\mathbf{a_1}, \mathbf{a_2}, \ldots, \mathbf{a_n}$, y $\mathbf{b}$ respectivamente (es decir, denotamos los vectores por una letra minúscula en negrita). La expresión $x_1\mathbf{a_1}$ se denomina *producto escalar de x_1 y el vector* $\mathbf{a_1}$ y se define como

$$x_1\mathbf{a_1} = \mathbf{x_1} \begin{pmatrix} a_{11} \\ \vdots \\ a_{m1} \end{pmatrix} = \begin{pmatrix} x_1 a_{11} \\ \vdots \\ x_1 a_{m1} \end{pmatrix}$$

Con la notación introducida podemos expresar el sistema de ecuaciones original (C.1) como

$$x_1\mathbf{a_1} + \mathbf{x_2 a_2} + \cdots + \mathbf{x_n a_n} = \mathbf{b} \tag{C.3}$$

Dada la equivalencia entre (C.1) y (C.3), vemos que *el sistema (C.1) es consistente (tiene una solución) si y sólo si* $\mathbf{b}$ *puede expresarse como una combinación lineal de* $\mathbf{a_1}, \mathbf{a_2}, \ldots, \mathbf{a_n}$.

Podemos considerar una notación aun más compacta para sistema (C.1). En la expresión (C.3) todavia hay demasiados signos $+$. Consideremos pues la siguiente notación:

$$\begin{pmatrix} a_{11} & a_{12} & \ldots & a_{1n} \\ a_{21} & a_{22} & \ldots & a_{2n} \\ \ddots & & & \\ a_{m1} & a_{m2} & \ldots & a_{mn} \end{pmatrix} \begin{pmatrix} x_1 \\ x_2 \\ \vdots \\ x_n \end{pmatrix} = \begin{pmatrix} b_1 \\ b_2 \\ \vdots \\ b_n \end{pmatrix} \tag{C.4}$$

El conjunto ordenado de a_{ij} de la izquierda se denomina una *matriz* formada por m *filas* y n *columnas*, o una matriz $m \times n$. Normalmente las matrices se denotan por letras mayúsculas en negrita, e.g. $\mathbf{A}$. Una matriz que contenga sólo una fila se denomina un vector fila (que denotamos por una letra minúscula en negrita) y una matriu que contenga sólo una columna se denomina un vector columna.

C.2. Operaciones con Vectores.

C.2.1. Suma de vectores y producto de un escalar por un vector.

Denotemos por **a**, **b** y **c** tres vectores arbitrarios n-dimensionales, y denotemos por α y β dos números reales arbitrarios. Hay varias reglas que gobiernan la suma de vectores y el producto de un vector por un escalar. Las más importantes son las siguientes:

Reglas para la suma de vectores

$$(\mathbf{a} + \mathbf{b}) + \mathbf{c} = \mathbf{a} + (\mathbf{b}) + \mathbf{c} \qquad \text{(C.5)}$$

$$\mathbf{a} + \mathbf{b} = \mathbf{b} + \mathbf{a} \qquad \text{(C.6)}$$

$$\mathbf{a} + \mathbf{0} = \mathbf{a} \qquad \text{(C.7)}$$

$$\mathbf{a} + (-\mathbf{a}) = \mathbf{0} \qquad \text{(C.8)}$$

La ecuación (C.5) representa la propiedad asociativa de la suma de vectores; la ecuación (C.6) representa la propiedad conmutativa de la suma de vectores; la ecuación (C.7) nos dice que el vector n-dimensional de ceros es el elemento neutro de la suma de vectors; finalmente, la ecuación (C.8) nos dice que la suma de vectores también tiene elemento simétrico definido como aquel vector que sumado al vector original da como resultado el elemento neutro.

Reglas para la multiplicación de un escalar por un vector

$$(\alpha + \beta)\mathbf{a} = \alpha\mathbf{a} + \beta\mathbf{a} \qquad \text{(C.9)}$$

$$\alpha(\mathbf{a} + \mathbf{b}) = \alpha\mathbf{a} + \alpha\mathbf{b} \qquad \text{(C.10)}$$

$$\alpha(\beta\mathbf{a}) = (\alpha\beta)\mathbf{a} \qquad \text{(C.11)}$$

$$1\mathbf{a} = \mathbf{a} \qquad \text{(C.12)}$$

Resumiendo, podemos decir que la manipulación de vectores básicament sigue las mismas reglas que la manipulación de los números reales, sin tenernos que preocupar de cada componente por separado.

C.2.2. Interpretación geométrica de los vectores.

La palabra "vector" proviene del latín y se refiere al acto de mover una persona o un objeto de un sitio a otro. En el espacio $\mathbb{R}^2$, un desplazamiento se describe como la distancia a_1 recorrida en la dimensión x y la distancia a_2 recorrida en la dirección y. En otras palabras un desplazamiento en el plano está unívocamente descrito por un par ordenado de números (a_1, a_2). Es decir, por un vector $\mathbf{a} = (a_1, a_2)$.

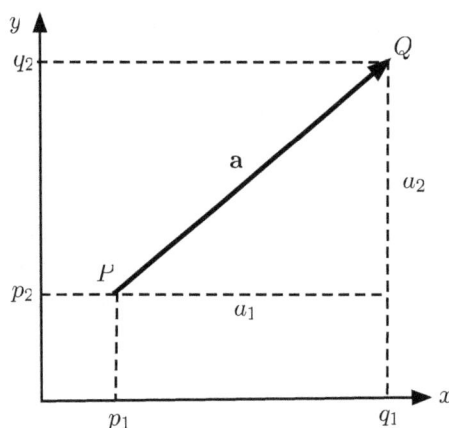

$$P = (p_1, p_2)$$
$$Q = (q_1, q_2)$$
$$\mathbf{a} = (a_1, a_2) = (q_1 - p_1, q_2 - p_2)$$

Figura C.1: Interpretación geométrica de un vector.

Geométricamente, tal movimiento puede representarse per una flecha con inicio en un punto inicial P y final en un punto Q. El vector de P a Q se denota como $\overrightarrow{PQ}$ y lo denominamos *vector geométrico* o *segmento lineal dirigido*.

Finalmente necesitamos relacionar la notación geométrica de un vector $\overrightarrow{PQ}$, y la notación matemática $\mathbf{a}$. Para ello, consideremos que el vector $\mathbf{a} = (a_1, a_2)$ describe un movimiento desde un punto $P = (p_1, p_2)$ a un punto $Q = (q_1, q_2)$. Entonces, decimos que

$$a_1 = q_1 - p_1,$$
$$a_2 = q_2 - p_2, \text{ o bien}$$
$$(a_1, a_2) = (q_1, q_2) - (p_1, p_2).$$

La figura C.1 ilustra esta interpretación geométrica del vector $\mathbf{a}$.

Por lo tanto, el vector (a_1, a_2) describe un movimiento de a_1 unidades en la dirección x y un desplazamiento de a_2 unidades en la dirección y. Este movimiento combinado en ambas direcciones nos traslada desde el punto P al punto Q. La correspondencia entre el punto inicial, el punto final y la distancia de desplazamiento, permite de forma natural, pensar en un vector como un par ordenado de números (a_1, a_2), o como un segmento lineal dirigido $\overrightarrow{PQ}$.

La equivalencia entre la representación maemática y geométrica de un vector da lugar a una interpretación geométrica interesante a las operaciones $\mathbf{a} + \mathbf{b}$, $\mathbf{a} - \mathbf{b}$, y $t\mathbf{a}$. Sea $\mathbf{a} = (\mathbf{a_1}, \mathbf{a_2})$ y $\mathbf{b} = (\mathbf{b_1}, \mathbf{b_2})$ dos vectores ambos con origen en $(0, 0)$.

- La suma $\mathbf{a} + \mathbf{b}$ que se muestra en la figura C.2, es la diagonal del paralelo-

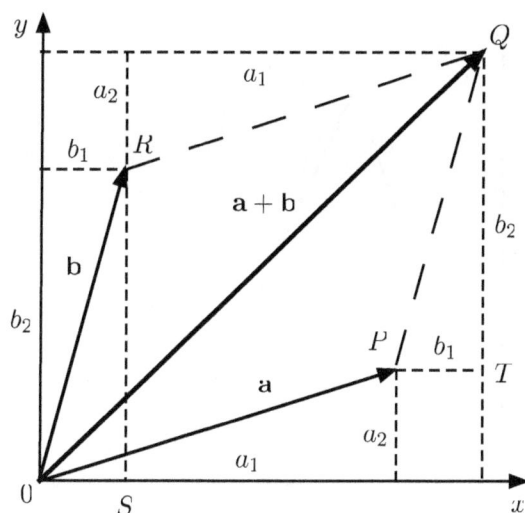

Figura C.2: Suma de vectores.

gramo determinado por los vectores **a** y **b**.

Geométricamente, los triángulos $0RS$ y PQT son semejantes. Es decir, OR es paralelo a PQ y $0P$ es paralelo a RQ. Podemos interpretar la figura C.2 como si **a** desplazara desde 0 a P y **b** desplazara desde P a Q. El movimiento combinado **a** + **b** representa pues, un desplazamiento desde 0 a Q.

- La diferencia **a** − **b** se representa en la figura C.3. Debemos poner especial atención a la dirección del vector **a**−**b**. Notemos también que **b**+(**a**−**b**) = **a**.

- La interpretación geométrica de t**a**, donde $t \in \mathbb{R}$, también es inmediata. La figura C.4 lo ilustra. Si $t > 0$ el vector t**a** conserva la misma dirección que **a** y su longitud es t veces la longitud de **a**. Si $t < 0$ el vector t**a** tiene la dirección opuesta de **a** y su longitud es $|t|$ veces la longitud de **a**. Por lo tanto, la multiplicación de un vector **a** por un número t equivale a reescalar el vector **a**. Es por ello que con frecuencia al número real t se le denomina *escalar*.

Un razonamiento paralelo permite extender estos argumentos a espacios n-dimensionales ($n \geq 3$).

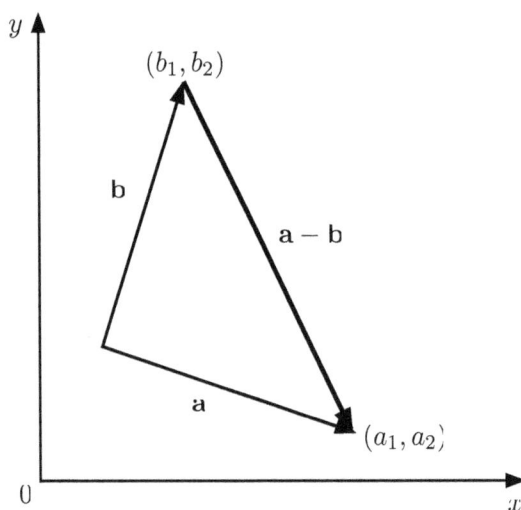

Figura C.3: Diferencia de vectores.

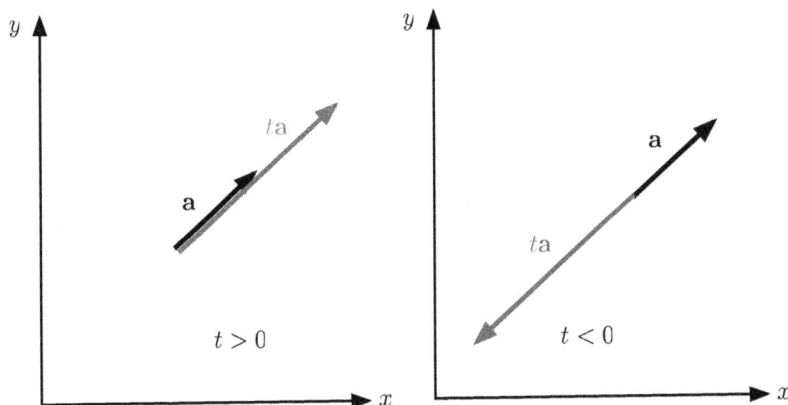

Figura C.4: Producto de un vector por un escalar.

C.2.3. Producto escalar de vectores.

El producto escalar de dos vectores n-dimensionales $\mathbf{a} = (\mathbf{a_1}, \mathbf{a_2}, \ldots, \mathbf{a_n})$ y $\mathbf{b} = (\mathbf{b_1}, \mathbf{b_2}, \ldots, \mathbf{b_n})$ se define como

$$\mathbf{a} \cdot \mathbf{b} = \mathbf{a_1}\mathbf{b_1} + \mathbf{a_2}\mathbf{b_2} + \cdots + \mathbf{a_n}\mathbf{b_n} = \sum_{i=1}^{n} \mathbf{a_i}\mathbf{b_i} \in \mathbb{R} \qquad (C.13)$$

Esta definición contiene dos propiedades importantes: (i) el resultado del producto escalar de dos vectores es un *número real* (o un escalar), no un vector; (ii) el producto escalar de dos vectores *sólo está definido* cuando ambos vectores tienen la misma dimensión.

Sean $\mathbf{a}, \mathbf{b}$ y $\mathbf{c}$ tres vectores n-dimensionales, y sea per t un escalar. Podemos definir las siguientes reglas del producto escalar de vectores:

Reglas del producto escalar de vectores

$$\mathbf{a} \cdot \mathbf{b} = \mathbf{b} \cdot \mathbf{a} \tag{C.14}$$

$$\mathbf{a} \cdot (\mathbf{b} + \mathbf{c}) = \mathbf{a} \cdot \mathbf{b} + \mathbf{a} \cdot \mathbf{c} \tag{C.15}$$

$$(t\mathbf{a}) \cdot \mathbf{b} = \mathbf{a} \cdot (t\mathbf{b}) = t(\mathbf{a} \cdot \mathbf{b}) \tag{C.16}$$

$$\mathbf{a} \cdot \mathbf{a} > 0 \iff \mathbf{a} \neq \mathbf{0} \tag{C.17}$$

Las reglas (C.14) y (C.16) son triviales. Para demostrar la regla (C.15), consideremos los vectores $\mathbf{a} = (a_1, a_2, \ldots, a_n)$, $\mathbf{b} = (b_1, b_2, \ldots, b_n)$, y $\mathbf{c} = (c_1, c_2, \ldots, c_n)$. Entonces,

$$\begin{aligned}
\mathbf{a} \cdot (\mathbf{b} + \mathbf{c}) &= (a_1, a_2, \ldots, a_n) \cdot (b_1 + c_1, \ldots b_n + c_n) \\
&= a_1(b_1 + c_1) + \ldots a_n(b_n + c_n) \\
&= a_1 b_1 + \ldots a_n b_n + a_1 c_1 + \ldots a_n c_n \\
&= \mathbf{a} \cdot \mathbf{b} + \mathbf{a} \cdot \mathbf{c}
\end{aligned}$$

Para demostrar la regla (C.17) es suficiente notar que $\mathbf{a} \cdot \mathbf{a} = a_1^2 + a_2^2 + \cdots + a_n^2$. Esta suma es siempre no negativa, y es cero si y sólo si todos los elementos a_i, $i = 1, \ldots, n$ son cero.

Longitud de los vectors y la desigualdad de Cauchy-Schwarz

Sea $\mathbf{a} = (a_1, a_2, \ldots, a_n)$. Definimos la *longitud* o *norma* del vector $\mathbf{a}$, que denotamos por $\|\mathbf{a}\|$, como

$$\|\mathbf{a}\| = \sqrt{\mathbf{a} \cdot \mathbf{a}} = \sqrt{a_1^2 + a_2^n + \cdots + a_n^2} \tag{C.18}$$

Utilitzando la ecuació (C.18), definimos la *distancia* (Euclídea) entre dos vectores $\mathbf{a} = (a_1, a_2, \ldots, a_n)$, $\mathbf{b} = (b_1, b_2, \ldots, b_n)$ como

$$\|\mathbf{a} - \mathbf{b}\| = \sqrt{(a_1 - b_1)^2 + (a_2 - b_2)^2 + \cdots + (a_n - b_n)^2} \tag{C.19}$$

Para $n = 2$ esta definición se reduce al concepto tradicional de distancia. Consideremos dos puntos arbitrarios (x_1, y_1) y (x_2, y_2) en $\mathbb{R}^2$ como los mostrados en la figura C.5. La distancia entre estos dos puntos es la hipotenusa del triángulo rectángulo que tiene como catetos $(x_2 - x_1)$ e $(y_2 - y_1)$. El teorema de Pitágoras nos dice que la longitud de la hipotenusa es $d = \sqrt{(x_1 - x_2)^2 + (y_1 - y_2)^2}$.

Per $n = 3$ observemos la figura C.6 e intentemos calcular la distancia entre los puntos P y Q con coordenadas (a_1, a_2, a_3) y (b_1, b_2, b_3) respectivamente. Estos

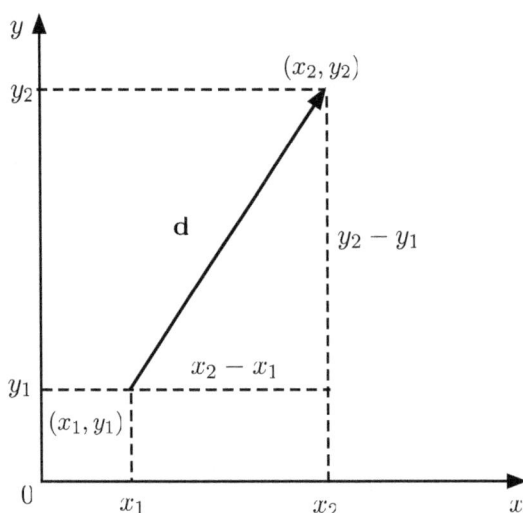

Figura C.5: Distancia entre dos vectores en $\mathbb{R}^2$.

puntos se encuentran en los vértices diagonalmente opuestos de un cubo rectangular cuyos lados tienen longitudes $a = |a_1 - b_1|$, $b = |a_2 - b_2|$, y $c = |a_3 - b_3|$.

Podemos calcular la diagonal PQ a partir del teorema de Pitágoras que nos dice $(PQ)^2 = (PR)^2 + (RQ)^2$. A su vez, PR es la hipotenusa del triángulo de lados a y b, de manera que su longitud es $(PR)^2 = a^2 + b^2 = (a_1 - b_1)^2 + (a_2 - b_2)^2$. Además, $RQ = c$ de manera que $(RQ)^2 = c^2 = (a_3 - b_3)^2$. En consecuencia, $(PQ)^2 = (PR)^2 + (RQ)^2 = (a_1 - b_1)^2 + (a_2 - b_2)^2 + (a_3 - b_3)^2$ y la distancia entre (a_1, a_2, a_3) y (b_1, b_2, b_3) es,

$$d = \sqrt{(a_1 - b_1)^2 + (a_2 - b_2)^2 + (a_3 - b_3)^2}$$

La desigualtat de Cauchy-Schwarz nos dice,

$$|\mathbf{a} \cdot \mathbf{b}| \leq \|\mathbf{a}\| \cdot \|\mathbf{b}\| \tag{C.20}$$

Ortogonalidad

Consideremos la figura C.7 que muestra tres vectores $\mathbf{a}$, $\mathbf{b}$ y $\mathbf{a}\text{-}\mathbf{b}$ en $\mathbb{R}^2$. Utilizando de nuevo el teorema de Pitágoras, el ángulo θ entre los dos vectores $\mathbf{a}$ y $\mathbf{b}$ es recto si y sólo si $(0A)^2 + (0B)^2 = (AB)^2$ o en una notación diferente, $\|\mathbf{a}\|^2 + \|\mathbf{b}\|^2 = \|\mathbf{a} - \mathbf{b}\|^2$.

Esto implica que $\theta = 90°$ si y sólo si

$$\mathbf{a} \cdot \mathbf{a} + \mathbf{b} \cdot \mathbf{b} = (\mathbf{a} - \mathbf{b}) \cdot (\mathbf{a} - \mathbf{b})$$
$$= \mathbf{a} \cdot \mathbf{a} - \mathbf{a} \cdot \mathbf{b} - \mathbf{b} \cdot \mathbf{a} + \mathbf{b} \cdot \mathbf{b}$$

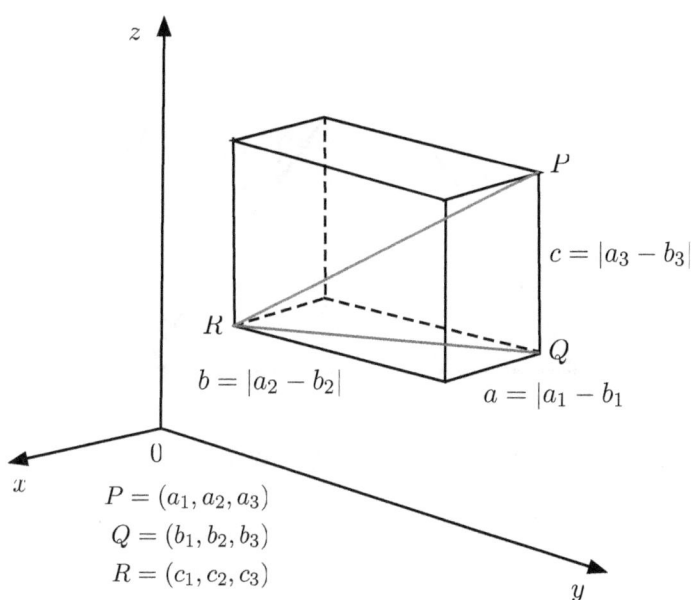

Figura C.6: Distancia entre dos vectores en $\mathbb{R}^3$.

que se reduce a

$$0 = \mathbf{a} \cdot \mathbf{b} + \mathbf{b} \cdot \mathbf{a} = 2\mathbf{a} \cdot \mathbf{b} \implies \mathbf{a} \cdot \mathbf{b} = 0.$$

Con este argumento demostramos que el ángulo formado por dos vectores es recto si y sólo si su producto escalar es cero. En tal caso decimos que los vectores son *ortogonales* y lo denotamos como $\mathbf{a} \perp \mathbf{b}$. Esta demostración se generaliza trivialmente a vectores n-dimensionales, y podemos escribir

$$\mathbf{a} \perp \mathbf{b} \iff \mathbf{a} \cdot \mathbf{b} = 0$$

Una aplicación de la ortogonalidad

Recordemos la teoría del consumidor, y estudiemos porqué dibujamos el vector de precios ortogonal a la restricción presupuestaria.

Pare ello consideremos un consumidor en un mundo de dos bienes x e y cuya función de utiliad es $U(x, y)$. representemos una curva de indiferencia representativa, $\overline{U}$ como en la figura C.8, y seleccionemos un punto $S = (x_0, y_0)$. En primer lugar queremos calcular la ecuación de la recta tangente a $U(x, y) = \overline{U}$ en el punto S.

- Sabemos que la ecuación de una recta que pasa por un punto $(x_=, y_0)$ y tiene pendiente α es

$$(y - y_0) = \alpha(x - x_0) \tag{C.21}$$

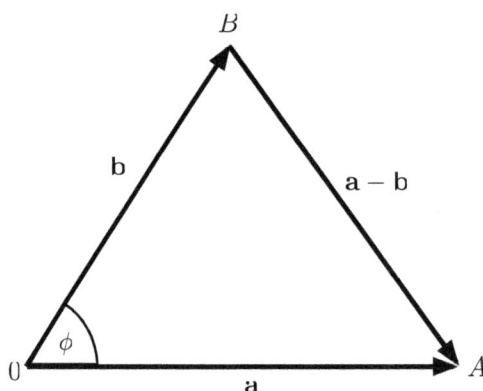

Figura C.7: Ortogonalidad.

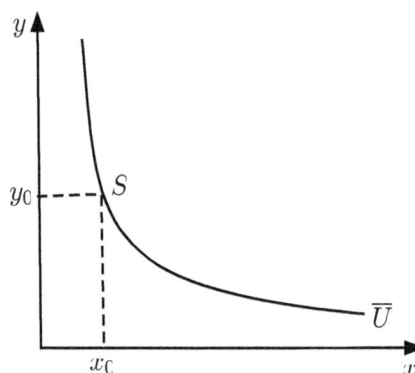

Figura C.8: Una aplicación de la ortogonalidad.

donde (x, y) es un punto arbitrario de esta recta.

- la pendiente de la recta tangente en S es

$$\alpha = -\frac{\left.\frac{\partial U}{\partial x}\right|_{(x_0, y_0)}}{\left.\frac{\partial U}{\partial y}\right|_{(x_0, y_0)}} \tag{C.22}$$

donde suponemos que $\left.\frac{\partial U}{\partial y}\right|_{(x_0, y_0)} \neq 0$.

- Substituyendo (C.22) en (C.21) obtenemos,

$$(y - y_0) = -\frac{\left.\frac{\partial U}{\partial x}\right|_{(x_0, y_0)}}{\left.\frac{\partial U}{\partial y}\right|_{(x_0, y_0)}}(x - x_0) \tag{C.23}$$

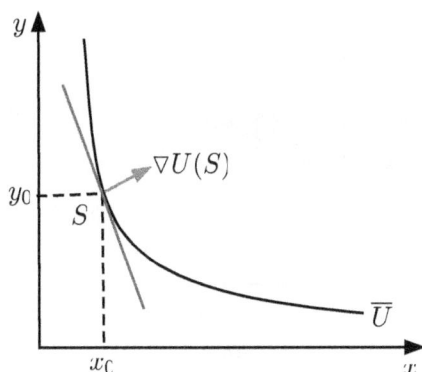

Figura C.9: Una aplicación de la ortogonalidad (2).

- Operando el producto, podemos reescribir (C.23) como,

$$\frac{\partial U}{\partial y}\bigg|_{(x_0,y_0)} (y - y_0) + \frac{\partial U}{\partial x}\bigg|_{(x_0,y_0)} (x - x_0) = 0. \qquad \text{(C.24)}$$

- Introduciendo la notación del producto escalar de vectores, podemos reescribir (C.24) como

$$\left(\frac{\partial U}{\partial x}\bigg|_{(x_0,y_0)} \quad \frac{\partial U}{\partial y}\bigg|_{(x_0,y_0)}\right) \cdot \begin{pmatrix} x - x_0 \\ y - y_0 \end{pmatrix} = 0 \qquad \text{(C.25)}$$

- El vector

$$\left(\frac{\partial U}{\partial x}\bigg|_{(x_0,y_0)} \quad \frac{\partial U}{\partial y}\bigg|_{(x_0,y_0)}\right) \equiv \nabla U(x_0, y_0) \qquad \text{(C.26)}$$

se donomina el *gradiente* de la función U. Por lo tanto, utilizando (C.26), podemos reescribir (C.25) como

$$\nabla U(x_0, y_0) \cdot \begin{pmatrix} x - x_0 \\ y - y_0 \end{pmatrix} = 0, \qquad \text{(C.27)}$$

que nos dice que el gradiente de la función U es ortogonal a la recta tangente que pasa por el punto S y tiene pendiente α dada por (C.22).

La figura C.9 ilustra este argumento.

Calculada la ecuación de la recta tangente, en segundo lugar queremos proporcionar una interpretación de ésta. La recta tangente no es más que la restricción presupuestaria del consumidor, es decir,

$$\begin{pmatrix} p_1, p_2 \end{pmatrix} \cdot \begin{pmatrix} x \\ y \end{pmatrix} = m \qquad \text{(C.28)}$$

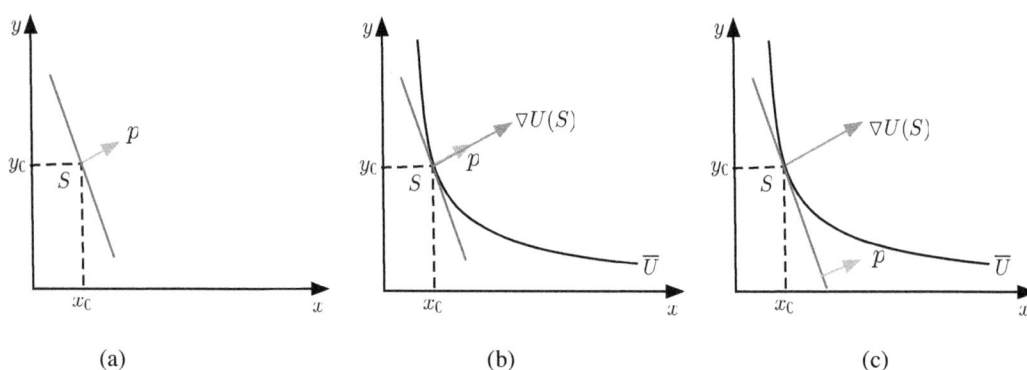

(a)   (b)   (c)

Figura C.10: Una aplicación de la ortogonalidad (3).

donde $p = (p_1, p_2)$ representa el sistema de precios, y m la renta del consumidor. Esta restrición presupuestaria podemos reescribirla, operando el producto en (C.28) como

$$y = \frac{m}{p_2} - \frac{p_1}{p_2} x,$$

de manera que la pendiente de la restricción presupuestaria es $-p_1/p_2$. Substituyendo esta pendiente en (C.23) obtenemos,

$$(y - y_0) = -\frac{p_1}{p_2}(x - x_0),$$

o en notación matricial,

$$\big(p_1, p_2\big) \cdot \begin{pmatrix} x - x_0 \\ y - y_0 \end{pmatrix} = 0$$

La figura C.10(a) representa la ortogonalidad entre el sistema de precios y la restricción presupuestaria. Como la pendiente de la restricción presupuestaria es constante en todos sus puntos, podemos dibujar el vector ortogonal de precios en cualquier punto de la recta presupuestaria. Por último combinando las figuras C.9 y C.10(a) obtenemos las figuras C.10(b) y (c) que es la forma habitual de representar el problema del consumidor.

C.3. Líneas y Planos.

C.3.1. Líneas.

Sean $\mathbf{a} = (a_1, a_2, a_3)$ y $\mathbf{b} = (b_1, b_2, b_3)$ dos vectores definidos en $\mathbb{R}^3$. Imaginemos estos vectores como flechas que salen del origen de coordenadas y llegan a

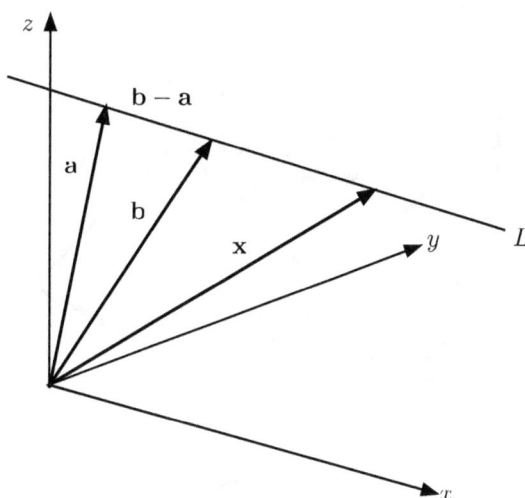

Figura C.11: Una línea en $\mathbb{R}^2$.

los puntos que tienen como coordenadas (a_1, a_2, a_3) y (b_1, b_2, b_3). Podemos dibujar una recta L que pase por ambos puntos como ilustra la figura C.11. La ecuación de esta recta es, $\mathbf{x} = (1 - t)\mathbf{a} + t\mathbf{b}$, donde t es un número real.

Formalmente, la línea L que pasa por dos puntos $\mathbf{a} = (a_1, \ldots, a_n)$ y $\mathbf{b} = (b_1, \ldots, b_n)$ es el conjunto de puntos $\mathbf{x} = (x_1, \ldots, x_n)$ que satisfacen

$$\mathbf{x} = (1 - t)\mathbf{a} + t\mathbf{b}, \tag{C.29}$$

para algún número real t.

C.3.2. Hiperplanos.

Consideremos un plano $\mathcal{P}$ en $\mathbb{R}^3$ que pasa por un punto $\mathbf{a} = (a_1, a_2, a_3)$. Supongamos también que el vector $\mathbf{p} = (p_1, p_2, p_3) \neq (0, 0, 0)$ es ortogonal al plano $\mathcal{P}$ como ilustra la figura C.12. Afirmar que $\mathbf{p}$ es ortogonal a $\mathcal{P}$ quiere decir que $\mathbf{p}$ es ortogonal a qualsevol línea del plano. Por lo tanto, si $\mathbf{x} = (x_1, x_2, x_3)$ es otro punto arbitrario en el plano $\mathcal{P}$, entonces $\mathbf{x}$-$\mathbf{a}$ es ortogonal a $\mathbf{p}$. En consecuencia, el producto escalar de $\mathbf{p}$ y $\mathbf{x}$-$\mathbf{a}$ ha de ser cero, es decir,

$$\mathbf{p} \cdot (\mathbf{x}\text{-}\mathbf{a}) = 0 \tag{C.30}$$

Por lo tanto, (C.30) es la ecuación general de un plano en $\mathbb{R}^3$ que pase por $\mathbf{a} = (a_1, a_2, a_3)$.

En general, decimos que un hiperplano que pase por un punto $\mathbf{a} = (a_1, a_2, \ldots, a_n)$ y que sea ortogonal a un vector $\mathbf{p} = (p_1, p_2, \ldots, p_n) \neq \mathbf{0}$ es el conjunto de puntos $\mathbf{x} = (x_1, x_2, \ldots, x_n)$ que satisfacen

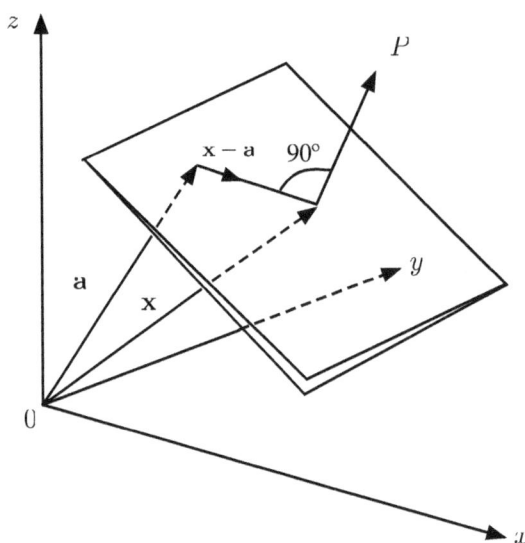

Figura C.12: Ortogonalitat i hiperplans.

$$\mathbf{p} \cdot (\mathbf{x}\text{-}\mathbf{a}) = 0 \qquad\qquad (C.31)$$

Señalemos que si substituimos el vector ortogonal $\mathbf{p}$ por $t\mathbf{p}$, con $t \neq 0$, precisamente el mismo conjunto de vectores $\mathbf{x}$ satisfarán la ecuación del hiperplano.

C.4. Matrices y operaciones con matrices.

Una *matriz* es un conjunto de números distribuidos de forma rectangular considerados como una entidad. Estos números normalmente están delimitados por paréntesis. El *orden* de una matriz está dado por el número de sus *filas* y *columnas*. Decimos que una matriz es de orden $m \times n$ cuando está compuesta por m filas y n columnas. Los números que componen la matriz se denominan *elementos* de la matriz. En particular, a_{ij} denota el elemento situado en la fila i y en la columna j. En general, una matriz $m \times n$ tiene la forma:

$$\mathbf{A} = \begin{pmatrix} a_{11} & a_{12} & \dots & a_{1n} \\ a_{21} & a_{22} & \dots & a_{2n} \\ \vdots & \vdots & & \vdots \\ a_{m1} & a_{m2} & \dots & a_{mn} \end{pmatrix} \qquad\qquad (C.32)$$

Casos particulares de matrices son los seguientes:

- matriz $1 \times n$, es un vector fila,

- matriz $m \times 1$, es un vector columna,

- matriz $n \times n$, (i.e. $m = n$) es una *matriz cuadrada*. Los elementos $a_{11}, \ldots, a_{nn}$ conforman la *diagonal principal* de la matriz.

C.4.1. Operaciones con matrices

La motivación para utilizar las matrices es la existencia de reglas muy útiles para su manipulación. Estas reglas se corresponden hasta cierto punto con las reglas familiares del álgebra ordinaria.

Decimos que dos matrices $\mathbf{A}$ y $\mathbf{B}$ son *iguals*, y escribimos $\mathbf{A} = \mathbf{B}$ si $a_{ij} = b_{ij} \,\forall i, j \; i = 1, 2, \ldots, m; \; j = 1, 2, \ldots, n$. Si dos matrices $\mathbf{A}$ y $\mathbf{B}$ no son *iguales*, escribimos $\mathbf{A} \neq \mathbf{B}$.

Suma y multiplicación por un escalar.

Sean $\mathbf{A} = (a_{ij})_{m \times n}$ y $\mathbf{B} = (b_{ij})_{m \times n}$ dos matrices $m \times n$. Definimos la *suma* de $\mathbf{A}$ y $\mathbf{B}$ como la matriz $m \times n$, $(a_{ij} + b_{ij})_{m \times n}$. Es decir,

$$\mathbf{A} + \mathbf{B} = (a_{ij})_{m \times n} + (b_{ij})_{m \times n} = (a_{ij} + b_{ij})_{m \times n} \tag{C.33}$$

Así pues, la suma de dos matrices del mismo orden consiste en la suma de sus correspondientes elementos.

Sea α un número real. Definimos $\alpha \mathbf{A}$ como

$$\alpha \mathbf{A} = \alpha (a_{ij})_{m \times n} = (\alpha a_{ij})_{m \times n} \tag{C.34}$$

Por lo tanto, la multiplicación de una matriz por un escalar consiste en multiplicar cada elemento de la matriz por ese escalar.

Reglas de la suma de matrices

$$(\mathbf{A} + \mathbf{B}) + \mathbf{C} = \mathbf{A} + (\mathbf{B} + \mathbf{C}) \tag{C.35}$$
$$\mathbf{A} + \mathbf{B} = \mathbf{B} + \mathbf{A} \tag{C.36}$$
$$\mathbf{A} + \mathbf{0} = \mathbf{A} \tag{C.37}$$
$$\mathbf{A} + (-\mathbf{A}) = \mathbf{0} \tag{C.38}$$

Reglas de la multiplicación de matrices por escalares

$$(\alpha + \beta)\mathbf{A} = \alpha \mathbf{A} + \beta \mathbf{A} \tag{C.39}$$
$$\alpha(\mathbf{A} + \mathbf{B}) = \alpha \mathbf{A} + \alpha \mathbf{B} \tag{C.40}$$

Multiplicación de matrices.

Las operaciones introducidas hasta ahora son bastante naturales. Hay varias maneras de definir la multiplicación de matrices.

Una definición que *no* utilizaremos pero que resulta bastante natural se refiere al producto de dos matrices del mismo ordre. Sean $\mathbf{A} = (a_{ij})_{m \times n}$ y $\mathbf{B} = (b_{ij})_{m \times n}$ dos matrices $m \times n$. Definimos el producto de $\mathbf{A}$ y $\mathbf{B}$ como la matriz $\mathbf{C} = (c_{ij})_{m \times n}$ donde $c_{ij} = a_{ij}b_{ij}$. Es decir, el producto de dos matrices del mismo orden consiste en el producto de sus correspondientes elementos. Esta es una operación legítima que se denomina *producto de Hadamard* de $\mathbf{A}$ y $\mathbf{B}$. Esta definición de producto de dos matrices no es muy utilizada.

La definición más utilizada de multiplicación de matrices, aunque es más compleja resulta más útil para algunas manipulaciones cruciales de las ecuaciones lineales.

Consideremos las matrices $\mathbf{A} = (a_{ij})_{m \times n}$ y $\mathbf{B} = (b_{ij})_{n \times p}$. Definimos el producto de $\mathbf{A}$ y $\mathbf{B}$, como la matriz $\mathbf{C} = \mathbf{AB}$ donde $\mathbf{C} = (c_{ij})_{m \times p}$. El elemento de la fila i y la columna j es el producto escalar

$$c_{ij} = a_{i1}b_{1j} + a_{i2}b_{2j} + \cdots + a_{in}b_{nj} \tag{C.41}$$

de la fila i de la matriz $\mathbf{A}$ y de la columna j de la matriz $\mathbf{B}$.

Debemos señalar que el producto $\mathbf{AB}$ sólo está definido si el número de columnas de la matriz $\mathbf{A}$ coincide con el número de filas de la matriz $\mathbf{B}$. Una implicación inmediata es que si $\mathbf{A}$ y $\mathbf{B}$ son dos matrices, el producto $\mathbf{AB}$ puede estar definido aunque el producto $\mathbf{BA}$ no lo esté.

También vale la pena señalar que incluso en el caso en que tanto $\mathbf{AB}$ como $\mathbf{BA}$ estén definidos, el resultado de estos dos productos no necesariamente coincide. Cuando escribimos $\mathbf{AB}$ decios que *premultiplicamos* $\mathbf{B}$ por $\mathbf{A}$, mientras que cuando escribimos $\mathbf{BA}$ decimos que *postmultiplicamos* $\mathbf{B}$ por $\mathbf{A}$.

Reglas de la multiplicación de matrices

Consideremos tres matrices $\mathbf{A} = (a_{ij})_{m \times n}$, $\mathbf{B} = (b_{ij})_{n \times p}$ y $\mathbf{C} = (c_{ij})_{p \times q}$. Podemos definir las operaciones siguientes:

$$(\mathbf{AB})\mathbf{C} = \mathbf{A}(\mathbf{BC}) \tag{C.42}$$
$$\mathbf{A}(\mathbf{B}) + \mathbf{C} = \mathbf{AB}) + \mathbf{AC} \tag{C.43}$$
$$(\mathbf{A} + \mathbf{B})\mathbf{C} = \mathbf{AC} + \mathbf{BC} \tag{C.44}$$

La ecuación (C.42) representa la propiedad asociativa de la multiplicación de matrices. La ecuación (C.43) representa la propiedad distributiva por la izquierda. Finalmente, la ecuación (C.44) representa la propiedad distributiva por la derecha. Señalemos que necesitamos definir la propiedad distributiva por la derecha y por la izquierda porque la multiplicación de matrices no es conmutativa.

Un caso particular de multiplicación de matrices en el caso de matrices cuadradas son las *potencias de una matriz*. Si **A** es una matriz cuadrada,

$$\mathbf{A}^n = \mathbf{AAAAA} \dots \mathbf{A} \tag{C.45}$$

Una matriz cuadrada de especial interés es la *matriz identidad* de orden n que denotamos como $\mathbf{I}_n$ (o simplemente $\mathbf{I}$). Esta es una matriz $n \times n$ compuesta por unos a lo largo de la diagonal principal y ceros en el resto de posiciones:

$$\mathbf{I}_n = \begin{pmatrix} 1 & 0 & \dots & 0 \\ 0 & 1 & \dots & 0 \\ \vdots & \vdots & & \vdots \\ 0 & 0 & \dots & 1 \end{pmatrix} \tag{C.46}$$

Si **A** es una matriz $m \times n$, es fácil verificar que $\mathbf{AI}_n = \mathbf{A}$. De forma parecida, Si **B** es una matriz $n \times m$, es fácil verificar que $\mathbf{I}_n\mathbf{B} = \mathbf{B}$.

Transpuesta de una matriz.

Supongamos que queremos intercambiar filas y columnas en una matriz **A**, $m \times n$, de manera que la primera fila se convierte en la primera columna, etc. Esta nueva matriz $n \times m$ se denomina *matriz transpuesta* de la matriz original y la denotamos como **A'** o también $\mathbf{A}^T$.

$$\mathbf{A} = \begin{pmatrix} a_{11} & a_{12} & \dots & a_{1n} \\ a_{21} & a_{22} & \dots & a_{2n} \\ \vdots & \vdots & & \vdots \\ a_{m1} & a_{m2} & \dots & a_{mn} \end{pmatrix} \implies \mathbf{A}' = \begin{pmatrix} a_{11} & a_{21} & \dots & a_{m1} \\ a_{12} & a_{22} & \dots & a_{m2} \\ \vdots & \vdots & & \vdots \\ a_{1n} & a_{2n} & \dots & a_{mn} \end{pmatrix} \tag{C.47}$$

Reglas de la transposición de matrices

Consideremos dos matrices $\mathbf{A} = (a_{ij})_{m \times n}$, y $\mathbf{B} = (b_{ij})_{n \times p}$. Podemos definir las operaciones siguientes:

$$(\mathbf{A}')' = \mathbf{A} \tag{C.48}$$

$$(\mathbf{A}) + \mathbf{B} = \mathbf{A}' + \mathbf{B}' \tag{C.49}$$

$$(\alpha\mathbf{A})' = \alpha\mathbf{A}' \tag{C.50}$$

$$(\mathbf{AB})' = \mathbf{B}'\mathbf{A}' \tag{C.51}$$

Un caso particular especialmente interesante son las *matrices simétricas*. Una matriz simétrica es aquella matriz cuadrada que es simétrica con respecto a la diagonal principal. Es decir, una matriz $\mathbf{A} = (a_{ij})_{m \times n}$ es simétrica si y sólo si $a_{ij} = a_{ji}$ $\forall i, j$. En otras palabras, las matrices simétricas están caracterizadas por ser iguales a sus transpuestas:

$$\mathbf{A} = \mathbf{A'} \iff \mathbf{A} \text{ es simétrica} \tag{C.52}$$

C.5.   Determinantes e inversión de matrices.

Consideremos el siguiente sistema de ecuaciones lineales,

$$a_{11}x_1 + a_{12}x_2 = b_1 \tag{C.53}$$
$$a_{21}x_1 + a_{22}x_2 = b_2$$

que podemos escribir en forma matricial como,

$$\begin{pmatrix} a_{11} & a_{12} \\ a_{21} & a_{22} \end{pmatrix} \begin{pmatrix} x_1 \\ x_2 \end{pmatrix} = \begin{pmatrix} b_1 \\ b_2 \end{pmatrix} \tag{C.54}$$

o en notación matricial,

$$\mathbf{Ax} = \mathbf{b}. \tag{C.55}$$

Si resolvemos el sistema (C.53) por alguno de los sistemas tradicionales obtenemos,

$$x_1 = \frac{b_1 a_{22} - b_2 a_{12}}{a_{11}a_{22} - a_{12}a_{21}}, \qquad x_2 = \frac{b_2 a_{11} - b_1 a_{21}}{a_{11}a_{22} - a_{12}a_{21}} \tag{C.56}$$

A partir de la ecuación (C.55) podemos que que la notación matricial nos permite obtener la solución el sistema (C.53) como

$$\mathbf{x} = \mathbf{A}^{-1}\mathbf{b}, \tag{C.57}$$

donde $\mathbf{A}^{-1}$ se denomina *la matriz inversa de* $\mathbf{A}$.

El objetivo de esta sección es mostrar como resolver el sistema de ecuaciones (C.53) utilizando el concepto de matriz inversa y apuntar cómo generalizar este método para sistemas de n ecuaciones lineales. Para ello necesitamos introducir además del concepto de matriz inversa los conceptos de *determinante de una matriz* y de *menores de una matriz*.

C.5.1.   Determinante y menores de una matriz

Consideremos una matriz cuadrada $\mathbf{A}$. El determinante de esta matriz, que denotamos como $det(\mathbf{A})$ o también $|\mathbf{A}|$, es una función que asigna a una matriz cuadrada de orden n un único número real. Este número resulta de obtener todos los productos posibles de los elementos de una matriz de acuerdo con una serie de restricciones sobre cómo realizar esos productos. Para poder precisar estas restricciones debemos introducir los conceptos de *menores* y *cofactores* de una matriz de orden n.

Sea $\mathbf{A}$ una matriz cuadrada de orden $n \geq 2$. Definimos el menor M_{ij} asociado al elemento a_{ij} de $\mathbf{A}$ como el determinate de la matriz que se obtiene al eliminar la fila i y la columna j de la matriz $\mathbf{A}$. El cofactor c_{ij} asociado al elemento a_{ij} de $\mathbf{A}$ está definido por

$$c_{ij} = (-1)^{i+j} M_{ij}.$$

Definimos el determinante de la matriz $\mathbf{A}$ como la suma de los elementos de la primera fila de $\mathbf{A}$ multiplicados por sus respectivos cofactores:

$$det(\mathbf{A}) = \sum_{i=1}^{n} a_{1i} c_{1i}.$$

En el caso particular de la matriz $\mathbf{A}$ en (C.55) los menores y cofactores son,

$$M_{11} = a_{22}; \qquad c_{11} = (-1)^2 a_{22} = a_{22}$$
$$M_{12} = a_{21}; \qquad c_{12} = (-1)^3 a_{21} = -a_{21}$$
$$M_{21} = a_{12}; \qquad c_{21} = (-1)^3 a_{12} = -a_{12}$$
$$M_{22} = a_{11}; \qquad c_{22} = (-1)^4 a_{11} = a_{11}$$

de manera que el determinante de la matriz $\mathbf{A}$ es

$$det(\mathbf{A}) = a_{11} a_{22} + a_{12}(-a_{21}) = a_{11} a_{22} - a_{12} a_{21}.$$

Esta expresión es precisamente el denominador de las soluciones en (C.56).

Podemos verificar también que los numeradores de las soluciones en (C.56) pueden expresarse como determinantes. En particular, podemos resscribir (C.56) como,

$$x_1 = \frac{det(\mathbf{B})}{det(\mathbf{A})}, \qquad x_2 = \frac{det(\mathbf{C})}{det(\mathbf{A})},$$

donde

$$\mathbf{B} = \begin{pmatrix} b_1 & a_{12} \\ b_2 & a_{22} \end{pmatrix} \quad \text{y} \quad \mathbf{C} = \begin{pmatrix} a_{11} & b_1 \\ a_{21} & b_2 \end{pmatrix}$$

Notemos que la matriz $\mathbf{B}$ está construida substituyendo la primera columna de la matriz $\mathbf{A}$ por el vector $\mathbf{b}$. De forma parecida, la matriz $\mathbf{C}$ está construida substituyendo la segunda columna de la matriz $\mathbf{A}$ por el vector $\mathbf{b}$.

Este es un caso particular de la denominada *regla de Cramer* para solucionar sistemas de ecuaciones lineales.

C.5.2. Interpretación geométrica del determinante de orden 2

Consideremos dos vectores con origen en $(0,0)$ y extremo en (a_{11}, a_{12}) y (a_{21}, a_{22}) como muestra la figura C.13(a). El determinante de la matriz cuadrada de orden 2 es igual al área del cuadrilátero sombreado. Para verlo observemos

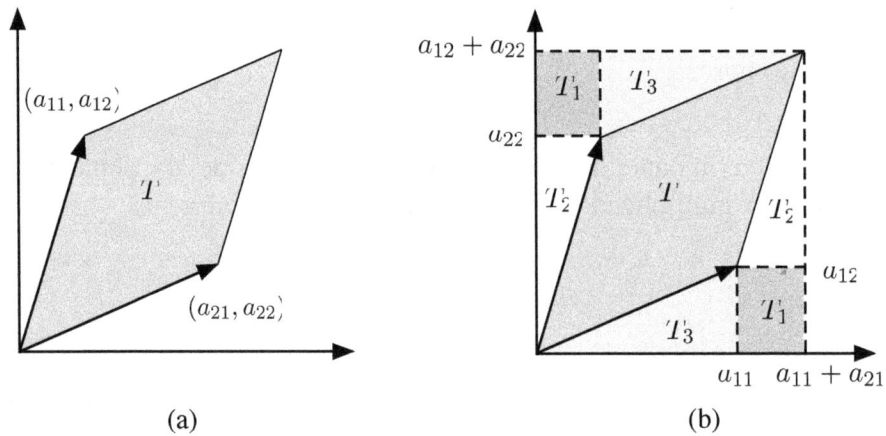

(a)   (b)

Figura C.13: Interpretación geométrica del determinante de orden 2.

la figura C.13(b). El área del rectángulo exterior es la suma de las áreas T, T_1, T_2, y T_3. En particular,

$$\Omega = 2(t_1 + T_2 + T_3) + T = (a_{11} + a_{21})(a_{12} + a_{22}).$$

Nuestro objetivo es calcular el área de la superficie T, es decir

$$T = \Omega - 2(t_1 + T_2 + T_3)$$

- el área $T_1 = (a_{11} + a_{21} - a_{11})a_{12} = a_{12}a_{21}$,

- el área $T_2 = \frac{1}{2}(a_{11} + a_{21} - a_{11})(a_{12} + a_{22} - a_{12}) = \frac{1}{2}a_{21}a_{22}$,

- el área $T_2 = \frac{1}{2}a_{11}a_{12}$.

Por lo tanto,

$$T = (a_{11}a_{12}+a_{11}a_{22}+a_{12}a_{21}+a_{21}a_{22})-2a_{12}a_{21}-a_{21}a_{22}-a_{11}a_{12} = a_{11}a_{22}-a_{12}a_{21}.$$

que es precisamente la expresión de $det(\mathbf{A})$.

Este análisis se generaliza a matrices de orden superior. El lector interesado puede consultar Sydsaeter y Hammond (1996, cap. 13).

C.5.3. Inversa de una matriz

Consideremos una matriz cuadrada $\mathbf{A}$ de orden n. Decimos que $\mathbf{A}$ es invertible si podemos identificar una matriz cuadrada de orden n tal que el producto de ambas matrices da lugar a la matriz identidad. Cunado existe, esta matriz es única y la denotamos como $\mathbf{A}^{-1}$. Formalmente, decimos que la matriz $\mathbf{A}_{(n \times n)}$ es invertible si existe una matriz $\mathbf{A}_{(n \times n)}^{-1}$ tal que,

$$\mathbf{A}\mathbf{A}^{-1} = \mathbf{A}^{-1}\mathbf{A} = \mathbf{I}.$$

Una condición necesaria para que una matriz cuadrada $\mathbf{A}$ tenga inversa es que $det(\mathbf{A}) \neq 0$.

La ecuación (C.57) nos dice cómo resolver un sistema de ecuaciones lineales a partir del cálculo de la matriz inversa. Necesitamos pues una técnica que nos permita obtener la matriz inversa de una matriz cuadrada $\mathbf{A}$. siguiendo a Sydsaeter y Hammond (1996, cap 13) podemos enunciar el siguiente resultado:

Toda matriz cuadrada $\mathbf{A}$ de orden n tal que $det(\mathbf{A}) \neq 0$, tiene una única inversa $\mathbf{A}^{-1}$ dada por

$$\mathbf{A}^{-1} = \frac{1}{det(\mathbf{A})} adj(\mathbf{A}),$$

donde $adj(\mathbf{A})$ denota la matriz de adjuntos de $\mathbf{A}$. Esta es la transpuesta de la matriz cuyos elementos son los cofactores c_{ij} de los elementos a_{ij} de $\mathbf{A}$. Es decir, sea $\widetilde{\mathbf{C}}$ la matriz de cofactores

$$\widetilde{\mathbf{C}} = \begin{pmatrix} c_{11} & c_{12} & \cdots & c_{1n} \\ \vdots & \vdots & & \vdots \\ c_{n1} & c_{n2} & \cdots & c_{nn} \end{pmatrix}$$

Entonces, la matriz de adjuntos es

$$adj(\mathbf{A}) = \widetilde{\mathbf{C}}' = \begin{pmatrix} c_{11} & c_{21} & \cdots & c_{n1} \\ \vdots & \vdots & & \vdots \\ c_{1n} & c_{2n} & \cdots & c_{nn} \end{pmatrix}$$

En el ejemplo (C.54), obtenemos

$$\widetilde{\mathbf{C}} = \begin{pmatrix} c_{11} & c_{12} \\ c_{21} & c_{22} \end{pmatrix} = \begin{pmatrix} a_{22} & -a_{21} \\ -a_{12} & a_{11} \end{pmatrix}$$

de manera que

$$\widetilde{\mathbf{C}}' = \begin{pmatrix} a_{22} & -a_{12} \\ -a_{21} & a_{11} \end{pmatrix}$$

También hemos calculado anteriormente

$$det(\mathbf{A}) = a_{11}a_{22} - a_{12}a_{21}.$$

Por lo tanto,

$$\mathbf{A}^{-1} = \frac{1}{det(\mathbf{A})} \widetilde{\mathbf{C}}' \tag{C.58}$$

Combinando pues (C.57) y (C.58) obtenemos

$$\begin{pmatrix} x_1 \\ x_2 \end{pmatrix} = \frac{1}{det(\mathbf{A})} \begin{pmatrix} a_{22} & -a_{12} \\ -a_{21} & a_{11} \end{pmatrix} \begin{pmatrix} b_1 \\ b_2 \end{pmatrix}$$

Es decir,

$$x_1 = \frac{1}{det(\mathbf{A})}(a_{22}b_1 - a_{12}b_2)$$

$$x_2 = \frac{1}{det(\mathbf{A})}(a_{11}b_2 - a_{21}b_1)$$

que son las expresiones obtenidas en (C.56).

Bibliografía

Almon Jr., C., 1967, *Matrix Methods in Economics*, Addison-Wesley Publishing Company, Reading, Mass.

Arrow, K.J. y A.C. Enthoven, 1961, Quasi-concave Programming, *Econometrica* **29**(4): 779-800.

Ballester Oyarzun, M.A., y I. Macho-Stadler, 2008, *Microeconomía avanzada II*, Universitat Autònoma de Barcelona.

Binmore, K.G., 1980, *The Foundations of Analysis: A Straightforward Introduction. Book 1, Logic, Sets and Numbers*, Cambridge, Cambridge University Press.

Blad, M.C. y H. Keiding, 1990, *Microeconomics. Institutions, Equilibrium and Optimality*, Amsterdam, North-Holland.

d'Aspremont, C., R. Dos Santos Ferreira, y L.A. Gérard-Varet, 2003, Imperfect competition and general equilibrium: elements for a new approach, en *Economics beyond the millenium*, editado por A. Kirman y L.A. Gérard-Varet, Oxford, Oxford Scholarship Online Monographs, cap. 7, disponible en www.oxfordscholarship.com/oso/public/content/economicsfinance/9780198292111/toc.html

Debreu, G., 1959, *Theory of Value. An Axiomatic Analysis of Economic Equilibrium*, New Haven, Cowles Foundation. Versión castellana, *Teoría del Valor* Barcelona, Antoni Bosch editor, 1973.

Debreu, G. y H. Scarf, 1963, A limit theorem on the core of an economy, *International Economic Review*, **4**: 235-246.

Diewert, W.E., 1982, Dual Approaches to Microeconomic Theory, en *Handbook of Mathematical Economics*, vol 2, editado por K.J. Arrow and M.D. Intriligator, Amsterdam, North-Holland: 535-599.

Gabszewicz, J.J., 2003, *Strategic Interaction and Markets*, Oxford, Oxford Scholarship Online Monographs, disponible en www.oxfordscholarship.com/oso/public/content/economicsfinance/9780198233411/toc.html

Gandolfo, G., 1976, *Métodos y Modelos Matemáticos de la Dinámica Económica*. Madrid, Tecnos.

Hicks, J., 1939, *Value and Capital*, Oxford, Clarendon Press.

Hildenbrand, W. y A. Kirman, 1991, *Equilibrium Analysis*, New York, North-Holland.

Hildenbrand, W. y A. Kirman, 1976, *Introduction to Equilibrium Analysis*, New York, North-Holland.

Intriligator, M.D., 1971, *Mathematical Optimization and Economic Theory*, Englewood Cliffs, N.J., Prentice-Hall.

Irribarren, I.L., 1973, *Topología de Espacios Métricos*, Mexico, Limusa-Wiley.

Jehle, G.A. y P.J. Reny, 2001, *Advanced Microeconomic Theory*, Boston, Addison-Wesley.

Koopmans, T.C., 1957, Allocation of Resources and the Price System, en *Three Essays on the State of the Economic Science*, New York, McGraw-Hill. Versión castellana, *Tres Ensayos sobre el Estado de la Ciencia Económica*, Barcelona, A. Bosch editor.

Kreps, D. M., 1990, *A Course in Microeconomic Theory*, New York, Harvester Wheatsheaf. Versión castellana, *Curso de Teoría Microeconómica*, Madrid, McGraw-Hill, 1991.

Lipsey, R.G., 19671, *Introduction to Positive Economics*, London, Weidenfeld and Nicolson. Versión castellana, *Introducción a la Economía Positiva* Barcelona, Vicens Vives, 1975.

Little, I.M.D., 1949, A Reformulation of the Theory of Consumer's Behaviour, *Oxford Economic Papers, New Series,* **1**: 90-99.

Luenberger, D.G., 1995, *Microeconomic Theory*, New York, McGraw-Hill.

Marsden, J.E., 1974, *Elementary Classical Analysis*, San Francisco, V.H. Freeman and Co.

Martinez-Giralt, X., 2006, *Organitzaci industrial. Comportament estratgic i competncia*, Bellaterra, Servei de Publicacions de la Universitat Autònoma de Barcelona.

Mas Colell, A., M.D. Whinston y J. Green, 1995, *Microeconomic Theory*, New York, Oxford University Press.

Nikaido, H., 1968, *Convex Structures and Economic Theory*, New York, Academic Press.

Panik, M.J., 2002, Duality and the Geometry of the Income and Substitution Effects, *International Journal of Business and Economics,* **1**: 225-233.

Samuelson, P.A., 1938, A Note on the Pure Theory of Consumer's Behaviour, *Economica, New Series*, **5**: 61-71.

Samuelson, P.A., 1948, Consumption Theory in Terms of Revealed Preference, *Economica, New Series*, **15**: 243-253.

Starr, R.M., 1997, *General Equilibrium. An Introduction*, Cambridge, Cambridge University Press.

Sydsaeter, K. i P.J. Hammond, 1995, *Mathematics for Economic Analysis*, New Jersey, Prentice Hall International, Inc. Versión castellana, *Matemáticas para el Análisis Económico*, Madrid, Prentice Hall, 1996.

Varian, H. R., 1992, *Microeconomic Analysis*, 3a ed., New York, W.W. Norton and Company. Versión castellana, *Análisis Microeconómico*, Barcelona, Antoni Bosch editor, 1995.

Varian, H.R., 2006, Revealed Preference, in *Samuelsonian Economics and the Twenty-First Century*, edited by M. Szenberg, L. Ramrattan and A. A. Gottesman, New York, Oxford University Press: chapter 5.

Villar, A., 1996, *Curso de Microeconomía Avanzada. Un enfoque de equilibrio general*, Barcelona, Antoni Bosch editor.

Wong, S., 1978, *The Foundations of Paul Samuelson's Revealed Preference Theory: A Study by the Method of Rational Reconstruction*, London, Routledge.